CODE DE LA CHASSE

EXPLIQUÉ.

PARIS. — IMPRIMERIE ET FONDERIE DE RIGNOUX,
rue Monsieur-le-Prince, 29 *bis*.

CODE DE LA CHASSE

EXPLIQUÉ

PAR SES MOTIFS, PAR DES EXEMPLES

ET PAR LA JURISPRUDENCE,

Avec la solution, *sous chaque article*, des difficultés,
ainsi que des principales questions que présente le texte,
et la définition de tous les termes de droit ;

suivi d'un FORMULAIRE d'actes
et de procès-verbaux relatifs à la chasse.

*Ouvrage destiné aux personnes chargées d'appliquer la loi sur la
chasse et à toutes celles qui ont besoin de la connaître.*

Par J. A. ROGRON,

ancien Avocat aux conseils du Roi et à la Cour de cassation,
Secrétaire général du Parquet de cette cour,
Membre de la Légion d'honneur.

*Scire leges, non hoc est verba earum tenere, sed
vim ac potestatem.*

Ce n'est pas savoir les lois que d'en connaître
les termes, il faut en saisir l'esprit et l'étendue.

PARIS.

G. THOREL, Sr d'Alex-Gobelet, | VIDECOQ PÈRE ET FILS,
Place du Panthéon, 4, | **Place du Panthéon, 1,**
près la Faculté de Droit. | Cour du Harlai, 6.

TOUSSAINT, LIBRAIRE, RUE DES GRÈS-SORBONNE, 7.

1846

INTRODUCTION.

La *chasse* est l'action de chercher à s'emparer, par *force*, par *ruse ou par adresse*, des animaux sauvages. *Chasser* est un *droit naturel* qui avant l'établissement de l'état civil était dans le domaine de tous; car les animaux sauvages n'appartenant à personne, et les terres étant également alors à l'usage du premier occupant, il devait être permis à tous les hommes de chercher à s'emparer de ces animaux, pour subvenir à des besoins que les fruits spontanés de la terre pouvaient ne pas satisfaire entièrement. Si les choses suivaient toujours le cours qu'indique la raison humaine, ce droit naturel aurait dû se modifier, comme la plupart des mêmes droits, par l'établissement de l'état civil, destiné lui-même à protéger le droit de propriété. Les animaux sauvages auraient continué d'appartenir au premier occupant ; mais le droit de chasser serait devenu l'*attribut de la propriété*; car le droit de propriété qui consiste à jouir et à disposer de sa chose de la manière la plus absolue, serait blessé, si d'autres individus que le propriétaire avaient la faculté de chasser sur son terrain. Mais il n'en a été ainsi presque chez aucun peuple, et surtout il n'en a pas été ainsi chez nous. Le *droit de chasse* a subi les violentes vicissitudes de tous nos autres droits : les Francs, qui se mêlèrent aux Gaulois plutôt en amis qu'en vainquéurs, exerçaient, à l'origine de la monarchie, sur d'incultes et vastes domaines, ce droit de chasse que personne n'avait alors inté-rêt à contester ou à défendre : mais lorsque la féodalité, cet événement unique dans les fastes des nations, qui établit au sein des peuples barbares un ordre non moins barbare qu'eux, lorsque la féodalité, disons-nous, étendit sur la France son vaste réseau, le droit de chasse passa, avec tous les autres droits naturels dont les Francs avaient joui jusque-là, dans le do-maine du seigneur féodal. L'usurpation, qui d'abord n'avait pas été complète, ainsi que cela résulte d'une ordonnance de Charles VI, rendue en 1396 (1), finit par le devenir: ce fut François 1er qui, au xve siècle, ne s'était pas entièrement af-

---

(1) Les motifs sur lesquels se fonde cette ordonnance pour dépouil-ler du droit de chasse les *non nobles*, tout en reconnaissant néan-moins le droit *des bourgeois vivant de leurs possessions*, sont exprimés dans un langage aussi naïf qu'énergique, qui peint par-

franchi du joug de la noblesse, qui dépouilla tout à fait les roturiers. Le prétexte dont il se sert est précisément le motif dont le législateur de 1844 s'est prévalu pour justifier les prescriptions rigoureuses de la loi nouvelle contre le braconnage. « Informés, dit ce prince dans le préambule de son ordonnance de 1515,... que plusieurs, n'ayans droit de chasse « ne privilége de chasser (1), prennent les bestes rousses et noi-

---

faitement les mœurs encore barbares de cette époque. C'est un document assez curieux pour qu'on ne soit pas fâché de le rencontrer ici: ...Par quoy il est avenu et avient chascun jour que les dits non nobles en faisant ce que dit est, délaissent à faire leurs labourages ou marchandises, et commettent plusieurs larrecins de grosses bestes et de connuis, de perdrix et de faisans, et d'autres bestes et oyseaux, tant en nos garennes comme en celles des nobles et autres noz subgiés ; dont il est avenu moult de foys que quant nous et les nobles de nostre dit royaume, avons voulu aler en déduit, l'on a trouvé en plusieurs lieux peu ou néant de bestes ou oyseaux, et par ce le déduit de nous et desdits nobles, a esté et est souventes fois empeschié, par quoy se remede n'y estoit mis, plusieurs discencions, debas et descors se pourraient sourdre et mouvoir entre nos subgiés nobles et non nobles, et s'en ensuivraient plusieurs autres inconvéniens ; mesmement que lesdis non nobles en perseverant en ce, sont souvent emprisonnez et pour ce frais à grans amendes; et par les oiseuses qui sievent en ce faisant, deviennent larrons, meurtriers, espieurs de chemins et mainnent mauvaise vie, dont par ce est avenu et advient souvent que ils ont fixé et fiunent leurs vies par mort dure et honteuse ; qui est en grant coufusion de nostre peuple, ou détriment de la chose publique de nostre royaume, et au grant dommage de nous et de nos subgiez. Pourquoy nous voulâns à estre remedié, savoir faisons, que eue sur ce grant et meuré déliberation en nostre grant conseil ou estoieut nos très-aimés oncles et frère les ducs de Bourgogne, d'Orléans et de Bourbon, et plusieurs autres notables personnes de nostre dit conseil, nous avons ordené et ordenons par ces presentes que dorerénavant aucune personne non noble de nostre dit royaume, se il n'est à ce privilegié, ou se il n'a adveu ou expresse commission à ce de par personne qui la lui puist ou doie donner, ou s'il n'est personne d'église à qui toutes voïes par raison de lignage ou autrement deuement se doie compeller, ou s'il n'est bourgeois vivant de ses possessions et rentes, ne se enhardisse de chassier ne tendre à beste grosses ou menues ne a oyseaux, en garenne ne dehors, ne de avoir et tenir pour ce faire chiens, fuirons, cordes, laz, fillés ne autres harnois. Sy donnonsen mendement... à tous maistres et enquesteurs de nos eaues et forests... et se ils treuvent aucuns faisans le contraire ou contre de sans à ce, ilz les contraignent à la tenir par amendes et par toutes voyes et manieres deues et raisonnables, ainsi comme ils verront que de raison cera ce faire, etc.

(1) Cette sollicitude hypocrite pour le menu peuple et les labou-

« res, comme lièvres, phaisans, perdrix et autres gibiers, en
« commettant larrecin, et en nous frustrant du déduit et passe-
« temps que prenons à la chasse ; en quoi faisant, aussi perdent
« leur temps qu'ils devroient employer à leurs labourages ,
« arts méchaniques ou autres, selon l'estat ou vaccation dont
« ils sont ; lesquelles choses cèdent et reviennent *au grand*
« *détriment et diminution du bien de la chose publique ;* »
et toujours par intérêt pour ce bon peuple que la chasse arra-
cherait à ses utiles occupations, la même ordonnance édicte
contre les *roturiers* qui se permettraient ce *noble* exercice les
peines les plus sévères, c'est-à-dire le fouet, jusqu'à effusion
de sang, les galères ou le bannissement à perpétuité avec confiscation de biens, et enfin *le dernier supplice* (1). Il paraît
cependant que cette ordonnance ne fut pas comprise par les
bourgeois *vivant de leurs possessions,* comme leur interdisant d'une manière absolue le droit de chasse ; car on voit le
même prince prononcer cette interdiction, par une ordonnance spéciale en date du 6 août 1533 (2).

---

reurs, n'est-elle pas une amère dérision en présence de tout le mal
que faisait à l'agriculture, l'exercice par les seigneurs et le roi lui-
même de leur privilége de chasse.

> ...Le bonhomme disait : Ce sont là jeux de prince.
> Mais on le laissait dire ; et les chiens et les gens
> Firent plus de dégât en une heure de temps,
> Que n'en auraient fait en cent ans
> Tous les lièvres de la province.
>
> LA FONTAINE.

(1) Voici les dispositions de cette ordonnance qui prononcent les
peines. Article 4 : « Premièrement ceux qui chasseront aux grosses
bestes ou icelles prendront contre les prohibitions et défenses des
susdites ; pour la première fois seront condamnez en l'amende de
deux cens cinquante livres tournois, s'ils ont de quoy les payer, et
les engins et bastons confisquez... et ceux qui n'auront de quoy
payer, *seront bastus de verges sous la custode jusques à
effusion de sang...* » Article 5 : « S'ils y retournent la seconde fois,
et après la dite punition, seront *battus de verges autour des
forests ou garennes* où ils auront délinqué, et bannis *sur peine
de la hart,* de quinze licues à l'entour des dites forests ou garennes... » Article 6 : « Et s'ils retournent après les dites punitions, la
tierce fois, *seront mis aux galères par force,* ou *battus de
verges,* ou *bannis perpétuellement de nostre royaume,*
et *leurs biens confisqués :* et s'ils étoient incorrigibles et obstinez, et récidivoient après les dites punitions en enfraignant leur
ban, *seront punis du dernier supplice.* »
(2) « Toutefois, porte cette ordonnance, soubs couleur de ce que
par nos dites ordonnances sont exemptez ceux qui par privilége
octroyé par nous et nos prédécesseurs auroient droict de chasse en

Cependant la royauté, par des moyens qu'il est inutile d'énumérer ici, était parvenue à se ressaisir successivement de la souveraineté usurpée par les seigneurs. La féodalité touchait à son déclin, et le roi de France, parmi les droits de sa couronne, comprit le droit de chasse. On posa en principe que ce droit ne pouvait, comme tous les autres droits régaliens, être exercé sans la permission du prince avec toutes les restrictions qu'il jugeait utile d'y apporter; mais comme il est dans

---

nos dites forests, buissons et garennes et autres appartenans aux princes, seigneurs et nobles de nostre dit royaume, [plusieurs laboureurs, artisans et exerçans arts méchaniques, délaissans et divertissans leurs labourages, agriculture et exercice de leurs mestiers, au moyen des pactes et conventions faites et passées au bail et infendation des terres, se dédient et appliquent journellement à chasser et prendre bestes rousses et noires, lièvres, connils, perdrix, phaisans, et autres gibbiers, avec plusieurs engins réprouvés, mentionnez en nos dites ordonnances, et autres artifices tendants à proye, qu'iceux laboureurs et gens de mestier, controuvent et font journellement, comme nous a apparu en passant par nostre pays de Languedoc, en manière que nostre dit pays et autres, nos terres et seigneuries sont totalement dépopulées des bestes rousses, noires et autres gibbiers, et tant nous qu'autres nobles de nostre dit royaume, à qui et *non à autre* appartient soy récréer à chasser pour éviter oisiveté et soy exercer ausdites chasses, ne trouvent aucun gibbier, le tout sonz couleurs desdits privilèges, pactes et conventions. Et par ce moyen lesdits laboureurs laissent à cultiver les terres, consumans leur temps aux dites chasses, vaguans par les cités et villes, ès quelles ne doivent converser pour vendre le gibbier, gastans leurs biens aux tavernes et jeux, dont proviennent blasphèmes et grande chertez de bleds, et autres maux et inconvéniens, et les gens de mestier laissent l'exercice d'iceluy. au préjudice de nostre dit royaume et icelle chose publique, et plus pourroit estre, s'il n'y estoit par nous pourveu de remède convenable. Pour ce est-il, que nous désirans surtout le fait et entretenement de la police de nostre royaume estre bien et deument reiglé, et faire vivre *chacun en son droit, et estre selon qu'il lui appartient :* considéré, que les nobles après avoir exposé leurs personnes, tant en faict des guerres qu'ailleurs en nostre service et autour de nostre personne, n'ont d'autre esbat, récréation ni exercices approchant celuy des armes, sinon ès dites chasses : et au contaire les laboureurs, artisans et autres méchaniques et ruraux s'adonnent à icelles, délaissent leur agriculture et artifice, sans lesquels la chose publique de nostre royaume ne pourrait être substantée. Pour ces causes et autres considérations à ce nous mouvans, en adjoustant, à nos dites ordonnances, avons inhibé et défendu, inhibons et défendons à toutes gens de quelque estat, qualité ou condition qu'ils soient, *réservez les nobles,* de chasser ne prendre bestes rousses, noires, ne gibbier, en quelque sorte, manière ou

les destinées du pouvoir absolu , lorsqu'il est exercé même par les meilleurs rois, que la main du bourreau remplace, dans les attributs de la toute-puissance, la main de justice , Henry IV lui-même, le père du peuple, souilla son ordonnance de la chasse , publiée en 1601 , de dispositions barbares et non moins cruelles que celles de l'ordonnance de 1515; mais ces châtiments « ne devaient être infligés qu'aux personnes viles et ab-« jectes » (1). Enfin , sous le règne du *grand roi* (puisque les

---

moyen que ce soit, tant forests, garennes , buissons et autres terres cultivées et à cultiver, sur les peines contenues en nos dites ordonnances, nonobstant les priviléges donnés tant par nous que nos prédécesseurs en quelque manière que ce soit : nonobstant aussi tous pactes, conventions faits et passez par les princes, seigneurs et nobles en baillant les terres en fief et emphytéose ou autrement, auxquels en tant que besoin serait, avons dérogé et dérogeons, comme contraires au bien et utilité de la chose publique de nostre royaume. Et iceux priviléges, donnez par nous et nos prédécesseurs, avons de notre propre mouvement, certaine science, pleine puissance et authorité royale, cassez, révoquez et annullez, cassons, révoquons et annullons par lesdites présentes, etc. »

(1) Voici les principales dispositions de cette ordonnance célèbre : «Henri, etc., les roys nos prédécesseurs pour réprimer la liberté qu'un chacun s'est voulu de tout temps attribuer de chasser indifféremment partout, ont faict à cet égard plusieurs belles ordonnances qui ont esté inviolablement entretenues et gardées jusques à ce que par la misère des guerres civiles qui ont eu cours en ce royaume, la liberté s'y estant de nouveau coulée, elle y a apporté autant ou plus de désordre et confusion qu'au précédent. Mais depuis qu'il a pleu à Dieu nous donner une bonne paix, nous n'avons rien tant désiré que d'establir de bons et asseurez reiglements au faict des dites chasses, à ce que nous puissions avec les princes et nostre noblesse parmy ceste tranquillité jouir de ce plaisir qui nous doit être réservé. A ces causes ayant fait revoir en notre conseil lesdites ordonnances , nous en suyvant la plupart d'icelles par cestuy nostre présent édict, perpétuel et irrévocable, avons dit, statué et ordonné, disons, statuons et ordonnons ce qui s'en suit.» (Suivent plusieurs dispositions portant défense de chasser, sinon à ceux qui en ont permission du roi, ou qui se trouvent fondés en titres valables et authentiques, et à tous seigneurs, gentilshommes et nobles.) On y trouve ensuite les dispositions que nous croyons utile de reproduire ici.

«Art. 8. Et quant aux marchands, artisans, laboureurs, paysans et autres telles sortes de gens roturiers, leur avons faict et faisons inhibition et défenses très-expresses de tirer de l'arquebuse, escopette, arbaleste et autres bastons , et d'avoir et tenir en leurs maisons, collets, poches, filets, tonnelles et engins de chasse, oyseaux gentils et de proye, furets et levriers, ensemble de chasser au feu

peuples éblouis par l'éclat d'une vaine gloire, ont pris l'habitude de décorer du titre de *grand* les rois mêmes qui leur ont fait le plus de mal), sous le règne du grand roi parut l'ordonnance de 1669 : elle repose aussi sur le principe que le droit de chasse appartient au roi, et voici en quels termes cette ordonnance accorde ce droit aux *sujets nobles* du prince, en même temps qu'elle le dénie aux *roturiers :*

« Permettons à tous seigneurs, gentilhommes et nobles, de « chasser *noblement* à force de chiens et oiseaux dans leurs « forêts, buissons, garennes et plaines, pourvu qu'ils soient « éloignés d'une lieue de nos plaisirs : même aux chevreuils et « bêtes noires, dans la distance de trois lieues. (Art. 14.)

« Faisons défense aux marchands, artisans, bourgeois et « habitants des villes, bourgs, paroisses, villages et hameaux, « paysans et roturiers, de quelque état et qualité qu'ils soient, « non possédant fiefs, seigneuries et hautes justices, de chasser « en quelque lieu, sorte, et manière, et sur quelque gibier de « poil et de plume que ce puisse être, à peine de 100 livres d'a- « mende pour la première fois, du double pour la deuxième, et « pour la troisième, d'être attaché pendant trois heures au car- « can du lieu de leur résidence, à jour du marché, et bannis « pendant trois années du ressort de la maîtrise, sans que, pour « quelque cause que ce soit, les juges puissent modérer la peine, « à peine d'interdiction. » (Art. 28.) Mais si cette ordonnance conserva les châtiments corporels, elle eut du moins le mérite d'abolir expressément la peine de mort : Art. 2. « Défendons « à nos juges et à tous autres de condamner au dernier supplice « pour le fait de chasse, de quelque qualité que soit la contra- « vention, s'il n'y a d'autre crime mêlé qui puisse mériter cette « peine, nonobstant l'art. 14 de l'ordonnance de 1601, auquel « nous dérogeons expressément à cet égard. »

---

ny autrement, à aucunes grosses et menues bestes et gibbier, en quelque sorte et manière que ce soit.»

«Art. 11. Et afin que le présent édict soit invariablement observé et gardé pour l'advenir, nous voulons et ordonnons que les infracteurs et contrevenans aux défences portées par iceluy, soient punis ainsi qu'il s'en suit.»

«Art. 12. A savoir ceux qui auront chassé aux cerfs, biches et faons, en 83 écus un tiers d'amende, et aux sangliers et chevreuils en 41 écus deux tiers, s'ils ont de quoy : sinon et en défaut de ce seront battus de verges soubs la custode jusques à effusion de sang.»

«Art. 13. S'ils y retournent pour la seconde fois, et après ladite punition, seront battus de verges autour des forests, bois, buissons,

Mais ce droit exclusif, ce privilége accordé par le prince, aux seigneurs, gentilshommes et nobles possédant fiefs, seigneuries et hautes justices, ne s'exerçait point par eux d'une manière absolue sur les terres qui formaient leurs seigneuries ou relevaient d'eux : il fallait distinguer. Dans l'étendue de leurs fiefs, sur les terres et les rotures qui relevaient d'eux, ils chassaient comme ils l'entendaient : car la chasse était un droit honorifique qui ne pouvait être compris dans les droits utiles dont jouissait le censitaire : et non-seulement le seigneur et possesseur du fief chassait sur les terres dont il s'agit comme il l'entendait par lui-même, mais encore par ses enfants et domestiques, et par tous ceux qui l'accompagnaient. Quant au seigneur *suzerain,* il en était différemment : son droit de chasse sur les fiefs qui relevaient de lui était très-restreint, et il ne pouvait l'exercer que par *lui-même.* Les mêmes distinctions s'appliquaient au privilége de chasse dont jouissait le haut justicier : c'est-à-dire qu'il exerçait son droit d'une manière absolue et illimitée sur les terres qui lui appartenaient, et sur les rotures situées dans l'étendue de la haute justice ; mais il ne pouvait chasser que d'une manière limitée dans les fiefs situés également dans l'étendue de la haute justice (1). Quant aux *ecclésiastiques,* les lois de l'Eglise, et particulièrement le canon 15 du 4e concile de Latran leur interdit l'exercice de la chasse.

Bien que chaque jour vît disparaître quelque débris de la féodalité, l'ordonnance de 1669 n'en avait pas moins continué de régir la matière de la chasse ; elle régnait encore, même dans les dispositions les plus rigoureuses, au moment de la révolution, puisque la Constituante, en même temps qu'elle décrétait l'abolition du droit exclusif de chasse, ajoutait : « M. le pré-« sident sera chargé de demander au roi le rappel des *galériens*

---

garennes et autres lieux où ils auront delinqué, et bannis de quinze lieues à l'entour. »

« Art. 14. Après lesdites punitions s'ils y retournent pour la tierce fois, seront envoyés aux galères ou battus de verges et bannis perpétuellement de nostre royaume et leurs biens confisqués ; et s'ils étoient incorrigibles, obstinez et recidivoyent après lesdites punitions, enfreignant leur ban, seront punis du dernier supplice s'il est ainsi trouvé raisonnable par les juges qui feront leur procès, à la conscience desquels nous avons remis d'en ordonner selon l'exigence des cas. »

(1) Pour connaître les priviléges et prérogatives des seigneurs, possesseurs de fiefs ou suzerains et haut justiciers, voir l'introduction à la *Charte expliquée.*

et des *bannis* pour le simple fait de chasse, etc. » C'est dans la fameuse nuit du 4 août 1789 que le droit exclusif de chasse fut aboli avec tout ce qui restait de droits féodaux; mais, comme il arrive toujours lorsque le peuple rentre dans ses droits au moyen d'une révolution, une réaction violente se fit bientôt sentir. A la place de la liberté de la chasse on eut la licence, et l'Assemblée constituante comprit qu'il était indispensable de réprimer par des dispositions législatives des désordres qui mettaient en péril la propriété et l'ordre public, et elle fit la loi du 30 avril 1790: bien que cette loi n'eût qu'un caractère provisoire, elle n'en a pas moins régi le pays jusqu'à 1844, et elle a formé avec la loi du 21 septembre 1789 et le décret du 4 mai 1812, sur le port d'armes, l'ensemble de la législation sur la matière quant à la *police de la chasse*. Au reste, quoique l'abondance du gibier fasse partie des richesses territoriales, le législateur de 1790, qui avait bien moins en vue la possibilité de la destruction du gibier, que la crainte de sa trop grande multiplication favorisée longtemps par le régime des priviléges, au détriment des productions de la terre, ne porta d'autres dispositions pour assurer la conservation du gibier que celles qui avaient d'abord et principalement pour objet la conservation des récoltes. Ces dispositions s'étendaient naturellement à la conservation du gibier, parce que l'époque où les fruits de la terre doivent être mis en défense contre l'exercice de la chasse, est aussi celle de la reproduction des différentes espèces de gibier. Les lois anciennes renfermaient pour la conservation du gibier des dispositions expresses, proscrivant certains modes de chasse qui produisaient une dépopulation rapide des espèces. Ces modes étaient prévus par les ordonnances de 1601 et 1669, qui prohibaient sous des peines très-graves la chasse dans les forêts de la couronne, et même *hors icelles*, des cerfs, biches et faons; l'introduction dans lesdites forêts de chiens en général; la chasse à feu dans tous les bois et même dans ceux des particuliers; l'enlèvement dans les forêts de la couronne des aires d'oiseaux, de quelque espèce que ce soit, et en tous autres lieux, les œufs de cailles, perdrix et faisans, et enfin l'emploi de lacs, tirasses, etc. La plupart de ces dispositions, qui n'étaient en général demeurées en vigueur que pour les forêts de la couronne, sont aujourd'hui abrogées comme nous aurons plus d'une fois occasion de le remarquer. Cependant le législateur, en rédigeant les nouvelles lois sur les forêts et sur la pêche, avait promis également un Code de la chasse où les lois qui la concernent seraient revues et mises dans un ordre plus régulier, et où surtout on réprimerait par des dispositions rigoureuses les délits qui se multipliaient en présence de lois impuissantes, et particulèrement ce braconnage organisé qui soulevait de toutes parts les plaintes des propriétaires et de l'agriculture. C'est cette promesse qui s'est enfin accomplie en 1844 par la publication de la loi du 3 mai; cette loi cependant ne tranche pas les nombreuses questions que fait naître l'exercice de cette partie si importante du droit de propriété, et c'est le plus souvent en interrogeant les anciennes dispositions sur la chasse et la jurisprudence qui s'était fixée sur les points les plus difficiles, que nous parviendrons à éclairer la loi nouvelle. Il existe aussi plusieurs dispositions spéciales à certaines propriétés ou à la chasse de certains animaux qu'on n'a pas cru devoir faire entrer dans la loi du 3 mai, que nous devrons faire connaître et qui feront l'objet d'un *appendice*. Mais avant de passer à l'explication de la nouvelle loi, nous avons encore quelques observations à faire : Cette loi, qui n'a pour objet que *la police de la chasse,* n'a pas cru devoir reproduire le principe de l'abolition du droit exclusif de chasse; nous ne serions pas complet cependant sur cette matière si nous ne rapportions pas ici la loi qui consacre ce grand principe avec les explications dont elle peut avoir besoin pour sa parfaite intelligence. Cette loi est une des prescriptions d'intérêt général édictées dans la nuit du 4 août 1789. Elle porte : «Le droit exclusif de la chasse et des garennes ouvertes est «pareillement aboli; et tout propriétaire a le droit de détruire «et faire détruire, seulement sur ses possessions, toute espèce de «gibier, sauf à se conformer aux lois de police qui pourront «être faites relativement à la sûreté publique. Toutes capitai-«neries, même royales, et toutes réserves de chasse, sous quelque «dénomination que ce soit, sont pareillement abolies, et il sera «pourvu par des moyens compatibles avec le respect dû aux «propriétés et à la liberté, à la conservation des plaisirs per-«sonnels du roi.» (Art. 3.) Pour saisir la portée de cette disposition, il faut se rappeler que le droit de chasse fut, comme nous venons de le remarquer, détaché, par suite de l'abus de la souveraineté, du droit de propriété dont il était un des attributs naturels. Les ordonnances antérieures au 14e siècle, et celle faite en 1318 par Philippe le Long, ne parlent que de la manière de chasser et des instruments de chasse dont il était alors permis de se servir; elles ne contenaient rien de contraire à la liberté de chasser que le droit naturel conférait à tous les propriétaires. Les souverains furent les premiers qui s'attribuèrent ce droit exclusif et prohibitif de la chasse : ils posèrent en principe que ce droit était un at-tribut royal inséparable de la souveraineté, et qui ne pouvait se confondre avec la propriété qu'autant que le prince l'y avait, pour ainsi dire, incorporé. Cette incorporation, on supposa qu'elle avait été communiquée par le prince originairement aux terres données en fiefs : de là la conséquence que la chasse n'était permise qu'aux propriétaires de fiefs et seigneuries; mais le roi, en sa qualité de suprême dispensateur des chasses et veneur général, conservait la liberté de modifier l'exercice de la chasse, d'y attacher des conditions et même de le révoquer. C'est l'usurpation du droit de chasse commise par la puissance absolue au moyen de toutes ces absurdes fictions, que l'Assemblée constituante fit cesser par l'article 3 de la loi du 4 août, en déclarant *aboli* le *droit exclusif* de la chasse. L'abolition n'eût pas été complète si la loi n'y eût pas compris les *garennes ouvertes*. On appelle *garennes* les lieux destinés à la nourriture des lapins : on les divisait en garennes *ouvertes* et en garennes *fermées* (par des murs ou des fossés remplis d'eau). Les garennes fermées n'offrant aucun inconvénient, la loi n'avait pas à s'en occuper ; mais les *garennes ouvertes* étaient une calamité pour le voisinage, par le dégât que les lapins causent à presque toutes les productions de la terre; il était donc important d'abolir un droit également ruineux pour les propriétés voisines des seigneurs de fiefs à qui l'ordonnance de 1669, art. 29, conférait la faculté d'avoir des garennes ouvertes sous certaines conditions. Nous examinerons dans l'appendice plusieurs difficultés qui peuvent résulter du dommage que causent les lapins aux terres voisines.— La disposition de la loi de 1789 que nous expliquons en ce moment, en attribuant à tout propriétaire ce droit de détruire et faire détruire sur ses possessions *toute espèce de gibier*, rendait hommage au droit de propriété dont la chasse est un attribut ; mais le législateur consacrait en même temps dans l'intérêt général cet autre principe que les propriétaires devront se conformer aux lois de police qui pourront être faites relativement à la sûreté publique, et nous verrons une application de ce principe dans les dispositions sur le permis de chasse; nous verrons également, dans le même intérêt général, quoique la sûreté publique ne soit pas compromise, des limitations au droit de chasse, pour protéger les produits de la terre et conserver le gibier. — Ces mots *toute espèce de gibier* avaient nécessairement abrogé les anciennes ordonnances qui défendaient aux propriétaires de tuer sur leurs possessions le cerf, la biche et le faon. La nouvelle loi, à quelques exceptions près, consacre le même principe. — Nous verrons plus bas qu'on peut donner à bail le droit de chasse ; mais comme il est inhérent à la propriété, on pense généralement qu'il ne serait pas permis de l'en distraire pour toujours, c'est-à-dire de l'aliéner à un tiers qui aurait droit de l'exercer lui et ses ayants cause à jamais, bien que d'autres fussent de leur côté propriétaires du fonds. — Quant aux *capitaineries* qu'abolit aussi la loi de 1789, c'étaient certains cantons de terre plus ou moins étendus, pour lesquels le roi prescrivait des règles particulières relatives à la chasse. Ces capitaineries, qui imposaient aux propriétaires voisins des maisons royales l'obligation non-seulement de ne pas chasser sur leurs propriétés, mais encore de ne pas faire de nouveaux clos dans la campagne, et de ne pas faucher leurs foins avant certaines époques, étaient évidemment des servitudes aussi injustes qu'onéreuses, qui devaient par suite être abolies comme elles l'ont été.

On a reproché à la loi *du 3 mai* 1844 une certaine tendance aristocratique. On a dit qu'elle était destinée à ressusciter, dans l'intérêt des plaisirs du riche, ce privilége que les rois et les seigneurs revendiquaient pour eux seuls, parceque dans la paix ils «n'avoient d'autre esbat, récréation ni exercices approchant celui des armes, sinon ès dites chasses.» (Ordonnance de 1533.) Ce reproche serait-il fondé en effet, et le législateur de 1844 aurait-il voulu, comme François Ier le dit dans cette même ordonnance, *faire vivre chacun en son droit et estre selon qu'il lui appartient ?* Nous aurions de la peine à nous ranger à cette opinion : toutes les conditions se sont abaissées sous le niveau de l'égalité, et il ne faut pas prêter à ce *tiers-état*, qui gouverne aujourd'hui par la liberté, la paix et le progrès, la ridicule prétention d'avoir voulu rétablir à son profit, en 1844, ce noble *déduit*, ce passe-temps, qui charmait jadis nos paladins et nos preux, parce qu'il leur offrait une image de ces combats dont ils avaient aussi le glorieux et dangereux privilége. Toutefois, on ne peut pas se dissimuler que le législateur de 1844, en rédigeant sa nouvelle loi, s'est peut-être trop préoccupé des droits de la propriété, et pas assez des principes du droit naturel qui régissent la matière. Sans doute, on ne peut nier l'importance du droit de propriété, de ce lien moral entre la chose et l'homme qui retient tous les intérêts humains réunis comme en un faisceau : qu'on le brise, et tous ces intérêts se dispersent et se perdent ; mais toutes les propriétés ne sont pas de même nature. La *propriété rurale* n'est pas, comme les autres pro-

propriétés, *in custodia nostra;* elle est restée sous certains rapports dans la communauté primitive : de là, après l'enlévement des récoltes, le droit pour tout le monde de passer sur un champ ouvert sans que jamais le propriétaire puisse légitimement s'y opposer ; de là aussi le glanage, le ratelage, le grapillage permis aux pauvres ; de là la soustraction de quelques productions de la terre, qualifiée, non de vol, mais de *maraudage*, et punie, non comme un *crime*, non comme un *délit*, mais comme une *simple contravention*. La chasse s'exerce en général sur des champs ouverts et dépouillés de leurs fruits; elle a pour objet des animaux sauvages. D'un autre côté, tout citoyen français peut avoir un fusil pour son usage : or, s'il faut payer une somme supérieure aux moyens du pauvre pour exercer le droit de faire trois choses naturellement licites, c'est-à-dire passer sur un champ, faire usage de son fusil et s'emparer d'un animal qui n'appartient à personne, n'est-ce pas là un *privilége* en faveur du riche ? Nest-ce pas encore un *privilége* en faveur du propriétaire, que le droit qui lui est donné de faire poursuivre en justice celui qui a pris sur un terrain ouvert à tout le monde un animal qui n'était pas la propriété du maître du champ? Lorsque des doctrines ennemies de la propriété, telles que le *communisme*, surgissent dans les villes, était-il politique de s'aliéner peut-être l'esprit des campagnes en édictant des peines sévères contre le chasseur pauvre qui s'empare de choses restées dans la communauté négative? Sans doute il importait de faire disparaître le braconnage organisé, cette industrie dangereuse qui commence souvent par la *paresse* pour finir par le *meurtre;* mais peut-être est-il à regretter que la loi ne permette pas aux juges, pour les délits de chasse qui n'ont pas ce caractère odieux, d'admettre des circonstances atténuantes, au moyen desquelles la justice peut faire la part de l'imprudence, de la jeunesse des coupables, et de la responsabilité civile des parents. La peine d'emprisonnement sans doute n'est pas prodiguée par la loi de 1844; elle est facultative; mais la loi générale accorde à l'État la *contrainte par corps* pour le payement des amendes et des frais (art. 52 et 467 Code pén.); il faut prouver, pour sortir de prison après un certain temps, son *insolvabilité* (art. 53 Code pén. et 35 loi du 17 avril 1832). Comprend-on tout le mal qui peut résulter de l'emprisonnement d'un père de famille dont le salaire de chaque jour nourrit la femme et les enfants! La loi existe, il faut la respecter : *dura lex, sed lex est;* mais la haute sagesse des magistrats saura bien en concilier les dispositions avec les saintes prescriptions de l'humanité.

CODE DE LA CHASSE.

LOI sur la police de la chasse (sanctionnée le 3 mai 1844, promulguée le 4).

SECTION PREMIÈRE.

De l'exercice du droit de chasse.

Art. 1ᵉʳ. *Nul ne pourra chasser, sauf les exceptions ci-après, si la chasse n'est pas ouverte et s'il ne lui a pas été délivré un permis de chasse par l'autorité compétente. — Nul n'aura la faculté de chasser sur la propriété d'autrui sans le consentement du propriétaire ou de ses ayants droit.*

— *Nul ne pourra chasser, sauf les exceptions ci-après, si la chasse n'est pas ouverte.* Cette disposition, qui a principalement pour objet de protéger les récoltes contre les entreprises des chasseurs et d'empêcher la destruction du gibier, était écrite avec la seconde disposition de notre article qui interdit la chasse sur la propriété d'autrui sans son consentement, dans l'article 1ᵉʳ de la loi du 3 avril 1790; il y a seulement cette différence, que la disposition que notre article place la seconde ici, se trouve la première dans la loi de 1790: la comparaison des deux dispositions pouvant encore avoir son utilité, il est bon de transcrire ici en entier l'article 1ᵉʳ de la loi du 30 avril 1790. « Il est défendu à toutes personnes de chasser, en quelque temps et de quelque manière que ce soit, sur le terrain d'autrui sans son consentement, à peine de 20 francs d'amende envers la commune du lieu, et d'une indemnité de 10 francs envers le propriétaire des fruits, sans préjudice de plus grands dommages-intérêts, s'il y échoit. Défenses sont pareillement faites, sous ladite peine de 20 francs d'amende, aux propriétaires ou possesseurs, de chasser dans leurs terres non closes, même en jachères, à compter du jour de la publication du présent décret jusqu'au 1ᵉʳ septembre prochain, pour les terres qui seront alors dépouillées; et pour les autres terres, jusqu'après la dépouille entière des fruits, sauf à chaque département à fixer, pour l'avenir, le temps dans lequel la chasse sera libre, dans son arrondissement, aux propriétaires ou possesseurs, sur leurs terres non closes. » L'Assemblée constituante avait elle-même donné le meilleur commentaire de cette importante disposition, qui est comme la base de la législation sur la matière, dans un préambule qui fait connaître d'une manière aussi précise qu'énergique les motifs qui ont déterminé le législateur à prononcer ces prohibitions : « L'Assemblée nationale, considérant que, par ces décrets des 4, 6, 7, 8 et 11 août 1789, le droit exclusif de chasse est aboli, et le droit rendu à tout propriétaire de détruire ou faire détruire sur ses possessions seulement toute espèce de gibier, sauf à se conformer aux lois de police qui pourraient être faites relativement à la sûreté publique ; mais que par un abus répréhensible de cette disposition, la chasse est devenue une source de désordres qui, s'ils se prolongeaient davantage, pourraient devenir funestes aux récoltes dont il est si instant d'assurer la conservation, a, par provision, et en attendant que l'ordre de ses travaux lui permette de plus grands développements sur cette matière, décrété les 22, 23 et 28 de ce mois, et nous voulons et ordonnons ce qui suit, etc. » — Nous donnerons sous l'article 3 les explications relatives aux arrêtés des préfets qui déclarent la chasse *ouverte* ; mais ce que nous devons bien faire remarquer ici, c'est que la loi nouvelle n'ordonne plus, comme l'article 1er, plus haut transcrit de la loi du 30 avril 1790, de suspendre l'ouverture de la chasse quant aux terres qui ne sont pas encore dépouillées de leurs récoltes. Ainsi, le propriétaire peut chasser, une fois la chasse déclarée ouverte, sur ses terres, qu'elles soient ou ne soient pas dépouillées de leurs récoltes : on a pensé que le droit de propriété qui permet au propriétaire d'user et même d'abuser de sa chose, réclamait contre une prohibition de cette nature ; et l'intérêt bien entendu des propriétaires est une garantie suffisante qu'ils n'iront pas sacrifier leurs récoltes au plaisir de la chasse ; mais ce droit absolu n'a été restitué qu'au propriétaire ; et si c'est sur les terres d'autrui non encore dépouillées de leurs récoltes qu'on a chassé, le ministère public pourra poursuivre en vertu de l'article 26 de la nouvelle loi, sans attendre la plainte du propriétaire, tandis qu'il ne le pourrait pas aux termes du même article, si on avait chassé sur les terres d'autrui dépouillées de leurs récoltes. — Quant au sens que le législateur a entendu donner au mot *chasse*, voici en quels termes s'exprime M. le garde des sceaux dans sa circulaire du 9 mai 1844 : « Pour être fidèle à la pensée de la loi, il faut entendre le mot *chasse* dans le sens le plus général, et l'appliquer sans distinction à la recherche, à la poursuite de tout animal sauvage ou de tout oiseau. C'est ainsi, au surplus, que ce mot a été entendu par la Cour de cassation, même sous l'empire de la législation de 1790 et de 1812. Il en résulte que, quel que soit l'animal sauvage ou l'oiseau que l'on chasse, et s'il s'agit d'oiseau de passage, quels que soient le moyen et le procédé de chasse dont on soit autorisé à se servir, un permis de chasse est nécessaire. » — Nous examinons sous l'article 9 les difficultés relatives à la chasse des *petits oiseaux*, et nous recherchons sous l'article 11 les *actes* qui constituent des *faits* de chasse; nous recueillons sous le même article les nombreux arrêts qui ont déterminé ou qui peuvent servir à déterminer les faits de chasse. — Les *exceptions* dont parle notre article se réduisent à celle que consacre l'article 2.

Et s'il ne lui a pas été délivré un permis de chasse. C'est la seconde condition sans l'accomplissement de laquelle l'exercice de la chasse est interdit même aux propriétaires. Ce *permis de chasse,* dont les articles 5 et suivants de la loi que nous expliquons fixent les règles, remplace le *permis de port d'armes de chasse* dont s'occupaient les décrets des 11 juillet 1810 et 4 mai 1812 : la loi nouvelle prescrit non pas un permis de port d'armes de chasse, mais un *permis de chasse :* cette disposition a le mérite d'embrasser dans sa généralité toute espèce de chasse, même celle qui se fait sans armes à feu ; par exemple, la chasse au lapin au moyen de furets et de bourses (art. 9, § 3). Voyez nos explications sur les articles 5 et suivants. — La loi, par le mot *délivré*, indique suffisamment qu'il ne suffit pas que le permis ait été *demandé;* il faut qu'il y ait eu *délivrance.* Le délit de chasse ne cesserait donc pas d'exister parce que la délivrance du permis arriverait après le délit. Voyez sur ce point un jugement du tribunal de Draguignan du 30 janvier 1845, cité sous l'art 11. Nous examinons aussi sous l'article 11 la question de savoir si le permis de chasse doit être représenté à toutes réquisitions des agents de l'autorité, et sous l'article 9, § 3, celle plus grave de savoir s'il est besoin d'un permis de chasse pour détruire avec des armes à feu les bêtes fauves ou les animaux malfaisants ou nuisibles, tels que les pigeons qui portent dommage aux propriétés. — QUESTION. *Le fait de chasse en temps prohibé ou sans permis de port d'armes est-il un véritable délit qui, s'il suit ou accompagne un meurtre, doive entraîner la peine de mort, aux termes de l'article 304, Code pénal, encore bien que le jury n'ait pas déclaré si le terrain où le crime a été commis était clos ou non?* La Cour de cassation a consacré l'affirmative sous l'empire de l'ancienne loi par des motifs qui ont gardé toute leur puissance sous la loi nouvelle : « Attendu que l'article 1er, Code pénal, qualifie délit l'infraction que les lois punissent de peines correctionnelles ; que, par les articles combinés 179 et 137, Code inst. crim., la connaissance des faits dont la peine excède quinze francs d'amende est attribuée aux tribunaux de police corectionnelle ; que, aux termes de la loi du 30 avril 1790, les délits de chasse sont punis d'amendes qui excèdent quinze francs, et qu'il en est de même, aux termes du décret du 4 mai 1812, du fait de chasse avec armes sans permission de port d'armes ; de tout quoi il suit que le réclamant ayant été déclaré convaincu d'un fait de chasse en temps prohibé et sans permis de port d'armes, au moment où il commettait le meurtre déclaré constant, était passible de la peine déterminée par la disposition de l'article 304, Code pénal ; que le fait de chasse sans permis de port d'armes ne perd point son caractère de délit par la circonstance qu'il aurait eu lieu dans un terrain clos ; que la circonstance si le terrain où le demandeur chassait lorsqu'il a commis le meurtre était un terrain vague ou un terrain environné de clôtures, était donc sans objet ; que l'indécision de cette circonstance ne peut donc exercer aucune influence sur l'appréciation de la condamnation prononcée contre le demandeur, etc. » (Arrêt du 21 mars 1822, Dall., jurisp. gén., v° chasse.) Cette solution, qui nous semble vraie quoique rigoureuse, ne peut pas s'appliquer à tous les faits qui peuvent avoir le caractère de délits, mais qui ne l'ont pas au moment où le meurtre a été commis ; ainsi, le meurtre commis par un individu qui chassait sur le terrain d'autrui sans la permission du propriétaire, ne pourrait aggraver le meurtre qu'autant que le propriétaire porterait plainte ; car jusque-là la permission est supposée, et par suite il n'y a pas de délit. La question offrirait plus de difficulté si le meurtre était commis par un individu chassant sur la propriété d'autrui non encore dépouillée de ses récoltes ; car dans ce cas le ministère public peut poursuivre sans avoir besoin de la plainte du propriétaire (art. 26). Mais comme les lois pénales doivent s'interpréter dans le sens le plus humain, n'est-il pas permis de penser que si d'ailleurs le propriétaire ne se porte pas partie civile pour le fait de chasse, il n'y a pas encore dans ce cas le délit proprement dit que la loi a voulu réprimer ?

Nul n'aura la faculté de chasser. C'est à dessein que le législateur s'est servi dans cette partie de notre article, de ces expressions, et non plus de la phrase *nul ne pourra chasser,* qu'il emploie dans la première partie. Dans la première disposition de l'article, le législateur suppose l'existence du droit ; mais il subordonne son exercice à deux conditions, savoir : l'ouverture de la chasse et le permis de chasse. Dans la seconde, le droit étant inhérent à la propriété, celui qui n'est pas propriétaire n'a pas la *faculté*, le *droit* de chasser sur la chose qui ne lui appartient pas, à moins qu'une convention quelconque avec le propriétaire ou les ayants droit du propriétaire ne lui ait attribué l'exercice du droit.

Sur la propriété d'autrui sans le consentement du propriétaire. Cette importante disposition est empruntée, comme nous l'avons déjà remarqué, à l'article 1er de la loi du 30 avril 1790, transcrit plus haut ; c'est la reproduction du principe consacré déjà si énergiquement par l'article 3 du décret du 4 août 1789, que le droit de chasse est l'attribut naturel de la propriété. Ici se présente à la discussion une des plus importantes difficultés que puissent offrir les lois sur la chasse ; nous allons la préciser dans la question suivante.— **QUESTION.** *Le droit de chasse appartient-il au fermier, lorsque le propriétaire ne le lui a pas expressément concédé par le bail ?* Cette question n'aurait pu se présenter sous l'empire de l'ancien droit ; car la chasse n'était pas autrefois susceptible d'être affermée ; le règlement du conseil d'Etat du 3 octobre 1722, porte : « Fait pareillement Sa Majesté défense, sous les mêmes peines, à tous les seigneurs et ecclésiastiques de son royaume, d'*affermer la chasse* sur leurs terres et domaines, et à toutes sortes de personnes de la prendre à ferme. » Sous cette ancienne législation, le droit de chasse n'entrait donc pour aucune considération dans les baux à ferme, et le gibier ne pouvait être regardé comme fruit ou revenu de la ferme. Les nouveaux principes ont évidemment modifié les anciens, et bien que ce droit qui encore aujourd'hui assure beaucoup moins un revenu de la propriété qu'un exercice de plaisir, appartienne aux propriétaires au même titre qu'il était le privilége des nobles, il est clair que n'étant plus dans le domaine du prince, les défenses de donner ce droit à bail ne peuvent plus exister ; mais de cette modification dans le droit, résulte la difficulté même que nous avons soulevée ; car d'un côté on dit : Si aujourd'hui le droit de chasse n'est plus un privilége, c'est une conséquence, un attribut du droit de propriété, c'est-à-dire du droit d'aller et de venir sur le fonds, d'empêcher les étrangers d'y pénétrer, de percevoir les fruits, et de défendre les récoltes contre toute dévastation. Or, ce sont ces avantages précisément que le bail confère au fermier ; comment ne lui conférerait-il pas en même temps, sans qu'il soit besoin d'une convention expresse, un droit qui n'en est que la conséquence? Dans l'autre opinion, on dit au contraire que le droit de chasse est bien moins un droit de la nature de ceux énumérés plus haut, et qui sont attribués au fermier, qu'un droit purement voluptuaire qui n'a rien d'utile, et que par suite le propriétaire est censé s'être réservé comme un avantage, un privilége attaché à la qualité de propriétaire, et qui ne peut dès lors passer à un tiers qu'en vertu d'une stipulation expresse; quoi qu'il en soit, cette dernière opinion paraît établie aujourd'hui par la jurisprudence des cours royales et de la Cour de cassation. Voici en quels termes la cour royale de Paris trancha d'abord cette question : « Attendu que le gibier qui se repeuple dans les terres ou dans les bois ne peut être assimilé aux fruits produits par les terres ou les bois, et que le droit de chasse, qui est une dépendance du droit de propriété, ne peut appartenir au fermier qu'autant qu'il lui a été expressément conféré par le propriétaire ; que du silence des baux à cet égard, il s'ensuit que le droit de chasser n'a point été affermé par de Bonneval à son fermier Aulet ; met l'appellation et ce dont est appel au néant ; émendant ; décharge de Bonneval des condamnations contre lui prononcées; fait défense à Aulet, etc. » (Arrêt du 19 mars 1812. Dall., Jurisprud. génér., v° Chasse, p. 431.) La question se présenta ensuite devant la cour royale d'Angers sous une autre forme : il s'agissait de savoir *si le fermier à qui le droit de chasse n'a pas été expressément concédé par son bail a qualité pour poursuivre, devant le tribunal correctionnel, la répression d'un délit de chasse commis par des étrangers; ou s'il n'a qu'une action civile, de la compétence des tribunaux civils, pour la réparation du dommage causé à ses récoltes.* La cour d'Angers pensa que la solution de cette question dépendait de celle de savoir si le droit de chasse appartient ou n'appartient pas au fermier sans concession expresse ; et résolvant cette question par la négative, elle décida que le fermier n'avait pas le droit de poursuivre les faits de chasse sur les terres qu'il tient à ferme : nous allons voir tout à l'heure un arrêt de la Cour de cassation du 9 avril 1835, qui reconnaît au contraire au fermier le droit de poursuite *indépendamment de tout droit de chasse,* et sous ce rapport la cour d'Amiens s'est trompée ; mais son arrêt n'en conserve pas moins son autorité en ce que la cour juge que le droit de chasse n'appartient pas au fermier. Voici en quels termes il est conçu : « Attendu que les animaux sauvages qui se transportent librement d'un lieu à un autre ne peuvent être assimilés aux fruits produits par la terre; que le Code civil a reconnu leur différence, en disposant, par l'art. 715, que la faculté de pêcher et de chasser est réglée par des lois particulières ; attendu que la chasse est une dépendance du droit de propriété; que le propriétaire n'est censé s'être dépouillé de ce droit au profit de son fermier, qu'autant que le bail en contient la clause expresse; que si l'on admettait une jurisprudence contraire, il s'ensuivrait que le fermier pourrait toujours s'opposer à ce que le propriétaire exerçât le droit de chasse sur les terres affermées, si celui-ci ne se l'était formellement réservé; attendu que, si le propriétaire du terrain ne rend pas plainte, le ministère public ne peut requérir l'amende de 20 livres, qui est la peine imposée par la loi; que quand le tribunal de police correctionnelle ne peut infliger une peine, il n'a pas le droit d'accorder aux particuliers une indemnité qui ne doit être prononcée qu'accessoirement; que si le fermier a des indemnités à réclamer, il doit porter sa demande devant le tribunal civil; attendu que le bail du sieur Monty ne lui confère pas le droit de chasse; qu'il en résulte qu'il ne peut poursuivre ceux qui chassent sur les terrains affermés qu'autant qu'ils y causent des dommages ; adoptant, au surplus, les motifs des premiers juges, etc. » (Arr. du 14 août 1826. Dall., ann. 1827, 11, p. 96.) Mais la Cour de cassation, à qui la même question fut depuis soumise, jugea, comme nous venons de le remarquer, que le fermier avait droit de plainte comme le propriétaire. « Vu les articles 1 et 8 de la loi du 30 avril 1790 et le décret du 4 mai 1812 sur le port d'armes; attendu que si, d'après la loi du 30 avril 1790, le propriétaire a seul le droit (à moins de stipulations contraires) de chasser ou laisser chasser sur des terres affermées, et, par suite, a qualité pour se plaindre d'un fait de chasse non autorisé, la loi n'en réserve pas moins au fermier le droit de se plaindre aussi d'un fait de cette nature, en tant qu'il vient troubler la jouissance du sol et de ses produits; qu'en effet, l'art. 8 ci-dessus visé de la loi du 30 avril 1790 attribue expressément le droit de porter plainte, non-seulement au propriétaire, mais à toute autre partie intéressée; tandis que, d'une autre part, l'art. 1er veut qu'une indemnité soit accordée au propriétaire des fruits, quand on aura chassé sur le terrain d'autrui sans le consentement du propriétaire, sans préjudice de plus forts dommages-intérêts, s'il y a lieu; attendu que, lorsque des terres sont affermées, le fermier est propriétaire des fruits, et a évidemment intérêt à ce que le fond qu'il cultive ne puisse être à la discrétion de tous ceux qui, sans autorisation, voudraient s'y livrer à l'exercice de la chasse; attendu que, dès lors, le fermier est rangé par la loi au nombre de ceux qui peuvent porter plainte d'un fait de chasse non autorisé; et attendu, dans l'espèce, qu'il est constant et reconnu, en fait, que le sieur Janvier a chassé sur le fonds d'autrui, sans le consentement du propriétaire, et qu'une plainte a été formée par le fermier; que, néanmoins, la cour royale de Rennes, au lieu de prononcer contre le sieur Janvier les peines portées par l'art. 1er de la loi du 30 avril 1790 (une amende de 20 livres envers la commune, et une indemnité de 10 livres au profit du propriétaire des fruits), a renvoyé le sieur Janvier de la plainte, sur le motif que le fait de chasse dont il s'agissait ne pouvait être poursuivi que sur la plainte du propriétaire ou autre partie intéressée, ce qui ne peut s'entendre d'un fermier auquel le droit de chasse n'a pas été accordé par son bail; sur le motif aussi que le droit de chasse est le seul droit auquel il ait été porté atteinte, et que la plainte, dès lors, appartenait seulement au propriétaire; et, attendu, d'après les motifs ci-dessus exprimés, que la cour de Rennes, en jugeant ainsi, a commis une violation des articles 1 et 8 de la loi du 30 avril 1790; casse. » (Arrêt du 9 avril 1835; Sir. 36, 1, 844.) La question que préjuge déjà cet arrêt s'étant présentée plus directement devant la même cour, elle a consacré l'opinion qui ressort des arrêts précédents, c'est-à-dire que le fermier n'est pas investi sans convention du droit de chasse, mais par des motifs très-peu explicites et qui sont bien plutôt puisés dans les faits de la cause que dans une discussion approfondie du point de droit; nous allons transcrire cet arrêt. « Attendu qu'il résulte des faits de la cause, tels qu'ils sont établis par l'arrêt attaqué, et des actes dont les parties ont excipé, que le droit de chasser sur les terres dont il s'agit n'était pas compris au nombre des objets affermés par le maréchal Gouvion Saint-Cyr, propriétaire desdites terres, et que Moreau n'avait point obtenu du maréchal Gouvion Saint-Cyr une permission de chasse; que, dès lors, il a chassé sur le terrain d'autrui sans le consentement du propriétaire, et que, par conséquent, l'arrêt attaqué a fait une juste application de la loi du 30 avril 1790; rejette. » (Arrêt du 12 juin 1828, Dall.; ann. 1828, I, 882.) Voyez encore à l'appui de cette opinion un arrêt de la même cour du 13 novembre 1818, cité sous l'article 11, et qui juge qu'un coup de fusil tiré par le *fils du fermier* sur un oiseau de proie, sans la permission du propriétaire, est un délit de chasse. Encore bien que la Cour de cassation ait plutôt jugé, comme nous venons de l'observer, la question en fait qu'en droit, nous pensons néanmoins qu'en présence de tous ces monuments d'une jurisprudence uniforme, il serait aujourd'hui difficile de faire prévaloir l'opinion contraire; il est pourtant vrai de dire qu'elle se défendait par l'ancien texte des lois de la matière, et par de puissantes considérations. En effet, la loi de 1790 suppose bien que le fermier a de plein droit et sans stipulation formelle le droit de chasse, puisque c'est au *propriétaire des fruits* que la loi accorde l'indemnité de 10 livres qui doit être prononcée contre ceux qui ont chassé sans permission, et que cette qualité de propriétaire des fruits ne saurait être contestée au fermier; ajoutons que l'article 7 de la même loi donne le droit de poursuite non-seulement au propriétaire, mais encore à toute *partie intéressée*, expressions qui, comme l'a jugé la Cour de cassation par son arrêt du 9 avril 1835, rapporté plus haut, comprennent les fermiers; enfin, le droit de chasse est nécessaire au fermier pour prévenir la perte de ses récoltes. Quant à l'objection tirée de ce que le droit de chasse ne peut être assimilé aux fruits de la terre concédés aux fermiers, on répond que ce droit, étant susceptible de louage, est appréciable en argent comme les autres avantages que peut offrir la terre, et qu'il entre par suite, comme tous les autres fruits, dans le bail du fermier, si le propriétaire ne se l'est pas formellement réservé; malgré toutes ces raisons, la jurisprudence, comme nous venons de le voir, a consacré une opinion toute différente, parce qu'il a paru inconvenant, pour ainsi dire, qu'un propriétaire fût repoussé par son fermier, lorsqu'il voudrait chasser sur ses propriétés; nouvelle preuve que les mœurs ont bien souvent plus d'empire que la loi. Les arrêts que nous avons cités et qui dénient le droit de chasse au fermier, laissent sans réponse l'argument tiré de cette considération que les fermiers doivent jouir du droit de chasse pour préserver leurs récoltes de la dévastation du gibier; nous pensons que, dans le système de ces arrêts, il faut dire, pour repousser l'objection, que les fermiers auront contre les propriétaires qui négligeraient de détruire le gibier une action en dommages-intérêts. Voyez aussi, quant au droit qui appartient aux fermiers de tuer et repousser les animaux nuisibles qui s'attaquent à leurs récoltes, nos observations sur l'article 9 et les arrêts cités.—**QUESTION**. *L'usufruitier a-t-il droit de chasser sans stipulation expresse?* Si ce point a pu offrir une grave difficulté relativement au fermier, il n'en présente aucune à l'égard de l'usufruitier qui doit nécessairement jouir du droit de chasse sans qu'il soit besoin d'aucune stipulation, puisqu'il jouit comme le propriétaire lui-même (art. 597 du

Code civ.). Voyez nos observations renfermées dans la dernière note sur le présent article, quant à la question de savoir si le propriétaire qui chasse sur le terrain dont un autre a l'usufruit peut être poursuivi comme ayant chassé sur le terrain d'autrui.

— QUESTION. *Le simple usager a-t-il, comme l'usufruitier, droit de chasser sur les terres dont il a l'usage?* La négative nous paraît incontestable. Et d'abord, la loi de 1790 distinguait le simple usager du *possesseur,* auquel elle attribuait le droit de chasse. L'article 14 de cette loi porte : « Pourra également tout propriétaire ou possesseur, *autre qu'un simple usager,* dans les temps prohibés par ledit article 1er, chasser ou faire chasser sans chiens courants, dans ses bois et forêts. » En second lieu, les principes généraux sur l'usage restreignent le droit de l'usager aux fruits, à ce qu'il lui en faut pour ses besoins et ceux de sa famille (art. 630, Code civ.). Or, la chasse est bien un avantage attaché à la propriété ; mais la chasse n'est pas un fruit du fonds, à moins que le fonds ne soit destiné spécialement à la chasse, *venationem fructus fundi negavit esse, nisi fructus fundi ex venatione constet,* l. 26, ff., *de Usuris ;* d'ailleurs, s'il était permis d'assimiler l'usager au *possesseur,* tel que l'usufruitier, il aurait comme lui le droit de *faire chasser* sur le fonds dont il aurait l'usage, aux termes de l'article 2 ; or, c'est ce que lui refuse positivement l'article 631 du Code civil, qui interdit à l'usager de céder ou de louer son droit à un autre. Cette solution, toutefois, pourrait ne pas être suivie, si les titres de l'usager donnaient à ses droits une étendue telle qu'on pût y voir la constitution d'une sorte d'usufruit (art. 628 et 629 Code civ.).

— 1re QUESTION. *Celui qui a chassé en temps non prohibé, avec la permission écrite du propriétaire, doit-il être considéré comme coupable d'un délit de chasse, par cela que les plaignants produiraient également un acte qui leur conférerait exclusivement le droit de chasser sur les terres du même propriétaire, si, du reste, il a ignoré l'existence de cet acte et usé de bonne foi de sa permission?* — 2e QUESTION. *Le mérite de cet acte, et l'action récursoire à laquelle il pourrait donner lieu, ne peuvent-ils être appréciés que par les tribunaux civils?* — 3e QUESTION. *Le tribunal correctionnel peut-il faire abstraction de cet acte, statuer sur le délit de chasse, et renvoyer le prévenu de la plainte?* La cour de Colmar a consacré l'affirmative sur les trois questions : « Considérant qu'il est justifié, par l'arrêté du préfet du Bas-Rhin, en date du 11 août dernier, que la chasse sans chien courant a été ouverte dès le 15 août ; qu'au cas particulier, tous les procès-verbaux de contravention étant postérieurs à cette époque, il en résulte que le fait de chasse en temps prohibé, imputé aux prévenus, n'existe pas; que les appelants ont produit devant la cour deux permissions de chasser, à eux délivrées par un assez grand nombre de propriétaires, les 16 avril et 19 août dernier, enregistrées le 27 de ce mois; qu'il n'a pas été dénié que, parmi les signataires de ces permissions, les propriétaires des terrains sur lesquels les procès-verbaux qui font la base de la demande indiquent que les appelants ont chassé, ne se trouvent; que, dès lors, on ne peut pas dire que les appelants avaient chassé sans permission des propriétaires; qu'à la vérité, les intimés représentent, de leur côté, pour justifier le droit exclusif qu'ils prétendent avoir de chasser et de poursuivre les délits de chasse, un acte sous seing privé, daté du 21 septembre 1820, signé par un très-grand nombre de propriétaires de la Ventzenau, dont les signatures auraient été légalisées par le maire de ladite commune, le 22; mais que cet acte unilatéral, qui n'a été enregistré que le 24 octobre dernier, c'est-à-dire depuis le jugement, et qui est pleinement étranger aux appelants, n'a pas pu, à leur égard, détruire la bonne foi avec laquelle ils ont pu faire usage des deux permissions sus-mentionnées, et chasser, en vertu d'icelles, sur les terrains appartenant aux propriétaires qui les leur ont données, sans pouvoir être considérés comme coupables du délit de chasse; que l'appréciation de la validité et du mérite de l'acte sus-énoncé dont les intimés se prévalent, ainsi que l'action récursoire à laquelle il pourrait donner lieu contre ceux des signataires dudit acte, qui ont signé depuis les deux premiers sus-mentionnés, dont les appelants excipent, sont exclusivement du domaine de la justice civile; mais que, au cas particulier, le délit de chasse imputé aux appelants, pouvant être apprécié et jugé par les motifs ci-dessus, abstraction faite du mérite et de l'effet dudit acte à l'égard des signataires d'icelui, il y a lieu de disposer et par suite de décharger les appelants des condamnations prononcées contre eux ; émendant, décharge les appelants des condamnations, etc. » (Arrêt du 29 déc. 1821. Dall., Jur. gén., v° Chasse, p. 435.) — Il résulte bien de cet arrêt qu'il faudrait juger différemment si celui qui aurait chassé avec la permission du propriétaire avait su que celui-ci avait précédemment cédé ou loué le droit exclusif de chasse à un tiers. En effet, le propriétaire peut faire chasser sur son fonds autant de personnes qu'il lui plaît, et accorder en conséquence toutes les concessions qu'il juge à propos; il peut aussi ne louer que partiellement le droit de chasse, et conserver par ce moyen la faculté d'accorder d'autres concessions; mais il doit s'en abstenir s'il a fait une concession *exclusive* du droit de chasse, ou fait un bail du même droit *sans réserve.* — **Question**. *Le chasseur qui chasse sans la permission du propriétaire a-t-il droit au gibier qu'il a tué ?* L'affirmative ne saurait offrir de doute ; elle était admise chez les Romains comme conséquence du principe que les animaux sauvages, n'appartenant à personne, devenaient la chose du premier occupant ; or, celui qui tue un animal sauvage doit être considéré comme premier occupant : ces principes n'ont pas changé. Le propriétaire a bien un droit exclusif à la chasse sur ses propriétés, mais il n'a pas le même droit sur les animaux sauvages qui, dans leur liberté naturelle, ne se trouvent que passagèrement sur ses terres : si un autre les tue sans sa permission, sur ses propriétés, aucune loi n'attribuant au propriétaire le gibier tué par le chasseur, ce gibier est nécessairement la chose de ce dernier. Le propriétaire ne peut donc s'en emparer ni empêcher que le chasseur s'en empare. Si même le gibier tué dans une propriété quelconque où le chasseur aurait ou non le droit de chasse, tombait dans le jardin ou dans un enclos d'un propriétaire, nous ne pensons pas que le chasseur pût y pénétrer contre la volonté du propriétaire, car ce serait une sorte de violation du domicile ; mais comme le coup de fusil qui a tué l'animal constitue, pour ainsi dire, l'occupation et attribue la propriété du gibier, nous pensons que le propriétaire ne pourrait, sans abuser de son droit, se dispenser de rendre le gibier tombé chez lui et qu'on pourrait facilement retrouver. C'est ce que l'on peut implicitement conclure d'un arrêt de la Cour d'Amiens, du 17 janvier 1842, rapporté plus bas. — **Question**. *Celui qui, sachant qu'un animal a été tué ou blessé par tel chasseur qui ne l'a pas encore appréhendé ou n'a pas pu l'appréhender, s'en empare, se rend-il coupable de vol ?* L'affirmative paraît certaine, lorsque l'animal a été tué ou très-blessé ; car il y a dans le fait de tuer ou de blesser fortement l'animal un acte d'occupation qui le fait sortir de la communauté négative dans laquelle se trouvent les animaux sauvages, pour en attribuer la propriété au chasseur, à titre de premier occupant, *jure occupationis.* Il n'est pas, en effet, nécessaire qu'un chasseur ait mis la main sur la pièce de gibier pour qu'il soit censé en avoir acquis le domaine ; il suffit d'un acte qui empêche l'animal de lui échapper ; car il cesse en effet dès ce moment d'être *in naturali laxitate*, c'est-à-dire dans l'état de communauté négative. Le tribunal de Melun a appliqué ces principes en condamnant comme coupables de vols, à l'amende et à des dommages-intérêts, des individus qui s'étaient emparés d'un lièvre en écartant les chiens au moment où ils venaient de le forcer. (Jugement du 6 novembre 1834, *Gaz. des trib.* du 14 décembre.) Mais si l'animal a été légèrement blessé, il faut encore distinguer : si le chasseur qui a blessé l'animal en a abandonné la poursuite, il est clair que l'animal est rentré dans la communauté négative et appartient au premier occupant ; mais si le chasseur le poursuit, la solution dépendra de celle d'une autre question, c'est-à-dire de celle de savoir s'il suffit qu'un chasseur soit à la poursuite d'un animal pour qu'il soit censé en être le premier occupant. Les anciens auteurs étaient partagés sur cette question. Puffendorf pensait que la poursuite était insuffisante pour assurer le domaine, à moins que l'animal ne fût assez blessé pour supposer que le chasseur eût atteint l'animal si on ne s'en fût pas emparé. Barbeyrac admettait que la simple poursuite acquérait le domaine de l'animal, et l'on peut invoquer à l'appui de cette opinion la loi salique qui, art. 5, tit. 35, porte : *Si quis aprum lassum quem alieni canes moverunt occiderit et furaverit, D. C. denarios culpabilis judicatur.* Sans doute, comme le dit Pothier, il est *plus civil* que l'on ne puisse s'emparer d'un animal pendant qu'un autre le poursuit, et ce sentiment est en général suivi dans l'usage ; mais nous ne pensons pas que la simple poursuite puisse réellement faire acquérir le domaine, de telle sorte qu'un autre qui s'en emparerait pût être considéré comme voleur. L'animal qui n'est pas grièvement blessé et qui fuit devant un chasseur est réellement toujours *in naturali laxitate*, et par suite il doit appartenir au premier occupant. Voyez, du reste, Pothier, *du Droit de propriété*, art. 23 et suiv. — **QUESTION.** *Le gibier pris au moyen de filets ou de collets appartient-il au chasseur ?* Oui, sans doute ; car nous avons vu que le gibier tué par un chasseur en temps prohibé ou sans permis de chasse lui appartient néanmoins *jure occupationis*. Le fait de prendre du gibier aux collets ou avec des filets n'est non plus qu'un délit de chasse, et conséquemment le gibier pris appartient aussi dans ce cas au chasseur. Mais si quelqu'un s'emparait du gibier pris au filet, le propriétaire des filets aurait-il une action pour réclamer le gibier qu'on lui a dérobé ? Pothier prétend que sous l'ancienne jurisprudence le gibier pris à des collets ou à des piéges tendus dans un lieu où le chasseur n'avait pas droit de les poser ne peut être réclamé par lui s'il a été enlevé. « En effet, dit Pothier, on ne peut pas dire que le gibier, en se prenant aux piéges ou aux collets

3

que le chasseur a tendus, fût tombé en son pouvoir, car il
n'était pas en son pouvoir de l'y aller prendre, le propriétaire
du lieu et ses gens ayant le droit de l'empêcher de s'y transporter. » Cette raison peut ne pas exister dans le cas qui fait
l'objet de notre question; mais la chasse aux collets et aux
piéges étant interdite, l'auteur du délit ne peut puiser dans ce
délit le principe d'une action, *nemo ex delicto suo potest
consequi actionem*. — Nous verrons sous l'article 11 quelles sont les nombreuses distinctions qui résultent de la loi,
quant au droit du propriétaire, relativement aux personnes
qui s'introduisent sur ses terres sans sa permission. Tout
ce que nous venons de dire, au reste, sur les droits des chasseurs, quant au gibier qu'ils tuent dans un fonds où ils
n'ont pas droit de chasser, reçoit exception dans le cas où le
gibier aurait été chassé dans un parc ou enclos qui serait un
obstacle à sa fuite; parce qu'alors il est devenu le captif du propriétaire qui le tenait sous sa main, et incorporé avec le fonds
dont il était devenu partie intégrante. Le chasseur n'a pas acquis, par l'effet de sa contravention, plus de propriété sur ce
gibier que n'en aurait un voleur sur la chose qu'il aurait dé-
robée dans l'habitation (Pothier, *Traité de la propriété*).
L'exception s'appliquerait aussi à l'égard des pigeons qui auraient été tués sur le fonds d'autrui; n'étant pas considérés
comme gibier, mais bien comme une volaille domestique, tout
chasseur qui tire sur cette espèce, hors le temps où la loi elle-
même permet de les tuer (art. 2, loi du 4 août 1789), se rend
coupable de larcin; non-seulement il est tenu de la restitution, mais même il est soumis à la poursuite du ministère
public, comme celui qui aurait chassé dans un clos malgré le propriétaire (ordonnance de juillet 1607, art. 11). —
QUESTION. *Le propriétaire qui fait lever le gibier sur
son fonds a-t-il le droit de poursuite sur le fonds voisin?*
Si la négative ne résulte pas du texte formel de la loi, elle
résulte évidemment de son esprit : en effet, l'article que nous
expliquons dispose expressément que personne ne peut chasser sur le terrain d'autrui sans son consentement; or, poursuivre le gibier sur le fonds dans lequel on n'a pas le droit de
chasse, c'est évidemment *chasser* sur ce fonds, et conséquemment violer la défense de la loi; cette solution résulte encore
de la disposition de l'article 11 qui permet de ne pas considérer comme délit de chasse le fait de passage des chiens courants sur le terrain d'autrui; car cette exception dans le silence
de la loi ne peut s'étendre au maître des chiens; le chasseur doit
donc s'arrêter et rompre ses chiens sur la ligne de démarcation

des deux héritages; peu importerait qu'au lieu de faire simplement lever le gibier sur son fonds, on l'eût blessé. Cette circonstance ne donnerait pas davantage le droit de le poursuivre sur le fonds d'autrui; car ce serait toujours là *chasser* contrairement au vœu de la loi.—**QUESTION.** *Si le gibier blessé sur le fonds appartenant au chasseur allait mourir sur le fonds d'autrui, aurait-il le droit d'y pénétrer pour aller le chercher ?* Nous pensons qu'on ne pourrait, sans forcer les principes que nous venons de poser, refuser ce droit au chasseur. La chasse est, pour ainsi dire, terminée par la mort de l'animal qu'on poursuivait : ce n'est plus poursuivre cet animal; ce n'est plus *chasser* que d'entrer dans un fonds ouvert à tous pour y chercher et y prendre une pièce de gibier; mais nous croyons que, dans ce cas, le chasseur doit y entrer sans ses chiens; car la recherche du gibier au moyen des chiens fait partie de l'action de chasser interdite sur le terrain d'autrui sans son consentement. La cour d'Amiens a décidé la question en ce sens. « Attendu que si, du procès-verbal dressé par le juge de paix du canton d'Ailly, sur le rapport du garde particulier du vicomte Delamyre, il résulte que, le 10 septembre dernier, Casting aurait chassé dans un enclos de la commune de Grivesnes, appartenant à Pourcelle, et du consentement de celui-ci; qu'il aurait été surpris ramassant, sur une pièce de terre dépouillée de sa récolte, appartenant à Delamyre, un lièvre qu'il avait tiré et blessé mortellement dans ledit enclos; il est constaté que, avant de pénétrer dans cette pièce de terre, il avait déposé son fusil sur le bord d'un chemin qu'il avait suivi depuis la sortie de l'enclos; que ces circonstances ne constituent ni le fait de chasse en temps prohibé, ni le fait de chasse sur le terrain d'autrui, etc. » (Arrêt du 17 janv. 1842. Sir., t. 42, ll, 104.)—**QUESTION.** *Quelle obligation est imposée au chasseur qui veut passer sur le terrain d'autrui ?* Tous les auteurs sont d'accord qu'il doit pour cela faire coupler ses chiens et c'est aussi ce que nous avons déjà dit plus haut; car autrement rien ne prouverait qu'il ne chasse pas réellement sur les fonds qu'il traverse. (Argument d'un arrêt de la Cour de Rouen du 17 juin 1831, cité sous l'art. 11.)—**QUESTION.** *Quels moyens peut-on employer pour éviter les inconvénients résultant du morcellement des propriétés, soit relativement à la poursuite du gibier, soit relativement au passage ?* On pourrait encore, comme cela se pratiquait autrefois entre les seigneurs de fiefs, convenir qu'on pourra chasser par indivis sur les possessions éparses et enclavées; mais le moyen le plus naturel et que les propriétaires sont dans l'usage d'employer préférablement, est le *cantonnement*, c'est-à-dire le partage de la chasse d'un territoire, de manière que chacun des copartageants ait un canton particulier, dans lequel il puisse arriver et chasser, sans passer sur les cantons des copartageants. L'opération du cantonnement consiste à se faire fictivement entre propriétaires des échanges et des compensations réciproques de parcelles, à l'effet d'obtenir une étendue de terrain d'une seule masse, pour l'exercice de la chasse. Dans l'état de la législation actuelle, le cantonnement ne peut avoir lieu que de gré à gré : le législateur de 1844 n'a pas cru pouvoir autoriser, dans l'intérêt général, les copropriétaires de terrains d'une certaine étendue, à exiger, s'ils le jugent convenable, le cantonnement devant les tribunaux, en cas de refus d'un cantonnement amiable. Un moyen plus efficace peut-être encore de prévenir les inconvénients du morcellement des héritages, et les actions que le caprice et les petites passions des propriétaires de champs circonscrits peuvent intenter aux chasseurs, eût été de n'accorder le droit de chasse qu'*aux propriétaires d'une certaine étendue de terrain*, de telle sorte qu'ils eussent par là même le droit de chasse sur toutes les propriétés situées dans le territoire de la même commune, mais d'une moindre étendue ; sauf le cantonnement entre les propriétaires ayant dans la même commune l'étendue de terrain déterminée ou une étendue plus considérable. Le législateur de 1844 n'a pas osé introduire dans la nouvelle loi cette importante disposition. Il y a vu une atteinte trop grave au principe qu'il a lui-même proclamé bien haut, que la chasse est l'attribut de la propriété ; mais la chasse avec armes à feu n'étant praticable en plaine que sur un terrain d'une certaine étendue, il eût peut-être mieux valu, dans l'intérêt des petits propriétaires, que la loi en apparence plus sévère, mais en réalité plus humaine, les privât d'un droit dont ils ne peuvent user sans sortir de chez eux, et sans s'exposer dès lors à des poursuites rigoureuses. On aurait pu dire, au reste, que si le gibier n'appartient à personne, il est cependant plus naturel de n'attribuer, dans l'intérêt général, le droit de le poursuivre qu'à ceux dont les propriétés le nourrissent en plus grande quantité. — **QUESTION.** *Si le gibier qui existe dans un bois cause des dégâts aux propriétés voisines, quelles actions ont les maîtres de ces propriétés ?* On est généralement d'accord qu'ils ont une action en dommages-intérêts contre le propriétaire du bois, en conformité de l'article 1383 du Code civil, s'il est prouvé que c'est par son fait et par sa négligence que le gibier s'est multiplié au point de devenir nuisible aux terres voisines; mais comme c'est là une action toute civile, elle ne doit pas, comme celle relative aux délits de chasse, être portée devant les tribunaux correctionnels, mais bien devant les justices de paix. Voir l'arrêt du 14 septembre 1816, cité à l'appendice. — Nous verrons sous l'article 26 que le consentement du propriétaire n'a pas besoin d'être donné *par écrit :* ce consentement est *présumé* toutes les fois que le propriétaire n'exprime pas la volonté contraire, en réclamant contre le fait de chasse et pourvu toutefois que l'on n'ait pas chassé sur des terres appartenant à autrui, non encore dépouillées de leurs récoltes ; car, dans ce cas, le ministère public peut poursuivre, sans attendre la dénonciation du propriétaire, aux termes de l'article 26. — Nous parlerons, sous l'article 9, des différentes espèces de chasse, et sous l'article 12 des circonstances constitutives du fait de *chasse*, lequel, lorsqu'il a lieu sans l'accomplissement des conditions exigées, entraine l'application des peines édictées par notre loi. Pour bien connaître le propriétaire du droit de chasse, il faut se reporter au chapitre 3, livre 2, du Code civil, qui s'occupe des biens dans leur rapport avec ceux qui le possèdent (art. 537 et suiv.). Les chemins, routes et rues à la charge de l'Etat, les fleuves et rivières navigables ou flottables, les rivages, lais et relais de la mer, les ports, les havres, les rades, sont considérés comme des dépendances du domaine public (art. 538 Code civil). Les biens vacants et sans maîtres, et ceux des personnes qui décèdent sans héritiers, ou dont les successions sont abandonnées, appartiennent au domaine public (art. 539 C. civ.). Il en est de même des murs, fossés, remparts des places de guerre et des forteresses (art. 540 Code civil), ainsi que des terrains des fortifications et remparts des places qui ne sont plus places de guerre : ils appartiennent à l'Etat (art. 541 Cod. civ.). Les biens communaux sont ceux à la propriété ou au produit desquels les habitants d'une ou plusieurs communes ont un droit acquis (art. 542). Enfin les biens peuvent appartenir à des communautés, à des hospices, à des établissements publics. On peut avoir sur les biens, ou un droit de propriété, ou un simple droit de jouissance, ou seulement des services fonciers à prétendre (art. 543 Code civil). Ces distinctions établies, plusieurs questions peuvent se présenter. — **QUESTION.** *Toute personne munie d'un permis de chasse peut-elle chasser en temps non prohibé sans permission sur les biens dépendant du domaine public ?* Nous pensons qu'il faut distinguer entre les biens dont il s'agit. Quant aux terrains vacants et sans maîtres, quant aux terrains des fortifications, des remparts ou des fossés qui ne sont plus places de guerre (nous ne parlons pas ici des forêts nationales qui sont régies par le Code forestier), nous ne croyons pas qu'on puisse y chasser sans une autorisation intervenue dans la forme légale. En effet, ces biens sont susceptibles de produire des fruits qui doivent être recueillis par l'Etat; ces fruits peuvent être affermés par lui, et par suite on comprend que le droit de chasse, qui est un des avantages attachés à la propriété, ne puisse, dans ces terrains, être exercé sans son autorisation. Relativement aux murs, fossés, remparts des places de guerre et des forteresses, le régime auquel ces places et forteresses sont assujetties est incompatible avec l'exercice du droit de chasse; mais quant aux chemins et routes à la charge de l'Etat, et quant aux fleuves et rivières navigables ou flottables, nous croyons que les citoyens munis d'un permis de chasse peuvent y chasser. Nous reconnaissons, il est vrai, que si, placé sur une route ou sur un fleuve, un chasseur tue un animal sur les terres riveraines appartenant à des particuliers, il n'en aura pas moins commis le délit de chasse sur le terrain d'autrui; car c'est le fait de tuer le gibier sur le terrain d'autrui, et non pas d'y marcher, qui constitue le délit. Mais si c'est sur la route même ou sur le fleuve que le chasseur a tué le gibier, nous croyons qu'aucun reproche ne peut lui être adressé. Lorsque le législateur prohibe la chasse sur le terrain d'autrui sans son consentement, il entend parler d'une propriété sur laquelle le propriétaire a droit de chasse, droit qu'il peut soit se réserver, soit concéder à d'autres : or, sont-ce là les caractères des propriétés dont il s'agit? Non, car aux termes des articles 538 et suivants du Code civil, ces propriétés ne sont pas susceptibles d'une *propriété privée;* ces choses sont communes à tous, et appartiennent à l'Etat; à la différence des biens de la liste civile ou des biens des communes, ces choses ne sont pas susceptibles de produire des fruits; l'Etat, comme propriétaire, n'a nullement le droit de chasser ni d'autoriser ou concéder la chasse sur ces sortes de choses. Les avantages qu'elles offrent aux particuliers sont l'unique fruit qu'elles peuvent produire. Voyez toutefois dans le sens de l'opinion contraire, un arrêt de la cour de Metz du 5 mars 1845, rapporté sous l'article 11, n° 2. — **Ques-TION**. *Tous les habitants d'une commune ont-ils droit, munis d'un permis de chasse, de chasser sur les biens communaux sans y avoir été dûment autorisés par l'autorité communale?* La négative ne peut être sérieusement contestée. La propriété des biens communaux n'appartient pas aux habitants *ut singuli*, mais *ut universi;* c'est la communauté des habitants, l'être moral qu'on nomme commune, qui est propriétaire du droit de chasse sur les biens qui lui appartiennent, et conséquemment les habitants, et même les administrateurs de la commune qui chassent sans que la concession de l'exercice du droit leur ait été faite dans la forme légale, peuvent être poursuivis comme ayant chassé sur le terrain d'autrui sans son consentement. Nous verrons sous l'article 26 à qui appartient la poursuite dans ce cas.

Ou de ses ayants droit. On entend, en général, par *ayants droit* ceux qui se trouvent par suite d'un acte quelconque aux droits d'une autre personne. Les ayants droit du propriétaire, ici, sont ceux qui exercent à l'égard de la chasse les droits que la loi reconnaît au propriétaire sur sa chose comme un des attributs de la propriété; mais ces ayants droit peuvent l'être à différents titres. Ils peuvent l'être comme investis de tous les droits qui constituent la jouissance de tous les fruits de la propriété; par exemple, le fermier; ils peuvent l'être comme concessionnaires seulement du droit de chasse. Il résulte bien des termes de notre article que, de quelque manière qu'une personne soit concessionnaire du droit de chasse, il y a obligation pour pouvoir chasser de demander son consentement, comme si elle était réellement propriétaire de la chose; et qu'au moyen de ce consentement on échappe à toutes poursuites pour avoir chassé sur le terrain d'autrui; —Le principe que le droit de chasse peut être donné à bail a été positivement consacré dans l'espèce des questions suivantes. — 1re **QUESTION**. *Le bail d'un droit de chasse, consenti par plusieurs propriétaires, représentés par un mandataire, est-il valable, encore qu'il n'ait pas été fait en autant de doubles qu'il y a d'intéressés?* — 2e **QUESTION**. *Le droit de chasse est-il susceptible d'être cédé ou donné à bail?* La cour de Rouen a jugé affirmativement ces deux questions par l'arrêt suivant : «Attendu, sur la nullité proposée contre le bail de février 1824, que, s'il n'a pas été arrêté en autant de doubles qu'il y avait d'intéressés, les parties ont été représentées dans cet acte fait double, par un mandataire commun, chargé de recevoir la somme convenue pour le prix de la location; attendu, au fond, que les particuliers ont la libre disposition des biens qui leur appartiennent, sauf les modifications établies par la loi; que le droit de chasse est inhérent à la propriété; qu'aucune loi n'en prohibe soit l'aliénation, soit la location;

que, dès lors, ce droit est susceptible d'entrer dans le commerce; que le sieur de Maupou peut produire, en tout état de cause, le bail du mois de février 1824, enregistré le 29 avril même année; que le sieur Enne, qui l'a souscrit, ne peut prétexter que, dans aucun temps, il ait ignoré l'existence de ce bail; qu'enfin, le sieur Enne n'oppose aucun moyen raisonnable contre cet acte qui a reçu sa pleine et entière exécution; réforme, etc. » (Arrêt du 9 novembre 1826. Dall., ann. 1830, II, p. 177.) La Cour de cassation a aussi positivement reconnu, dans un arrêt du 21 janvier 1837, rapporté sous l'article 26 la validité de la cession ou du bail d'un droit de chasse : « Attendu, porte cet arrêt, que si la faculté de poursuivre les délits de chasse appartient au propriétaire du fonds, le droit de chasse peut toutefois être vendu ou cédé, et que des stipulations de cette nature ouvrent une action à celui qui est devenu cessionnaire du droit de chasse, etc. » Mais la difficulté est beaucoup plus grave lorsqu'il s'agit de la validité d'une concession de droit de chasse à perpétuité; cette difficulté fait l'objet de la question suivante :—**QUESTION.** *Le droit de chasser peut-il être concédé sur un fonds à perpétuité ?* Pour l'affirmative on peut dire que le droit de chasse, tel qu'il existe aujourd'hui, est un démembrement de la propriété, et que tout démembrement peut se céder à perpétuité comme la chose elle-même. C'est ce que la cour d'Amiens a jugé dans une espèce où il s'agissait de savoir si le vendeur peut réserver, sur le fonds vendu, le droit de chasse à perpétuité, pour lui, ses héritiers ou ayants cause; et si cette réserve est obligatoire pour les tiers-acquéreurs ultérieurs comme pour le premier acquéreur. « Attendu, a-t-elle dit, que tout propriétaire a le droit de chasser sur son terrain; attendu que la transmission de la propriété, par contrat, est susceptible de toutes les conditions et stipulations qui n'ont rien de contraire aux lois, aux bonnes mœurs et à l'ordre public; qu'ainsi, dans une adjudication, le propriétaire vendeur peut se réserver telle ou telle partie de ses droits sur la terre qu'il aliène, et notamment le droit de chasse qui n'en est qu'un accessoire, un démembrement de la propriété; que cette réserve, lors même qu'elle a lieu, non-seulement au profit du vendeur, mais encore au profit de ses successeurs ou ayants cause, doit avoir son effet, parce que ce droit de chasse, démembrement de la propriété, n'a aucun des caractères de féodalité que les premiers juges ont cru lui reconnaître; attendu qu'en principe, le vendeur ne peut transmettre à l'acquéreur plus de droits qu'il n'en a; qu'ainsi, en admettant que la veuve Notelet, premier acquéreur de Be-

zannes, eût revendu la pièce de terre, sans exception du droit de chasse, la propriété de la terre ne serait pas passée entière et libre aux acquéreurs successifs, et que le sieur de Bezannes n'en serait pas moins resté propriétaire de son droit de chasse; infirme. (Arrêt du 2 décembre 1835. Sirey, t. 36, 11, 198.) — Mais la solution contraire est admise par la plupart des auteurs, par la raison qu'une concession à perpétuité du droit de chasse par un propriétaire serait une infraction flagrante à la règle posée dans l'article 686 du Code civil, qui interdit la constitution des servitudes *en faveur des personnes.* Ajoutons qu'un *avis* du conseil d'Etat, du 19 octobre 1811, inséré au Bulletin des lois, a déclaré que la concession à perpétuité d'un droit de pêche est nulle : il doit en être de même de la concession d'un droit de chasse, car il y a même raison de décider. Voici les termes de cet avis : « Considérant que le droit de pêche appartenant à la commune sur la rivière d'Iton, résulte pour elle de la propriété des terrains communaux, et en est une dépendance indivisible; qu'elle ne peut aliéner à perpétuité ce droit exclusif de pêche, en conservant la propriété du terrain d'où ce droit découle, est d'avis, etc. » —
QUESTION. *Celui qui s'est rendu adjudicataire d'un droit de chasse dans une forêt royale ou nationale, sous l'obligation de souffrir la destruction des animaux nuisibles, a-t-il droit à la propriété d'un animal nuisible, tel qu'un sanglier, tué dans une battue ordonnée par l'administration supérieure pour la destruction de ces animaux?* Pour l'affirmative on remarque que l'obligation que le concessionnaire du droit de chasse s'impose, dans l'intérêt général, donne bien à l'administration le droit de tuer le gibier, mais qu'elle ne lui confère pas la propriété du gibier ou de l'animal nuisible, une fois qu'il est tué; qu'autrement ce serait transformer une simple obligation de souffrir la destruction des animaux nuisibles en véritable droit de chasse quant à ces animaux; mais la cour suprême a consacré l'opinion contraire, en interprétant l'acte par lequel le concessionnaire s'était obligé de souffrir la destruction des animaux nuisibles. « Considérant que, s'il est incontestable, en droit, que le concessionnaire du droit de chasse dans une forêt est assimilé au propriétaire, et a droit à la propriété de tout animal tué par un tiers dans la forêt, l'espèce présentait une exception à ces principes; considérant qu'une des clauses de l'adjudication du droit de chasse dans la forêt de Remilly au profit du demandeur, lui imposait l'obligation de souffrir la destruction des animaux nuisibles; considérant que le jugement constate,

en fait, d'après les pièces produites, que sur des plaintes multipliées, dans l'intérêt public et celui de l'agriculture, pour opérer la destruction des sangliers et animaux qui dévoraient les récoltes, un arrêté de M. le préfet de la Moselle a ordonné une battue générale dans la forêt de Remilly, battue qui devait avoir lieu sous les ordres du demandeur, avec le concours de chasseurs invités à cette battue, et, en son absence, sous les ordres du garde général de la forêt; que cet arrêté a été exécuté; qu'il présentait, dans l'espèce, une exception aux principes; considérant que, d'après les faits et circonstances de la cause, le jugement, en ordonnant l'exécution et appliquant l'arrêté de M. le préfet, n'a pas violé les lois invoquées; rejette, etc. » (Arrêt du 22 juin 1843. Ch. req. Sir., 43, I, 845.) — **QUESTION**. *Le propriétaire qui a concédé à son fermier, ou à une autre personne que le fermier, le droit de chasse, commet-il le délit de chasse sur le terrain d'autrui, s'il chasse sans l'autorisation de son fermier ou du concessionnaire du droit de chasse?* La négative nous paraît incontestable. La chasse sur le terrain d'autrui n'a le caractère de délit que parce que le chasseur viole non pas le droit aux fruits, puisque le gibier n'est pas un fruit de la terre, mais le principe sur lequel repose la propriété prise d'une manière abstraite; et le propriétaire qui, dans l'espèce proposée, chasse sans la permission de celui à qui il a concédé son droit de chasse, est resté propriétaire de la chose; il chasse sur son terrain et non sur le terrain d'autrui; il porte, il est vrai, dans ce cas, atteinte au droit d'autrui, mais c'est un dommage qu'il cause et non pas un délit qu'il commet; il pourra bien, pour la réparation de ce dommage, être cité devant les tribunaux; mais ce sera devant les tribunaux civils, et la réparation qui sera prononcée sera toute civile. Il est clair que ces principes reçoivent leur application dans tous les autres cas identiques, tels, par exemple, que celui où il s'agit d'un antichrésiste (art. 2085 et suiv. C. civ.). Mais si c'est le fermier à qui ce droit de chasse n'a pas été concédé qui chasse sur les terres qui lui sont affermées, sans la permission de ce propriétaire, il chasse véritablement sur le *terrain d'autrui :* il commet le délit de chasse, comme l'a jugé la Cour de cassation dans un arrêt du 13 novembre 1818, cité sous l'article 11, qui décide que le fils d'un fermier qui tue sur la propriété affermée un oiseau de proie sans la permission du propriétaire, commet le délit de chasse. — Nous avons dit à la seconde note que l'usufruitier, ayant droit de jouir comme le propriétaire lui-même, jouissait du droit de chasse, comme de tous les autres droits qui constituent la propriété, sans qu'il soit besoin qu'il intervienne sur ce point aucune convention avec le nu propriétaire; ce dernier a bien la nue propriété de ce droit, comme de tous les autres droits qui constituent la propriété, mais il ne peut l'exercer sans porter atteinte aux droits de l'usufruitier; cependant on peut se demander si la difficulté que nous venons d'examiner, à l'égard du propriétaire qui a concédé le bail du droit de chasse, se reproduit à l'égard du nu propriétaire? Cette difficulté se traduit dans les termes suivants. — **QUESTION.** *Le nu propriétaire qui chasse sur le terrain qui appartient à un tiers comme usufruitier, sans son consentement, peut-il être poursuivi comme ayant chassé sur le terrain d'autrui ?* Pour l'affirmative on fait remarquer que l'usufruit diffère essentiellement du bail : le bail est un contrat ordinaire, une obligation de faire jouir, qui n'empêche pas que le maître de la chose ne soit investi de la pleine propriété; l'usufruit, au contraire, est un démembrement de la propriété, une servitude personnelle; ce qui constitue la propriété, c'est principalement la jouissance pleine et entière de la chose : qu'est-ce que la propriété sans ce droit? une abstraction. L'usufruitier, pendant toute la durée de l'usufruit, est investi de la chose aussi complétement que s'il était propriétaire, si ce n'est qu'il ne peut pas en abuser : le nu propriétaire a plutôt une expectative au droit de propriété, qui consiste surtout dans la jouissance, qu'un véritable droit de propriété, puisqu'il ne retire pas plus de la chose que si elle ne lui appartenait pas. Lorsqu'il chasse sur cette chose, il chasse donc sur le terrain d'autrui. Pour la négative, on remonte au motif qui a interdit la chasse sur le terrain d'autrui, sans son consentement : ce motif n'est pas l'atteinte portée aux fruits de la chose, puisque, d'un côté, la chasse en général, n'a lieu que sur les champs dépouillés de leur récolte, et que, d'un autre côté, les animaux sauvages n'appartenant à personne, celui qui chasse sur le terrain d'autrui ne porte pas encore, sous ce rapport, atteinte à la chose d'autrui; aussi la Cour de cassation a-t-elle jugé que celui qui, au moyen du furetage, prend sur le terrain d'autrui, des lapins non établis dans un lieu spécialement destiné à les multiplier où à les conserver, commet non un vol, mais le délit de chasse. (Arrêt du 13 août 1840 ; Sirey, 40, 1, 732). Le motif de la loi a donc été uniquement, comme nous l'avons dit en discutant la question précédente, de réprimer et punir la violation de la propriété prise d'une manière abstraite ; or, le nu propriétaire qui est investi de ce droit, pris abstractivement, ne saurait donc commettre cette violation et, par suite, il n'est pas sous le coup d'une action pour avoir chassé sur le terrain d'autrui. Seulement, comme, aux termes de l'article 599 du Code civil, le nu propriétaire ne peut par son fait ni de quelque manière que ce soit, nuire aux droits de l'usufruitier, il pourra, à raison du *fait* de chasse sur le terrain dont un autre a l'usufruit, être actionné devant les tribunaux civils en dommages-intérêts qui seront arbitrés par les juges. — Lorsque la propriété est indivise, chacun des copropriétaires ayant *totum in toto,* et *totum in qualibet parte,* il est clair qu'ils ont un droit égal à chasser sur la propriété indivise. — **QUESTION.** *En quoi la concession du droit de chasse diffère-t-elle de la permission de chasse?* La différence est considérable. La concession ou le bail du droit de chasse rend le concessionnaire l'*ayant droit* du propriétaire du droit; et, comme lui, il peut chasser lui-même ou faire chasser par d'autres; celui, au contraire, qui ne chasse que du consentement ou avec la permission soit du propriétaire, soit de l'ayant droit du propriétaire, ne peut faire participer d'autres personnes à la faculté qui lui a été accordée.

2. *Le propriétaire ou possesseur peut chasser ou faire chasser en tout temps, sans permis de chasse, dans ses possessions attenant à une habitation et entourées d'une clôture continue faisant obstacle à toute communication* avec les héritages voisins.

═══ Cette disposition est empruntée à l'article 13 de la loi du 30 avril 1790, portant : « Il est libre à tout propriétaire ou possesseur de chasser en tout temps et, nonobstant l'article 1 des présentes, dans ses lacs et étangs, et dans celles de ses possessions qui sont séparées par des murs ou des haies vives, d'avec les héritages d'autrui. » Nous allons successivement faire remarquer les différences qui existent entre cette disposition et la nouvelle loi.

Le propriétaire ou possesseur. Nous verrons tout à l'heure que notre article a pour but de ne pas permettre des recherches, des investigations, qui seraient toujours vexatoires et souvent illicites; il a entendu protéger la *continuation* du domicile ou plutôt le domicile lui-même par les dispositions que nous allons expliquer. Ce droit exceptionnel appartient donc à celui dont l'enclos forme le domicile, et conséquemment au *possesseur,* tel, par exemple, que l'usufruitier, l'antichrésiste, le fermier, etc.

—1re **QUESTION**. *Un propriétaire pourrait-il, en louant son habitation avec l'enclos y attenant, se réserver le droit de chasse? — 2e* **QUESTION**. *Ce droit pourrait-il être présumé réservé par cela seul que dans le bail le preneur ne l'a pas stipulé à son profit?* Il est certain que ce droit, quoique inhérent au fond, peut en être démembré: il peut être exercé par un autre que le propriétaire ou le possesseur; lors donc que le propriétaire loue à un tiers les droits utiles qui constituent la jouissance de sa chose, il peut se réserver certains de ces droits et les exclure du bail. La seconde question offre plus de difficulté et sa solution nous semble devoir dépendre des circonstances : s'il s'agit d'un simple jardin, d'un enclos fort peu considérable, il est difficile de penser que, dans le silence du bail, le propriétaire ait le droit de venir revendiquer un droit de chasse à peu près inutile dans une petite localité et qui deviendrait un moyen de gêner et souvent de vexer le preneur; mais s'il s'agit d'un enclos considérable, d'un parc dans lequel on soit dans l'habitude de chasser, nous pensons que les parties se trouvent dans les termes du droit commun qui, comme nous l'avons vu sous l'art. 1, réserve au propriétaire le droit de chasse, à défaut de stipulation dans le bail. Nous ne croyons pas que la circonstance que l'enclos est attenant à l'habitation du fermier puisse modifier le principe. Sans doute, cette circonstance rend plus onéreuse pour le fermier l'obligation où il se trouve de souffrir l'excercice du droit; mais elle ne peut modifier ce droit en lui-même. Le propriétaire pourra même, dans ce cas, chasser en tout temps; car il se trouve dans les termes de notre article; mais s'il y a des récoltes dans l'enclos, il sera obligé de les respecter; car, ainsi que nous l'avons observé sur l'art. 1 et que nous le remarquerons encore sur l'article 26, si le propriétaire peut chasser sur les terres non encore dépouillées de leurs récoltes, c'est lorsque ces fruits lui appartiennent, et comme ayant droit de faire ce qu'il lui plaît de sa chose, et non lorsqu'elles appartiennent à autrui; ici elles appartiennent évidemment au fermier.—1re**QUESTION**. *Si le propriétaire qui a loué son habitation avec l'enclos y attenant s'est réservé le droit de chasse, le locataire qui se permettrait de chasser, nonobstant cette réserve, pourrait-il être poursuivi comme coupable d'un délit de chasse sur le terrain d'autrui sans sa permission? — 2e* **QUESTION**. *En cas de résolution affirmative de cette question, comment ce délit pourrait-il être constaté?* La première question ne paraît pas susceptible d'une difficulté sérieuse. Il paraît incontestable que le propriétaire qui s'est réservé le droit de chasse ou qui a gardé le silence n'ayant pas concédé ce démembrement de son droit de propriété, le locataire, quant à l'exercice de la chasse qu'il s'est permis, a véritablement porté atteinte à la propriété d'autrui; en d'autres termes, qu'il a chassé sur le terrain d'autrui; il n'y a pas ici une simple violation du contrat, car le contrat de bail n'a jamais compris le droit de chasse; resté en dehors du bail, il se confondait avec le droit de propriété dont le propriétaire demeure investi, nonobstant le bail. On ne pourrait pas, contre cette opinion, invoquer le droit que la loi donne au *possesseur* comme au propriétaire, de chasser ou faire chasser dans l'enclos; car le législateur en employant cette expression suppose que le possesseur est réellement investi du droit de chasse, et non pas que ce droit est séparé de sa possession. Tout ce que l'on peut conclure de ce mot, c'est que, si le fermier, bien qu'il n'ait pas le droit de chasse, se livre à cet exercice dans l'enclos attenant à son habitation, même pendant le temps de la fermeture de la chasse, il ne sera pas permis aux gardes, si le propriétaire qui a conservé le droit de chasse ne se plaint pas, de constater le délit; car il y aurait également dans ce cas, cette violation de domicile tout aussi bien interdite lorsqu'il s'agit du domicile du fermier que lorsqu'il s'agit du domicile du propriétaire. Quant à la 2e question, nous pensons que le fait de chasse constituant un délit, il peut se prouver par tous les moyens au pouvoir de la justice, et que, par suite, les agents chargés de la constatation des délits peuvent, sur la réquisition du propriétaire qui s'est réservé son droit de chasse, s'introduire dans la propriété pour constater le délit.

— **QUESTION.** *Le propriétaire qui aurait concédé le droit de chasse sur son terrain clos et attenant à son habitation à un tiers, pourrait-il, s'il chassait lui-même dans son enclos, être poursuivi comme coupable d'un délit de chasse?* Pour l'affirmative, on dit que les mots *propriétaire ou possesseur* doivent s'entendre des propriétaires ou possesseurs non pas du fonds, mais du droit de chasse; que si le droit de chasse et la qualité de propriétaire ou de possesseur seront le plus souvent réunis, ils peuvent aussi être divisés; que le propriétaire qui a concédé le droit de chasse en tout temps et sans permis de chasse, que lui confère notre article, est supposé, quant à ce démembrement du droit de propriété, un étranger; or, un étranger qui, s'étant introduit dans un enclos attenant à une habitation, se permettrait d'y chasser, pourrait être l'objet de poursuites pour délit de chasse à la requête des propriétaires ou possesseurs du fonds; il doit donc en être ainsi du propriétaire qui, après avoir aliéné son droit de chasse, se permet cependant de l'exercer ; qu'il commet, par suite, le délit de chasse, et, comme les délits peuvent se prouver par tous les moyens possibles, celui auquel appartient, dans ce cas, le droit de chasse, pourra requérir les agents chargés de la constatation du délit, de pénétrer dans la propriété pour établir le fait illicite de chasse. Dans l'opinion contraire, qui nous paraît mieux fondée, on dit que le propriétaire qui aliène son droit de chasse ne concède que l'exercice du droit ; que le droit reste inhérent à la propriété ; que, par suite, on ne peut assimiler le propriétaire ou possesseur qui chasse, nonobstant le contrat de bail de chasse, à un étranger qui chasse sur la propriété d'autrui. Ce dernier usurpe véritablement un droit qui ne lui appartient pas, l'autre porte atteinte à un contrat qu'il a consenti ; il s'expose, par suite, à des dommages-intérêts, que le concessionnaire peut réclamer contre lui par la voie civile ; mais il ne commet pas le délit de chasse sur le fonds d'autrui. Voyez, article 1er, nos observations sur la même question relativement aux propriétés *non closes*.

Peut chasser ou faire chasser en tout temps. Aussi le droit, dans ce cas, n'est pas restreint au propriétaire. Il peut autoriser des étrangers à chasser, même dans le temps prohibé, sur sa propriété close et attenant à son habitation. La loi de 1790 ne disait pas que le propriétaire eût *le droit de faire chasser ;* mais c'était la conséquence naturelle de ce que cette loi n'avait pas déclaré que ce droit serait propre et personnel au propriétaire.

Sans permis de chasse. Ainsi le propriétaire et ceux qu'il fait chasser, dans le cas prévu par notre disposition, sont également affranchis de la seconde condition à laquelle l'exercice du droit de chasse est subordonné.

Dans ses possessions attenant à une habitation et entourées d'une clôture continue. Cette disposition n'est pas, comme on l'a cru, une dérogation à l'ancien droit, en tant qu'elle n'autorise la chasse en tout temps et sans permis de chasse que sur les possessions closes attenant à une habitation. Il faut en effet distinguer les époques. Avant le décret du 4 mai 1812, il est certain qu'on pouvait chasser en tout temps sur les possessions séparées par des murs ou des haies vives d'avec les héritages d'autrui, bien que non attenant à une habitation ; car l'article 13 de la loi du 30 avril 1790 ne distingue pas si ces possessions sont ou non attenant à une habitation, et, comme à cette époque on n'exigeait pas de permis de port d'armes de chasse, il est constant que l'autorisation de chasser était absolue ; mais à partir du 4 mai 1812 , il n'en fut plus ainsi, et le droit de chasser en tout temps sans permis de port d'armes de chasse fut restreint aux possessions *attenant à une habitation*. Pour les autres possessions closes, il fallait être muni d'un permis de port d'armes de chasse. C'est ce que la Cour de cassation a formellement jugé dans les termes suivants: « Vu les art. 1 et 13 de la loi des 28-30 avril 1790, et le décret du 4 mai 1812 ; attendu qu'il est établi, par le jugement attaqué, que le terrain sur lequel le sieur Laffon-Desson a été trouvé armé d'un fusil qu'il venait de tirer, était une vigne close d'une haie et d'un mur à pierre sèche ; mais que cette vigne n'était pas jointe à l'habitation dudit sieur Laffon-Desson ; attendu que ledit jugement reconnaît que Laffon-Desson n'était pas muni d'un permis de port d'armes ; attendu que le fait ainsi constaté rentre dans la définition de l'art. 1 du décret du 4 mai 1812; attendu que cet article est général et absolu, et s'applique toutes les fois qu'au fait de port d'armes se joint un fait de chasse licite ou non licite; attendu que la faculté donnée par la loi de 1790 précitée, à tous possesseurs ou propriétaires de chasser ou faire chasser en tout temps dans celles de leurs possessions qui sont séparées par des murs ou des haies vives d'avec les héritages d'autrui, ne dispense pas de l'obligation de se pourvoir d'un permis de port d'armes, en conformité du décret de 1812, lorsqu'il s'agit de chasser dans un terrain qui, quoique clos, n'est pas joint à l'habitation, de manière à en être l'accessoire et la dépendance ; attendu que, quand le terrain, quoique clos, n'est pas joint à l'habitation, la prohibition de l'art. 1 du décret du 4 mai 1812 subsiste dans toute sa force ; attendu que le jugement attaqué a refusé de faire l'application dudit décret, par le motif que le prévenu aurait chassé dans son terrain clos, pour la destruction des animaux nuisibles à sa récolte alors pendante ; et qu'en le décidant ainsi, pour un terrain qui, quoique clos, n'était pas joint à l'habitation, ledit jugement a faussement interprété et, par suite, violé le décret du 4 mai 1812; attendu que la dépendance d'une habitation est assimilée à l'habitation elle-même ; que, si le permis de port d'armes ne peut être exigé de la part de celui qui se borne à posséder un fusil dans son domicile, il en est autrement pour l'individu qui quitte son domicile pour se livrer à la chasse dans un terrain même clos, à lui appartenant, mais séparé de son domicile ; casse, etc. » (Arrêt du 26 avril 1839. Sir., 39, 1, 774.) Voyez dans le même sens deux arrêts de la même cour des 13 avril 1833 (Sirey, t. 33, 1, 718) et 11 juin 1841. Ainsi au moment où la nouvelle loi a été rendue, les propriétaires ou possesseurs des terrains enclos non attenant à une habitation avaient bien le droit de chasser en tout temps sur ces propriétés particulières ; seulement, s'ils voulaient le faire avec des armes, il fallait, comme aujourd'hui, qu'ils fussent munis d'un permis de port d'armes de chasse ; mais ils pouvaient chasser en tout temps sans armes sur ces mêmes propriétés. La nouvelle loi, sous ce rapport seulement, déroge à l'ancienne législation. On peut, pour justifier cette dérogation, invoquer un motif que nous aurons occasion de reproduire tout à l'heure, c'est que, pour aller chasser dans un enclos en tout temps, même lorsque les terres voisines sont couvertes de récoltes, il est difficile de ne pas causer du dommage dans les champs que l'on traverse ; il est difficile de ne pas saisir l'occasion de tirer une pièce de gibier partie fortuitement de la propriété d'autrui. Ajoutons que, si on voulait que la loi sur la chasse consacrât le principe d'égalité qui forme la base de notre nouveau droit, il fallait restreindre autant que possible des exceptions qui auraient eu un caractère de *privilége*. Disons, enfin, avec M. le garde des sceaux, dans sa circulaire, «que dans certains départements où presque tous les champs sont clos de haies, l'exception détruirait la règle.»— L'*habitation* est définie en ces termes par l'article 390 du Code pénal : «Est réputé maison habitée, tout batiment, logement, loge, cabane, même mobile, qui, sans être actuellement habité, est destiné à l'habitation, et tout ce qui en dépend, comme cours, basses-cours, granges, écuries, édifices, qui y sont enfermés, quel qu'en soit l'usage et quand même ils auraient une clôture particulière dans la clôture ou enceinte générale.» Il est clair que la loi que nous expliquons ayant introduit l'exception dont il s'agit dans notre article, uniquement par respect pour le domicile, c'est d'une habitation proprement dite qu'il entend parler et non pas, par exemple, d'*une cabane mobile*, telle que la définit l'article 390 du Code pénal précité ; car il suffirait, pour éluder la loi, de placer dans un enclos une cabane de cette nature. Mais il n'est pas nécessaire non plus, comme nous le remarquons plus loin, que l'habitation, pour qu'on ait le droit de chasser dans l'enclos qui en dépend, soit constamment habitée ou qu'elle soit le domicile réel de la personne à qui elle appartient ; il suffit quelle soit destinée à l'habitation et habitée quelquefois. Plusieurs motifs ont dicté cette exception au principe posé dans l'article 1. Sans doute, les récoltes que renferment les possessions closes réclament également protection ; cependant, comme la chasse est alors circonscrite dans des limites fixes, que le gibier est, pour ainsi dire,

4.

captif dans l'enclos et qu'aucun dommage n'est à redouter pour les récoltes des terres voisines, on a pu rendre au principe du droit de propriété toute son étendue (*jus utendi et abutendi*); mais ces raisons n'ont pas encore été, toutefois, les raisons déterminantes; car, si elles eussent suffi, elles auraient fait autoriser la chasse en tout temps dans les enclos, même non attenant aux habitations; or, c'est ce que la loi n'a pas permis, puisqu'elle restreint l'exception aux possessions closes *attenant à une habitation*. Le grand motif, c'est qu'en supposant que le propriétaire commît un délit en chassant sur ses possessions, situées et closes de la manière prévue par notre article 1, « il serait impossible de constater ce délit sans s'introduire, pour ainsi dire, dans son domicile. » Le projet de loi se servait des mots : *dépendant* d'une habitation; pour ôter toute équivoque, on a remplacé ces mots par ceux qui forment aujourd'hui le texte : *attenant* à une habitation. Une possession pourrait en effet *dépendre* d'une habitation dont elle serait séparée par une certaine distance. Voici, enfin, en quels termes le ministre de l'intérieur, dans sa circulaire aux préfets s'explique sur la disposition qui nous occupe : « Non-seulement il faut que la clôture soit telle, qu'elle fasse obstacle à toute communication avec les héritages voisins, mais encore il faut que les terrains sur lesquels le propriétaire chasserait soient *attenant à une habitation*. Vous appellerez, sur la nécessité de la réunion de cette double condition, l'attention des fonctionnaires et agents appelés à verbaliser des délits de chasse ; quant à la nature de clôture qui doit être regardée comme suffisante pour établir le droit exceptionnel du propriétaire, je n'ai aucune règle à tracer ; les usages divers seront appréciés par les tribunaux qui auront à statuer sur les procès-verbaux dressés. »

Faisant obstacle à toute communication. Il faut bien se pénétrer du sens de ces expressions pour ne pas s'exposer à des poursuites pour délit de chasse dans une propriété qu'on aurait considérée comme placée dans l'exception et qui ne s'y trouverait pas en effet. Le sens légal du mot clôture, dans notre article, n'est pas celui qu'on retrouve dans plusieurs textes de nos lois. L'article 6, section 4, titre 1 de la loi du 6 octobre 1791, porte : « L'héritage sera réputé clos, lorsqu'il sera entouré d'un mur de 4 pieds de hauteur, avec barrière ou corde, ou lorsqu'il sera exactement fermé et entouré de palissades ou treillages, ou d'une haie vive, ou d'une haie sèche faite avec des pieux ou cordelée avec des branches, ou de toute autre manière de faire les haies en usage dans chaque localité, ou enfin, d'un fossé de 4 pieds de large au moins à l'ouverture et de 2 pieds de profondeur. » L'article 391, pour imprimer plus profondément le respect de la propriété, attribue le caractère de clôture à des terrains avec lesquels la communication reste facile ; cet article est ainsi conçu : « Tout terrain environné de fossés, de pieux, de claies, de planches, de haies vives ou sèches, ou de murs de quelques matériaux que ce soit, quelles que soient la hauteur, la profondeur, la vétusté, la dégradation de ces diverses clôtures, quand il n'y aurait pas de portes fermant à clef ou autrement, ou quand la porte serait à claire-voie et ouverte habituellement. » Déjà sous l'empire de l'article 13 de la loi du 30 avril 1790, qui se contentait de dire que les possessions devaient être séparées par *des murs ou des haies vives* d'avec les héritages d'autrui, on reconnaissait que ces expressions restrictives, *murs ou haies vives*, ne permettaient pas de considérer comme clôture donnant droit de chasser en tout temps, celle qui consisterait en fossés, haies sèches, pieux, palissades et tout autre mode en usage dans chaque localité, ni les divers modes indiqués par l'art. 391 du Code pénal ; il pouvait en effet résulter beaucoup d'abus de l'extension qu'on eût donnée à cette disposition, et notamment pour certaines localités où les propriétés sont toutes entourées de fossés ; cette extension aurait d'ailleurs été contraire à l'esprit du législateur ; car, s'il avait permis en tout temps la chasse dans les propriétés encloses *de murs ou haies vives,* c'est parce que ces deux espèces de clôture, à la différence des autres, empêchent que le gibier, pour échapper au chasseur, ne se jette sur les propriétés limitrophes qu'il endommagerait ; les clôtures *à claire-voie,* au contraire, l'auraient laissé passer. Quelques cours n'avaient pas rigoureusement admis ces principes ; la cour de Dijon particulièrement avait jugé qu'un terrain est clos en matière de chasse s'il est entouré d'une clôture déterminée par l'art. 6, sect. 4 de la loi du 6 octobre 1791 ; mais le plus grand nombre des cours et la Cour de cassation les ont toujours consacrés. Nous allons citer plusieurs décisions en ce sens, et si la jurisprudence s'était déjà prononcée ainsi sous l'empire de la loi de 1790, il est clair qu'elle conserve à plus forte raison toute son autorité sous l'empire de la loi nouvelle qui exige une clôture *continue faisant obstacle à toute communication.* — **QUESTION.** *Une propriété attenant à une habitation et environnée d'une rivière navigable est-elle une propriété close dans le sens de notre article ?* La Cour de cassation a consacré la négative sous l'empire de l'ancienne loi par des motifs qui sont encore applicables aujourd'hui : « Attendu que si la loi de 1790, qui défend à toutes personnes de chasser en quelque temps et de quelque manière que ce soit, sur le terrain d'autrui, sans son consentement, permet, par les articles 13 et 14, au propriétaire de chasser en tout temps dans celles de ses possessions qui sont séparées par des murs ou des haies vives, d'avec les héritages d'autrui ou dans les bois et forêts, sans chiens courants, ces dispositions étaient sans application à la poursuite actuelle, soit parce que les prévenus ne sont pas propriétaires du bois dans lequel ils chassaient avec chiens courants, soit parce que ces bois, ouverts et dépendants d'une île qu'environne un fleuve ou une rivière navigable, assimilé par la loi du 29 floréal an X, à une grande route, ne peut être, dans le sens de la loi, considéré comme une possession séparée par des murs et des haies vives d'avec les héritages voisins, etc. ; casse. (Arrêt du 12 fév. 1830; Sir., 30, 1, 236.) Si la rivière n'est pas navigable, le motif sur lequel cet arrêt est fondé est sans application, et si elle est assez large et assez profonde pour interdire toute communication, elle rentre, ce semble, dans la clôture qu'exige la loi. — QUESTION. *Un terrain qui, par des brèches, des échaliers ou des barrières ouvrant à volonté, offre un libre accès au public, peut-il être considéré comme un terrain clos dans lequel il soit permis de chasser en tout temps ?* La cour de Rennes a consacré la négative. « Considérant que, dans chaque département, la chasse est prohibée jusqu'à l'époque où un arrêté du préfet en fixe l'ouverture; qu'il existe une exception à cette prohibition, en faveur des propriétaires, possesseurs ou personnes autorisées par eux, dans les terrains séparés des héritages d'autrui par des murs ou des haies vives; que, du rapprochement des art. 1, 13 et 15 de la loi du 30 avril 1790, il résulte que cette séparation doit être telle que le terrain soit entièrement clos; considérant qu'on ne peut regarder comme clos un terrain qui, par des brèches, des échaliers ou des barrières ouvrant à volonté, ouvre un libre accès au public; que de l'opinion contraire résulterait cette conséquence bizarre, qu'en Bretagne, où toutes les terres cultivées sont entourées de talus ou de haies, la chasse ne serait prohibée que sur les landes ou terres vaines et vagues, c'est-à-dire sur les seuls terrains où elle ne pourrait causer aucun préjudice; considérant que M. O... a été trouvé chassant, le 25 août dernier, époque à laquelle la chasse n'était pas ouverte dans le département de la Loire-Inférieure; qu'il est appris et reconnu que le terrain sur lequel il chassait, quoique entouré de talus et de quelques plantations, offrait cependant un passage facile en plusieurs endroits ; qu'ainsi ce n'était pas un terrain clos dans le sens de la loi du 30 avril 1790 ; vu le procès-verbal rapporté, le 25 août 1833, contre M. O...; vu l'art. 479 C. instr. crim., qui, attendu la qualité de celui-ci, donne compétence à la cour ; vu les art. 1 et 5 de la loi du 30 avril 1790 ; vu l'art. 294 C. instr. crim. ; déclare M. O..., juge au tribunal de ..., coupable d'avoir chassé en temps prohibé, sur un terrain non clos ; le condamne, etc. »(Arrêt du 11 nov. 1833. Sir., t. 35, II, 26.) La doctrine de cet arrêt, si elle est incontestable relativement aux brèches qui ne permettent pas que la haie forme une clôture continue, ne nous paraît pas vraie quant aux *barrières* destinées à faciliter l'accès de l'enclos : la barrière pour un enclos, une pâture, par exemple, remplace la porte destinée aux communications dans les propriétés fermées de mur ; or, une porte, certes, n'empêche pas que l'enclos entouré de murs ne constitue une clôture continue. Le tribunal de Bourges a consacré cette opinion : « En ce qui touche la question de savoir si le lieu où le fait incriminé a été commis était un terrain clos et attenant à l'habitation ; considérant que tout l'enclos retracé dans le plan de M. le juge de paix, et dans lequel est contenue l'habitation du propriétaire, père de l'inculpé, est entouré dans son entier d'une haie vive et continue ; que, quelles que soient les divisions intérieures de cet enclos qu'il ait plu au propriétaire d'y faire, cette circonstance ne peut en rien changer la nature de l'enclos, son attenance à l'habitation et son isolement par une clôture continue de tous les héritages voisins ; qu'il résulte même du procès-verbal que les diverses parties de l'enclos communiquent entre elles par des passages faits par le propriétaire, et ne font qu'un seul tenant ; que s'il existe dans le pourtour de la haie qui entoure l'enceinte totale quelques interstices ou ouvertures, on ne peut raisonnablement en conclure qu'il n'y ait pas clôture continue, puisqu'il est impossible qu'un propriétaire empêche les trouées momentanées, et ferme constamment les ouvertures préparées pour l'entrée et la sortie ; que dans le doute même sur ces divers points, ce serait en faveur de l'inculpé que devrait tourner l'interprétation, etc. » (Jugement du 9 novembre 1844. *Gazette des tribunaux* du 15 novembre.) — **QUESTION.** *Peut-on considérer comme un terrain clos, dans lequel on puisse chasser sans permis de chasse, le terrain attenant à une habitation, qui n'est séparé des héritages voisins que par un simple fossé de quelques pieds d'ouverture?* La Cour de cassation a adopté la négative : « Vu l'art. 1 du décret du 4 mai 1812, portant : « Quiconque sera trouvé chassant et ne justifiant pas d'un permis de port d'armes de chasse, délivré conformément au décret du 11 juillet 1810, sera traduit devant le tribunal de police correctionnelle, et puni d'une amende qui ne pourra être moindre de 30 fr., ni excéder 60 fr. » Attendu que le texte de cet article est général et absolu, et ne renferme aucune distinction ; que la peine qu'il prononce est applicable toutes les fois qu'au fait de port d'armes de chasse sans permis se réunit un fait de chasse, licite ou non ; que, si l'on excepte de cette règle le cas où le port et l'usage d'armes de chasse ont eu lieu dans un enclos fermé au public, lié à une maison d'habitation, ne formant avec elle qu'un corps de propriété dont les deux parties se communiquent sans intermédiaire, en telle sorte que cet enclos soit un accessoire et une dépendance de l'habitation, c'est que, en ce cas, l'enclos est envisagé comme l'habitation elle-même, et que le port et l'usage d'armes de chasse dans l'intérieur d'un lieu habité ne peuvent être assimilés au fait de chasse prévu par le décret du 4 mai 1812 ; attendu que, si l'un des faits dont on demandait à faire la preuve dans l'espèce avait pour objet d'établir que le terrain sur lequel le sieur Perceval avait été trouvé chassant, « est lié à la maison qu'il habite, et en fait une dépendance telle qu'il doit être réputé partie accessoire de cette habitation et en avoir le caractère et les droits, » l'autre fait articulé tendait seulement à établir que le terrain dont il s'agit « était entouré de fossés ayant 4 pieds d'ouverture et 2 pieds de profondeur au moins ; » attendu que l'on ne saurait admettre que toute sorte de clôture, quelque imparfaite qu'elle pût être, suffit pour placer un terrain dans l'exception dont il vient d'être parlé ; que, si l'on recherche les dispositions législatives qui peuvent expliquer de quelle espèce doivent être ces clôtures, il est naturel de se reporter à la législation qui a réglé une matière analogue ; que la loi sur la chasse, du 30 avril 1790, dans son art. 13, autorise les propriétaires à chasser en tout temps dans celles de leurs possessions qui sont séparées par des murs ou des haies vives des héritages d'autrui ; attendu qu'on ne saurait admettre qu'une clôture plus imparfaite peut suffire, alors qu'il s'agit de décider qu'un terrain est une dépendance d'une habitation, fermé au public et contigu à cette habitation ; qu'un simple fossé de 2 pieds sur 4 ne peut être considéré comme isolant des héritages d'autrui un terrain lié à une habitation, et ne suffit pas pour le faire participer à l'exception qui devait exister en faveur de l'habitation ; et attendu que le jugement attaqué a admis que la preuve de la clôture par un fossé de 2 pieds sur 4 aurait suffi pour donner au terrain (lié à l'habitation comme il est dit ci-dessus) le caractère d'un accessoire et d'une dépendance de l'habitation, en telle sorte qu'on n'aurait pu y constater le délit de port d'armes de chasse sans permis ; en quoi il a commis une violation formelle de l'art. 1 du décret du 4 mai 1812 ; casse. » (Arrêt du 14 mai 1836. Sirey, t. 36, 1, 778.) La même cour a consacré ces mêmes principes dans un autre arrêt du 28 mai 1836, rapporté plus bas, et plus récemment la cour de Douai a statué dans le même sens : « Attendu qu'il résulte des termes des art. 1 et 13 de la loi de 1790, qu'en temps prohibé les propriétaires et possesseurs n'ont le droit de chasse que sur les terrains clos de murs ou de haies vives ; qu'un fossé, quelles que soient sa largeur et sa profondeur, ne peut être considéré comme une clôture dans le sens de la loi de 1790, parce qu'une séparation de ce genre n'empêche pas le chasseur d'atteindre le gibier sur les propriétés voisines, ni les chiens d'aller l'y saisir ; attendu que le terrain sur lequel le prévenu a été trouvé chassant, le 16 novembre, n'était clos ni de murs ni de haies vives ; attendu que la tolérance antérieure de l'autorité et la bonne foi du prévenu ne peuvent le soustraire à l'application de la loi pénale, le condamne à 20 fr. d'amende, à la confiscation du fusil, etc. » (Arrêt du 28 nov. 1842. Sirey, t. 43, II, 82.)—**QUESTION**. *Les terrains clos traversés par un chemin public sont-ils compris dans les termes de notre article ?* La négative paraît certaine. Il est clair que dans ce cas les motifs qui ont fait introduire l'exception cessent d'être applicables, puisque le gibier peut facilement s'échapper, et que le domicile n'est plus protégé. À la Chambre des députés, on avait proposé un amendement pour comprendre dans la disposition les enclos traversés par un chemin public ; mais cet amendement, inconciliable avec les termes rigoureux de notre article, a été retiré. Nous terminerons tout ce que nous venons de dire et de rappeler sur ce qui constitue la clôture par la citation suivante : « J'appelle votre attention, dit M. le ministre de la justice dans sa circulaire aux procureurs généraux, sur les termes employés par l'article 2 pour désigner la clôture. Les expressions les plus fortes ont été choisies à dessein, pour bien faire comprendre qu'il ne s'agit pas ici d'une de ces clôtures incomplètes comme on en rencontre beaucoup dans les campagnes, mais d'une clôture non interrompue et tellement parfaite, qu'il soit impossible de s'introduire par un moyen ordinaire dans la propriété qui en est entourée. » — Nous examinerons sous l'article 12, § 4, si les propriétaires des enclos peuvent chasser à l'aide de filets, appeaux, etc.

— **QUESTION**. *Est-il nécessaire que l'habitation à laquelle un enclos se trouve attenant soit habitée, ou du moins soit disposée de manière à pouvoir être habitée, pour que l'exception introduite par notre article existe?* L'affirmative nous paraît incontestable; car autrement la loi pourrait facilement être éludée : il suffirait à un propriétaire de plusieurs enclos de faire construire une masure, une cabane, dans chacun de ces enclos, pour avoir le droit d'y aller chasser en tout temps et sans permis de chasse. En s'attachant au motif qui a dicté l'exception, on comprend que la loi ne protégerait pas cette prétention d'un propriétaire; car c'est la violation du *domicile* qu'elle a voulu prévenir ; et, dans ce cas, il n'y a dans ces enclos ni domicile ni même simple résidence ; c'est évidemment, dans ce cas, les tribunaux qui devraient apprécier, d'après les circonstances, si l'habitation est une véritable demeure ou simplement un moyen d'éluder la loi.—**QUESTION**. *Faut-il que l'habitation et l'enclos y attenant appartiennent au même propriétaire, pour que l'exception existe?* Sans nul doute ; la chasse dans l'enclos n'a été autorisée que par respect pour la propriété qui est la continuation du domicile ; or, ici cette continuation n'existe plus, et le propriétaire de l'enclos ne pourrait, par des arrangements avec le propriétaire de l'habitation, autoriser le droit de chasse dans les termes de notre article ; car il concéderait un droit qui ne lui appartient pas.

— **QUESTION**. *Comment constatera-t-on, dans les enclos non attenant à une habitation, le délit de chasse?* Par tous les moyens qui servent à constater ces délits et même en s'introduisant dans l'enclos ; car, dans ce cas, il n'y a pas de violation du domicile. — 1re **QUESTION**. *L'arrêt qui, avant faire droit sur un délit de chasse, admet le prévenu à prouver que le terrain sur lequel il a été trouvé chassant était clos et attenant à une habitation, est-il non pas un simple arrêt préparatoire ou d'instruction, mais un arrêt interlocutoire, contre lequel le pourvoi en cassation n'est recevable qu'autant qu'il a été formé dans les trois jours, aux termes des articles 373, 413 et 416 combinés?* — 2e **QUESTION**. *Lorsqu'un jugement interlocutoire qui, en matière correctionnelle, a ordonné une preuve préjugeant le fond, c'est-à-dire faisant disparaître le délit, est passé en force de chose jugée, la preuve ordonnée, si elle est faite, lie-t-elle les juges à ce point, qu'ils ne puissent décider ensuite que le fait prouvé n'est pas de nature à faire disparaître le délit?* La Cour de cassation a décidé l'affirmative sur la première question , et la négative sur la seconde : « Vu le décret du 4 mai 1812, sur les permis de port d'armes de chasse, et la loi du 30 avril 1790 ; vu pareillement l'art. 416 C. inst. crim. ; attendu que l'arrêt du 19 novembre a ordonné une preuve qui lui semblait, si elle était faite, devoir ôter au fait imputé le caractère de délit ; attendu que cette décision des juges qui l'ont rendue préjugeait le fond ; qu'elle ne pouvait dès lors constituer un simple arrêt préparatoire ou d'instruction ; attendu qu'un pourvoi spécial n'avait pas été dirigé en temps utile contre cet arrêt, et qu'il avait en effet acquis l'autorité de la chose jugée ; attendu que la conséquence de cet état de choses était que la preuve admise devait être faite, que l'arrêt interlocutoire devait être exécuté, mais que les juges du fond n'en demeuraient pas moins parfaitement libres sur la décision du fond ; qu'il serait impossible d'admettre que les juges fussent contraints de prononcer contrairement à la loi, s'il advenait que toutes les parties eussent laissé prendre l'autorité de la chose jugée à un interlocutoire qui aurait ordonné (la considérant comme décisive) la preuve d'un fait légalement non relevant ; attendu, en fait, que l'arrêt définitif reconnaît et déclare que le terrain où a été trouvé chassant, sans permis de port d'armes, le sieur Bouchereau de Saint-Georges, fait partie d'un domaine qui, d'un côté, ne serait fermé que par d'anciens fossés non entretenus dont il reste seulement des traces apparentes ; attendu que l'art. 1 du décret du 4 mai 1812 est général et absolu, et s'applique à tous ceux qui, porteurs d'armes, ont été trouvés chassant sans permis de port d'armes ; que si une distinction a été établie en faveur des personnes qui auraient fait acte de chasse avec armes dans un terrain réellement clos de toutes parts, lié à la maison d'habitation sans solution de continuité, formant une dépendance de cette habitation, et comme elle interdit au public, c'est qu'alors un enclos de ce genre était considéré comme l'habitation elle-même avec laquelle il faisait corps, et que l'usage des armes dans un lieu habité ne peut être assimilé par la loi à un véritable fait de chasse au travers des campagnes, que prévoient les lois de police ; attendu que ces enclos, qui ont dû être assimilés aux lieux habités dont ils sont l'accessoire, doivent être, par de véritables clôtures, entièrement séparés des propriétés voisines ; que la loi du 30 avril 1790, qui règle l'exercice du droit de chasse, dispose que les terrains clos où la chasse est permise en tout temps sont ceux-là seuls que ferment des murs ou des haies vives ; qu'en admettant que le domaine dont il s'agit renfermât une habitation, ce qui n'a pas été dit dans la procédure,

il serait impossible de reconnaître que des fossés anciens non
entretenus, et dont il reste simplement des traces, fermaient
ce domaine à tel point qu'il puisse être considéré comme dépendance et accessoire d'un lieu habité, et comme tel séparé
des propriétés voisines et interdit au public; attendu dès lors
que le fait de chasse sans permis de port d'armes, sur le fonds
où a été trouvé le sieur Bouchereau de Saint-Georges, tombait sous les prévisions de l'art. 1 du décret du 4 mai 1812, et
qu'en le renvoyant de la plainte par les motifs dont il vient
d'être parlé, la cour royale de Bordeaux a formellement violé
l'article 1 du décret du 4 mai 1810; par ces motifs, casse. »
(Arrêt du 28 mai 1836. Sirey, t. 36, 1, 778.) — Il est clair que
les dispositions de notre article ne dérogent en aucune manière
aux lois de police ou aux arrêtés de l'autorité municipale ou administrative, qui défendent de tirer des armes à feu dans l'*intérieur des villes*. Dans la discussion ce point a été positivement reconnu. (Art. 471, n°s 2 et 15, arrêt de la Cour de cassation du 8 août 1834. *Bulletin criminel*, année 1834,
p. 320.) — Notre article est la seule exception que le législ-
lateur de 1844 ait introduite au principe posé dans l'article 1, et qui exige, pour qu'on ait le droit de chasser, 1° l'ouverture de la chasse, 2° le permis de chasse. — L'article 1,
plus haut cité, de la loi du 30 avril 1790, permettait également
en tout temps la chasse dans les *lacs et étangs :* la loi nouvelle
n'a pas reproduit cette exception : seulement, par son article 8
elle autorise les préfets à déterminer par des arrêtés : « 2° le
temps pendant lequel il sera permis de chasser le gibier d'eau,
dans les marais, sur les étangs, fleuves et rivières. » La jurisprudence avait étendu par analogie l'exception aux marais,
landes, bruyères et garennes; il est clair que ces objets rentrent, comme les lacs et étangs, dans la prohibition générale.
— Mais il existe une autre exception que consacrait la loi de
1790, et qui se trouve entièrement abolie par le silence de la loi
nouvelle. Cette exception était écrite dans l'article 14 de ladite
loi, portant : « Pourra également tout propriétaire ou possesseur autre qu'un simple usager, dans les temps prohibés par
ledit article 1, chasser ou faire chasser, sans chiens courants,
dans ses bois et forêts. » La loi de 1790 avait cru devoir permettre la chasse en tout temps dans les bois et forêts, parce
que là il n'y a aucune récolte dont on puisse craindre la dévastation; mais elle avait défendu, au moins pendant tout le
temps que dure la prohibition de la chasse dans les plaines,
l'emploi des chiens courants pour la chasse dans les bois, afin
d'éviter que les chiens courants, en faisant lever le gibier avec

abondance, ne le rejetassent sur les plaines ensemencées et sur les vignes. Ces considérations et ces restrictions n'ont pas touché le législateur de 1844, et il a fait disparaître cette exception par les motifs suivants, exposés par M. le garde des sceaux à la Chambre des pairs : « Mais il fallait restreindre, autant que possible, les exceptions, et ne pas les étendre au delà du cas dont nous venons de parler, de peur de rendre les prohibitions établies par le projet trop faciles à éluder. C'est pourquoi nous avons supprimé la faculté accordée par la loi de 1790 à tout propriétaire ou possesseur, de chasser ou faire chasser en tout temps dans ses bois et forêts, pourvu que ce ne fût pas avec des chiens courants. Il est évident que cette faculté peut compromettre essentiellement les deux intérêts que nous désirons protéger. Pour aller chasser dans ses bois en tout temps, même lorsque la terre est couverte de récoltes, il est difficile de ne pas causer du dommage dans les champs que l'on traverse; il est difficile de ne pas saisir l'occasion de tirer une pièce de gibier partie fortuitement de la propriété d'autrui. Enfin, si on veut conserver le gibier encore trop jeune et trop facile à détruire, on doit le protéger, même dans les bois. On a reconnu, ajoute M. le garde des sceaux dans sa circulaire, que la chasse dans les bois, à l'époque de la reproduction du gibier, était aussi nuisible que la chasse en plaine. »

3. Les préfets détermineront, *par des arrêtés publiés* au moins *dix jours à l'avance, l'époque de l'ouverture et celle de la clôture de la chasse, dans chaque département.*

═══ « Le territoire de la France est si étendu, a-t-on dit dans l'exposé des motifs, ses provinces du nord et du midi présentent une si grande diversité de température, qu'il a fallu renoncer à l'avantage de régler par la loi, d'une manière générale et uniforme, l'époque où la chasse sera ouverte et celle où elle devra être fermée. »

Par des arrêtés. — **QUESTION**. *Si le même arrêté fixait l'époque de l'ouverture et celle de la clôture de la chasse, serait-il obligatoire quant à la clôture?* Avant la loi nouvelle, les préfets pouvaient indifféremment fixer l'époque de l'ouverture et celle de la clôture de la chasse par deux arrêtés distincts ou par un seul; car l'article 1er de la loi de 1790 était muet sur ce point. La loi nouvelle, en prescrivant des arrêtés pour l'ouverture comme pour la clôture de la chasse, semble exiger un arrêté spécial pour l'ouverture et un autre arrêté pour la clôture ; cependant cette disposition n'a rien d'irritant, et de même qu'il y a dans un jugement autant de sentences que de chefs distincts : *tot capita, tot sententiæ*, on peut dire que, dans l'acte du préfet, chacune des dispositions qui prescrit, l'une l'ouverture de la chasse, l'autre la clôture, forme un arrêté distinct. D'un autre côté, notre article exigeant la publication de l'arrêté au moins dix jours avant l'époque de l'ouverture ou dix jours avant l'époque de la clôture, cette disposition essentielle se trouve remplie, puisque plusieurs mois à l'avance le jour de la clôture de la chasse est indiqué. Toutefois, dans l'opinion contraire, on peut objecter que le but de la loi étant de donner de la publicité au fait de la clôture de la chasse, pour que personne n'excipe de son ignorance, ce but ne sera pas atteint par un arrêté unique qui datera de six mois et dont le souvenir sera effacé.

Publiés. Cette publication résultera de l'insertion au bulletin des actes de la préfecture, et elle sera réputée connue, aux termes d'un avis du conseil d'État du 25 prairial an XII, du jour de la distribution du bulletin au chef-lieu du département ou du jour où ces arrêtés auront été affichés au chef-lieu. Les maires doivent donner lecture de l'arrêté et le faire placarder dans les lieux où se réunissent habituellement les habitants.

Dix jours à l'avance. Il importe aux cultivateurs de connaître l'époque de l'ouverture de la chasse, pour veiller à l'enlèvement de leurs récoltes, de manière qu'elles ne soient pas endommagées par l'ouverture de la chasse ; il importe aux chasseurs de connaître quelques jours à l'avance l'époque de la clôture de la chasse, pour qu'ils ne soient pas pris au dépourvu, et qu'un fait aujourd'hui licite ne prenne pas tout à coup les caractères d'un délit. — La loi n'exigeant pas dix jours *francs*, il s'ensuit que, si l'arrêté d'ouverture est pris le 20 août, la chasse devra être ouverte le 1er septembre, et, si l'arrêté de clôture est publiée le 31 mars, la chasse sera close le 10 avril. — **QUESTION**. *Le préfet qui s'apercevrait que les récoltes ne seront pas faites à l'époque qu'il avait indiquée pour l'ouverture de la chasse pourrait-il la retarder par un arrêté pris également dix jours avant la nouvelle époque qu'il fixerait ?* Sans nul doute. Rien n'empêche un préfet de révoquer un premier arrêté et d'en prendre un second dans les mêmes formes; mais alors la question suivante peut se présenter. — **QUESTION.** *Lorsque le préfet prend un nouvel arrêté pour reporter l'ouverture de la chasse à un autre jour que celui indiqué par un premier arrêté, le second arrêté n'est-il obligatoire et ne détruit-il l'effet du premier que dix jours après sa publication, de telle sorte que si, par exemple, le premier arrêté a été pris le 20 août pour ouvrir la chasse au 1er septembre, et que le second arrêté ait été pris le 25 août pour reporter la chasse au 10 septembre, la chasse aura été permise pendant le temps qui s'écoule depuis le 1er septembre jusqu'au 5, époque où, d'après la loi, le second arrêté produit son effet ?* Si on applique rigoureusement les principes, l'affirmative doit être admise, car le second arrêté n'a détruit l'effet du premier que dix jours après sa publication; mais cette solution nous paraît peu satisfaisante : il est clair que c'est dans l'intérêt général que le second arrêté qui sursoit à l'exécution du premier est pris; c'est, par exemple, parce que des pluies auront empêché l'enlèvement des récoltes pour l'époque indiquée de l'ouverture de la chasse : cette circonstance ne peut être ignorée des habitants, et par suite des chasseurs; le sursis résulte de la force des choses, et l'arrêté ne fait que le déclarer : d'ailleurs, le préfet peut prendre des mesures pour que le second arrêté soit publié et connu dans tout le département avant le jour que le premier arrêté déterminait pour l'ouverture; car s'il était certain que dans quelque partie du département cette connaissance n'est pas parvenue ou n'a pas pu parvenir, les poursuites seraient contraires à tout principe de justice. D'un autre côté, si le second arrêté n'était obligatoire qu'à partir de l'expiration des dix jours, il est évident que cette mesure serait, dans la plupart des cas, illusoire, puisque le premier serait toujours exécutoire dans les premiers jours de l'ouverture qu'il a fixée, c'est-à-dire précisément au moment où l'intérêt des récoltes qui ne sont pas encore rentrées réclame la suspension de la chasse; enfin, nous pensons que c'est le cas d'appliquer par analogie les dispositions des ordonnances des 27 novembre 1816 et 18 janvier 1817, qui veulent que le gouvernement puisse hâter, sans attendre l'expiration des délais fixés par l'article 1er du Code civil, l'exécution des lois et ordonnances, laquelle a lieu, dans ce cas, du jour de la publication par affiches que les préfets font apposer aussitôt qu'ils ont reçu le bulletin officiel. — **QUESTION.** *Si le maire notifiait aux chasseurs individuellement l'arrêté de sursis au premier arrêté, les chasseurs devraient-ils s'y confor-*

mer? Cette notification ne serait nécessaire qu'autant que la publication, contrairement à ce que nous décidons plus haut, serait insuffisante, tant que dix jours ne se sont pas écoulés; nous pensons que, dans tous les cas, cette notification rendrait l'arrêté obligatoire pour ceux à qui elle est faite du jour qu'ils l'ont reçue : en effet, les dix jours ne sont donnés que pour établir la présomption que tous les habitants ont eu le temps de prendre connaissance de l'arrêté; or, une notification rend cette connaissance encore plus certaine. Au reste, aux termes d'un avis du conseil d'État du 25 prairial au xiii, c'est ainsi que deviennent exécutoires les décrets et ordonnances. (Arrêt de la Cour de cass. du 7 juil. 1838, Bullet., an. 1838.) — **QUESTION.** *L'arrêté publié moins de dix jours avant celui qu'il fixe pour l'ouverture de la chasse est-il enfreint si on chasse au jour fixé et conséquemment avant l'expiration de dix jours?* La négative est incontestable : c'est dans l'intérêt des justiciables que l'on a exigé ce délai; et si l'autorité ne l'a pas observé, on ne peut se faire une arme contre eux de l'inobservation par le préfet d'un devoir qui lui était imposé. Si donc un préfet publie le 22 août un arrêté qui ouvre la chasse le 1er septembre, ceux qui auront chassé à partir de cette époque devront échapper à toute espèce de poursuite. — **QUESTION.** *L'arrêté publié moins de dix jours avant celui qu'il fixe pour la clôture de la chasse est-il obligatoire à partir du jour qu'il a fixé?* Nous admettons la négative. Ainsi un arrêté publié le 30 mars, qui ordonne que la chasse sera close le 6 avril, ne sera obligatoire que le 10 avril : cette solution n'est point en contradiction avec la précédente; car si la loi exige le délai de dix jours, c'est, comme nous l'avons dit, dans l'intérêt des justiciables, pour qu'ils aient le temps de s'assurer que la chasse a cessé d'être ouverte; or, tant que les dix jours ne sont pas écoulés, ils sont présumés ignorer la clôture de la chasse. Au reste, on comprend que ces questions se présenteront rarement; car il est facile aux préfets de prendre leurs mesures de manière que la loi soit exécutée.

L'époque de l'ouverture et celle de la clôture de la chasse. La chasse était ordinairement déclarée ouverte, dans chaque département, depuis le 1er septembre jusqu'au 1er mars de chaque année, sur les terres non closes et dépouillées de leurs fruits; et quant aux terres non récoltées, l'époque de l'ouverture de la chasse était fixée après la récolte par un arrêté spécial du maire de chaque commune, délégué par le préfet pour remplir cette formalité. Il résulte de la discussion qui s'est engagée sur un amendement qui avait pour objet d'interdire aux préfets le droit de faire cette délégation, qu'elle ne peut plus avoir lieu. M. le garde des sceaux déclarait cet amendement inutile par les considérations suivantes : « Il est bien clair, disait-il, qu'un préfet ne peut déléguer le droit que la loi lui attribue que quand la faculté de déléguer est accordée par la loi ; or, cette faculté n'étant pas donnée, le préfet doit exercer lui-même le droit qu'il a d'ouvrir et de clore la chasse, c'est la législation. »—**QUESTION**. *Le préfet peut-il, comme autrefois, ouvrir la chasse seulement sur les terres dépouillées de leurs récoltes, de telle sorte qu'elle resterait prohibée même pour les propriétaires sur les terres non dépouillées de leurs fruits ?* La négative paraît résulter du texte de la loi nouvelle et de son esprit : du texte ; car les termes dans lesquels notre article est conçu ne paraissent pas admettre la possibilité de plusieurs arrêtés de préfet relatifs à l'ouverture ou à la clôture de la chasse : c'est une seule époque d'ouverture et une seule époque de clôture qu'elle semble admettre. L'*esprit* de la loi nouvelle est encore plus positif en ce sens. En effet, que la chasse soit ou non ouverte, elle est interdite sur le terrain d'autrui, que ce terrain soit couvert ou dépouillé de récoltes ; c'était uniquement dans l'intérêt de la conservation des récoltes que l'ancienne loi défendait la chasse sur les terres encore couvertes de fruits, et conséquemment, c'était contre le propriétaire qu'elle disposait. Or, la loi nouvelle n'a pas voulu maintenir cet état de choses. Quant à la chasse par le propriétaire sur ses terres, non encore dépouillées de leurs récoltes, elle s'en est rapportée à l'intérêt même du propriétaire, qui n'ira pas dévaster ses récoltes pour se livrer au plaisir de la chasse. La loi a donc jugé cette prohibition inutile, et par voie de conséquence on ne doit pas supposer que les préfets aient encore le droit de la reproduire en n'ouvrant la chasse que sur les terres dépouillées de leurs fruits. Le tribunal de Coulommiers a adopté cette opinion : « Attendu que les arrêtés de l'autorité administrative ne sont obligatoires qu'autant qu'ils sont pris dans les limites des prescriptions de la loi ; attendu que si l'art. 1er de la loi du 30 avril 1790 donnait à chaque département (aujourd'hui le préfet) le droit d'ouvrir ou d'interdire la chasse sur telle ou telle parcelle de terrain, en raison de son état de culture, l'article 3 de la loi du 3 mai 1844, sur la police de la chasse, est complétement muet sur ce droit et ne parle que du droit qu'a le préfet de fixer les époques d'ouverture et de clôture de la chasse; attendu qu'il résulte de l'ensemble de la loi et des discussions aux chambres, qu'une fois la chasse ouverte, les propriétaires ou leurs ayants droit, munis d'un permis de chasse, ont la faculté de chasser même dans leurs propres récoltes, par le motif que chacun est libre d'user et d'abuser de sa chose ; dit que les prévenus n'ont point chassé en temps prohibé. » (Jugement du 25 octobre 1844 ; journal *le Droit* du 29 octobre.) Voici un arrêt de la cour de Poitiers qui consacre la même doctrine : « Attendu que, sous l'empire de la loi de 1790, le propriétaire, dans l'intérêt de la conservation des récoltes, ne pouvait faire acte de chasse sur ses propriétés non encore dépouillées de leurs récoltes ; attendu qu'il en est autrement depuis la loi du 3 mai 1844, qui a été faite pour punir le braconnage ; attendu que si, d'après les termes de l'article 11, l'amende peut être élevée jusqu'au double, si ce délit a été commis sur des terres non dépouillées de leurs fruits, cette circonstance devient seulement aggravante quand le propriétaire n'a pas donné son consentement, mais qu'elle n'est pas elle-même constitutive du délit ; qu'il résulte en effet de la discussion aux chambres, que, par ces mots *non dépouillées de leurs fruits*, on n'a pas voulu maintenir la disposition rigoureuse de la loi de 1790, qui refusait au propriétaire le droit de chasser sur ses terres couvertes de leurs récoltes, et que le principe contraire a été adopté ; attendu que si, d'après les dispositions de l'article 3 de la loi du 3 mai 1844, le préfet doit déterminer par des arrêtés l'époque de l'ouverture de la chasse, ces arrêtés doivent être conformes aux termes de la loi, et ne pas créer des prohibitions qui n'existent pas ; attendu que si le ministère public peut poursuivre d'office, dans le cas de chasse sur le terrain d'autrui, sans le consentement du propriétaire, sur des terres non dépouillées de leurs fruits, la poursuite peut être arrêtée par le consentement du propriétaire, et que dans l'espèce le consentement est rapporté ; attendu que les tribunaux doivent examiner la légalité des arrêtés pris par les préfets, afin de savoir s'ils ont été rendus conformément aux dispositions de la loi ; attendu que M. le préfet de la Vienne, par son arrêté du 1er septembre dernier, fixant l'ouverture de la chasse sur les terrains seulement dépouillés de leurs fruits, ne s'est pas conformé aux dispositions de la loi du 3 mai 1844 ; que dès lors il n'y a pas lieu d'appliquer de peine pour contravention à cet arrêté ; adoptant au surplus les motifs des premiers juges, met l'appel au néant, et confirme le jugement attaqué. » (Arrêt du 16 novembre 1844. Sirey, 45, 2, 235.) La cour de Paris a également jugé dans le même sens par arrêt du 7 décembre 1844 (journal le *Droit* du 8 décembre 1844). Mais dans la pratique, la plupart des préfets exceptent dans leurs arrêtés d'ouverture les terres encore chargées de récoltes, jusqu'à l'entier dépouillement des fruits ; le tribunal de Blois a reconnu la validité d'un arrêté portant exception pour des terrains chargés de vignes jusqu'à l'achèvement des vendanges. Voici les termes de ce jugement : « Attendu qu'il résulte d'un procès-verbal régulier que les sieurs..... ont été surpris chassant dans une vigne avant le dépouillement des fruits ; attendu que l'arrêté pris par M. le préfet de Loire-et-Cher, fixant l'ouverture de la chasse, a formellement réservé les terrains plantés en vignes jusqu'à l'achèvement des vendanges, et les autres terrains jusqu'au dépouillement des fruits ; attendu que cet arrêté, rendu dans les limites des attributions de M. le préfet, doit recevoir exécution, à moins qu'il ne soit réformé par les voies régulières ; le tribunal, faisant application de l'article 12 de la loi du 3 mai 1844, condamne les sieurs..... à 50 francs d'amende, prononce la confiscation des fusils dont ils étaient porteurs, sous la contrainte, etc. » (Jugement du 27 septembre 1844 ; *Gazette des Trib.* du 1er octobre 1844.) Nous aurons occasion, sous l'article 11, n° 2, de revenir sur cette question et de citer d'autres arrêts qui la jugent. Elle finira sans doute par se présenter devant la Cour de cassation.

Dans chaque département. — **QUESTION.** *Le préfet peut-il fixer des époques différentes pour les arrondissements d'un département et même pour les diverses communes ?* Si on s'attachait au texte de la loi, il faudrait admettre la négative, puisque notre article suppose un seul arrêté d'ouverture *pour chaque département*. Cependant la différence de culture peut être telle, dans les arrondissements d'un même département, qu'il soit utile de différer à l'égard de l'un d'eux la chasse qu'on peut ouvrir dans l'autre. Notre article est plutôt *démonstratif* que *limitatif,* lors surtout qu'il s'agit d'une mesure d'intérêt général : ici d'ailleurs l'esprit de la loi ne s'oppose pas à l'existence d'arrêtés fixant des époques d'ouverture différentes ; car dans le même arrondissement, une fois la chasse ouverte, elle le sera sur les terres couvertes encore de leurs récoltes comme sur celles qui en seront dépouillées. Au reste, M. le ministre de l'intérieur ne fait pas de doute dans sa circulaire que notre article ne doive être interprété en ce sens. « Vous remarquerez d'ailleurs, monsieur le préfet, que bien que l'article que nous examinons porte que les époques d'ouverture et de clôture de la chasse seront fixées *dans chaque* *département,* vous n'en conservez pas moins le droit de fixer des époques différentes pour les divers arrondissements de votre département, si des différences de sol et de température l'exigent : c'est une faculté dont il convient, toutefois, de n'user qu'avec réserve et en vue d'une nécessité réelle ; car il a été remarqué que, lorsque la chasse n'est pas ouverte simultanément dans toute l'étendue d'un département, les chasseurs se portent quelquefois en grand nombre dans l'arrondissement où l'ouverture de la chasse est la plus précoce, et que, par suite, le gibier y est promptement détruit. » — **QUESTION.** *L'approbation donnée par un préfet au cahier des charges de l'adjudication du droit de chasse dans les bois communaux déroge-t-elle à l'arrêté préfectoral qui fixe l'époque de l'ouverture de la chasse, de telle sorte que l'adjudicataire puisse chasser avant cette époque lorsque le cahier des charges approuvé lui confère ce droit?* La Cour de cassation a consacré la négative : « Vu l'art. 3 de la loi des 4 août, 21 septembre, 3 novembre 1789 ; l'art. 1er de la loi des 28, 30 avril 1790 ; vu aussi l'arrêté du préfet de l'Aube, du 2 février dernier, qui fixe au 1er mars suivant la clôture de la chasse ; attendu que les dispositions des lois qui sont d'ordre public, non plus que celles des règlements de police et de sûreté, ne peuvent être modifiées par des conventions privées ; attendu qu'aux termes de l'art. 3 de la loi du 3 novembre 1789, et de l'art. 1 de celle du 30 avril 1790, les propriétaires ou possesseurs n'ont le droit de détruire le gibier dans leurs terres non closes qu'à condition de se conformer aux règlements qui pourront être faits sur l'exercice de la chasse, par les préfets, chargés, comme substitués aux administrations départementales, de fixer chaque année le temps dans lequel la chasse sera libre dans l'étendue de leur département ; attendu que l'arrêté du préfet de l'Aube ci-dessus fixait la *clôture* de la chasse au 1er mars de l'année 1842 ; attendu que l'adjudication du 9 juillet 1837, qui concède aux défendeurs à la cassation la faculté de chasser pendant six mois, du 1er octobre au 1er avril de chaque année, dans les prés non clos, sujets à l'inondation, appartenant à la commune de Montmorency, n'est qu'un acte privé destiné à régler les intérêts particuliers des habitants, et n'a pu dès lors créer, au profit des ayants cause de cette commune, une exception aux prohibitions portées par des règlements généraux d'ordre public et de police ; attendu que l'approbation donnée par le préfet de l'Aube, le 5 juin 1837, au cahier des charges de ladite adjudication, n'a pu en changer la nature ; que cette approbation a été donnée par le préfet, non comme délégué du gouvernement dans un intérêt général, mais seulement par suite de l'autorité tutélaire qu'il exerce dans l'intérêt particulier des communes pour la bonne administration de leurs biens ; que cette décision n'a pu ainsi avoir pour effet d'attribuer aux adjudicataires plus de droits que la commune de Montmorency n'en avait elle-même ; attendu dès lors qu'en se fondant sur ladite décision approbative pour renvoyer des poursuites Adeline, Ravelet et Desmaréts, trouvés, le 8 mars dernier, chassant *en temps prohibé,* le jugement attaqué a tout à la fois méconnu la force obligatoire de l'arrêté du préfet de l'Aube, du 2 février dernier, et expressément violé les articles précités des lois des 3 novembre 1789 et 30 avril 1790 ; casse, etc. » (Arrêt du 7 octobre 1842 ; Sirey, 43, 1, 147.) — **QUESTION**. *Dans un arrêté du préfet portant défense de chasser à compter de tel jour, ces expressions à compter de... doivent-elles être entendues en ce sens, que la prohibition commencera le jour même indiqué ?* La Cour de cassation a consacré l'affirmative : « Vu l'art. 1, § 2, de la loi du 30 avril 1790, d'après lequel l'administration de chaque département fixe le temps durant lequel la chasse est libre pour les propriétaires, dans les terres non closes ; vu l'arrêté du préfet de l'Eure, du 27 février dernier, portant que « l'exercice de la chasse sur les terres non closes est suspendu à compter du 10 mars ; » attendu que, dans les expressions de l'arrêté du préfet de l'Eure, ci-dessus visé, rien ne donne à penser que l'on ait voulu exclure de la prohibition le jour à compter duquel il est dit qu'elle aura lieu ; que, bien au contraire, le sens littéral et usuel de ces expressions emporte l'idée qu'elles désignent le premier jour où doit avoir lieu la prohibition ; que si, en matière de procédure civile ou criminelle, des règles spéciales ont été posées pour la supputation de certains délais, ces dispositions particulières ne sauraient, en l'absence d'un texte précis, être appliquées à d'autres matières, telles que les arrêtés administratifs ; attendu, toutefois, que le tribunal d'Évreux, par le jugement attaqué, a refusé de faire application de l'arrêté du préfet de l'Eure dont il s'agit à un fait de chasse intervenu le 10 mars, se fondant principalement sur ce que, d'après certaines dispositions du Code de procédure et du Code d'instruction criminelle, il n'est pas de règle, en matière de supputation de délais, de compter le jour point de départ ; en quoi ledit jugement a méconnu les dispositions de l'arrêté du préfet de l'Eure, et violé l'art. 1 de la loi du 30 avril 1790, qui lui sert de base ; casse. » (Arrêt du 7 sept. 1833. Sir., t. 33, 1, 882)

— Nous avons vu plus haut que les maires ne peuvent plus par délégation ouvrir ou clore la chasse, mais ils peuvent la prohiber indirectement au moyen d'une mesure de police qui rentre dans leurs attributions. C'est, du moins, ce que l'on doit conclure de la décision intervenue sur la question suivante. — **Question**. *L'arrêté d'un maire qui défend la chasse à une certaine distance des vignes, jusqu'à la fin du ban de vendange et de grappillage, est-il obligatoire comme rentrant dans les attributions conférées à l'autorité municipale, dans l'intérêt de la tranquillité et de la sûreté des campagnes ?* La Cour de cassation a consacré l'affirmative : « Vu l'art. 50 de la loi du 14 décembre 1789, qui place dans les attributions de l'autorité municipale le droit de faire des règlements propres à faire jouir les habitants d'une bonne police ; l'art. 9, tit. 2, de la loi des 28 septembre-6 octobre 1791, qui charge les officiers municipaux de veiller à la tranquillité, la salubrité et la sûreté des campagnes ; l'art. 471, n° 15, C. p. ; attendu qu'il résulte des dispositions ci-dessus rappelées, que l'autorité municipale a le droit de faire des règlements sur les objets qui sont confiés expressément à sa surveillance par ces mêmes dispositions, et que les contraventions à ces règlements deviennent passibles des peines de police déterminées pour ces cas par le Code pénal ; attendu, dans l'espèce, que, d'après un arrêté du préfet du département de l'Yonne, du 8 août 1833, et dans l'objet de prévenir les accidents résultant de l'exercice de la chasse à une distance trop rapprochée des vignes dont les vendanges ne sont pas terminées, le maire de la commune de Sacy, après délibération conforme du conseil municipal, et par un arrêté du 20 septembre dernier, fit défenses à toutes personnes de chasser sur le finage de Sacy, jusqu'à la fin du ban de vendange et grappillage inclusivement, à une distance moindre que 100 mètres des vignes dudit finage ; et attendu que ce règlement intéressait essentiellement la sûreté des campagnes ; attendu qu'il a été constaté par un procès-verbal régulier, que le 5 octobre dernier, le sieur Bérault a été trouvé chassant avant la fin des vendanges, à 3 ou 4 mètres des vignes ; que le sieur Bérault était dès lors en contravention aux dispositions de l'arrêté dont il s'agit et devenait passible des peines prononcées par l'art. 471, n° 15, C. p. ; attendu que le jugement attaqué ne contredit en rien l'existence du fait matériel de la contravention ; et attendu néanmoins que le sieur Bérault a été renvoyé de la plainte sur le motif que le règlement ne portait pas sur un des objets confiés à la surveillance de l'autorité municipale, en quoi ce jugement a violé les dispositions ci-dessus rappelées des lois des 14 décembre 1789, 6 octobre 1791 et du Code pénal ; casse. » (Arrêt du 3 mai 1834. Sirey, t. 34, 1, 587.) — Le projet de loi portait que les arrêtés dont il s'agit « seraient pris par le préfet de police pour la circonscription de la préfecture de police ; » mais ce paragraphe fut retranché, par le motif que ce droit particulier résultait, pour la préfecture de police, dans sa circonscription, des lois et arrêtés qui avaient organisé cette circonscription : les communes de Saint-Cloud, Meudon et Sèvres rentrent aussi dans ses attributions (arrêté du 3 brumaire an IX). Voici les recommandations que M. le ministre de l'intérieur adresse aux préfets dans sa circulaire pour l'exécution de cet article : « L'article 3 charge les préfets de déterminer l'époque de l'ouverture et celle de la clôture de la chasse. Cette attribution leur avait été dévolue déjà par l'ancienne législation ; mais leurs arrêtés devront, dans l'un et dans l'aure cas, être publiés dix jours au moins avant celui indiqué pour la clôture ou l'ouverture de la chasse. Cette condition doit toujours être observée ; vous en comprendrez toute l'importance, puisque l'exacte exécution de l'obligation qui vous est imposée est intimement liée à la légalité des poursuites pour contravention à vos arrêtés. Je vous recommande également, monsieur le préfet, de vous entourer toujours des renseignements les plus propres à vous éclairer sur l'époque qu'il conviendra de choisir pour l'ouverture et la clôture de la chasse. Vous consulterez surtout l'intérêt de l'agriculture et l'état des récoltes, mais vous ne perdrez pas de vue non plus qu'il peut y avoir aussi quelques inconvénients à ouvrir la chasse plus tard qu'il n'est réellement nécessaire. Dans ce cas, en effet, de nombreuses contraventions se commettent, et les poursuites, toutes légales qu'elles soient, ne paraissent plus basées sur les intérêts réels de l'agriculture. Les avis des sous-préfets vous seront très-utiles pour la fixation des jours d'ouverture et de clôture de la chasse. »

4. *Dans chaque département il est interdit de mettre en vente, de vendre, d'acheter, de transporter et de colporter du gibier* pendant le temps où la chasse n'y est pas permise. — En cas d'infraction à cette disposition, *le gibier sera saisi, et immédiatement livré à l'établissement* *de bienfaisance le plus voisin, en vertu soit d'une ordonnance du juge de paix*, si la saisie a eu lieu au chef-lieu de canton, soit d'une autorisation du maire, si le juge de paix est absent, ou si la saisie a été faite dans une commune autre que celle du chef-lieu. Cette ordonnance ou cette autorisation sera délivrée sur la requête des agents ou gardes qui auront opéré la saisie, et sur la présentation du procès-verbal régulièrement dressé. — La recherche du gibier ne pourra être faite *à domicile que chez les aubergistes*, chez les marchands de comestibles et dans les lieux ouverts au public. — *Il est interdit de prendre ou de détruire, sur le terrain d'autrui, des œufs et des couvées de faisans*, de perdrix et de cailles.

=== *Dans chaque département.* Bien que la chasse soit déclarée ouverte dans un département voisin, la vente et le transport du gibier dans le département où elle n'est pas déclarée ouverte sont interdits. Sans cette disposition, notre article eût été illusoire aussitôt que la chasse eût été déclarée ouverte dans un seul département. Nous avons vu sous l'article 1er que les préfets peuvent ouvrir la chasse dans *un arrondissement* sans l'ouvrir dans l'autre. La prohibition de notre article n'existera pas pour cet arrondissement, bien qu'elle continue de subsister pour les autres. C'est un inconvénient qu'on n'a pas pu éviter, et qui existera aussi dans un département où la chasse est ouverte à l'égard d'un département voisin où elle ne l'est pas. Cette disposition a fait naître la question suivante : — **QUESTION.** *L'interdiction dont il s'agit est-elle générale et absolue, et par suite comprend-elle tous les départements de la ligne parcourue, aussi bien ceux intermédiaires que ceux de l'expédition et de la destination; en d'autres termes, le transit doit-il être assimilé au transport ?* Le tribunal de Troyes avait consacré la négative par le motif suivant : «Attendu que si le gibier, pour arriver du lieu de départ au lieu de sa destination, a traversé le département de l'Aube à une époque où la chasse n'y était pas permise, ce fait ne peut constituer la contravention prévue par l'article 4 de la loi du 3 mai 1844, ce gibier ne devant pas séjourner dans ce département et devant seulement le traverser pour être transporté immédiatement et directement à Paris ; mais sur l'appel, la Cour royale de Paris a réformé le jugement : « Considérant que, par l'article 4 de la loi du 3 mai 1844, le transport du gibier est interdit, de même que la vente et le colportage, dans chaque département, pendant le temps où la vente n'y est pas permise ; que cette interdiction est générale et absolue, et comprend tous les départements de la ligne parcourue, aussi bien ceux intermédiaires que ceux de l'expédition et de la destination ; qu'excepter, comme l'ont fait les premiers juges, les départements intermédiaires, ce serait enlever à la loi son efficacité, en facilitant la fraude qu'elle a eu pour but de rendre impossible ; qu'ainsi, il n'y a aucune distinction à faire, d'après la lettre et l'esprit de la loi, entre le transit et le transport ; considérant, en fait, qu'il résulte du procès-verbal du 2 septembre que ledit jour il a été saisi, sur la voiture publique conduite par Édouard, à son arrivée à Troyes, département de l'Aube, où la chasse n'était pas permise, une bourriche renfermant du gibier, ce qui constitue de la part d'Édouard le délit prévu par les articles 4 et 12 de la loi du 3 mai 1844 ; met l'appellation et le jugement dont est appel au néant ; statuant par jugement nouveau, déclare Édouard coupable de transport de gibier dans un département où la chasse n'était pas permise ; et lui faisant application des articles 4 et 12 de la loi du 3 mai 1844, le condamne à 50 fr. d'amende, etc. » (Arrêt du 22 nov. 1844. Sir. 45, 2, 104).—Pour faire disparaître ce que paraît avoir d'injuste la disposition absolue de la loi pour le cas qui nous occupe, on a demandé, par une pétition à la Chambre des députés, que le chasseur qui tue du gibier dans un département où la chasse est ouverte pût le transporter dans un département où la chasse n'est pas permise, en se munissant d'un *laissez-passer* dans la forme de ceux délivrés par l'administration des contributions indirectes, et qu'il en fût de même pour l'*expédition* du gibier dans les mêmes circonstances. Le rapporteur de cette pétition, qui avait aussi été celui de la nouvelle loi, a fait adopter l'ordre du jour par la chambre, en se fondant sur les considérations suivantes : « L'intervention des employés de l'administration des contributions indirectes pour constater la provenance d'un gibier ne pourrait être sérieuse qu'autant que ces employés seraient présents au moment où le gibier serait tué ou pris, et cela est impossible dans l'exécution. La délivrance d'un laissez-passer, hors ce cas, créerait un moyen légal de se soustraire aux prohibitions de la loi, et comme il n'y aurait pas de motifs de ne pas en faire profiter les vendeurs, les acheteurs et les colporteurs de gibier, il arriverait à un résultat entièrement contraire à celui que vous avez voulu obtenir. » (Séance du 22 février 1845 ; *Moniteur* du 23.)

Il est interdit de mettre en vente. Il existait, avant la révolution de 89, des règlements qui défendaient la vente du gibier ailleurs qu'aux marchés publics et dans certains temps de l'année (1). L'article 3 du décret du 4 août 1789 avait dans sa généralité aboli ces règlements. Il résultait de là que le commerce du gibier étant permis en tout temps et les braconniers trouvant toujours à se défaire du produit de leurs délits, ils exerçaient leur coupable industrie dans toutes les saisons. L'interdiction, sous peine d'une amende qui peut être considérable (50 à 200 francs) et un emprisonnement facultatif de six jours à deux mois (art. 12), de mettre en vente le gibier hors le temps où la chasse est ouverte, était la meilleure mesure que l'on pût prendre contre les dévastations du braconnage, et par suite pour la conserva-

---

(1) Une ordonnance de Henri II, en date de 1549, porte : « Avons dit, statué et ordonné, et par ces présentes disons, statuons et ordonnons, qu'iceux rôtisseurs, pâtissiers, poulaillers et autres de cette qualité, vendeurs ou revendeurs, ne pourront doresnavant vendre aucune perdrix, perdraux, lièvres, levraux ne hérons, sinon *en plein marché,* et à plus haut prix que *douze deniers tournois* pour chacune perdrix, et en semblable le héron et le lièvre ; et de *six tournois chacun perdriau,* et en semblable le levreau et le héronneau, soit directement ou indirectement, sous peine de dix livres tournois d'amende pour chacune desdictes pièces d'iceluy gibier qu'ils auraient vendu outre ledit prix de douze deniers tournois ; icelle amende payable par moitié entre le vendeur et l'acheteur, dont les deux tiers seront appliquez au profit de l'hostel commun de la ville où se sera faite la vente, et si c'est au village, au paiement de la taille à laquelle sera imposé ledit village ; et l'autre tiers au profit d'icelui ou ceux qui auront révélé ladite vente et achapt. » Une ordonnance datée de Versailles, du 11 janvier 1715, fait défense de vendre du gibier ailleurs qu'aux marchés publics, à peine de confiscation du gibier, de prison et d'amende (moitié de l'amende, ainsi que le gibier confisqué, appartiendra au dénonciateur) ; et aux pâtissiers, rôtisseurs et autres, de vendre et débiter aucun gibier, s'ils ne les ont achetés à la vallée, et de n'en acheter ailleurs qu'aux marchés publics, et ce sous les mêmes peines. Enfin des arrêts de la table de marbre, du 17 août 1674 et du 1er mars 1706, défendent la vente et l'achat des œufs de perdrix et de faisans, ainsi que la mise en vente et en pâté des lièvres et des perdrix, durant une certaine époque de l'année.

tion des propriétés et du gibier; car, disait M. le garde des sceaux dans l'exposé des motifs: « Il est souvent difficile d'atteindre le braconnier dans les champs, dans les bois, pendant la nuit. Il le sera moins de constater la vente du gibier en temps prohibé, et de prévenir par là une partie des infractions que l'on ne pourrait punir. » Comme les dispositions pénales ne peuvent s'étendre, il est clair que si le gibier n'est pas exposé en vente dans une boutique, un magasin ou lieu quelconque, mais qu'il se trouve dans un endroit de la maison hors des regards de ceux qui pourraient vouloir l'acheter, le délit de mise en vente n'existerait pas.

De vendre. Pour ne laisser aucun prétexte aux braconniers, la loi, par les expressions qui précèdent, atteint la simple *mise en vente;* à plus forte raison devait-elle atteindre la vente. On comprend, du reste, que ces deux choses aient été prévues, car il peut y avoir *mise en vente* sans qu'aucun fait de vente ait eu lieu, et il peut y avoir vente en secret, sans que les objets vendus aient été *mis en vente*. On a attaqué cette disposition comme portant atteinte au droit de propriété, et surtout comme rendant illusoire le droit que l'article 2 de la loi confère aux propriétaires, de chasser et faire chasser en tout temps dans leurs parcs ou enclos attenant à leur habitation; car, en les privant du droit de vendre le gibier qu'on leur permet de tuer, on les privera souvent d'une partie de leur revenu, et par suite, au lieu de protéger la propriété, on lui portera préjudice; mais on a répondu qu'il a toujours été permis au législateur d'apporter des restrictions au droit de propriété dans l'intérêt général; que c'est précisément parce que le droit de chasse est un droit tout spécial que l'article 715 du Code civil a déclaré qu'il serait réglé par des lois particulières; que l'intérêt général voulait, pour que la prohibition ne fût pas illusoire, qu'elle s'étendît même aux propriétaires de parcs et d'enclos attenant aux habitations; que faire une exception pour ce cas, « c'eût été donner à d'autres le moyen d'éluder la loi, c'eût été rendre illusoires toutes les prohibitions contenues dans l'article 4. » (Circul. de M. le garde des sceaux.) On ajoutait que les propriétaires en éprouveront des inconvénients bien moins grands que ceux qui résulteraient de l'exception qu'on voudrait introduire dans la loi. Les propriétaires qui possèdent aujourd'hui des parcs ou des enclos peuplés de gibier ne sont pas très-nombreux en France. La plupart chassent pour leur plaisir et non pour faire commerce de leur gibier. Quant au petit nombre de ceux qui le vendent, ils ne seront pas privés du droit d'en tirer un bénéfice légitime; ce droit

6.

sera seulement suspendu pendant le temps où la chasse n'est pas encore ouverte. Il faut ajouter à toutes ces raisons une raison plus décisive : c'est que l'exception de l'article 2 n'est pas un *privilége* qu'on a voulu accorder aux propriétaires de parcs enclos attenant aux habitations, mais un hommage qu'on a voulu rendre au principe de l'inviolabilité du domicile. Or , ce principe n'est nullement compromis par la disposition qui fait rentrer dans la règle générale la prohibition de la vente du gibier. — *1re* **QUESTION** *Pendant le temps où la chasse est ouverte, la mise en vente du gibier pris au filet ou au moyen de tout autre engin défendu est-elle permise ?*—*2e* **QUESTION**. *L'arrêté du préfet qui prohibe cette mise en vente est-il pris en dehors des attributions de l'autorité administrative, et par suite non obligatoire pour les tribunaux ?* La cour de Grenoble a consacré l'affirmative : « Attendu que le procès-verbal du commissaire de police de Voiron constate la saisie de deux douzaines de petits oiseaux entre les mains de Joseph Dulaurier, qui les exposait en vente sur le marché de Voiron le 8 septembre 1844, parce que le rédacteur du procès-verbal aurait reconnu que ces oiseaux n'avaient pas été tués au fusil , mais pris au filet ou avec tout autre engin; que, d'après le procès-verbal , cette saisie aurait été opérée en raison de ce que la mise en vente de ces oiseaux aurait constitué une contravention à la loi du 3 mai 1844 et à l'article 5 de l'arrêté de M. le préfet de l'Isère, en date du 15 août 1844 ; attendu que les faits relatés au procès-verbal du 8 septembre dernier ne constituent qu'une vente en temps non prohibé de gibier présumé pris ou tué avec engins défendus et non point un délit de chasse aux filets; que, dès lors , le tribunal de Grenoble a mal apprécié les faits de ce procès-verbal en jugeant que le délit de chasse, avec engins prohibés , était imputé à Dulaurier , et en statuant sur une prévention qui ne lui était pas soumise, et qui ne résultait ni du procès-verbal , ni de la citation, ni des réquisitions du ministère public , ni des réponses du prévenu; attendu que l'article 1 de la loi du 3 mai 1844 n'a interdit la mise en vente, la vente, l'achat, le transport et le colportage du gibier, que pendant le temps où la chasse n'est pas permise, et qu'au 8 septembre, jour où la saisie du gibier a été pratiquée contre le prévenu Dulaurier, la chasse était permise dans le canton de Voiron, d'où il résulte que la loi du 3 mai 1844 n'est pas applicable au fait retenu au procès-verbal dont s'agit; attendu que, pour assurer l'interdiction de la chasse avec engins prohibés, il eût été sans doute fort utile de défendre en tout temps la vente du gibier pris ou tué à l'aide de ces engins, comme les articles 4 et 12, pour arriver à la répression du braconnage, punissent la vente du gibier en temps prohibé, mais que la prévision du législateur n'a pas été jusqu'à défendre en tout temps la vente du gibier pris ou présumé pris avec engins prohibés ; attendu, en ce qui concerne l'application de l'article 5 de l'arrêté préfectoral du 15 août 1844, que les arrêtés de l'autorité administrative ne sont obligatoires pour les tribunaux qu'autant qu'ils sont pris en exécution des lois, qu'ils ne peuvent ni les interpréter ni y ajouter ; que si, aux termes de l'article 9 de la loi du 3 mai 1844, les préfets ont le droit, dans les cas spécifiés par la loi, de permettre, de leur propre autorité ou sur l'avis des conseils généraux, certains modes de chasse par exception aux règles posées aux §§ 1er et 2 du même article, on ne saurait en inférer qu'ils peuvent imprimer le caractère de délit à des faits non prévus par la loi, et encore moins les interdire sous la sanction d'une peine qui n'est pas formellement prononcée ; qu'en agissant ainsi, les préfets ajouteraient à la loi ; attendu que l'article 11, n° 3, de la loi, en autorisant les préfets à prendre des arrêtés concernant la destruction des oiseaux, ne leur a pas donné le droit de créer une espèce de présomption légale qui pût dispenser de la preuve ; que si le législateur, par les dispositions de l'article 4, a en quelque sorte attaché le caractère de présomption légale de délit de chasse en temps prohibé au fait de vente du gibier pendant le temps où la chasse n'est pas ouverte, il a restreint cette présomption dans une limite d'où le juge ne peut la faire sortir ; attendu que, si grave que puisse être la présomption de délit de chasse avec engin prohibé, lorsque le gibier mis en vente ne porte aucune trace de blessure faite avec une arme à feu, ce n'est là qu'une présomption qui ne peut suppléer à la preuve nécessaire pour déterminer une condamnation ; attendu que l'article 4, en défendant, sous les peines de l'article 12, la mise en vente du gibier, a positivement exprimé que ce fait ne serait considéré comme délit qu'autant qu'il aurait lieu pendant le temps où la chasse n'est pas permise, et que cette circonstance constitutive du délit se trouve encore reproduite dans le § 4 de l'article 12 ; d'où il suit que l'arrêté de M. le préfet de l'Isère, en date du 15 août dernier, a créé un délit qui n'était ni prévu ni puni par la loi du 3 mai 1844, en défendant, pendant le temps où la chasse est ouverte, la mise en vente, la vente, l'achat, le transport et le colportage du gibier de toute espèce, qui aurait été tué ou pris au filet, à la glu, ou au moyen de tout autre engin prohibé par la loi, et en ordonnant la confiscation et la remise de ce gibier à un établissement de bienfaisance, et qu'ainsi, en ce qui concerne le fait imputé au prévenu, cet arrêté ayant été pris en dehors des attributions de l'autorité administrative, les tribunaux ne peuvent prononcer des peines pour son inobservation ; par ces motifs, la cour, sans s'arrêter à l'appel émis par le ministère public, confirme le jugement du tribunal correctionnel de Grenoble, et met Dulaurier hors d'instance. » (Arrêt du 26 décembre 1844. Sirey, 45, 2, 105.)

D'acheter. On a combattu cette disposition de la loi nouvelle, comme trop rigoureuse ; on remarquait que l'article 30 de la loi du 15 avril 1829, qui défendait la vente du poisson de trop petite dimension, ne punit que le vendeur ; qu'il serait impossible d'exécuter cette disposition sans recourir à des mesures vexatoires et à des visites domiciliaires ; qu'on ne pourra d'ailleurs distinguer le gibier acheté du gibier reçu en présent, etc. ; mais malgré toutes ces objections, la majorité a fini par adopter cette disposition, parce que c'était le moyen le plus certain de rendre efficace la grande mesure qui distingue particulièrement la loi nouvelle des lois précédentes sur la chasse ; on a, en outre, invoqué comme étant, en droit, d'un grand poids, cette circonstance, que celui qui achète du gibier à une époque où la loi en interdit la vente se rend *complice* du vendeur et doit par suite encourir la même peine : c'est, ajoutait-on, ce qu'a reconnu la Cour de cassation dans un arrêt rendu le 6 décembre 1839, c'est-à-dire sous l'empire des anciennes lois ; mais cette raison n'est pas péremptoire ; car c'est une question grave que celle de savoir si la complicité existe en matière de délit de chasse. Nous examinerons cette question sous l'article 12, en rapportant l'arrêt de la Cour de cassation. Quant à l'observation tirée de la loi sur la pêche, on remarquait que l'acheteur du poisson de trop petite dimension avait pu ignorer son origine et supposer qu'il venait d'étangs ou réservoirs ; cas dans lequel la vente est permise. L'acheteur d'une pièce de gibier ne peut s'excuser de la même manière ; car tout le monde sait quand la chasse est fermée. Enfin, on répondait à l'objection d'une exécution vexatoire, que la recherche pourrait se réduire aux marchands et aubergistes dont les établissements sont assujettis à des visites dans l'intérêt du fisc. — Il est clair que l'*échange* est interdit et puni comme la vente ; car l'échange ne diffère de la vente qu'en ce que c'est une chose qu'on donne au lieu du prix en argent. La loi défendant l'achat comme la vente, l'acheteur n'est pas simplement un complice, il est comme le vendeur *auteur* du délit (1). — **QUESTION**. *Est-il permis, en temps prohibé, de donner du gibier, et celui qui le reçoit à titre de don est-il affranchi de toute peine ?* En s'attachant au texte de la loi, il faudrait admettre l'affirmative, car c'est la *vente* et l'*achat* qui sont défendus.

De transporter et de colporter. Cette disposition est le complément de la mesure par laquelle le législateur de 1844 a voulu porter le dernier coup à la funeste industrie du braconnage. On a également attaqué cette disposition, et avec plus de force encore que la prohibition de vendre du gibier, quant aux propriétaires d'enclos attenant à une habitation ; mais la même réponse s'applique encore ici ; car, encore une fois, ce n'est pas un privilége que l'on a entendu accorder à ces propriétaires, mais une consécration de l'inviolabilité du domicile. *Colporter le gibier* s'entend du fait de porter avec soi le gibier avec l'intention de le vendre ; le *transporter* ne suppose pas nécessairement cette intention. — **QUESTION**. *Le gibier provenant de l'étranger est-il compris dans la prohibition ?* Sans aucun doute, les termes de la loi sont impératifs et absolus. Ils s'appliquent au gibier vendu, acheté ou transporté, quelle qu'en soit l'origine. (Circulaire de M. le garde des sceaux.) Dans la discussion on s'est expliqué sur ce point : au moyen de la prohibition générale d'*acheter* le gibier, quelle qu'en soit l'origine, qu'il provienne de pays étranger ou qu'il provienne du sol de France, il ne pourra être mangé en France. On comprend d'ailleurs que la prohibition serait devenue illusoire, si on avait admis des distinctions à l'aide desquelles on aurait pu colporter et par suite vendre et acheter du gibier d'une provenance quelconque. — L'article 9

---

(1) Cette disposition, qui atteint l'acheteur comme le vendeur, est renouvelée d'une bien ancienne ordonnance ; l'article 14 de celle de mars 1515 porte : « Pour ce que chose difficile serait que les chasseurs et preneurs desdites grosses et menues bestes et gibier peussent longuement durer sans estre découverts, s'ils n'avaient des intelligences et *réceptateurs* qui achètent d'eux en cachette lesdites bestes et gibier, pour les revendre en leurs tavernes, hostelleries, rôtisseries et boutiques, nous voulons et ordonnons qu'iceux *réceptateurs* soient punis de telles et semblables peines pour la première, seconde, tierce et austres fois qu'a esté cy-dessus dit desdits preneurs et chasseurs desdites bestes et gibier ; c'est-à-dire en prison pour la première fois, battus de verges sous la custode jusqu'à effusion de sang pour la seconde, et pour la tierce fois battus de verges autour de la forêt, puis bannis à quinze lieues desdites forêts. »

permettant d'ouvrir la chasse du gibier d'eau et des oiseaux de passage à d'autres époques que la chasse ordinaire, il est clair, comme l'observe M. le garde des sceaux dans sa circulaire, que « ce gibier et ces oiseaux pourront être vendus et transportés pendant le temps où la chasse en sera permise par les arrêtés des préfets, lors même que la chasse, et conséquemment la vente et le transport du gibier ordinaire, seraient interdits. » — Le gibier provenant des propriétés de la couronne se trouve exempté de la disposition du présent article quant au *transport*, mais non quant au *colportage* et quant à la *vente*. Voyez l'article 30 de la présente loi. L'article 9, qui permet aux préfets de prendre des arrêtés pour déterminer le temps pendant lequel il sera permis de chasser le gibier d'eau, a fait naître, quant au transport et au colportage du gibier après la clôture de la chasse la question transitoire suivante : — **QUESTION.** *Si un préfet n'a pas pris un arrêté pour clore la chasse du gibier d'eau, cette chasse est-elle supposée toujours ouverte en vertu de la loi du 30 avril 1790, qui l'autorisait en temps prohibé, et par suite le transport ou le colportage du gibier d'eau, après l'arrêté de la fermeture de la chasse ordinaire, n'est-il passible d'aucune peine?* Le tribunal d'Abbeville avait jugé l'affirmative en ces termes : « Attendu que la chasse au gibier d'eau n'était pas close dans le département de la Somme lors de la publication de la loi du 3 mai 1844 ; que cette loi n'a pas eu pour objet de fixer l'époque de la clôture ou de l'ouverture de la chasse dans le département ; qu'elle a, par son article 3, délégué ce droit aux préfets ; que sa publication n'a donc pas pu avoir l'effet de clore de droit la chasse au gibier d'eau ; attendu qu'il n'appert pas d'un arrêté de M. le préfet portant clôture de la chasse au gibier d'eau ; qu'ainsi cette chasse continue à rester ouverte dans le département de la Somme ; attendu que le gibier transporté était deux sarcelles, qui sont par leur nature du gibier d'eau ; que le fait de transport n'est un délit que quand il a lieu en temps où la chasse est prohibée ; qu'ainsi le transport d'un gibier lorsque la chasse n'est pas close ne saurait être un délit, le tribunal renvoie Flageolet de la plainte sans dépens. » Mais sur l'appel, ce jugement a été réformé par la cour d'Amiens : « Considérant que l'article 4 de la loi du 3 mai 1844 dispose que, dans chaque département, il est interdit de mettre en vente, de vendre, d'acheter, de transporter et de colporter du gibier pendant le temps où la chasse n'est pas permise ; considérant que si l'article 9 de la même loi autorise le préfet à prendre des arrêtés pour déterminer le temps pendant lequel il sera permis de chasser le gibier d'eau dans les marais, sur les étangs, fleuves et rivières, il n'appert d'aucun document que le préfet de la Somme ait usé de ce pouvoir ; que la chasse du gibier d'eau n'est pas permise dans le département ; qu'on ne saurait prétendre qu'elle doit l'être en vertu de la loi du 30 avril 1790, puisque l'abrogation de ses dispositions a été prononcée par celle du 3 mai dernier ; qu'il suit de là que l'interdiction établie par l'art. 4 précité est actuellement applicable au colportage du gibier d'eau dans le département de la Somme ; considérant que d'un procès-verbal du 6 juin dernier il résulte que les préposés de l'octroi d'Abbeville ont saisi deux sarcelles contenues dans un panier, que Flageolet, messager de Puthoille, introduisait dans cette ville ; qu'en colportant ainsi du gibier dans un temps où la chasse n'était pas permise, cet individu a contrevenu à l'article 4 de la loi du 3 mai 1844, et encouru la peine édictée par l'article 12 de la même loi ; la cour condamne Flageolet à 50 fr. d'amende et aux dépens. » (Arrêt du 15 juillet 1844 ; journal *le Droit* du 25 juillet.)

— **QUESTION.** *Celui qui, chassant sur la limite d'un département dans lequel la chasse est permise, tue une pièce de gibier qui va tomber sur le territoire du département voisin où la chasse est interdite, peut il y aller chercher cette pièce ?* On pourrait peut-être, par une interprétation judaïque du texte de notre article, soutenir la négative, mais une telle rigueur dans l'application de la loi nouvelle est-elle admissible ? Est-ce bien là le transport du gibier dans un département où la chasse n'est pas ouverte ? N'est-ce pas une suite naturelle du droit de chasse exercé légitimement sur le territoire où la chasse était ouverte, et un fait licite peut-il prendre les caractères d'un délit, par une circonstance toute fortuite et indépendante de la volonté du chasseur ?

Du gibier. Le mot *chasse* comprend la poursuite de toute espèce d'animal sauvage ou de toute espèce d'oiseaux ; mais le mot *gibier* a une signification plus restreinte. La prohibition de chasser hors les époques fixées pour l'ouverture de la chasse et sans permis de chasse s'étend aux oiseaux comme au *gibier* ; mais la mise en vente, l'achat, le transport, le colportage des oiseaux qui ne rentrent pas dans ce que l'on entend en général par *gibier* ne tombe pas sous l'application de la présente disposition ; la raison en est que cette disposition n'ayant été faite que dans l'intérêt exclusif de la conservation du gibier, elle ne devait pas s'étendre à des oiseaux qui n'en sont pas. Quant à ce que l'on comprend dans le mot *gibier*, c'est à l'usage que les tribunaux devront s'arrêter pour apprécier les diverses questions qui leur seront soumises. En général, on considère comme gibier, parmi les quadrupèdes : le cerf, le sanglier, le daim, le chamois, le lièvre, le lapin de garenne ; parmi les oiseaux, le merle, les pigeons sauvages, les tourterelles, les faisans, les coqs de bruyère, les gelinottes, les perdrix, les cailles, les outardes ; les oiseaux de passage, tels que le pluvier, le vanneau, la grue, la cigogne, le héron, les courlis, la bécasse, la bécassine, les rales, les poules d'eau ; le gibier d'eau se compose des foulques et grèbes, des oies, des canards, des cormorans, etc. — Il a été reconnu dans la discussion que l'interdiction était absolue et que conséquemment elle s'applique au gibier vivant qu'on transporterait dans le but de s'en servir à la reproduction dans d'autres domaines, comme au gibier tué ; elle s'applique aussi par la même raison au gibier cuit et même préparé, si on pouvait constater en effet que c'est du gibier. — **QUESTION**. *La prohibition s'étend-elle au gibier mis en pâté ?* Un arrêt de la table de marbre, du 17 avril 1674, que nous avons cité en note, portait défense expresse aux rôtisseurs et autres de vendre ou acheter aucuns lièvres ou perdrix, bêtes fauves, blanches ou noires, « et de les *mettre en pâté,* à peine de confiscation desdites bêtes, venaisons et pâtés. » Mais, dans le silence de la loi nouvelle sur ce point, il nous semble évident que les pâtés échappent à la prohibition de notre article. Le gibier mis en pâté n'est plus que l'accessoire, ce n'est pas du gibier que l'on vend, achète ou transporte, mais des pâtés. Il y aurait une véritable vexation à ouvrir les pâtés chez les pâtissiers ou à l'octroi pour s'assurer de la légitimité du contenu ; et il y aurait injustice à frapper d'une amende considérable un acheteur qui ne savait peut-être pas ce que contenait le pâté qu'il a acheté. La jurisprudence établie sur la question suivante peut être invoquée par analogie. — **QUESTION**. *Les conserves de gibier et autres préparations analogues, d'après des procédés connus, tombent-elles sous l'application de la loi ?* Pour l'affirmative, on dit que le législateur ne distingue pas entre le gibier tué lorsque la chasse est ouverte, et le gibier tué lorsqu'elle n'est pas ouverte ; la loi défend d'une manière générale la mise en vente et la vente du gibier pendant le temps où la chasse n'est pas permise. Le tribunal du Havre, saisi de la contestation, avait admis cette doctrine : sur l'appel, la cour de Rouen éluda la difficulté et réforma, par arrêt du 15 octobre 1844, le jugement en fait, parce qu'il résultait des dépositions des témoins de la contre-enquête que la confection des terrines et des conserves saisies était antérieure à la promulgation de la loi du 3 mai 1844. Cet arrêt ayant été déféré à la Cour suprême, il fut confirmé par des motifs différents de ceux invoqués par la cour de Rouen : « Attendu que si la loi du 3 mai 1844 a défendu par son article 4, et puni par son article 12 la mise en vente du gibier pendant le temps où la chasse n'est pas permise, le sens et l'étendue qu'elle a voulu donner à ce mot ressortent de la disposition dudit article 4, d'après laquelle le gibier saisi doit être immédiatement livré à l'établissement de bienfaisance le plus voisin ; que cette disposition exceptionnelle, dont l'effet est de rendre la confiscation irrévocable avant que la justice ait prononcé sur le mérite de la saisie, prouve que le législateur avait en vue le gibier même exposé à se corrompre dans un court délai, et non les conserves de gibier et autres préparations analogues qui, dans les usages du commerce, ne sont pas destinées à une consommation prochaine ; que cette manière d'entendre la loi est d'ailleurs en rapport avec son esprit, puisque si la mise en vente du gibier a été défendue d'une manière absolue pendant la saison où la chasse n'est pas permise, c'est parce qu'à cette époque le gibier est présumé le produit du délit, tandis qu'à l'égard des conserves de gibier, dont la préparation peut remonter à une époque éloignée, cette présomption manque entièrement ; et attendu qu'il a été reconnu en fait par l'arrêt attaqué que les terrines et boîtes saisies le 9 septembre dernier chez Boissier, marchand de comestibles au Havre, avaient été préparées plus de trois mois avant la promulgation de la loi sur la chasse, et par conséquent plus de sept mois avant la saisie, d'où il résulte qu'il s'agissait dans la cause de productions du genre de conserves ; que dès lors, en refusant de réprimer par l'application des peines de l'article 12 de la loi du 3 mai 1844, la mise en vente de ces préparations avant l'ouverture de la chasse dans le département de la Seine-Inférieure, la cour royale de Rouen n'a pas violé les dispositions de ladite loi ; la cour, après en avoir délibéré en la chambre du conseil, sans approuver d'ailleurs les motifs de l'arrêt attaqué, rejette le pourvoi du procureur général de Rouen. » (Arrêt du 21 décembre 1844 ; Sirey, 45, 1, 107.) — QUESTION. *La mise en vente, la vente, l'achat, le transport et le colportage du gibier en temps de neige, constituent-ils le délit prévu et puni par le § 4 de l'article 12? Le tribunal de Corbeil a consacré la négative : « Attendu que la loi du 3 mai 1844 a fait une différence notable entre le* fait de chasse dans le temps où la chasse est prohibée d'une manière absolue, et le fait de chasse à l'époque où l'exercice de la chasse est seulement suspendu par arrêté préfectoral, lorsque la terre est couverte de neige ; que la distinction entre ces deux cas résulte manifestement de la différence des pénalités qui y sont appliquées ; qu'en effet la chasse en temps de neige est punie par l'article 11 , § 3, d'une amende de 16 à 100 fr., tandis que le fait de chasse en temps prohibé est frappé par le § 1er de l'article 12 d'une amende de 50 à 200 francs, et peut même être puni d'un emprisonnement de six jours à deux mois ; qu'il faut conclure de là que quand le législateur parle du temps où la chasse est prohibée ou n'est pas permise, il a entendu appliquer restrictivement ces expressions au temps de clôture de la chasse, c'est à savoir, dans nos climats, du mois de mars au mois de septembre ; que si, en effet , ces expressions devaient s'appliquer au temps où la terre est couverte de neige , on arriverait à cette conséquence inadmissible que le transport ou la mise en vente du gibier en temps de neige serait passible d'un emprisonnement de deux mois, tandis que le fait principal , le délit de chasse lui-même, commis dans les mêmes conditions, c'est-à-dire en temps de neige, n'entraînerait au maximum qu'une amende de 100 francs ; attendu, d'autre part , que la position du chasseur et du détenteur du gibier est loin d'être la même en temps de neige et en temps de clôture de la chasse : qu'en effet l'époque de l'ouverture et celle de la fermeture de la chasse doivent, aux termes de l'article 3 de la loi, être rendues publiques au moins dix jours à l'avance, tandis que, par la nature des choses, il ne peut en être de même pour les cas de neige ; en sorte que la loi, ce qui n'a jamais été ni pu être dans son esprit, semblerait tendre incessamment un piége aux justiciables, puisque, d'une part , le chasseur serait exposé le soir à la saisie du gibier par lui chassé le matin dans un lieu où la terre n'était pas couverte de neige, et que, d'autre part , le détenteur serait passible de la confiscation du gibier par lui publiquement et légitimement acheté la veille ; attendu enfin que lorsque la loi est susceptible de deux interprétations, l'une conforme à la justice, à la raison, à l'équité, et l'autre contraire à tous les principes d'une juste proportion entre la répression et l'infraction, cette dernière interprétation doit être proscrite ; qu'il faut conclure de tout ce que dessus, que les pénalités déterminées par le § 4 de l'article 12, pour le cas de transport et de mise en vente du gibier en temps prohibé, ne sont pas applicables à la vente et au transport du gibier en temps de neige ;

renvoie la prévenue de la plainte, etc. » (Jugement du 27 décembre 1844 ; *Gazette des tribunaux* du 17 janvier 1845.) Le tribunal de Coulommiers a consacré l'opinion contraire par le motif que la disposition de l'article 4, dans la défense dont il s'agit, est générale, absolue, et s'applique non-seulement au temps où la chasse n'est pas encore ouverte, mais encore à celui où, comme dans l'espèce, elle est interdite à cause de la neige. (Jugement du tribunal de Coulommiers du 13 décembre ; journal *le Droit* du 26 décembre 1844.) Mais le jugement du tribunal de Coulommiers a été réformé sur l'appel interjeté par le ministère public, devant le tribunal de Melun : voici les motifs du jugement de réformation : « Attendu qu'il résulte du rapprochement et de la saine interprétation des articles 3, 4 et 12, § 4 de la loi du 3 mai 1844, que le colportage et la vente du gibier ne constituent un délit que pendant le temps où la chasse est prohibée d'une manière générale et absolue ; que l'interdiction de la chasse en temps de neige, par arrêté préfectoral, en vertu de l'article 9 de la même loi, n'est que partielle et momentanée, d'où il suit que le gibier exposé en vente dans un lieu couvert de neige peut néanmoins avoir été tué dans une autre localité en temps permis, de telle sorte que la possession en ait été légitimement acquise, etc. » (Jugement du 16 janvier 1845 ; journal *le Droit* des 20 et 21 janvier.) Enfin, un membre de la Chambre des députés s'étant élevé, à l'occasion d'une pétition, sur l'extension que dans certains départements, on avait voulu donner à la loi en incriminant le transport du gibier en temps de neige, M. le ministre de l'intérieur s'exprima en ces termes : « Nous avons toujours pensé qu'il n'était pas possible d'empêcher le transport du gibier en temps de neige, et les instructions que nous avons données aux préfets ont été dans ce sens. » (Séance du 22 fév. 1845 ; *Monit.* du 23.) Cette doctrine a reçu la sanction de la Cour suprême : « Attendu qu'il faut distinguer dans la loi du 3 mai 1844, sur la police de la chasse, les prohibitions générales établies par la loi elle-même pour tout le royaume, et les prohibitions particulières établies pour chaque département par les préfets, en vertu des pouvoirs que cette loi leur confère ; qu'ainsi, en ce qui concerne le temps où il est défendu de chasser, on ne doit pas confondre les temps où la chasse n'est pas ouverte, tel qu'il est déterminé chaque année par les préfets, au moyen des arrêtés de clôture et d'ouverture que l'article 3 leur ordonne de prendre, et les temps de neige pendant lesquels le préfet aurait cru devoir interdire la chasse en vertu de la dernière disposition de l'article 9 ; que la défense de vendre, d'acheter et de colporter du gibier pendant le temps où la chasse n'est pas permise fait partie des prohibitions générales de la loi ; que l'article 4, qui la contient, se réfère à l'article 3 : que le temps prohibé dont il y est question est donc celui qui s'écoule entre les arrêtés de clôture et d'ouverture de la chasse, et non le temps de neige pendant lequel la chasse peut se trouver momentanément interdite dans certaines localités ; que cela ne résulte pas seulement de l'ensemble des dispositions de la section 1re de la loi qui a pour objet de régler l'exercice du droit de chasse, mais aussi du rapprochement des pénalités déterminées dans la section 2e ; qu'en effet, l'article 12 punit la contravention à l'article 4 de peines plus fortes que celles qui sont prononcées par l'articie 11 pour les contraventions aux arrêtés des préfets pris en vertu de l'article 9 ; qu'ainsi, si l'article 4 était regardé comme prohibant la vente et le transport du gibier en temps de neige, celui qui aurait chassé au mépris de l'arrêté du préfet serait puni moins sévèrement que celui qui aurait acheté, vendu ou transporté le gibier produit de sa chasse ; ce qui est inadmissible, puisque dans l'esprit de la loi la vente et le transport du gibier ont été considérés comme une sorte de complicité du délit de chasse, et n'ont pu être érigés en délit qu'à ce titre ; attendu en conséquence que le jugement attaqué, en refusant de prononcer les peines de l'art. 12, n° 4 de la loi du 3 mai 1844, contre Bignan et consorts, prévenus d'avoir acheté ou mis en vente du gibier en temps de neige, loin de violer ledit article, n'a fait qu'une juste application de ladite loi ; rejette. (Arrêts des 22 mars et 18 avril 1845.)

Le gibier sera saisi, et immédiatement livré à l'établissement de bienfaisance le plus voisin. L'article 25, pour prévenir les collisions, défend de désarmer le chasseur ; par la même raison on ne peut en général saisir le gibier ; mais ici on a fait une exception qui n'offre pas d'inconvénient, puisqu'aucune collision n'est véritablement à redouter dans le cas qui nous occupe. Cette disposition est contraire au principe du droit commun, qui autorise bien la saisie des objets du délit, mais qui veut que ces objets soient rendus si le prévenu est déclaré innocent. Ici il n'y a pas simplement saisie provisoire, mais véritable confiscation du gibier saisi : la nature des choses réclamait cette espèce d'exception aux principes généraux ; car on ne pouvait conserver le gibier pour le rendre au prévenu, puisqu'il se serait gâté pendant l'instance, et que sa restitution, dans tous les cas, placerait le marchand ou le particulier en état de délit. On ne pouvait non plus le lui laisser, à la charge de le représenter, puisque c'eût été continuer le délit; enfin le faire vendre par l'autorité, c'eût été précisément commettre le délit qu'on a entendu prévenir. On a donc pris une mesure exceptionnelle qui offre au moins l'avantage de constituer un acte de bienfaisance. Au reste, il est clair que le gibier devra être consommé dans l'établissement, car s'il en sortait, il y aurait transport et, par suite, violation de la loi.—Si toutefois c'était du *gibier vivant* qui eût été saisi, l'établissement pourrait sans doute le rendre à la liberté sans qu'il y eût délit; car cela rentrerait dans l'esprit de la loi, qui a surtout pour objet la conservation du gibier.

En vertu soit d'une ordonnance du juge de paix, etc. On ne pouvait arbitrairement attribuer à un établissement de bienfaisance des objets saisis en délit, il fallait des actes de l'autorité qui constatassent l'exécution donnée à la loi. (**MODÈLE** d'ordonnance, etc., *formul.* **N° 1.**) Mais il faut bien remarquer que le juge de paix n'a pas qualité pour statuer sur la validité de la saisie; sa mission se borne à délivrer l'ordonnance.

A domicile que chez les aubergistes, etc. Les personnes qui tiennent des établissements publics ne peuvent se plaindre de mesures qui leur sont imposées comme condition de l'industrie qu'ils exercent, mais ces mesures auraient pu avoir un caractère de vexation et de violation de domicile, si on les eût étendues aux particuliers. « Le droit de recherche ainsi limité, dit M. le garde des sceaux dans sa circulaire, a pu être accordé sans danger aux fonctionnaires chargés de constater les infractions à l'art. 4. En effet, le gibier qui sera découvert en temps prohibé, dans les auberges, chez les marchands de comestibles, dans les lieux ouverts au public, ne pourra jamais s'y trouver que par suite d'un délit. »—De l'expression générale *domicile*, il résulte que la recherche pourra se faire non-seulement dans le lieu ouvert au public, mais dans toutes les dépendances qui constituent le *domicile* : d'ailleurs, si la recherche était limitée à la boutique, le but de la loi serait manqué. Comme l'emploi des mesures dont il s'agit ici n'est interdit à l'égard de particuliers non aubergistes, etc., qu'à *domicile*, il est clair que la recherche pourra être faite en tout autre lieu qu'au domicile, et qu'ainsi la loi autorise la perquisition dans les halles et marchés, dans les voitures publiques et particulières, et même à l'entrée des villes sur les personnes ; mais on comprend que les agents du fisc ne doivent recourir à ces mesures toujours rigoureuses qu'autant qu'il existe de graves présomptions de *fraude.*— **QUESTION.** *La seule détention* *d'une pièce de gibier par un aubergiste constitue-t-elle le délit prévu par notre article, bien que cet aubergiste ne l'ait ni mise en vente, ni vendue?* L'affirmative résulte du texte de notre article ; car s'il y avait mise en vente, il n'y aurait pas besoin de *recherche ;* c'est du reste ce qu'a déclaré le rapporteur de la loi à la Chambre des députés : « A l'égard des personnes auxquelles sont applicables les prohibitions portées dans le § 1er de l'article 4, il faut reconnaître que dans aucun cas, il ne pourra y avoir acquittement. » — Il est clair que le gibier provenant de la *recherche* devra être saisi comme le gibier mis en vente, vendu ou acheté, etc. —**Question**. *Le gibier qui existait chez le marchand au moment de la clôture de la chasse, devrait-il être saisi?* Oui, si on applique la loi rigoureusement ; mais il semble que la raison et la justice veulent que l'on accorde un certain délai aux marchands pour écouler le gibier qu'ils n'avaient pu vendre entièrement pendant l'ouverture de la chasse. — **Question**. *Le consommateur qui serait surpris chez un aubergiste mangeant du gibier serait-il passible de la peine dont la loi frappe l'acheteur?* La négative paraît incontestable. La défense que porte la loi dans l'intérêt de la conservation du gibier, c'est l'achat du gibier ; or, dans le cas qui nous occupe, ce n'est pas du gibier, à proprement parler, qu'achète le consommateur, c'est un plat quelconque qui entre dans la composition du repas qu'il prend. La rigueur de la loi doit finir où commencerait la mesure odieuse et vexatoire.

Il est interdit de prendre ou de détruire, sur le terrain d'autrui, des œufs et des couvées de faisans, etc. « D'après nos lois actuelles, disait M. le garde des sceaux dans l'exposé des motifs, la vente des œufs et des couvées dont il s'agit est autorisée. Quel est le résultat d'une semblable tolérance? pour alimenter ce genre de commerce, on s'introduit au printemps dans les champs couverts de récoltes. On nuit également à la reproduction du gibier qu'on détruit presque toujours dans son germe, et à l'agriculture, par le dommage qu'on cause nécessairement aux blés et aux prairies artificielles. » Ces considérations réclamaient donc la mesure que consacre notre article. « Par cette disposition, la loi, dit M. le garde des sceaux, dans sa circulaire, a voulu porter remède à un des abus les plus nuisibles à la reproduction du gibier. Il importe que son exécution soit surveillée avec soin. » Mais il faut bien remarquer que c'est la destruction des œufs et couvées sur le terrain d'autrui que prohibe notre article, de sorte que cette destruction par le propriétaire sur son propre terrain est permise, à moins que le préfet, conformément à l'article 9, n'ait interdit la destruction de toute espèce de nids ou couvées. Le cultivateur en fauchant sa récolte aurait pu détruire une couvée et commettre par suite involontairement un délit. Cette disposition se retrouve, quant aux biens de la couronne, dans l'article 8, titre 30 de l'ordonnance de 1669 portant : « Défendons à toutes personnes de prendre en nos forêts, garennes, buissons et plaisirs, aucuns aires d'oiseaux de quelque espèce que ce soit, et en tous autres lieux, les œufs de caille, perdrix et faisans, à peine de 100 livres pour la première fois, du double pour la seconde, et du fouet, etc. » Cette disposition était évidemment abrogée, quant aux propriétaires sur leurs propres terrains, par les lois de 1789 et 1790, qui leur permettaient de détruire le gibier comme ils le jugeaient convenable. Il faut bien remarquer que c'est l'enlèvement et la destruction des œufs et couvées sur le terrain d'autrui que défend la loi ; mais elle ne défend ni *la vente*, ni *l'achat*, ni *le transport* de ces objets par le propriétaire. On s'expliqua sur ce point dans la discussion et l'on observa qu'il importe souvent, dans le temps de la fauchaison des foins et des prairies artificielles, d'enlever les œufs, pour les faire éclore et reproduire le gibier ; que d'un autre côté il y a beaucoup de fermiers qui élèvent des œufs pour les vendre aux propriétaires, et qu'il arrive de l'étranger en France une grande quantité d'œufs qui servent à la reproduction du gibier. — Relativement aux personnes non propriétaires, il est clair que le fait de s'emparer des œufs et des nids est une manière de détruire le gibier et de chasser, qui était frappée des peines prononcées par la loi de 1790, toutes les fois que le fait n'avait pas lieu dans une forêt de la liste civile ; circonstance pour laquelle l'article 8 de l'ordonnance était applicable. Ce fait dans une forêt de la couronne est puni aujourd'hui comme le même fait dans les forêts des particuliers (articles 11 et 30). — Toutes les prohibitions que renferme notre article sont sanctionnées par des peines sévères : 50 à 200 francs d'amende pour la mise en vente, achat ou colportage du gibier (art. 12), 16 à 100 francs d'amende pour la destruction des œufs ou couvées (art. 11.) — **QUESTION.** *L'usufruitier ou le fermier commet-il le délit que prévoit notre article, lorsqu'il détruit une couvée sur le terrain dont il a l'usufruit ou le fermage ; est-ce, quant à lui, le terrain d'autrui ?* Non, car ce droit sur le terrain dont le fermier ou l'usufruitier a la jouissance est un droit particulièrement attaché à cette jouissance et afin, comme nous venons de le dire, que les fermiers ou les usufruitiers ne deviennent pas délinquants sans le savoir : ce n'est donc pas un droit personnel au propriétaire; mais il est bien évident que ni le fermier, ni l'usufruitier ne pourra permettre à des tiers de venir enlever ou détruire des couvées. — QUES- TION. *La destruction sur le terrain d'autrui d'autres couvées que celles des faisans, perdrix et cailles, ne tombe-t-elle sous l'application d'aucune peine?* L'af- firmative paraît constante; ce fait sera seulement passible d'une demande en dommages-intérêts de la part du proprié- taire, car la loi a pris le soin d'énumérer les oiseaux auxquels elle entendait appliquer la disposition ; mais les préfets ayant le droit, aux termes de l'article 9, d'interdire la destruction de toute espèce de nids ou couvées, même aux propriétaires, une sanction a été établie pour le cas où de pareils arrêtés exis- teront.

5. *Les permis de chasse* seront délivrés, *sur l'avis du maire et du sous-préfet, par le préfet du département* dans lequel celui qui en fera la demande aura *sa résidence ou son domicile.* —La délivrance des permis de chasse donnera lieu *au payement d'un droit de* 15 *fr. au profit de l'État, et de* 10 *fr. au profit de la commune* dont le maire *aura donné l'avis* énoncé au para- graphe précédent. — Les permis de chasse *seront personnels;* ils seront valables *pour tout le royau- me, et pour un an seulement.*

══ *Les permis de chasse.* Cet article érige en loi des dispositions qui jusqu'ici ne reposaient que sur des décrets auxquels la jurisprudence, il est vrai, avait donné force de loi. Pour bien comprendre ce que le législateur entend par permis de chasse, il faut remonter à la législation antérieure relative aux ports d'armes de chasse. *La sûreté publique* com- mandait des précautions pour l'usage des armes à feu dans la chasse à tir, qui est le mode généralement usité : de là les rè- gles de police établies par les décrets et relatives au *permis de port d'armes.* L'obligation de se munir de ce permis ne reposait sur aucune loi; des principes de l'ancienne et de la nouvelle législation résultait que ce droit de porter des armes, excepté celles qui étaient prohibées par les ordonnances (dé- claration du 23 mai 1728), appartenait à tous les citoyens, si ce n'est aux vagabonds et gens sans aveu, conformément au décret du 20 août 1789, portant « qu'il serait, dans chaque municipalité, dressé un rôle des hommes sans aveu, sans métier, ni profession, et sans domicile connu, *lesquels seront désarmés.* » La défense de porter des armes sans autorisation fut cependant portée en l'an XIII contre tous les Français, par le ministre de la police ; mais comme cette mesure excédait ses pouvoirs, il proposa au chef du gouvernement d'obliger tous les citoyens à se munir d'un permis pour porter des armes même en voyage. Il en fut référé au conseil d'État, qui rejeta la proposition, le 17 mai 1811, en déclarant que la défense de port d'armes ne regardait que les vagabonds et les gens sans aveu. Cependant et antérieurement à cet avis du conseil d'État, c'est-à-dire le 11 juillet 1810, avait été publié un décret qui charge l'administration de l'enregistrement de fournir les permis *de port d'armes de chasse*; ce décret, qui ne porte aucune disposition pénale pour l'omission de se munir d'un permis, se trouvait d'ailleurs implicitement abrogé par les termes généraux de l'avis du conseil d'État du 17 mai 1811 ; mais il retrouva toute sa force au moyen d'un nouveau décret du 4 mai 1812, qui prononce des amendes très-fortes contre quiconque sera trouvé chassant et ne justifiant point d'un permis de port d'armes de chasse délivré conformément au décret du 11 juillet 1810. La *légalité* de ces décrets que l'on qualifiait d'inconstitutionnels avait été vivement contestée; mais la jurisprudence s'était prononcée dans le sens de leur validité : ce qu'il faut bien remarquer ici c'est que l'obligation sous peine d'amende de se munir d'un permis de port d'armes n'existait d'ailleurs que pour la chasse, de sorte que le droit de port d'armes en voyage ou pour toute autre cause continuait de subsister sans qu'il fût besoin de permis (si ce n'est quant aux armes prohibées par les ordonnances et décrets), en faveur des citoyens qui ne sont pas rangés parmi les gens sans aveu, sans métier ni profession, et sans domicile connu (décret du 20 août 1789). La loi nouvelle n'a pas reproduit les mots *de permis de port d'armes de chasse ;* elle a exigé *un permis de chasse,* disposition plus générale qui, comme nous l'avons déjà fait remarquer sous l'article 1er, comprend la chasse à tir, c'est-à-dire celle qui a lieu le plus fréquemment, comme toutes les autres manières de s'emparer du gibier ; mais il est évident que la loi nouvelle, pas plus que l'ancienne, ne s'oppose au port d'armes en voyage ou pour toute autre cause que la chasse, à l'égard des Français qui ne sont pas vagabonds ou sans aveu.

Sur l'avis du maire et du sous-préfet. Cette précaution

n'était pas exigée par l'ancienne législation sur la matière. La nouvelle loi, ayant surtout en vue de désarmer le braconnage et de donner des garanties à la sûreté publique, a voulu que la délivrance des permis de chasse fût toujours entourée des renseignements que les maires et les sous-préfets peuvent surtout donner sur ceux de leurs administrés qui réclament ces permis. On a pensé que si les maires se décidaient trop facilement à donner un avis favorable où s'ils s'y refusaient par des motifs sans fondement, les sous-préfets, n'étant pas sous les mêmes influences, pourraient donner un avis contraire.

Par le préfet du département. L'article 1er du décret du 11 juillet 1810 était ainsi conçu : « L'administration de l'enregistrement sera chargée de fournir, à compter du 1er octobre prochain, les passeports et permis de ports d'armes de chasse, conformes aux modèles annexés au présent décret. » Mais une circulaire du ministre de la police, en date du 6 mai 1806, porte : « Chaque permis de port d'armes sera délivré par le préfet ; il contiendra l'âge, le signalement, la profession et la signature de l'impétrant. Il y sera déclaré qu'il n'est valable que pour un an. » A Paris, les ports d'armes sont délivrés par le préfet de police, en conformité de l'article 10 du décret du 12 messidor an VIII (1er juillet 1800). L'article 10 de la même circulaire de 1806 dispose que : « A mesure des délivrances des permis, le préfet en donnera avis au capitaine de gendarmerie, qui sera tenu d'envoyer les noms de ceux qui les auront obtenus aux brigades de l'arrondissement de leur domicile. » Au reste, ces avis peuvent bien déterminer les préfets, mais ils ne les lient pas. Aux termes de l'article 18 de la loi du 28 pluviose an VIII, les permis sont délivrés dans le département de la Seine par le préfet de police.

Sa résidence ou son domicile. La *résidence* doit être telle que les précautions exigées par la loi ne soient pas illusoires. Pour que l'on connaisse la personne qui réclame le permis de chasse, il faut donc qu'elle ne fasse pas que passer dans le lieu de sa prétendue résidence. — **QUESTION.** *Peut-on, lorsqu'on a obtenu l'avis du maire de sa résidence, rapporter l'avis du sous-préfet de son domicile ?* Evidemment non. Il faut que le sous-préfet puisse contrôler et modifier l'avis du maire. Or, c'est ce qui ne peut avoir lieu lorsque le sous-préfet est celui d'un autre arrondissement. Voici en quels termes s'exprimait M. le ministre de l'intérieur sur ces divers points, dans sa circulaire : « Le permis de chasse doit être délivré *sur l'avis du maire et du sous-préfet,* d'où il faut inférer que c'est au maire que la demande, formulée sur papier timbré, doit être adressée pour qu'elle vous parvienne avec l'avis de ce fonctionnaire, par l'intermédiaire du sous-préfet, pour les arrondissements autres que celui du chef-lieu. Mais de même que le permis de chasse peut être pris dans le département où l'impétrant *a sa résidence ou son domicile*, de même aussi la demande peut être formée devant le maire de la commune où l'impétrant est domicilié, ou de celle où il réside temporairement, et le choix ici n'est pas sans importance. En effet, aux termes du deuxième paragraphe de l'art. 5. un droit de 10 fr. par permis est attribué à la commune *dont le maire aura donné l'avis sus-énoncé.* Comme les communes rurales sont celles qui ont le plus besoin de cette nouvelle branche de ressources, et que cet intérêt doit porter les maires à surveiller les citoyens qui se livreraient à l'exercice de la chasse sans *permis,* il est nécessaire de ne délivrer de *permis* qu'à ceux qui justifieront positivement de leur résidence ou de leur domicile. Il sera nécessaire, d'ailleurs, monsieur le préfet, que vous fixiez bien l'opinion de MM. les sous-préfets et maires sur la nature de l'avis qu'ils auront à vous donner sur les demandes de permis de chasse qu'ils vous transmettront. Ainsi, cet avis ne devra pas exprimer vaguement qu'il y a ou qu'il n'y a pas lieu de délivrer le permis demandé. Comme la loi ne vous a pas laissé le droit absolu de délivrer ou de refuser des permis de chasse ; comme l'obtention du permis est le droit général, et que la faculté du refus n'est que le droit exceptionnel, il s'ensuit que les avis des maires et des sous-préfets doivent, 1° lorsqu'ils sont favorables, exprimer qu'il n'est pas à la connaissance de ces fonctionnaires que l'impétrant se trouve dans aucune des catégories pour lesquelles le permis ne pourrait être délivré, et 2°, si les avis sont défavorables, exprimer que l'impétrant se trouve, à leur connaissance, dans telle ou telle position qui fait obstacle à la délivrance d'un permis de chasse. Il sera bien également que vous rappeliez à MM. les sous-préfets et maires qu'ils n'ont pas à s'occuper, dans leurs avis, de la question de savoir si l'impétrant est ou n'est pas propriétaire foncier. Aucun des articles de la loi du 3 de ce mois n'a exigé la qualité de propriétaire comme condition de l'exercice de la chasse, et l'autorité ne peut, à cet égard, faire ce que la loi n'a pas fait. Sans doute, le 2e paragraphe de l'art. 1er porte que *nul n'aura la faculté de chasser sur la propriété d'autrui sans le consentement du propriétaire ou de ses ayants droit ;* d'où il résulte que chasser sur le terrain d'autrui sans le consentement du propriétaire est un fait illicite. Mais il est à remarquer que ce fait, aux termes de l'art. 26, ne donne lieu à des poursuites, en thèse générale, que sur la plainte du propriétaire. L'administration ne peut donc pas plus intervenir ici d'office que ne le peut l'autorité judiciaire; elle ne peut pas plus exiger, avant de délivrer le permis, la représentation d'une permission de chasser sur le terrain d'autrui qu'elle ne peut exiger, de la part de l'impétrant, la preuve qu'il est propriétaire foncier. » (**MODÈLE** de la demande d'un permis de chasse, *formul.* **N°** 2.) L'avis du maire et celui du sous-préfet peuvent être consignés au bas de la demande, et dans les cas où ils seraient donnés autrement, ils peuvent être délivrés sur papier libre, aux termes de l'article 16 de la loi sur le timbre du 13 brumaire an VII (*Bulletin* de l'an VII, n° 237).

Au payement d'un droit de 15 *francs au profit de l'État, et de* 10 *francs au profit de la commune.* Le législateur a voulu, en attribuant une partie de la valeur du permis aux communes, les intéresser à l'exécution de la loi. Cette mesure aura, d'ailleurs, l'avantage de leur créer quelques ressources et de leur fournir les moyens de mieux rétribuer les gardes champêtres, dont le salaire est presque partout insuffisant. « L'article 5 de la loi, dit M. le ministre de l'intérieur, dans sa circulaire, attribue aux communes une ressource nouvelle qui devra désormais figurer dans leurs budgets et dans leurs comptes. Ce produit prendra rang parmi les recettes ordinaires, et formera, dans le budget, un article de recette spécial, sous le titre de : *Portion afférente à la commune dans le produit de la délivrance des permis de chasse.* M. le ministre des finances déterminera le mode et l'époque du versement de ce produit dans la caisse municipale. » Voyez sous l'article 19 les autres observations de M. le ministre de l'intérieur, relativement à l'attribution des amendes aux communes, à leur recouvrement et au mode de les comprendre dans le budget des communes.

Aura donné l'avis. — **QUESTION.** *Si le permis de chasse était accordé malgré l'avis du maire, la commune aurait-elle néanmoins droit aux* 10 *francs?* Sans nul doute; car c'est à l'obtention du permis qu'a été attachée la subvention des 10 francs, et il suffit que l'avis ait été réclamé. On a demandé dans des pétitions adressées aux Chambres que le prix du permis fût porté à une somme considérable. Cette demande n'a pas été accueillie. Il ne faut pas que le plaisir de la chasse soit exclusivement réservé à la richesse. On s'est contenté d'élever à 25 fr. le prix du permis, qui est aujourd'hui de 15 fr. Quelques personnes auraient désiré qu'il n'en pût être accordé qu'à ceux qui payeraient une certaine quotité de contributions foncières, ou qui seraient propriétaires d'une étendue déterminée de terrain, ou au moins qui justifieraient de l'autorisation de chasser sur des propriétés de la même étendue. Le gouvernement a repoussé l'idée d'imposer une semblable condition qui aurait établi, en faveur de la propriété, une espèce de privilége contraire à l'état actuel de nos mœurs et de nos opinions.

Seront personnels. Cette disposition est la conséquence d'abord du principe que le permis ne peut être accordé qu'après une sorte d'enquête sur la personne qui le demande, et ensuite de cette circonstance que le permis est frappé d'une espèce d'impôt qui serait tout à fait improductif si le même permis pouvait servir à plusieurs personnes.—1re **QUESTION.** *Nonobstant les termes de notre article, si, pour les oiseaux de passage, des procédés de chasse spéciaux, autorisés par le préfet, exigent la coopération de plusieurs personnes, les auxiliaires du chasseur muni d'un permis de chasse, lesquels, bien que prenant part à la chasse, n'en profitent pas personnellement, ont-ils besoin d'être munis eux-mêmes d'un permis ?* — 2e **QUESTION.** *Cette espèce d'exception doit-elle être restreinte au seul cas où les gardes, enfants ou domestiques de celui qui est muni d'un permis, aident ou suppléent celui-ci dans les soins de la tendue, qui doit être habituellement soignée et dirigée par le porteur du permis; en d'autres termes, s'étend-elle à un garde particulier qui tend et soigne habituellement la tendue dans l'intérêt du propriétaire ?* La cour de Nancy a consacré la négative : «Attendu qu'il résulte des renseignements consignés au procès-verbal dressé le 21 octobre dernier par les gendarmes Gilbert et Werchneider, à la résidence de Darney, que, pour se conformer aux ordres donnés par M. le procureur du roi de Mirecourt, ils se sont rendus au domicile de François Bairy, garde particulier des bois communaux des communes de Lerrain et d'Escles, et de ceux du sieur Robillot, conseiller de préfecture à Épinal, et lui ont demandé s'il ne tendait pas aux oiseaux dans les bois de ce dernier; qu'il a répondu qu'il y avait environ un mois le sieur Robillot lui avait donné la permission de faire une tendue pour lui, que cette tendue a duré huit jours seulement, et qu'il avait été accompagné pendant deux jours par les sieurs Robillot père et fils, lesquels ont des permis de chasse, et que pendant les quatre autres jours il a soigné seul la tendue, dont les oiseaux ont été envoyés à deux reprises à M. Robillot; qu'il avait cessé de tendre parce que les souris mangeaient les oiseaux; que, du reste, il n'avait pas de permis de chasse; les gendarmes ajoutent que s'étant rendus dans la forêt du sieur Robillot, au canton de Magneville, territoire de Ville-sur-Illon, ils ont trouvé une tendue abandonnée, composée d'environ 350 rejets épars et détendus, et n'ayant plus de cordes ou lacets, que Bairy leur a représentés ensuite dans son domicile; attendu qu'il résulte pareillement des informations faites par le maréchal des logis et un gendarme, en résidence à Mirecourt, et dont les résultats sont consignés au bas du procès-verbal ci-devant rappelé, sous la date du 7 du présent mois, que le maire de la commune de Ville-sur-Illon, ainsi que le garde forestier Dupont, ont vu la tendue dont il s'agit, qu'elle a existé plus de quinze jours, et qu'il y a tout au plus autant de temps qu'elle a été supprimée; attendu que François Bairy, interrogé sur la vérité de ces faits, n'en a nullement contesté l'exactitude, et que son conseil a donné lecture d'une lettre du sieur Robillot, dans laquelle il déclare que, depuis environ quinze ans que Bairy est chargé de garder ses bois de Ville-sur-Illon et d'Escles, il le charge, en même temps, de faire toutes les années, dans la saison permise, une tendue pour y prendre de petits oiseaux; qu'il lui fournit la ficelle nécessaire pour ses lacets et qu'il lui apporte ou lui envoie tous les oiseaux qu'il prend; qu'il va lui-même à Ville-sur-Illon surveiller et visiter cette tendue chaque fois qu'il en a le temps, et que son fils y va aussi quelquefois; attendu qu'en présence de ces aveux il devient inutile de faire comparaître les témoins indiqués, et qu'il s'agit seulement d'assigner aux faits reconnus constants la qualification que comportent les circonstances de la cause; qu'à cet égard, si, en général, et aux termes de l'article 5 de la loi du 3 mai 1844, les permis de chasse sont personnels, il ne résulte pas de cette disposition que, pour toutes les espèces de chasse, dans tous les cas et sans aucune exception, les individus qui aident le porteur d'un permis de chasse, dans certains actes de la chasse, à laquelle celui-ci a le droit de se livrer, doivent nécessairement, indistinctement, tous et chacun d'eux, être eux-mêmes munis d'un permis de chasse; qu'une telle exigence rendrait plusieurs espèces de chasse, légalement permises, absolument impraticables et impossibles de fait, et notamment la chasse aux oiseaux de passage, autorisée en vertu de l'article 9 de la loi, par arrêté du préfet des Vosges, du 3 septembre dernier; qu'en effet, cette chasse se fait, dans ce département et dans les départements voisins, à l'aide de sauterelles ou de raquettes, placées à la rive et dans l'intérieur des bois, pour y rester pendant toute la durée de la chasse, qui est ordinairement de deux mois, et que chaque jour, et deux ou trois fois par jour, il faut visiter pour détacher les oiseaux pris, et remettre ces raquettes en situation de produire leur office; que le propriétaire ou maître de la chasse ne peut lui-même, et constamment, se livrer à tous et chacun de ces actes, et que, s'il ne lui était permis, dans aucun cas, de se faire aider et remplacer par ses enfants, ses domestiques et son garde de bois, sans que ceux-ci soient soumis à l'obligation de se munir d'un permis de chasse, cette chasse aux oiseaux de passage deviendrait absolument impossible, puisque quelques jours d'abandon, nécessités par une maladie ou une absence, suffiraient pour anéantir la tendue et la rendre complétement stérile; mais que, si la nature même des choses entraîne nécessairement une exception au principe général que nul ne peut chasser sans permis, cette exception doit être restreinte au seul cas où celui qui est muni d'un permis est seulement aidé ou suppléé dans une tendue qu'il dirige et soigne habituellement par lui-même, mais qu'elle cesse d'être applicable toutes les fois que la tendue organisée et soignée habituellement par un homme à gages est seulement visitée accidentellement par quelqu'un muni d'un permis, lors même que celui-ci serait appelé à en recueillir seul les produits; attendu que la commune de Ville-sur-Illon est éloignée de 19 kilomètres de la ville d'Épinal qu'habitent les sieurs Robillot; qu'il est aussi contraire aux habitudes du pays qu'aux exigences mêmes de cette espèce de chasse, qu'une tendue aux oisillons puisse être habituellement soignée par une personne placée à cette distance; qu'ainsi il est constant que la tendue dont il s'agit n'était point faite par les sieurs Robillot, mais bien par François Bairy, auquel ils ne pouvaient déléguer l'effet de leur permis, même pour en faire usage dans leur intérêt, et que dès lors Bairy est passible de la peine prononcée par l'article 11 de la loi du 3 mai dernier contre celui qui chasse sans permis; mais attendu qu'il est prouvé que François Bairy est garde forestier des communes de Ville-sur-Illon et d'Escles, et qu'il encourt par là l'aggravation de la peine édictée par le dernier paragraphe de l'article 12; en conséquence, et en exécution des articles précités, la cour déclare François Bairy convaincu d'avoir chassé sans permis de chasse, dans le courant du mois d'octobre dernier, dans un bois situé sur le territoire de la première de ces communes, appartenant au sieur Robillot d'Épinal, et le condamne à 100 fr. d'amende. »

(Arrêt du 25 novembre 1844; Sirey, 45, II, 103.) La même cour avait déjà rendu un arrêt en ce sens, sur la première question, le 7 novembre, même année. (Sirey, 45, II, 103.) Elle en rendit encore un autre sous la date du 11 décembre. Le ministère public s'étant pourvu en cassation contre ce dernier arrêt, la Cour suprême a confirmé la doctrine de la cour de Nancy en ces termes : « Attendu en droit que si le permis de chasse est personnel, l'obligation imposée par cette règle à tout individu qui procède à un fait de chasse ne saurait s'étendre au cas où ce fait est de telle nature que le concours de plusieurs personnes salariées ou non est indispensable à son accomplissement ; attendu que dans ce cas la nécessité du permis ne doit être envisagée que dans son rapport avec un seul fait de chasse, et un chasseur unique dont les auxiliaires forcés ne font avec lui qu'une seule et même personne ; attendu, en fait, qu'il est constaté par l'arrêt attaqué, d'une part, que l'acte de chasse dont il s'agissait au procès, et qu'avait légalement autorisé un arrêté du préfet de la Meurthe, exigeait une communauté d'efforts sans laquelle il n'aurait pu être accompli ; d'autre part, que les prévenus étaient des mercenaires employés par le porteur du permis concessionnaire d'un droit de chasse à utiliser pour son compte ladite concession, qui, à défaut d'une semblable assistance, serait devenue illusoire ; attendu que dans cet état des faits reconnus constants, la cour royale de Nancy n'a violé aucune des dispositions de la loi du 3 mai 1844 ni aucune autre loi ; rejette. » (Arrêt du 8 mars 1845.)

Pour tout le royaume. On avait aussi exprimé le désir que le permis cessât d'avoir son effet hors des limites du département où il a été délivré, ou qu'il fût du moins soumis au visa des préfets des autres départements où l'on voudrait s'en servir. Mais lorsqu'un propriétaire possède dans plusieurs parties de la France des terres sur lesquelles il veut chasser, on a pensé qu'il serait injuste d'exiger de lui autant de permis de chasse qu'il a de propriétés situées dans des départements différents. Le permis de chasse, de même que le passe-port, doit valoir pour tout le royaume. Quant au visa, il est clair que cette formalité serait souvent une gêne, une entrave fâcheuse pour celui qui aurait obtenu un permis de chasse, et que son utilité ne serait pas en rapport avec les inconvénients qu'il entraînerait.

Et pour un an seulement. — **QUESTION.** *Le jour où le permis a été délivré compte-t-il dans l'année, de telle sorte qu'un permis accordé le 1er septembre 1844* *soit sans valeur le* 1ᵉʳ *septembre* 1845? La Cour de cassation a consacré l'affirmative sous l'empire de l'ancienne loi; « Vu l'article 12 du décret du 11 juillet 1810, et attendu que, dans l'espèce, le port d'armes de chasse représenté par Gérard Aubry avait été délivré le 4 septembre 1826; qu'aux termes de la disposition précitée du décret du 11 juillet 1810, le port d'armes n'était valable que pour un an, *à dater du jour de sa délivrance;* que l'année pour la durée de laquelle était valable ledit port d'armes, finissait le 3 septembre 1827; attendu qu'en décidant que le port d'armes dont il s'agit était encore valable le 5 septembre 1827, le jugement attaqué a contrevenu aux dispositions de l'article 12 du décret du 11 juillet 1810; casse, etc. » (Arrêt du 17 mai 1828; ch. crim. Dall., ann. 1828, 1, 268.) Voyez encore, dans le même sens, un arrêt de la cour de Douai du 14 décembre 1837, et un arrêt de la cour de Grenoble du 11 novembre 1841. (Dall., 42, II, 139.) Cette jurisprudence a-t-elle été changée par la nouvelle loi? Pour soutenir cette opinion, on invoque les règles qui, en matière de procédure, retranchent le jour *a quo* dans la supputation des délais; on fait observer surtout que notre article ne reproduit pas les mots de l'ancienne loi, *à dater du jour de leur délivrance;* mais cet argument nous paraît d'autant moins concluant, qu'on invoquait ces expressions sous l'empire de l'ancienne loi, dans l'opinion contraire à la jurisprudence, pour faire disparaître ce que les mots *pendant un an,* que reproduit notre article, avaient de trop absolu. Puisque c'est, disait-on, à dater du jour de la délivrance que l'année court, ce jour n'est donc pas compris dans l'année. Ce raisonnement n'avait pas empêché la jurisprudence de s'établir; or, aujourd'hui que ces mots sont effacés de la nouvelle loi, on doit conclure que le législateur de 1844 n'a rien voulu changer à ce que la Cour de cassation et les cours royales avaient décidé sur cette question. Au reste, nous trouvons dans l'arrêt précité du 14 décembre 1837 la véritable raison de différence entre les règles sur les délais de la procédure et les règles dont il s'agit ici : « Attendu que si, en matière de procédure, des règles spéciales ont été posées pour la supputation de certains délais, elles sont sans application à la cause; que pour demeurer convaincu que le jour de la délivrance du permis de port d'armes de chasse doit être compté dans l'année dont parle l'article 12 du décret de 1810, il suffit de remarquer que celui qui obtient ce permis peut s'en servir pour chasser le même jour de sa délivrance, ce qu'il ne pourrait faire sans délit, si ce jour n'était pas compris dans l'année. Qu'au surplus, l'heure

8.

de la remise du port d'armes à celui qui le demande est indifférente, puisque la loi fait courir le délai d'un an, non de l'heure, mais du jour de la délivrance. » Ajoutons à l'appui de cette opinion, que le législateur connaissait très-bien l'existence de la controverse, et que s'il avait voulu modifier la jurisprudence de la Cour de cassation, il n'eût pas manqué de le faire par un simple changement de rédaction dans l'article que nous expliquons.

6. *Le préfet pourra refuser le permis de chasse :* — 1° *A tout individu majeur* qui ne sera point personnellement inscrit, *ou dont le père ou la mère ne serait pas inscrit au rôle des contributions ;* — 2° A tout individu qui, par une condamnation judiciaire, *a été privé de l'un ou de plusieurs des droits énumérés dans l'article 42 du Code pénal, autres que le droit de port d'armes ;* — 3° A tout condamné à un emprisonnement de plus de six mois, *pour rébellion ou violence envers les agents de l'autorité publique ;* — 4° A tout condamné pour délit *d'association illicite,* de fabrication, débit, distribution de poudre, armes ou autres munitions de guerre ; de menaces écrites ou de menaces verbales, avec ordre ou sous condition ; d'entraves à la circulation des grains ; de dévastations d'arbres ou de récoltes sur pied, de plants venus naturellement ou faits de main d'homme ; — 5° A ceux qui auront été condamnés pour vagabondage, mendicité, vol, escroquerie ou abus de confiance. — La faculté de refuser le permis de chasse aux condamnés *dont il est question dans les paragraphes 3, 4 et 5, cessera cinq ans après l'expiration de la peine.*

— *Le préfet pourra refuser le permis de chasse.* C'était, sous l'empire de l'ancienne législation, une question que de savoir si les préfets pouvaient refuser de délivrer un permis de port d'armes aux citoyens autres que les vagabonds et gens sans aveu, qui, aux termes du décret du 20 août 1789, devaient être désarmés. Cette question se résolvait dans le sens de la négative par la raison surtout que refuser le permis de port d'armes de chasse à un citoyen qui n'est pas vagabond et homme sans aveu, c'était le dépouiller indirectement d'un droit dont il ne peut être privé que par une condamnation judiciaire, aux termes de l'article 42 du Code pénal. La loi nouvelle adopte le principe; mais elle y a introduit, dans l'intérêt de la sûreté de l'État et des particuliers, de nombreuses exceptions dans lesquelles elle laisse le préfet maître d'accorder ou de refuser le permis de chasse. Tous les actes des préfets ressortissant au ministre de l'intérieur, il est certain qu'un citoyen auquel un préfet refuse un permis de chasse peut se pourvoir auprès du ministre contre la décision du préfet qui contient le refus; « cette faculté, a dit M. le garde des sceaux dans la discussion à la Chambre des députés, est de droit; elle n'a pas besoin d'être écrite dans l'article. » — **QUESTION.** *Le recours devant le ministre de l'intérieur est de droit; mais la partie à laquelle le ministre refuse à son tour le permis peut-elle se pourvoir devant le conseil d'État ?* Non : car ce n'est pas là une affaire *contentieuse* proprement dite; il n'existe pas deux parties se disputant un droit; c'est une appréciation de la position de l'impétrant par l'autorité administrative, ce n'est pas un procès qu'on lui fait perdre.

A tout individu majeur. Même *militaire* ou *marin* et quel que soit le grade. Il résulte de la discussion du présent article que le législateur n'a voulu faire aucune exception.

Ou dont le père ou la mère ne serait pas inscrit au rôle des contributions. C'est encore une précaution contre le braconnage; mais cette circonstance n'est pas, il faut bien le remarquer, une cause qui empêche nécessairement d'accorder le permis : c'est une faculté pour le préfet; des personnes qui d'ailleurs ne sont pas inscrites au rôle des contributions peuvent avoir des amis sur les terres desquels elles auront droit de chasser, ou même acheter des droits de chasse. — La loi ayant limité l'avantage qu'elle accorde aux enfants, à l'inscription du père ou de la mère, un petit-fils ne pourrait exciper de l'inscription d'un *ascendant*, autre que le père ou la mère; c'est ce qui résulte, d'ailleurs, de la discussion à la Chambre des députés. Mais la loi n'exige pas que l'enfant demeure avec ses père et mère. — Au reste, peu importe la nature de la contribution; elle peut être soit personnelle, soit mobilière, soit foncière. Tout ce que la loi veut, c'est qu'il y ait inscription au rôle. Il n'y a pas de doute non plus que les prestations en nature pour l'entretien des chemins vicinaux qui comptent pour l'électorat et l'éligibilité (arrêt de la Cour de cassation des 12 février et 2 avril 1838; Sirey, 38, 1, 105 et 575), ne doivent compter aussi pour l'obtention du port d'armes; ce point a été positivement reconnu dans la discussion à la Chambre des députés. — Voici, au reste, les recommandations que M. le ministre de l'intérieur fait à cet égard aux préfets : « N'être ni imposé ni fils d'imposé est une situation exceptionnelle, puisque la contribution personnelle atteint à peu près tous les citoyens, sauf le cas d'indigence reconnue. La circonstance prévue par ce paragraphe se rencontrera principalement dans le petit nombre de villes où la contribution personnelle est remplacée par un prélèvement sur le produit de l'octroi. Vous aurez à examiner, dans ce cas, si l'absence de l'inscription sur un rôle de contributions vous paraît un motif suffisant pour refuser un permis de chasse. La solution de cette question dépendra, en grande partie, sans doute, des renseignements qui vous auront été donnés sur la moralité de l'impétrant ; je ne puis donc que laisser à votre sagesse une décision que la loi place sous votre responsabilité, certain que vous serez toujours prêt à justifier du bon usage que vous aurez fait de cette prérogative. Mais s'il vous est loisible de refuser un permis de chasse à tout citoyen majeur, par le seul motif qu'il ne serait ni imposé ni fils d'imposé, et si la qualité d'imposé ou de fils d'imposé est la première condition déterminée par la loi pour qu'un citoyen majeur ait le droit d'obtenir un permis de chasse, vous reconnaîtrez sans doute que ce serait faire de ce principe une application trop rigoureuse et trop étendue, que d'exiger de tout impétrant qu'il vous justifie qu'il est imposé ou fils d'imposé. Comme je le faisais remarquer plus haut, en effet, l'absence de cette condition est une rare exception, et, puisque la presque totalité des citoyens majeurs sont nécessairement imposés ou fils d'imposés, ce ne serait plus exiger qu'une formalité inutile, que d'astreindre *tous les impétrants* à joindre à leur demande un certificat ou extrait de rôle. Il suffira, ce me semble, que vous exigiez cette production de ceux à l'égard desquels vous auriez des doutes sur la question de l'inscription au rôle et dans le cas où vous croiriez devoir vous appuyer de la non-inscription pour refuser le permis demandé. »

A été privé de l'un ou de plusieurs des droits énumérés dans l'article 42 du Code pénal, autres que le droit de port d'armes. Il est clair que si le tribunal a prononcé contre un individu la privation même du droit de port d'armes, il n'est pas possible au préfet d'accorder le permis de chasse qui entraîne celui de port d'armes, mais dans tous les autres cas prévus par cet article 42, il sera facultatif au préfet d'accorder ou de refuser le permis. Cet article 42 est ainsi conçu : « Les tribunaux jugeant correctionnellement, pourront, dans certains cas, interdire en tout ou en partie l'exercice des droits civiques, civils et de famille, suivants : 1° du vote et d'élection ; 2° d'éligibilité ; 3° d'être appelé ou nommé aux fonctions de jurés ou autres fonctions publiques, ou aux emplois de l'administration, ou d'exercer ces fonctions ou emplois ; 4° de port d'armes ; 5° de vote et de suffrage dans les délibérations de famille ; 6° d'être tuteur, curateur, si ce n'est de ses enfants, et sur l'avis seulement de la famille ; 7° d'être expert ou employé comme témoin dans les actes ; 8° de témoignage en justice, autrement que pour y faire de simples déclarations. »—Quant à la question de savoir si les condamnations même antérieures à la loi nouvelle autorisent les préfets à refuser le permis de chasse, voyez les observations du ministre de l'intérieur sur ce point, à l'article 8.

Pour rébellion ou violence envers les agents de l'autorité publique. On a pensé que le préfet devait être maître de refuser un permis à des hommes dont la violence n'avait pas même respecté le caractère des agents de la force publique ; on peut craindre en effet qu'ils ne se servent de leurs armes dans les rapports que les chasseurs ont entre eux ou avec les gardes. Les articles 209 et suivants du Code pénal s'occupent de la rébellion ; les articles 230 et suivants, des violences envers les agents de la force publique ou d'un citoyen chargé *d'un ministère de service public* (art. 230). Tel serait un appariteur de police. (Arrêt de la Cour de cassation du 6 octobre 1831 ; Dall., ann. 1831, 1, 344.) L'article 230 plaçant le citoyen dont il s'agit sur la même ligne que l'agent de la force publique, il faut en conclure que l'individu condamné pour violence envers ce citoyen pourrait également être privé du permis de chasse.

D'association illicite, etc. Tous les délits prévus par cette disposition supposent dans leurs auteurs un esprit d'hostilité contre la chose publique ou contre la sûreté des campagnes : il fallait encore, dans ce cas, abandonner à la prudence des préfets la faculté de refuser un permis qui aurait remis des armes aux mains des ennemis de la paix publique ou de la sécurité des campagnes. Voyez, quant aux délits énumérés dans la présente disposition, les lois des 10 avril et 24 mai 1834, 21 prairial an V.

Dont il est question dans les paragraphes 3, 4 *et* 5, *cessera cinq ans après l'expiration de la peine.* — **QUES-TION.** *La faculté de refuser un permis de chasse aux condamnés compris dans la disposition du* § 2 *est-elle perpétuelle ?* L'affirmative semble résulter du soin qu'a pris le législateur d'énumérer les cas prévus par notre article dans lesquels cette faculté doit cesser : *Qui dicit de uno, negat de altero.* On peut se demander pourquoi, en effet, le législateur aurait désigné positivement celles des condamnations qui ne donneraient pas à toujours la *faculté* au préfet de refuser le permis et aurait négligé de s'expliquer sur les condamnations du § 2. Mais la négative paraît mieux fondée, et voici comment on peut expliquer notre article. Le législateur a dû considérer comme beaucoup moins grave une condamnation ordinaire à l'emprisonnement avec privation, par exemple, du droit de tutelle, du moins quant à l'exercice de la chasse, qu'une condamnation à l'emprisonnement pour rébellion, association illicite, vagabondage : il peut être dangereux de permettre que de tels condamnés, tout de suite après l'expiration de leurs peines, obtiennent la faculté de porter des armes et de s'en servir. Le même inconvénient n'existe pas pour un condamné ordinaire à la prison et privé en outre du droit de tutelle, et il est tout simple que si cette privation du droit de tutelle a été prononcée pour deux ans, qu'à l'expiration de ce temps, il recouvre le droit de chasse, sans attendre cinq ans encore, comme le veut notre article pour les trois cas qu'il énumère. — **QUESTION.** *Si par application de l'art.* 464 *le prévenu n'a été condamné qu'à l'amende, de quel jour commenceront les cinq ans ?* Évidemment du jour de la condamnation ; car il n'y a pas moyen de fixer une autre époque, le payement de l'amende ne constituant pas l'expiration de la peine dont parle l'article : la peine, dans ce cas, commence et finit par la prononciation même. — Voici la règle de conduite que M. le ministre de l'intérieur trace aux préfets pour l'exécution de notre article : « Mais de ce que la loi vous permet de refuser le permis de chasse dans les différents cas spécifiés par ces quatre paragraphes de l'art. 6, vous n'entendrez sans doute pas astreindre ceux qui demandent le permis à justifier qu'ils ne se trouvent dans aucune de ces positions. Non-seulement ce serait placer tous les citoyens sous une espèce de prévention blessante pour eux, mais encore ce serait exiger une justification souvent impossible, puisqu'il ne leur suffirait pas de s'adresser à l'autorité judiciaire de leur résidence pour en obtenir un certificat de non-condamnation. L'obtention du permis de chasse est, pour tous les citoyens, de droit commun ; des exceptions sont faites à ce droit, dans un intérêt public ; c'est donc à l'autorité qui veut appliquer l'exception à prouver le cas exceptionnel. Ce sera, en général, par l'avis dont MM. les maires et sous-préfets devront accompagner la demande d'un permis de chasse, que votre attention sera appelée sur la circonstance que l'impétrant se trouverait dans telle ou telle position qui vous autoriserait à refuser le permis, et vous vous empresseriez alors de vérifier le fait, en vous adressant au ministère public près le tribunal qui aurait prononcé la condamnation sur laquelle serait basé votre refus. Je me concerterai avec mon collègue M. le ministre de la justice, pour qu'à l'avenir vous receviez les renseignements qui vous seront nécessaires pour l'exécution de cette partie de la loi. » Le ministre, dans une autre partie de sa circulaire, dit encore : « La situation des individus qui se trouveraient compris dans l'une des catégories posées par la loi devra être de votre part, monsieur le préfet, l'objet d'un mûr examen. Puisqu'en effet le législateur n'a pas fait de l'une des circonstances indiquées une condition absolue de refus du permis de chasse, puisqu'il n'y a vu qu'une considération suffisante pour attribuer à l'administration la *faculté* de refuser ce permis, il s'ensuit que les motifs de votre détermination pour accorder ou refuser devront être tirés surtout des circonstances de la condamnation subie et des renseignements particuliers que vous auriez sur la moralité des individus et sur les inconvénients qu'il pourrait y avoir pour l'ordre public à leur attribuer légalement le droit de chasser. »

7. Le permis de chasse *ne sera pas délivré :* — 1° *Aux mineurs qui n'auront pas seize ans accomplis ;* — 2° Aux mineurs de seize à vingt et un ans, à moins que le permis ne soit demandé pour eux *par leur père, mère, tuteur ou curateur, porté au rôle des contributions ;* — 3° *Aux interdits ;* — 4° *Aux gardes champêtres ou forestiers des communes et établissements publics,* ainsi qu'aux gardes forestiers de l'État et aux garde-pêche.

══*Ne sera pas délivré.* Ainsi la délivrance, qui dans les cas de l'article précédent, est *facultative,* n'a plus ici ce carac-

tère : le préfet ne peut délivrer de permis aux personnes énoncées dans notre article ; la loi n'a pas voulu remettre des
armes à des mains inhabiles, incapables de s'en servir ou à des
fonctionnaires qui pouvaient en abuser pour la destruction du
gibier qu'ils sont au contraire chargés de conserver.

Aux mineurs qui n'auront pas seize ans accomplis.
L'ancienne loi ne renfermait pas cette prohibition qui se justifie
d'elle-même ; car le permis de chasse comprenant le permis de
port d'armes, il importait de ne pas permettre qu'un enfant
eût une arme dans les mains, non-seulement dans son intérêt personnel, mais dans l'intérêt de la sûreté publique.
« Vous n'exigerez certainement pas, dit M. le ministre de
l'intérieur dans sa circulaire, de tous les impétrants la justification qu'ils sont âgés de plus de seize ans ; c'est là, pour la
très-grande majorité d'entre eux, un fait notoire ; mais lorsqu'il sera à votre connaissance, ou qu'il sera seulement pré-
sumable qu'un impétrant est âgé de moins de seize ans, il sera
non-seulement dans votre droit, mais encore dans votre devoir d'exiger la production d'un acte de naissance. »

Par leur père, mère, tuteur ou curateur. Jusqu'à l'âge de
vingt et un ans les mineurs sont en général sous la puissance de
leur père, mère ou tuteur. Les mineurs *émancipés* (art. 476
et suiv., Code civil) sont pourvus d'un *curateur.* « Pour les
jeunes gens que vous présumerez être dans les limites d'âge
de seize à vingt et un ans, dit M. le ministre de l'intérieur dans
sa circulaire, vous devrez également, monsieur le préfet, exiger la production d'un acte de naissance, et par suite la demande devra être faite, au nom de ces jeunes gens, par les
personnes que désigne la loi. »

Porté au rôle des contributions. La loi suppose que les
mineurs eux-mêmes ne sont pas portés au rôle des contributions, car, dans ce cas, la garantie que le législateur a voulu
existe également.

Aux interdits. C'est un devoir pour les maires d'éclairer
les préfets sur les cas d'interdiction. « Ces cas, dit M. le ministre de l'intérieur dans sa circulaire, sont assez rares, et
par cela même ils appellent assez l'attention pour que MM. les
sous-préfets et maires en aient connaissance. Ils seront donc
à portée de vous éclairer à cet égard dans leurs avis. » L'interdiction a son effet du jour du jugement. (Art. 502 Code
civil), et conséquemment c'est à partir de ce moment que le
permis doit être refusé. Celui à qui un conseil judiciaire a été
donné (art. 513, Code civil), restant maître de l'administration de ses biens et de sa personne, ne peut être assimilé à

l'interdit, et a droit au permis de chasse, s'il se trouve, d'ailleurs, dans toutes les autres conditions légales. — 1re **QUESTION**. *Une femme peut-elle obtenir un permis de chasse ? —* 2e **QUESTION**. *Une femme mariée peut-elle l'obtenir, s'il n'est pas demandé par son mari ?* La première question ne peut souffrir de difficulté. Bien qu'en général les femmes ne se livrent pas aux plaisirs de la chasse : si cependant, par exception, une femme a ce goût, elle pourra le satisfaire ; car la loi ne défend pas d'accorder aux femmes des permis de chasse. La seconde question n'est pas d'une solution aussi facile, parce que la femme en puissance de mari est en général assimilée à un mineur. Cependant cette assimilation n'est pas telle qu'on puisse la comprendre véritablement dans les termes de la loi : ce n'est pas, du reste, à raison de la puissance qu'exercent les pères et mères et tuteurs sur les mineurs et les pupilles, que leur intervention est exigée, mais pour s'assurer contre les imprudences de l'âge ; or, lorsque la femme mariée a plus de vingt et un ans, elle est supposée avoir autant de prudence que tout autre majeur.

Aux gardes champêtres ou forestiers des communes et établissements publics. Cette prohibition ne s'étend pas aux gardes des particuliers ni aux gardes des domaines de la couronne, qui sont rétribués par la liste civile, quoiqu'ils soient assimilés aux gardes de l'administration forestière. (Art. 87, Code forestier). On peut argumenter encore, pour justifier cette exception, de l'article 30 de la présente loi. Les propriétaires, pouvant faire chasser sur leurs propriétés, peuvent déléguer ce droit à leurs gardes comme à toute autre personne. Au reste, on comprend le motif de cette disposition. Il fallait défendre les agents auxquels la loi confie particulièrement le soin de rechercher les délits de chasse contre les séductions nombreuses qui s'offrent à eux d'en commettre. Quant aux gardes des particuliers, il est évident, comme l'a remarqué M. le garde des sceaux dans la discussion à la Chambre des députés, « que s'ils doivent chasser, ils devront prendre un permis de chasse ; s'ils ne doivent pas chasser, ils n'auront pas besoin de permis de chasse. Mais d'un autre côté, ils auront le droit de porter leurs armes. » Voici, au reste, en quels termes M. le ministre de l'intérieur s'exprime, dans sa circulaire, sur la disposition qui nous occupe : « Il suffira sans doute que les différents agents dénommés dans ce paragraphe sachent que le droit de chasse leur est refusé par la loi, pour qu'aucun d'eux ne demande de permis ; mais si, par erreur ou autrement, une semblable demande était formulée par un d'eux, l'avis du maire et des sous-préfets, et, au besoin, les listes nominatives que vous pourrez faire dresser, vous mettront à portée d'obtempérer à l'injonction de la loi. Vous remarquerez sans doute, monsieur le préfet, que les gardes des particuliers ne sont pas compris dans l'exclusion prononcée par ce paragraphe; on comprend, en effet, que les propriétaires fonciers veulent quelquefois faire chasser par leurs gardes. Vous ne refuserez donc pas le permis de chasse aux gardes particuliers, mais vous ferez sagement de les inviter à justifier de l'autorisation des propriétaires dont ils sont les agents. »— La loi ne parlant que des simples gardes, il est clair que les gardes brigadiers, les gardes à cheval, etc., restent sous l'empire du droit commun. Il en est de même des préposés, sous-brigadiers et brigadiers des douanes; ils ne sont pas évidemment compris dans l'article.—L'interdiction de pouvoir se munir d'un permis de chasse n'empêche pas, comme le remarquait M. le garde des sceaux dans la discussion citée plus haut, que ces divers fonctionnaires ne soient armés pour remplir la mission dont ils sont chargés : c'est ce que portent d'ailleurs formellement l'article 4, section 7, titre 1er de la loi du 6 octobre 1791 ; l'article 30 de l'ordonnance du 1er août 1827, et l'article 37 de la loi du 15 avril 1829. — Nous examinerons sous l'article suivant la question de savoir si les personnes comprises dans notre article, ainsi que celles frappées d'incapacité, pourraient être poursuivies et punies pour délit de chasse, dans le cas où elles auraient obtenu un permis en trompant l'autorité.

8. Le permis de chasse *ne sera pas accordé :*— 1° A ceux qui, par suite de condamnations, *sont privés du droit de port d'armes ; — 2° A ceux qui n'auront pas exécuté les condamnations prononcées contre eux* pour l'un des délits prévus par la présente loi ; — 3° *A tout condamné placé sous la surveillance de la haute police.*

——*Ne sera pas accordé.* C'est encore une prohibition fondée sur l'intérêt général, qui ne permet pas d'armer des hommes naturellement ennemis de la société : le législateur a dû faire un article séparé pour les individus compris dans les dispositions suivantes, afin de ne pas placer sur la même ligne les individus *incapables* et les individus que la présente disposition frappe d'*indignité*. Du reste le mot *accordé* n'offre pas ici un autre sens que le mot *délivré* de l'article précédent.

Sont privés du droit de port d'armes. D'après le Code pénal, les peines afflictives et infamantes entraînent la dégradation civique, à laquelle est attachée la privation du droit de port d'armes. Ceux qui auront subi l'une de ces peines se trouveront donc compris dans la première catégorie des individus auxquels un permis de chasse devra être nécessairement refusé. Voyez les articles 8, 29, 34, 42, 388, 400, 405, 406 407, 408 et 410 du Code pénal. « Pour ces individus, dit M. le ministre de l'intérieur dans sa circulaire, je ne puis que répéter ce que je vous ai dit à l'occasion des paragraphes 2 à 5 de l'article 5 : c'est que ce sera à l'administration qu'il incombera de faire la preuve de l'existence du jugement. »

2° *A ceux qui n'auront pas exécuté les condamnations prononcées contre eux*, etc. L'article 4 de la loi du 30 avril 1790 portait : « Le contrevenant qui, huitaine après la signification du jugement, n'aura pas satisfait à l'amende prononcée contre lui, sera contraint par corps et détenu en prison pendant vingt-quatre heures, pour la première fois ; pendant huit jours pour la seconde ; et pendant trois mois pour la troisième ou ultérieure contravention. » Cette disposition, qui avait d'abord été modifiée quant au délai de huitaine après la signification du jugement, délai à l'expiration duquel elle permettait la contrainte par corps, par l'article 203 du Code d'instruction criminelle qui veut qu'il soit *sursis* à l'exécution du jugement pendant le délai et l'instance d'appel, l'a été, quant au fond, par les articles 34 et 35 du titre 5 de la loi du 17 avril 1832 sur la contrainte par corps. Cet article 34 porte : « Les individus contre lesquels la contrainte par corps aura été mise à exécution, aux termes de l'article précédent, subiront l'effet de cette contrainte jusqu'à ce qu'ils aient payé le montant des condamnations, ou fourni une caution admise par le receveur des domaines, ou, en cas de contestation de sa part, déclarée bonne et valable par le tribunal civil de l'arrondissement. La caution devra s'exécuter dans le mois, à peine de poursuites. » L'article 35 : « Néanmoins les condamnés qui justifieront de leur insolvabilité, suivant le mode prescrit par l'article 420 du Code d'instruction criminelle, seront mis en liberté après avoir subi quinze jours de contrainte, lorsque l'amende et les autres condamnations pécuniaires n'excéderont pas 15 francs, un mois lorsqu'elles s'élèveront de 15 à 50 francs, deux mois lorsque l'amende et les autres condamnations s'élèveront de 50 à 100 francs, et quatre mois lorsqu'elles excéderont 100 francs. » Il est évident que ces dispositions doivent encore recevoir leur application en cas de non-payement d'amendes prononcées pour délit de chasse; mais le législateur a pensé que ces rigueurs seraient ou impuissantes, ou souvent onéreuses à l'État, qui serait obligé de fournir les aliments en prison à des braconniers insolvables. La loi a considéré comme un moyen plus efficace de prévenir de nouveaux délits, l'impossibilité où se trouveraient les délinquants qui n'auront pas exécuté les condamnations prononcées contre eux, d'obtenir désormais un permis de chasse. « Lorsqu'un impétrant, dit le ministre de l'intérieur dans sa circulaire, aurait, à votre connaissance, subi une condamnation pour délit de chasse, en vertu de la loi du 3 mai dernier, vous devrez exiger de lui la preuve qu'il a exécuté la condamnation encourue. Il ne vous échappera pas, d'ailleurs, que s'il y avait eu remise de la peine, ce fait équivaudrait à l'exécution de la condamnation. »

3° *A tout condamné placé sous la surveillance de la haute police*. Voyez, quant à la *surveillance*, les articles 11, 47, 48, 50, 315, 401, etc., Code pénal. « Vous avez, dit le ministre de l'intérieur dans sa circulaire, par devers vous la liste nominative de tous les individus placés dans cette catégorie; vous ne pouvez donc éprouver de difficulté pour leur exclusion du droit de chasse. »—Mais il faut que les condamnés soient *placés* au moment où ils réclament le permis sous la surveillance: peu importe qu'ils y aient été placés autrefois, s'ils ne s'y trouvent plus. Notre article ne fixe plus, comme dans les trois paragraphes de l'article 6, l'époque où le permis de chasse ne pourra plus leur être refusé. Il est évident que la prohibition cessera en même temps que les causes de la prohibition. Si la peine est infamante, l'interdiction du droit de chasse cessera par la réhabilitation. (Art. 619, Code d'instruction criminelle.) — **Question.** *Les prohibitions contenues dans l'aricle 6 et dans le présent article sont-elles applicables aux individus frappés de condamnations antérieures à la loi du 3 mai 1844 ?* M. le ministre de l'intérieur a résolu cette question dans le sens de l'affirmative. « Je terminerai en vous faisant remarquer, monsieur le préfet, que le refus du permis peut être opposé, dès à présent, à tous les individus compris dans les cas énumérés aux numéros 2, 3, 4 et 5 de l'article 6, et 1, 2 et 3 de l'article 8, bien que les condamnations prononcées contre eux l'aient été antérieurement à la promulgation de la loi du 3 mai dernier, et ce ne sera pas là donner à cette loi un effet rétroactif; cela résulte clairement de la rédaction même des articles précités, qui appliquent le refus de permis de chasse à tout individu *qui a été condamné* ; s'il ne s'agissait pas, en effet, des condamnations déjà prononcées, le législateur aurait évidemment dit, *à tout individu qui sera condamné ; ou si après l'avoir obtenu ils étaient frappés de l'une des causes d'indignité dont il s'agit ici.* » — QUESTION. *Si les individus compris dans les dispositions de notre article ou du précédent obtenaient, en trompant l'autorité, un permis de chasse, pourraient-ils néanmoins être poursuivis comme ayant chassé sans permis ?* Pour l'affirmative, on dit que personne ne peut retirer un avantage de sa propre fraude : *Nemo ex suo delicto emolumenta consequi potest.* Le permis est vicié dans son essence ; il est comme non existant pour celui qui sait n'avoir pas le droit de s'en servir. Pour la négative, qui nous paraît mieux fondée, on répond que tant que le permis n'a pas été retiré par l'autorité administrative, qui seule a droit d'apprécier sa validité, le chasseur est protégé par la loi qui ne frappe que celui qui chasse sans permis. Cependant la cour de Rouen a consacré l'opinion contraire dans une espèce où un permis de chasse avait été obtenu par un garde champêtre : « Attendu qu'il résulte de l'instruction et des débats que Lenoble, garde champêtre de la commune de Saint-Aubin-Jouxte-Boulleng, a chassé le 13 octobre dernier sur le territoire confié à sa garde ; attendu que les dispositions de l'article 7 de la loi du 3 mai 1844 s'opposent formellement à ce qu'un permis de chasse puisse être délivré aux gardes champêtres des communes ; attendu, dès lors, que Lenoble ne peut se prévaloir d'un permis de chasse qui n'a pu lui être légalement délivré ; vu les dispositions des articles 11 et 16 de la loi du 3 mai 1844, ainsi conçues, etc. ; la cour condamne Lenoble à 100 francs d'amende, prononce la confiscation du fusil dont il était porteur le 13 octobre dernier, en ordonne le dépôt au greffe sous contrainte de 100 francs. » (Arrêt du 30 nov. 1844 ; Sirey, 45, II, 103.) Quant au droit qui appartient à l'autorité administrative de retirer le permis, voici en quels termes s'exprime le ministre de l'intérieur dans sa circulaire du 20 mai 1844 : « La privation du droit de chasse ne peut d'ailleurs être considérée comme une peine ou une aggravation de peine, c'est seulement une mesure de précaution que la loi permet ou prescrit de prendre dans un intérêt de sûreté publique. Aussi ajouterai-je que si, par l'effet d'une erreur, vous aviez été entraîné à délivrer un permis de chasse à un individu à qui il n'eût pas dû être accordé, vous ne devriez pas hésiter à le retirer, et, dans le cas où cet individu ne

9.

se soumettrait pas à cette mesure, à appeler sur lui l'attention des agents préposés à la répression des délits de chasse. » Il est clair que le retrait, pour produire effet, doit être notifié au porteur du permis. — Tout ce que nous venons de décider ne peut s'appliquer aux personnes énumérées dans l'article 6. C'était à l'autorité, dans les cas prévus par cet article, à refuser le permis si elle le jugeait convenable ; mais une fois accordé, il ne peut plus être retiré ; c'est un droit acquis.

9. Dans le temps où la chasse est ouverte, le permis donne à celui qui l'a obtenu *le droit de chasser de jour, à tir et à courre*, sur ses propres terres, et sur les terres d'autrui avec le consentement de celui à qui le droit de chasse appartient. —*Tous autres moyens de chasse, à l'exception des furets et des bourses destinés à prendre le lapin*, sont formellement prohibés. — Néanmoins, les préfets des départements, sur l'avis des conseils généraux, *prendront des arrêtés* pour déterminer : —1° *L'époque de la chasse des oiseaux de passage autres que la caille*, et les modes et procédés de cette chasse ; —2° *Le temps pendant lequel il sera permis de chasser le gibier d'eau, dans les marais, sur les étangs, fleuves et rivières ; —3° Les espèces d'animaux malfaisants ou nuisibles que le propriétaire, possesseur ou fermier, pourra en tout temps détruire sur ses terres, et les conditions de l'exercice de ce droit, sans préjudice du droit appartenant au propriétaire ou au fermier de repousser ou de détruire, même avec des armes à feu, les bêtes fauves qui porteraient dommage à ses propriétés. — Ils pourront prendre également des arrêtés : — 1° Pour prévenir la destruction des oiseaux ; — 2° Pour autoriser l'emploi des chiens lévriers pour la destruction des animaux malfaisants* *ou nuisibles;—3° Pour interdire la chasse pendant les temps de neige.*

== *Le droit de chasser.* Ce n'est pas le permis de chasse qui donne le droit de chasse ; car nous avons vu que le droit de chasse est inhérent à la propriété, qu'il en forme un des attributs : aussi n'appartient-il qu'au propriétaire, qui peut ou l'exercer par lui-même, ou autoriser les autres à l'exercer sur sa propriété. Le permis de chasse n'est donc pas autre chose que le règlement de l'exercice du droit, dans l'intérêt général ; mais le permis constitue si peu le droit, que si celui qui l'a obtenu n'a pas de propriété, ou si personne ne veut soit lui vendre le droit de chasser sur ses terres, soit lui permettre, il ne pourra pas se servir de son permis de chasse.

De jour. Ainsi la chasse de nuit est prohibée et sous des peines très-fortes, puisque l'article 12 punit de 50 à 200 francs ceux qui auront chassé la nuit. Les chasses de cette espèce présentent en général de graves inconvénients : elles sont, plus particulièrement que toutes autres, celles des braconniers. «C'est elle qui devenait surtout, dit M. le garde des sceaux, la cause d'un grand nombre de meurtres ou de crimes contre les personnes. » L'intérêt de la conservation du gibier et un intérêt d'ordre public, de sûreté pour les personnes, exigeaient cette grave innovation dans les lois de la chasse. Le projet du gouvernement ne la défendait pas d'une manière absolue ; il renvoyait à des ordonnances royales le règlement des cas et conditions de la chasse *pendant la nuit ;* parce qu'il existe, disait-il, dans plusieurs départements, certaines chasses de nuit qu'on peut autoriser sans danger ; mais les chambres ont préféré poser en règle uniforme et absolue l'interdiction de la chasse pendant la nuit. Il est évident que la chasse *au feu* se trouve interdite par la défense de chasser la nuit. De là résulte une question qui n'est pas sans importance.

— **QUESTION.** *L'appréciation de la circonstance qu'il faisait jour ou qu'il faisait nuit au moment où un individu est accusé d'avoir chassé, est-elle abandonnée au juge ?* L'affirmative ne nous paraît pas douteuse. La loi de procédure détermine bien les moments après lesquels il ne pourra être procédé soit à l'arrestation d'un débiteur, soit à des significations. Dans le premier cas, elle interdit toute arrestation du débiteur avant le *lever* et après le *coucher* du soleil (art. 781 du Code de procédure) ; et quant aux significations et exécutions, elles ne peuvent être faites, depuis le 1ᵉʳ octobre jusqu'au 31 mars, avant six heures du matin et après six heures du soir; et depuis le 1er avril jusqu'au 30 septembre, avant quatre heures du matin et après neuf heures du soir (art. 1037 du Code de procédure). Mais on comprend que pour des actes de procédure on ait déterminé des règles fixes et des temps, pour ainsi dire légaux, contraires à la réalité; mais lorsqu'il s'agit d'un délit, on ne peut se baser sur une fiction, et il faut que le jour n'existe réellement plus pour que la peine puisse être encourue. Aussi la question de savoir si la *chasse à l'affût* était interdite par notre loi s'étant agitée devant la Chambre des pairs, le rapporteur de la loi a répondu « que la chasse à l'affût ayant lieu à des heures en quelque sorte intermédiaires entre le jour et la nuit, l'interdiction qui résulte du premier paragraphe de l'article 9 ne paraît pas lui être applicable. C'est, du reste, a-t-on ajouté, à l'*appréciation* des tribunaux que la commission a entendu s'en remettre pour la décision des cas sur lesquels il pourrait s'élever des doutes. »

A tir et à courre. Le législateur de 1844 est parti de cette idée que pour les propriétaires ou possesseurs du droit de chasse, il n'y avait dans la réalité que deux manières de chasser, à savoir, la chasse *à tir*, c'est-à-dire avec le fusil, et la chasse *à courre,* c'est-à-dire avec des chiens courants. Tous les autres modes de chasse, tels que les filets, les panneaux, les collets, sont des moyens de braconnage qu'il fallait proscrire. Il faut pourtant ajouter la chasse au furet au moyen de bourses destinées à prendre le lapin : au reste les deux espèces de chasse dont parle notre article comprennent la chasse dans laquelle on emploie des chiens d'arrêt ou des chiens courants; elles comprennent aussi, comme nous l'avons vu plus haut, l'*affût* et toutes sortes de *battues :* c'est du moins ce qui a été jugé dans l'espèce de la question suivante :—

QUESTION. *La chasse avec traqueurs est-elle comprise dans la chasse à tir autorisée par le premier alinéa du présent article ?* La cour de Dijon a consacré l'affirmative : «Considérant que le législateur qui, tout en voulant maintenir la faculté de chasser, se proposait d'en réprimer l'abus et d'empêcher une trop grande destruction de gibier, a dû passer en revue les diverses espèces de chasses, et d'après l'intention qui l'animait, permettre les unes, défendre absolument les autres, et n'en autoriser de certaines qu'avec des restrictions et sous des conditions propres à en atténuer l'effet destructif; qu'à cet effet, il a divisé les modes de chasse en plusieurs catégories, dont trois seules sont permises, pourvu qu'elles aient lieu de jour, en vertu de permis et sur des terrains par rapport auxquels il y a autorisation, savoir : la chasse à tir, celle à courre et celle avec des furets et bourses destinées à prendre les lapins ; que les autres qui se pratiquent à l'aide de piéges, de filets et de chiens lévriers, ne peuvent être employées que relativement à certains animaux, dans certaines limites, et ensuite d'arrêtés spéciaux des préfets ; que chaque espèce de chasse se composant d'un ensemble plus ou moins compliqué de procédés, la disposition de la loi, soit permissive soit prohibitive, ne s'applique qu'au mode complet propre à procurer la prise du gibier, et non à chacun des procédés particuliers qui le constituent et qui concourent plus ou moins directement à ce but, mais qui, pris isolément, ne sauraient l'atteindre ; que du moment qu'un procédé n'est pas de nature à mettre immédiatement et par lui seul le chasseur en possession du gibier, il ne forme qu'une partie intégrante du mode de chasse dans lequel il est usité, mais nullement un mode distinct et séparé, en un mot, l'un des moyens de chasse auxquels fait allusion la disposition initiale du deuxième alinéa de l'article 9 ; que cette distinction, analogue à celle des faits principaux et des circonstances aggravantes en matière de crimes et de délits, étant posée, il ne s'agit plus que de rechercher le caractère et l'effet de la traque en fait de chasse ; que la traque ou battue n'ayant pour objet que de faire sortir le gibier de son repaire, en l'effrayant par des cris, n'est point un moyen direct et principal de chasse, puisqu'il ne procure point par lui-même la possession des animaux poursuivis, qui sont seulement envoyés dans la direction des tireurs ; qu'il n'est qu'un procédé accessoire, comme celui résultant de l'emploi de chiens d'arrêt, de chiens courants, d'appeaux ou d'appâts ; qu'il favorise la chasse à tir, à courre, ou avec piéges, dont il est une dépendance, une partie intégrante même si l'on veut, mais qu'il ne constitue point à lui seul un mode de chasse particulier et proprement dit ; qu'employé par des chasseurs, armés de fusils, il ne forme toujours que la chasse qualifiée par la loi de chasse à tir ; qu'en effet, cette chasse, sans changer de nom et de nature, peut s'exercer de différentes manières, soit par un chasseur parcourant les champs, soit par une personne embusquée au bord d'un bois, soit à l'aide de chiens d'arrêt, soit au moyen de chiens courants, soit enfin par l'emploi des traqueurs ; que dans toutes ces hypothèses il n'y a toujours que chasse au tir, parce que le moyen direct et principal de destruction est l'arme à feu, quoique, dans l'usage, on lui applique les dénominations diverses de chasse à l'affût, chasse au chien d'arrêt, chasse aux chiens courants, chasse à la traque, ou simplement battue, selon le moyen accessoire employé pour la faciliter; qu'en réduisant les expressions de chasse à tir à leur sens limité et positif, il faudrait dire que la chasse au chien d'arrêt ou aux chiens courants n'est pas moins prohibée que celle avec traqueurs, puisque la loi n'est pas plus explicite pour les premières que pour celle-ci, ce qui est inadmissible; que vainement on prétend que la chasse au moyen de la traque est plus destructive que celle avec chiens, puisque, d'une part, en matière pénale, les juges ont à rechercher non si le fait incriminé est plus ou moins dommageable, mais seulement s'il a été prévu, et que, d'un autre côté, la chasse à courre, formellement autorisée, produit absolument les mêmes effets que celle à la traque, puisqu'elle s'exécute par des moyens analogues et même plus énergiques, d'où elle a même pris le nom de chasse *à cor et à cris;* qu'il résulte de là que le chef de prévention n'est point fondé, etc. » (Arrêt du 24 décembre 1844; Sirey, 45, II, 97).

Tous autres moyens de chasse. « L'emploi des panneaux et des filets, a dit M. le garde des sceaux, avec lesquels on détruit des volées entières de perdreaux, l'usage meurtrier des lacets, des collets, et, en un mot, de tous ces instruments de destruction aujourd'hui permis, dont les vrais chasseurs ne se servent pas, et qui ne profitent qu'aux braconniers, se trouvent compris dans la prohibition générale prononcée par cet article. » Cette disposition abroge l'article 15 de la loi du 30 avril 1790, portant : « Il est pareillement libre en tout temps au propriétaire ou possesseur, et même au fermier, de détruire le gibier dans ses récoltes non closes, en se servant des filets ou autres engins qui ne puissent pas nuire aux fruits de la terre. » Cet article de la loi de 1790, considérant l'emploi des filets et engins comme moins dévastateur pour les récoltes que l'emploi des armes à feu qui supposent une poursuite constante et prolongée du gibier, avait autorisé cette manière de chasser *en tout temps;* la loi nouvelle l'interdit même lorsque la chasse est ouverte, parce que ce mode de chasse est particulièrement destructeur du gibier. Nous verrons plus bas que la chasse au moyen des chiens lévriers n'est autorisée que comme exception; elle est donc proscrite en général.

A l'exception des furets et des bourses destinés à prendre le lapin. Parce que ce mode de chasse n'a pour objet que le lapin, qu'il importe de détruire dans l'intérêt de l'agriculture; mais comme la chasse au furet est une véritable chasse, elle n'est autorisée qu'autant que la chasse est ouverte et qu'on est muni d'un permis de chasse (art. 1er).—Ces mots de notre article : *bourses à prendre le lapin*, sont exclusifs, et conséquemment l'emploi du furet et des bourses pour prendre les renards ou les blaireaux est interdit ; on s'en est expliqué positivement dans la discussion ; et d'ailleurs le blaireau, étant un animal malfaisant, est compris dans le paragraphe 3 de notre article. — De ce que la loi n'admet plus d'autres moyens de chasse que la chasse à courre ou à tir, il en résulte que l'industrie des *oiseleurs* est supprimée. C'est un point sur lequel, au reste, les tribunaux ont été appelés à se prononcer et dont nous nous occupons plus bas.

Prendront des arrêtés. Encore sur l'avis des conseils généraux ; mais sans être obligés de suivre cet avis, puisqu'un avis n'a pas par lui-même un caractère obligatoire. En comparant cette disposition avec le paragraphe final portant : Ils *pourront* prendre également des arrêtés, on voit que dans le cas de la disposition que nous expliquons, c'est un *devoir* pour les préfets de prendre les arrêtés pour les trois catégories d'animaux dont il est question ; tandis que dans la disposition finale, il est *facultatif* pour eux de prendre ou de ne pas prendre les arrêtés dont il s'agit. La raison de cette différence provient de ce que, dans les trois premières catégories, objet des arrêtés, il importe que ces sortes de chasse soient réglementées, tandis que dans la disposition finale, il peut être inutile de prévenir la destruction des oiseaux ou d'autoriser l'emploi des chiens lévriers. — Nous avons vu, sous l'article 3, que les arrêtés des préfets qui prononcent l'ouverture ou la fermeture de la chasse doivent être publiés *dix jours* d'avance : la loi ne prescrivant aucun délai pour la publication des arrêtés spéciaux dont il s'agit ici, on ne saurait en exiger un, car ce serait ajouter au texte de la loi ; ces arrêtés devront donc être soumis uniquement aux principes généraux sur la publication des arrêtés des préfets. Quant à l'intervention du ministre de l'intérieur, voici ce qu'il dit lui-même dans sa circulaire : « L'art. 9 de la loi n'a pas soumis à mon approbation les arrêtés que vous avez à prendre dans les différents cas qu'il prévoit ; ces arrêtés sont donc exécutoires de plein droit, et sans autres approbations. Toutefois, vous savez que tous les actes de l'administration préfectorale ne s'exercent que sous l'autorité et le contrôle des ministres responsables ; ce principe est toujours réservé, sans qu'il soit nécessaire de l'exprimer dans chaque loi spéciale. Vous devrez donc, monsieur le préfet, m'adresser exactement une ampliation de tous les arrêtés que vous prendrez dans les différents cas prévus par l'article dont il s'agit, afin que je puisse examiner si ces actes sont conformes à l'ensemble de la législation, et vous adresser, au besoin, telles observations qu'il appartiendrait. »

1º *L'époque de la chasse des oiseaux de passage.* « Il était impossible, a dit M. le garde des sceaux, en présentant la loi à la Chambre des pairs, de soumettre la chasse des oiseaux de passage aux règles et aux prohibitions générales de la loi. Quelques-uns de nos départements sont favorisés, à certaines époques de l'année, d'un passage considérable d'oiseaux étrangers au pays. Ces oiseaux ne traversent nos contrées que pendant un mois ou quelques semaines. Durant leur courte apparition, les habitants les prennent au moyen de filets ou d'autres procédés connus dans les localités. Il serait impolitique et injuste de ne pas avoir égard à des habitudes, à des usages qui existent depuis longtemps. De là ce droit donné aux préfets de régler non-seulement l'époque de ces chasses, mais encore les modes et procédés qu'on devra employer. » —La loi n'exige pas à l'égard des oiseaux de passage, comme elle l'exige pour les animaux malfaisants et nuisibles, que les préfets déterminent les espèces de ces oiseaux qui devront être considérés comme oiseaux de passage. Ce sont en général l'alouette, l'ortolan, le bec-figue, la bécasse, la caille (que la loi en excepte formellement), la grive, l'hirondelle, l'outarde, le pigeon bizet et ramier, et les oiseaux qualifiés *gibier* d'eau. Si le préfet s'est contenté d'autoriser la chasse et de fixer les procédés de chasse des oiseaux de passage, en cas de poursuites contre un chasseur, c'est par l'usage du pays que le tribunal se décidera ; mais si le préfet les a déterminés dans son arrêté, ce qui sera toujours beaucoup plus sage, on devra considérer comme tels tous les oiseaux compris dans la nomenclature de l'arrêté, lors même que quelques-uns seraient réellement *sédentaires.* — **QUESTION.** *La chasse à certains oiseaux de passage, aux alouettes par exemple, autorisée au moyen de filets par un arrêté préfectoral, peut-elle se faire sans être muni d'un permis de chasse ?* La cour de Bourges, dans un arrêt longuement motivé, en date du 27 février 1845, et rapporté dans Sirey (t. 45, II, 240), avait consacré l'affirmative ; mais cet arrêt ayant été dénoncé à la Cour de cassation par le ministère public, cette cour a admis des principes contraires : « Attendu que la loi du 3 mai 1844 soumet en règle générale la chasse à quatre conditions ; savoir, que la chasse soit ouverte, qu'on ait obtenu un permis de chasse, qu'on soit propriétaire du terrain ou qu'on ait le consentement du propriétaire; enfin qu'on ne chasse que de jour, à tir ou à courre; que si l'article 9 de cette loi autorise les préfets dans certains cas, et spécialement en ce qui concerne les oiseaux de passage, à modifier ces conditions, ce n'est que sous le rapport du temps où la chasse est permise et des moyens qu'on y peut employer; qu'aucune disposition ne les autorise à porter atteinte aux deux autres conditions générales relatives au droit de propriété et au permis de chasse, lesquelles doivent donc dans tous les cas être remplies par les chasseurs; que la loi ne fait, en ce qui concerne l'obligation d'avoir un permis de chasse, aucune distinction entre celui qui veut chasser à tir ou à courre pendant tout le temps où la chasse est ouverte, et celui qui veut seulement chasser aux oiseaux de passage à l'aide des moyens exceptionnels et pendant le temps déterminé par les arrêtés particuliers des préfets; que les tribunaux ne peuvent suppléer cette distinction; attendu cependant que la cour royale de Bourges, tout en reconnaissant que Monard et Rolland avaient chassé aux alouettes sans permis de chasse, a refusé de les condamner à l'amende déterminée par l'article 11, n° 1, de la loi du 3 mai 1844, sous le prétexte que la chasse aux oiseaux de passage à l'aide d'un filet, autorisée par un arrêté du préfet du Cher, n'est pas soumise à l'obligation du permis de chasse imposée par l'article 1er de la même loi; en quoi elle a formellement violé lesdits articles ci-dessus visés, la Cour casse, etc. » (Arrêt du 18 avril 1845; Sirey, 45, 1; 388.) — **QUESTION.** *Si on emploie pour la chasse des oiseaux de passage un procédé qui n'a été permis que plus tard par l'arrêté préfectoral, est-ce la peine de l'infraction à la loi qui prohibe en général tout moyen de chasse autre que les moyens de la chasse à tir et à courre, qu'il faut appliquer, et non la peine de l'infraction à l'arrêté préfectoral qui n'était pas encore obligatoire bien que publié?* La Cour de cassation a adopté l'affirmative: « Vu les articles 9, 11 et 12 de la loi du 3 mai 1844; attendu qu'aux termes des 1er et 2e paragraphes de l'article 9 de cette loi, tous autres moyens de chasse que ceux qu'ils spécifient sont formellement prohibés; attendu que si le 3e paragraphe confère aux préfets des départements le droit de déterminer par des arrêtés soit l'époque de la chasse des oiseaux de passage, soit les modes et procédés de cette chasse, la prohibition générale sus-mentionnée conserve toute sa force et toute son efficacité en dehors du moment précis où, en vertu de ce droit exceptionnel, elle est temporairement levée; attendu, dès lors, que le fait de s'être servi de gluaux implicitement compris dans la catégorie des moyens ou procédés de chasse auxquels se rapporte l'interdiction prononcée par les deux premiers paragraphes du susdit article 9, doit être considéré, si ce fait a eu lieu antérieurement au jour où cet usage devient licite, non comme une infraction à l'arrêté préfectoral qui l'autorise, et qui en cette partie n'est pas encore en cours d'exécution, mais bien comme la violation de l'interdiction légale qui est le droit commun en cette matière; qu'ainsi, en substituant à la peine de la violation expressément prévue par l'article 12 de la loi précitée, la disposition pénale de l'article 11, laquelle se rapporte exclusivement à ceux qui ont contrevenu aux arrêtés des préfets, le jugement attaqué a fait dudit article 11 une fausse application et par suite violé l'article 12; casse, etc. » (Arrêt du 27 février 1845; Sirey, 45, 1, 387.) L'arrêté du préfet constitue une véritable ouverture de cette chasse, mais les chasseurs n'en doivent pas moins, en conformité de l'article 1er, et comme l'a jugé l'arrêt du 18 avril 1845, rapporté plus haut, avoir obtenu *un permis de chasse;* et s'ils ne chassent pas sur leurs propriétés, ils doivent avoir la permission des propriétaires. — **QUESTION.** *Les préfets devront-ils nécessairement tous les ans autoriser cette chasse?* L'affirmative résulte, comme nous l'avons dit plus haut, de ces mots de la présente disposition : *prendront* des arrêtés, comparés avec la disposition finale portant qu'ils *pourront* prendre des arrêtés. Nous croyons donc que si un préfet, nonobstant l'avis du conseil général, se refusait à prendre un arrêté pour ouvrir cette chasse, on pourrait se plaindre au ministre de l'intérieur, qui, après s'être fait rendre compte des motifs du refus, ordonnerait au préfet de prendre l'arrêté dont parle la loi, à moins que le motif du refus du préfet ne fût fondé sur cette considération que le passage des oiseaux a lieu pendant le temps de l'ouverture ordinaire de la chasse et sur ce que cette chasse dans le département n'exige pas l'emploi de procédés particuliers; dans ces circonstances, en effet, un arrêté spécial est inutile. Ce qu'il faut bien remarquer, c'est qu'en l'absence de l'arrêté, on ne pourrait se permettre de chasser hors le temps de l'ouverture ordinaire, en se fondant sur ce que le préfet n'a pas rempli son devoir; car cette chasse n'est permise qu'autant qu'elle est *réglementée.* Comme le remarque M. le garde des sceaux dans sa circulaire, « les préfets pourront autoriser cette chasse avec les instruments, les procédés usités dans le pays, même avec ceux dont l'usage est prohibé pour la chasse du gibier ordinaire. »

Autres que la caille. L'usage pratiqué par les habitants

du midi de prendre les cailles avec des filets, à l'époque où elles arrivent dans nos contrées méridionales, après avoir traversé la mer, les a fait disparaître presque entièrement de la plupart de nos provinces. C'est pour faire droit à une réclamation qui a paru légitime qu'on a excepté les cailles de la disposition relative aux autres oiseaux de passage. Il résulte de là qu'on ne peut chasser la caille autrement qu'à tir, et que les préfets ne peuvent autoriser l'emploi d'aucun autre moyen de chasse.

2° *Le temps pendant lequel il sera permis de chasser le gibier d'eau dans les marais, sur les étangs, fleuves et rivières.* Cette exception doit être rigoureusement restreinte aux propriétés énoncées. L'article 13 de la loi du 30 avril 1790 autorisait en tout temps la chasse dans les *lacs et étangs.* L'article 14 de la même loi renfermait la même exception pour la chasse sans chiens courants *dans les bois et forêts :* la raison de cette double exception était que sur ces propriétés, il n'y a pas de récoltes qui puisse souffrir de la chasse. La loi nouvelle a d'abord fait disparaître, comme nous l'avons expliqué sous l'article 1er, l'exception quant *aux bois et forêts,* parce qu'elle n'a pas uniquement pour objet de protéger les récoltes et qu'elle a voulu pourvoir aussi à la conservation du gibier ; elle a maintenu l'exception quant à la chasse dans les marais et étangs, parce qu'elle a spécialement pour objet certains oiseaux de passage qui nichent et se reproduisent souvent dans les parties de marais qui ne sont pas inondées ; mais elle n'a pas encore voulu abandonner la chasse, dans ce cas, à la discrétion et aux caprices des propriétaires, et le temps pendant lequel cette chasse pourra se faire devra encore être déterminé par les arrêtés des préfets, éclairés par l'avis des conseils généraux, parce qu'il ne peut appartenir qu'à l'administration locale de décider quelle est l'espèce de chasse qui doit se faire dans tel marais ou sur tel étang, et par suite d'en déterminer l'époque. Il est clair que dans ce cas encore, il faudra être muni d'un permis de chasse et avoir l'autorisation des propriétaires, si on ne chasse pas sur des propriétés qui appartiennent au chasseur ; mais de ce que cette chasse peut être permise à une autre époque que la chasse générale, il ne s'ensuit pas que si à cette époque même un chasseur autre que le propriétaire est trouvé chassant, muni d'ailleurs d'un permis de chasse, sur les bords d'un étang, il pourra être poursuivi par le ministère public, sans qu'il soit nécessaire que le propriétaire ait porté plainte. Déjà sous l'empire de la loi du 30 avril 1790, qui par son article 1er avait autorisé cette chasse *en tout temps,* en faveur des propriétaires et possesseurs, la cour de Limoges avait décidé qu'un chasseur étranger ne pouvait néanmoins être poursuivi que sur la plainte du propriétaire ou du possesseur de l'étang. » (Arrêt du 18 décembre 1838 ; Sirey, 39, 11, 234.) — Comme nous le remarquons plus haut, l'arrêté du préfet est inutile pour la chasse du gibier d'eau, lorsque la chasse générale est ouverte ; car elle embrasse alors toute espèce de gibier. Du reste, l'exception est restreinte au gibier d'eau, tel que la poule d'eau, la bécassine ; mais les lièvres, les perdrix, les lapins, ne pourront pas être tués par les chasseurs. Voyez sous l'article 4 un arrêt de la cour d'Amiens du 15 juillet, qui juge que la loi du 30 avril 1790 ayant été abrogée par la loi nouvelle, les préfets qui n'ont pas pris d'arrêté spécial pour cette chasse ne sont pas obligés non plus de la clore par un arrêté spécial. — **QUESTION.** *Les préfets, peuvent-ils aussi relativement au gibier d'eau, autoriser d'autres procédés que le fusil ?* Il faut distinguer pour le gibier d'eau qui est en même temps oiseau de passage, ils pourront évidemment indiquer les procédés que les usages du pays réclament ; mais quant au gibier d'eau qui n'a pas ce caractère, ils ne pourront, dans le silence de la loi, autoriser aucun autre moyen de chasse que le fusil ; si le législateur avait entendu que le préfet pourrait aussi autoriser d'autres procédés pour le gibier d'eau, il l'aurait dit, et l'on ne peut par induction attribuer un droit exceptionnel aux préfets pour des dispositions que la loi a pris soin de distinguer au moyen de numéros particuliers.

3° *Les espèces d'animaux malfaisants ou nuisibles.* Ainsi la loi n'abandonne pas encore aux propriétaires le droit de décider si tel ou tel animal est malfaisant ou nuisible. Toujours afin de ne rien laisser à l'arbitraire, la loi a encore voulu que l'autorité indiquât les animaux qui sont *malfaisants* ou *nuisibles.* Ce sont, en général, tous ceux qu'on nomme bêtes puantes et qui sont souvent en même temps des bêtes fauves ; car si toutes les bêtes malfaisantes et nuisibles ne sont pas en général des bêtes fauves, celles-ci sont presque toujours nuisibles, tels sont les renards, chats sauvages, fouines, belettes, martres, putois, oiseaux de proie, corbeaux, etc. Au reste, la loi ayant abandonné aux préfets le soin de déterminer ce qu'on entend dans chaque contrée par animaux nuisibles, ceux qu'un préfet aura rangé dans cette classe devront être considérés comme tels, et les moyens de chasse employés pour les détruire, et indiqués dans les arrêtés des préfets, seront nécessairement innocents. — **QUESTION.** *Les pigeons, dans le temps des semailles, doivent-ils être con-*

sidérés comme animaux nuisibles? Oui, et le préfet devra naturellement les comprendre dans son arrêté; mais voyez sur ce point, et pour les autres difficultés qui se rapportent aux pigeons, *l'appendice.*

Que le propriétaire, possesseur ou fermier, pourra en tout temps détruire sur ses terres. Lorsque l'arrêté du préfet a déterminé les espèces d'animaux malfaisants ou nuisibles et réglementé les conditions de l'exercice du droit de destruction, le propriétaire, possesseur ou fermier, peut *en tout temps* et sans permis de chasse les détruire sur ses terres. Il n'a pas besoin d'un permis de chasse; car ce n'est pas à la chasse proprement dite qu'il se livre, mais à la *destruction* de ces sortes d'animaux, pour la conservation de ses propriétés. Il résulte de là que si un préfet autorisait la chasse de ces animaux, par exemple la chasse *à courre* du sanglier ou du loup en temps prohibé, l'arrêté serait pris en dehors des attributions du préfet, et par suite non obligatoire pour les tribunaux. — Sous l'empire de l'ancienne législation, la circonstance que les animaux étaient malfaisants et causaient du dommage aux récoltes ne suffisait pas pour qu'il fût permis de les détruire *avec un fusil* si l'on n'était pas muni d'un permis *de port d'armes de chasse.* (Arrêts de la Cour de cassation des 26 avril 1839 et 5 novembre 1842; Sirey, 39, 1, 774, et 43, 1, 75). Rigoureusement on pouvait, pour justifier cette jurisprudence, argumenter des termes du décret du 4 mai 1812, qui exigeait pour toute espèce de chasse à tir un permis de port *d'armes de chasse,* termes que ne reproduit pas la loi nouvelle; quoi qu'il en soit, il est certain que le législateur de 1844 n'a pas voulu maintenir cet état de chose, et c'est ce qu'exprime très-bien M. le ministre de l'intérieur dans sa circulaire : « Vous remarquerez que ce n'est pas ici un fait de chasse que vous aurez à autoriser; il s'agit d'un acte de légitime défense, qui a pour objet unique de préserver les récoltes des dégâts qu'y occasionneraient certaines espèces d'animaux. Il n'est donc pas nécessaire, pour l'exercice de ce droit, que les propriétaires soient munis d'un permis de chasse, mais ils commettraient une contravention, et il y aurait lieu de verbaliser contre eux si, à l'occasion de la défense de leurs récoltes, ils se livraient à l'exercice de la chasse. »—**QUESTION.** *Est-il besoin d'un permis de chasse pour tirer sur son terrain des animaux malfaisants ou nuisibles, lors même que le préfet aurait négligé de prendre un arrêté pour les déterminer, ou n'en aurait compris qu'une partie dans son arrêté, et particulièrement ce* *permis est-il nécessaire au propriétaire pour détruire avec une arme à feu, sur le lieu et au moment du dégât, les pigeons qui dévastent sa propriété ou ses récoltes, bien qu'un arrêté préfectoral n'ait point rangé les pigeons parmi les animaux malfaisants ou nuisibles, et n'ait point déterminé le mode de leur destruction?* La question en principe n'est pas sans difficulté ; et d'abord, lorsque les préfets n'ont pas pris un arrêté pour déterminer les espèces d'animaux malfaisants ou nuisibles, on peut dire qu'il n'y a pas eu accomplissement de la condition sans laquelle la destruction, sans permis de chasse, des animaux malfaisants et nuisibles a été autorisée, destruction qui est bien, quoi qu'on en puisse dire, une espèce de chasse ; on peut dire qu'il y a réellement alors un fait prohibé par la loi, un délit de chasse sans permis ; car l'arrêté du préfet qui, déclaratif des animaux malfaisants ou nuisibles, supplée au permis, n'existant pas, le permis devenait nécessaire. Ces raisons ne nous paraissent pas péremptoires ; nous croyons que les propriétaires et fermiers ne peuvent pas être victimes de la négligence des préfets. Ce n'est pas, il faut bien le répéter, un droit de chasse qu'on exerce dans ce cas, c'est un droit de légitime défense qui a son principe dans le droit naturel, et qui ne peut être subordonné, quant à son exercice, à l'accomplissement de telle ou telle formalité ; seulement, il y aura cette différence entre le cas où le préfet aura déterminé les espèces d'animaux malfaisants ou nuisibles et celui où il ne l'aura pas fait, que dans le premier cas, celui qui aura chassé ou tiré un animal compris dans l'arrêté du préfet n'aura rien à prouver, tandis que dans l'autre cas, le tribunal devra examiner si les animaux chassés au moment où ils commettaient des dégâts aux récoltes étaient réellement des animaux malfaisants ou nuisibles ; car il est clair que la loi nouvelle serait éludée s'il suffisait, pour chasser sans permis, d'alléguer qu'on chassait des animaux malfaisants ou nuisibles. Nous croyons qu'il faut donner la même solution pour le cas où le préfet a omis dans son arrêté tel ou tel animal malfaisant ou nuisible. Le préfet déclare que tel animal est malfaisant ou nuisible, mais il ne lui donne pas ce caractère ; si donc il en a omis dans sa nomenclature, ces animaux ne cesseront pas pour cela d'être malfaisants ou nuisibles : mais alors ce sera encore au tribunal à décider si l'animal chassé ou tué, et qui n'était pas compris dans l'arrêté, était réellement malfaisant ou nuisible. L'arrêt que nous allons rapporter relativement à des pigeons qui n'avaient pas été compris dans l'arrêté préfectoral peut être invoqué à l'appui de ces décisions, mais il n'est pas péremptoire, parce qu'il est surtout basé sur une loi spéciale, l'article 2 du décret du 4 août 1789, loi que la cour de Rouen a déclarée toujours subsistante. Voici cet arrêt : « Attendu qu'il est établi que Fournier, poursuivi pour avoir chassé, le 25 octobre 1844, sans permis de chasse, a en effet tiré sur des pigeons qui s'étaient abattus sur une pièce de sarrazin en état de récolte, et qu'il a tué deux de ces oiseaux ; attendu que Fournier justifie qu'il avait reçu de Dujardin, propriétaire de la pièce de sarrazin, la mission de défendre la récolte contre les dégâts qu'y pourraient faire les pigeons ; attendu que si l'autorité municipale du lieu de la situation de cette pièce de terre n'avait pris aucun arrêté pour ordonner la clôture des colombiers, il ne s'ensuit pas que le propriétaire ou son préposé fût sans droit pour user de la faculté donnée par l'article 2 du décret du 4 août 1789, de tuer les pigeons qui causaient des dévastations dans les récoltes ; que seulement la preuve de l'exercice légitime de cette faculté au moment du dommage causé par les pigeons demeure à la charge de Fournier ; attendu que cette preuve a été faite par le prévenu et qu'il est dans le cas prévu par l'article précité, c'est-à-dire qu'il a été autorisé à regarder comme gibier les pigeons abattus dans des grains en état de récolte, et à les tuer sur les terrains de celui qui l'avait préposé à cet effet ; attendu que la question est de savoir si, pour l'exercice de ce droit, il était obligé de se conformer aux lois sur la chasse, et notamment de se munir d'un permis de chasse délivré par le préfet ; attendu que la loi du 3 mai 1844 n'est relative qu'à l'exercice du droit de chasse proprement dit, et qu'elle n'a abrogé les lois, arrêtés, décrets et ordonnances antérieurs, qu'autant qu'ils seraient intervenus sur les matières qu'elle avait pour objet de régler ; que c'est ce qui résulte nonseulement des discussions qui ont eu lieu dans les deux chambres, mais surtout, et plus explicitement encore, des articles 30 et 31 de ladite loi ; attendu que l'article 2 du décret du 4 août 1789 n'a aucun trait à la chasse, qu'il a seulement pour objet d'abolir le droit exclusif des fuies et colombiers, et en même temps de pourvoir à ce que la multiplication indéfinie des pigeons ne nuise pas aux moissons, inconvénient auquel remédie le droit de regarder et de tuer comme gibier ceux qui ne sont pas enfermés pendant le temps de la clôture des colombiers, ou qui, hors ce temps, causent un préjudice actuel aux récoltes ; qu'une semblable disposition, qui concerne uniquement les intérêts de l'agriculture, n'a pu être atteinte par aucune des lois intervenues depuis au sujet de la chasse ;

attendu que la question a été formellement décidée en ce sens quelques mois après l'émission du décret du 4 août 1789; qu'en effet l'Assemblée nationale ayant décrété la loi des 28 et 30 avril 1790, concernant la chasse, dont l'article 1er défendait la chasse pendant le temps qui serait prescrit par chaque département, des doutes s'élevèrent sur le point de savoir si la faculté accordée aux propriétaires par l'article 2 du décret du 4 août 1789, de tuer les pigeons sur leurs terrains pendant la clôture des colombiers, avait été abrogée par l'article 1er de la loi du 30 avril suivant; que le comité féodal de cette assemblée, consulté à cet égard, répondit, le 23 juillet 1790 : « Que l'article 2 du décret du 4 août 1789 ne pouvait pas être regardé comme abrogé par l'article 1er de la loi des 28-30 avril 1790; qu'en effet, l'article 2 du décret du 4 août 1789 est spécial pour les pigeons; que dès lors on ne peut pas le regarder comme aboli par le décret du mois d'avril 1790, qui est général pour le gibier; que, loin de là, la disposition particulière aux pigeons doit être censée avoir surnagé sur la disposition générale concernant le gibier, et que c'est là une conséquence nécessaire de la maxime : *Generi per speciem derogatur* ; attendu qu'on ne peut douter, d'après cela, qu'il ne fût dans l'esprit de la loi du 30 avril 1790 de laisser subsister au-dessus de ces dispositions la faculté spéciale dérivant de l'article 2 du décret du 4 août 1789 ; que cette faculté spéciale, qui a en effet continué de subsister jusqu'à la promulgation de la loi du 3 mai 1844, n'a été abrogée ni implicitement ni explicitement par aucune des dispositions de cette dernière loi, laquelle concerne exclusivement la chasse proprement dite, et n'a pu imposer aucune condition nouvelle à l'exercice d'un droit étranger aux matières qu'elle règle, et uniquement relatif à l'intérêt de la conservation des moissons; attendu que des principes ci-dessus posés, il résulte que Fournier n'était pas assujetti à se munir d'un permis de chasse pour tuer des pigeons sur un terrain chargé de grains en récolte, dont le propriétaire lui avait donné la mission spéciale d'assurer la conservation contre les dégâts de ces oiseaux. » (Arrêt du 14 février 1845; *Gazette des tribunaux* du 8 mars 1845.) — Il est clair que le garde du propriétaire est compris dans les dispositions que nous expliquons, il est son représentant. Le *possesseur,* que le législateur place ici sur la même ligne que le propriétaire ou fermier, est le concessionnaire du droit de chasse qui n'est ni propriétaire, ni fermier, et qui peut, comme ces derniers, détruire les animaux malfaisants et nuisibles, en observant les procédés prescrits par le préfet ; mais lorsqu'il s'agit de détruire une bête fauve sans observer ces procédés, la loi ne parle plus du *possesseur*, mais seulement du *propriétaire* et du *fermier :* c'est ce que nous allons expliquer tout à l'heure.

Et les conditions de l'exercice de ce droit. Ces conditions varient selon les localités, et comme c'est d'une destruction qu'il s'agit, et non d'une véritable chasse, les préfets éviteront autant que possible d'autoriser des moyens qui rentrent dans les modes de chasse. On ne peut placer au nombre des animaux nuisibles les *volailles*, telles que coqs, poules, oies, canards, et conséquemment, s'ils portaient dommage aux récoltes, ils ne tomberaient pas sous l'application de notre article ; mais l'article 12, titre 2 de la loi du 6 octobre 1791 permet aux propriétaires ou fermiers de tuer les volailles qui détruisent les récoltes. C'est aussi ce qu'a positivement reconnu la jurisprudence de la Cour de cassation. (Arrêts du 22 août 1816 et du 17 août 1822.)

Sans préjudice du droit appartenant au propriétaire ou au fermier de repousser ou de détruire, même avec des armes à feu, les bêtes fauves, etc. L'article 15 de la loi du 30 avril 1790, en même temps qu'elle permettait, en tout temps, au propriétaire, possesseur ou fermier, de détruire le gibier en se servant de filets et autres engins, les autorisait, également en tout temps, « à repousser avec « des armes à feu les bêtes fauves qui se répandront dans « lesdites récoltes. » C'est cette disposition que notre article a entendu conserver, dans l'intérêt de l'agriculture. Mais elle a fait disparaitre la disposition par laquelle le même article permettait en tout temps au propriétaire, possesseur ou *fermier*, de détruire le *gibier* en se servant de *filets* et *autres engins*. L'acte de repousser les bêtes fauves n'étant pas un fait de chasse, mais un acte de légitime défense, d'un côté, ce droit existe *en tout temps*, même avec une arme à feu, et d'un autre côté, le fermier, comme le dit positivement notre article, a ce droit, lors même qu'il n'a pas stipulé à son profit dans le bail le droit de chasse (1). Remarquez que l'emploi des filets et engins étant prohibé par la loi nouvelle d'une manière générale, le fermier ne pourrait pas s'en servir sous prétexte que c'est non pas pour chasser véritablement, mais pour empêcher la destruction de ses récoltes qu'il a eu recours à ces

______

(1) La question de savoir, dans le silence du bail, à qui du propriétaire ou du fermier appartient le droit de chasse, a été formellement résolue par un arrêt de la Cour de cassation, en date du 4 juillet 1845, que nous transcrivons *in extenso* à la fin de *l'appendice*.

moyens. Il faudrait qu'il fût bien constant, comme nous l'observons plus bas, que ces moyens sont des engins qu'on emploie contre les bêtes fauves. Il résulte de là qu'on ne pourrait plus suivre aujourd'hui la jurisprudence de la cour de Paris, qui décidait que le fermier avait le droit de tendre des collets pour défendre ses récoltes contre le gibier, encore bien que son bail lui interdît tout recours contre le propriétaire qui s'était réservé le droit de chasse, à raison des dégâts qui seraient commis par le gibier. (Arrêt du 21 août 1840; Sirey, 40, II, 416.) — On entend par bêtes *fauves* les loups, les renards, les blaireaux, etc. A la différence des animaux malfaisants et nuisibles, ce n'est pas l'arrêté du préfet, c'est la nature et l'usage qui donnent aux bêtes fauves leur caractère légal. Si l'arrêté du préfet comprenait ces bêtes parmi les animaux nuisibles et en soumettait la destruction à des conditions, l'arrêté ne serait pas obligatoire quant aux bêtes fauves qui causeraient du dommage, on pourrait les détruire sans observer les conditions prescrites par l'arrêté. Car le droit qui appartient aux propriétaires et fermiers de les détruire, même avec des armes à feu, est indépendant de l'arrêté du préfet : c'est ce qui résulte des mots *sans préjudice* (1).

Qui porteraient dommage à ses propriétés. La rédaction de cette disposition soulève la question suivante.—**QUESTION.** *Faut-il nécessairement qu'un dommage ait été causé pour qu'on ait le droit de détruire une bête fauve ?* Il nous semble qu'il faut distinguer : s'il s'agit de *repousser*, comme le dit la loi, ou de *détruire sur la propriété* une bête fauve, il n'est pas nécessaire de prouver qu'elle a causé un dommage : sa présence sur la propriété est un fait qui suffit par lui-même pour justifier l'emploi des moyens de destruction ; mais si on la poursuivait hors de la propriété d'où elle serait parvenue à s'échapper, c'est le dommage causé qui peut seul justifier cette poursuite, et conséquemment, si une action était exercée, ce serait au propriétaire ou au fermier à prouver le dommage qu'il a éprouvé ; il est clair qu'il est encore moins besoin d'un permis de chasse dans ce cas, car ce n'est pas un droit de chasse qu'exerce le propriétaire, mais un droit de légitime défense. — **QUESTION.** *Celui à qui on a concédé le droit de chasse pourrait-il détruire en tout*

---

(1) Les anciennes ordonnances renferment une disposition analogue, mais avec un singulier tempérament : «Permettons, porte l'article 137 de l'ordonnance d'Orléans de janvier 1560, à nos sujets de chasser de leurs terres et dangers, *à cris et jets de pierre,* toutes bestes rousses et noires, qu'ils trouveront en dommage, *sans toutefois les offenser.*»

temps, sur la propriété sur laquelle il peut chasser, une bête fauve, sans employer les procédés fixés par le préfet, pour les animaux dangereux et nuisibles? La négative résulte du texte de notre article qui ne parle plus ici que du *propriétaire* ou du *fermier*, ce qui exclut le *possesseur* du droit de chasse; elle résulte aussi de l'esprit de la loi, car si la loi accorde au propriétaire ou fermier le droit de détruire les bêtes fauves, sans observer les procédés indiqués par les préfets pour combattre les animaux dangereux et nuisibles, c'est uniquement par le motif qu'un dommage ayant été causé à la propriété, il faut faire disparaître l'animal auteur de ce dommage. Or, le concessionnaire du droit de chasse n'a aucun intérêt, s'il n'est pas au moins fermier du fonds, à venger, pour ainsi dire, le dommage causé à une propriété sur laquelle il n'a que le droit de chasse.

— **QUESTION**. *Le propriétaire ou le fermier auraient-ils le droit de tuer, sans observer les procédés prescrits par le préfet, une bête fauve qui détruirait le gibier?* Non encore ; car c'est le dommage causé au fonds ou aux récoltes qui le couvrent, qui donne le droit dont il s'agit au propriétaire ou fermier; le dommage causé au gibier ne rentre donc pas dans l'exception que consacre notre article.

— Il faut conclure de ces mots : *même avec des armes à feu*, qu'on peut employer des piéges ou tous autres moyens pour détruire les bêtes fauves. Ces moyens ne tomberont pas, lorsqu'il sera bien constant qu'ils n'ont été employés qu'à la destruction des bêtes fauves, parmi les engins de chasse prohibés.—Des mots *propriétaire ou fermier* il résulte que le propriétaire peut détruire les bêtes fauves qui portent dommage à son fermier ; mais comme le fermier seul souffre de ce dommage, si celui-ci ne voulait pas que le propriétaire vînt détruire, sur les terres dont il a le fermage, ces animaux, nous pensons que le propriétaire n'aurait pas ce droit, à moins qu'il ne se fût réservé le droit de chasse; mais alors il ne pourrait le faire que lorsque la chasse est ouverte et en usant de son droit de chasse : comme cette destruction n'est pas une chasse proprement dite, il n'est pas douteux que le propriétaire ou le fermier peuvent exercer ce droit par leurs domestiques ou toute personne ayant l'habitude de détruire les bêtes dont il s'agit.

Ils pourront prendre également des arrêtés. — **QUESTION**. *Les arrêtés facultatifs dont il s'agit doivent-ils être précédés, comme les premiers, de l'avis des conseils généraux?* Pour l'affirmative, on argumente du texte de la loi : lorsque le législateur dit que *les préfets pourront prendre également des arrêtés* pour les trois cas que l'article énumère, il entend que les préfets prendront ces arrêtés dans les mêmes termes que les premiers, c'est-à-dire sur *l'avis des conseils généraux ;* c'est ce qui résulte aussi du mot *également ;* d'ailleurs, on ne voit pas pourquoi il serait moins utile, dans les cas dont il s'agit, de consulter les conseils généraux ; pour la négative, on observe que si le législateur eût entendu que l'avis des conseils généraux dût précéder ces arrêtés facultatifs, comme il doit précéder les arrêtés obligatoires, il l'eût dit ; que dans la réalité ces arrêtés ont moins d'importance que les premiers. Telle est aussi l'opinion de M. le ministre de l'intérieur, qui s'exprime en ces termes dans sa circulaire : « Vous remarquerez, monsieur le préfet, que, pour les arrêtés que vous aurez à prendre en vertu des trois derniers paragraphes de l'art. 9 de la loi, il n'est plus exprimé, comme pour les trois premiers paragraphes, que vous devrez prendre l'avis du conseil général. Je vous engage cependant à recourir également à cet avis, car il s'agit ici de mesures du même ordre, et sur lesquelles les lumières et les connaissances locales des membres du conseil général ne peuvent que vous être utiles. C'est, d'ailleurs, *sur l'avis* du conseil général que vous aurez à agir, c'est-à-dire, que vous n'êtes pas tenu de statuer *conformément* à cet avis, dont vous avez le droit de vous écarter lorsque l'intérêt public vous paraîtra le commander. »

1° *Pour prévenir la destruction des oiseaux.* Dans certaines contrées, les oiseaux ont disparu presque entièrement. Les oiseleurs, en les détruisant, ont causé à l'agriculture un préjudice immense. Si les insectes malfaisants se sont multipliés d'une manière vraiment désastreuse, c'est que les oiseaux qui en font leur nourriture diminuent de jour en jour. Quelques préfets ont voulu combattre le mal en défendant par des arrêtés de tuer les oiseaux qui vivent d'insectes ; mais la législation actuelle ne leur donnait pas le droit de prendre ces arrêtés. Leurs défenses n'ont pas été sanctionnées par les tribunaux (arrêt de la cour de Bourges du 11 mars 1841 ; Sirey, 41, 11, 543 ; et de la Cour de cassation du 11 mai 1842 ; Sir., 42, 1, 736); elles sont restées sans effet. Le mal a continué et fait chaque jour de nouveaux progrès. C'est pour y remédier que la loi accorde aux préfets un pouvoir qu'ils n'avaient pas jusqu'ici, et dont ils se serviront dans l'intérêt des campagnes. Cette disposition paraissait en quelque sorte inutile. En effet, la recherche et la poursuite de toute espèce d'oiseaux sont compris dans le mot *chasse.* Or, en proscrivant tout autre mode de chasse que la chasse à tir et à courre, le législateur de 1844 empêchait à toujours l'industrie des oiseleurs aux filets, soit lorsque la chasse est close, soit lorsqu'elle est ouverte; mais on a voulu aller plus loin dans l'intérêt de l'agriculture, qui réclame pour la destruction des insectes la multiplication des oiseaux : la loi a autorisé les préfets, même lorsque la chasse est ouverte, à défendre par un arrêté spécial la *chasse à tir* des oiseaux. Il est clair que si le préfet n'a pris aucun arrêté sur ce point, la chasse des oiseaux sera permise, mais comme nous venons de le dire, à tir seulement; s'il restreint simplement le droit, il subsistera pour le surplus. Ces principes paraissent résulter de la discussion de la loi aux Chambres, cependant ils ont été l'objet d'une controverse qui s'est présentée devant plusieurs tribunaux et plusieurs cours, et qu'on a formulée en ces termes : — 1re **QUESTION**. *La chasse aux oiseaux est-elle interdite par la loi nouvelle sur la police de la chasse, tant que la chasse n'a pas été déclarée ouverte?*—2e **QUESTION**. *Bien qu'il n'existe pas d'arrêté préfectoral qui interdisse la destruction des oiseaux, les engins et filets propres à prendre des oiseaux tombent-ils sous l'application de cette même loi?* Le tribunal de Bourges a consacré la négative : « Considérant que la loi du 3 mai 1844 n'a eu en vue que la répression du braconnage; que de toutes ses dispositions, résulte que c'est à la conservation du gibier proprement dit qu'elle entend veiller, et non à celle de tous les autres animaux qui n'ont jamais été compris sous cette dénomination; qu'il n'est point admissible qu'elle ait voulu étendre sa protection à des espèces d'animaux qui de tout temps, et suivant les usages habituels, n'ont jamais été confondus avec ce qui est connu de tous sous le terme générique de *gibier;* qu'ainsi ce qu'on nomme vulgairement *oiseaux,* par distinction du gibier volatif, se trouve évidemment hors des prohibitions de la loi nouvelle; que cela est si vrai, que dans son article 9 elle confère aux préfets la faculté de prendre des arrêtés pour empêcher la destruction des oiseaux, ce qui eût été certes entièrement inutile dans le cas où la loi les eût englobés dans ses dispositions, puisqu'ils eussent été protégés par l'interdiction générale; que cette autorisation donnée aux préfets démontre que la destruction des oiseaux n'était pas soumise aux prescriptions pénales de la loi, et que seulement il est laissé par elle à ces fonctionnaires le soin d'examiner si la poursuite en doit être défendue, et le droit de prendre en conséquence des arrêtés prohibitifs; qu'en vain prétendrait-on que cette faculté conférée aux préfets, dont ils n'auraient pas besoin d'user pendant la fermeture de la chasse, puisque la loi, par la généralité de ses termes, protégerait les oiseaux comme le gibier, ne devrait être exercée qu'au temps où la chasse serait permise, pour assurer à cette époque la conservation des oiseaux ; qu'on doit difficilement admettre que le législateur ait voulu donner aux *oiseaux non gibier* une protection qu'elle n'accorderait pas au gibier lui-même ; qu'il en résulterait d'ailleurs une impossibilité dans l'exécution, puisque l'arrêté d'un préfet pris en temps où la chasse est permise serait un obstacle à l'exercice de la chasse du gibier même, par la raison qu'on ne pourrait jamais distinguer si un individu armé d'un fusil, par exemple, chasse le gibier ou les oiseaux étrangers à cette catégorie ; considérant que, loin que la loi ait entendu accorder une protection plus large aux oiseaux qu'au gibier lui-même, on voit au contraire que, par son article 4, elle défend la destruction des œufs et des couvées de faisans, de perdrix et de cailles, qui sont gibier, tandis qu'elle n'étend pas cette disposition protectrice aux œufs et aux nids des autres oiseaux ; que le même article n'interdit la vente, l'achat, le transport et le colportage que du gibier, exceptant ainsi formellement de cette prohibition ce qu'on ne peut ranger sous cette nomenclature ; considérant qu'il ressort de toutes ces observations que le législateur n'a jamais eu l'intention de considérer comme une chasse réelle l'emparement des oiseaux qui sortent de la classe du gibier, et qu'il n'a entendu en rien déroger aux anciens usages, qui n'ont jamais confondu cette chasse particulière des oiseaux par *trébuchets, pipées,* ou autres instruments spéciaux, avec la chasse au gibier ; considérant que dès lors, d'après les dispositions de la loi sainement entendue, la chasse aux oiseaux proprement dits, autres que ceux qui rentrent dans la catégorie du gibier, ne peut être interdite, et encourir une pénalité que par un arrêté préfectoral qui n'a pas été pris pour le département du Cher. » (Jugement du 9 novembre 1844 ; *Gazette des tribunaux* du 15 nov.). Voici dans le même sens un arrêt de la cour d'Angers qui s'appuie sur les mêmes considérations, même sur des considérations nouvelles : « Attendu que l'article 9 de la loi de mai 1844, sur la police de la chasse, présente plusieurs ordres d'idées parfaitement distincts ; que cet article, réglant d'abord l'exercice du droit de chasse ordinaire, autorise deux moyens : le courre et le tir, prohibe formellement tous les autres, et cela par des dispositions générales, perpétuelles et obligatoires dans toutes les parties du royaume à partir de la promulgation ; que par ce même article, déléguant pour ainsi dire aux autorités départementales son propre pouvoir, la loi prescrit aux préfets, sur l'avis des conseils généraux, de prendre des arrêtés pour déterminer l'époque, la durée, le mode, les procédés de la chasse aux oiseaux de passage, de la chasse sur les fleuves, rivières, marais et étangs, de la chasse aux animaux nuisibles ; que, par le même article, elle laisse aux autorités départementales la faculté de prescrire des mesures pour prévenir la destruction des oiseaux ; d'où il suit qu'en établissant des différences entre les genres de chasse divers, entre la chasse et la capture des oiseaux, le législateur n'a attaché au mot *chasse* d'autre valeur et d'autre étendue que celle attribuée à ce même mot dans le langage usuel ; considérant que les arrêtés pris par les préfets sur les matières à eux déléguées par la présente loi, et notamment les mesures relatives aux oiseaux, ont un caractère essentiellement variable, local, partiel et temporaire, et que les dispositions qu'ils contiennent ne sont obligatoires qu'au moment et dans les localités où ils sont rendus et publiés ; attendu qu'en matière pénale, la règle fondamentale d'interprétation est de ne pas étendre par induction les prohibitions d'un cas à à un autre ; considérant que la capture des oiseaux, alors qu'elle n'est pas encore prohibée ou réglée par un arrêté administratif, ne peut être l'objet d'aucune poursuite judiciaire, puisque la loi ne prononce aucune prohibition ni peine, et que son effet demeure suspendu jusqu'au moment ou le préfet, sur l'avis du conseil général, aura usé de la faculté qui lui est laissée ; attendu que la loi, article 11, à la section des peines, ne prononce des amendes, en ce qui concerne la destruction des oiseaux, que contre ceux qui auront contrevenu aux arrêtés des préfets sur cette matière ; attendu que si les prohibitions prononcées par l'article 9, 2e alinéa, de tous moyens, hors le courre et le tir, étaient réellement applicables à la capture des oiseaux, la mission donnée par la loi aux conseils généraux et aux préfets serait complétement illusoire, puisque tous modes de capture étant dès à présent et à toujours prohibés, la prérogative des autorités départementales se réduirait au droit d'interdire le *courre* et le *tir des oiseaux,* deux moyens dont le premier ne se comprend pas, et dont le second, très-dispendieux, est en réalité peu destructeur et presque frivole ; considérant que l'objection tirée de ce que les piéges tendus en apparence aux petits oiseaux le seront en réalité au gibier, et de ce qu'ainsi la loi pourrait être facilement éludée, manque de solidité, puisque les moyens habituellement mis en usage, tels que la *buvette*, la *pipée*, la *chouette*, *l'arbret* et la *brette*, sont complétement inefficaces pour arrêter et saisir le gibier, et que, d'ailleurs, l'emploi d'autres moyens, à l'exception du tir et du courre, et qui pourraient être communs et à la destruction du gibier et à la destruction des oiseaux, constituent un délit formellement prévu et puni par l'article 12 de la loi ; attendu qu'il serait dangereux de donner, par une interprétation aussi rigoureuse qu'inutile, un caractère vexatoire à une loi dont l'unique but a été de conserver la race du gibier et d'extirper le fléau du braconnage ; que ce serait aller contre le vœu du législateur, qui jamais n'a eu la pensée de troubler les citoyens paisibles dans leur plus innocent plaisir ; attendu, en fait, que le jour où Lemée a été rencontré par les gendarmes, dans la commune de Dencé, prenant des chardonnérets à l'aide de quelques gluaux posés sur une haie, il n'existait aucun arrêté du préfet de Maine-et-Loire prohibitif ou réglementaire pour la destruction des oiseaux ; confirme, etc. » (Arrêt du 9 décembre 1844 ; Sirey, 45, 11, 100.) Enfin, le tribunal correctionnel de la Seine, par jugement du 13 septembre 1844, avait consacré la même doctrine en refusant de prononcer contre un oiseleur la peine édictée par la loi, pour avoir chassé des oiseaux en temps prohibé et au moyen de filets et engins défendus. Ces jugements nous paraissent contraires aux vrais principes de la matière, principes sans doute rigoureux, mais qu'il n'est pas possible de méconnaître. Il résulte bien de la discussion aux Chambres, dont les observations rapportées plus haut sont l'analyse, que l'intention du législateur a été de ruiner entièrement l'industrie des oiseleurs. Comme nous l'avons remarqué et comme cela résulte des principes généraux, la poursuite des oiseaux est une *véritable chasse*. A ce titre, elle ne peut donc se faire qu'à *tir*, car on ne saurait parler de la chasse à courre pour les oiseaux. Or, toute chasse des oiseaux autrement qu'à tir est donc faite en contravention à l'article 9 de la nouvelle loi ; conséquemment le prévenu dans l'espèce ayant été saisi faisant usage d'un filet pour la chasse des oiseaux, se servait d'un moyen de chasse interdit par la loi, et chassait en se servant de filets prohibés. C'est, nous le répétons, ce qui fut reconnu positivement dans la discussion aux chambres : et c'est aussi ce qu'à jugé, sur l'appel interjeté par le ministère public contre le jugement plus haut cité du 13 septembre 1844, la cour royale de Paris : « Considérant que la loi du 3 mai 1844 n'admet et ne reconnaît en principe que les deux modes de chasse à tir et à courre ; que tous autres moyens, à l'exception des furets et des bourses destinés à prendre les lapins, sont formellement prohibés; que de l'ensemble des dispositions de ladite loi, il résulte que par le mot *chasse* il faut entendre la recherche et la poursuite de toute espèce de gibier, en y comprenant même les oiseaux; que la défense de la chasse des oiseaux du pays ou *sédentaires,* à l'aide de filets, ou par tout autre mode que la chasse au fusil, a été prononcée d'une manière absolue, et qu'il n'y a d'exception qu'à l'égard des oiseaux de passage, pour la chasse desquels les autres modes et procédés doivent être autorisés d'une manière spéciale; que si les préfets ont néanmoins le droit de prendre des arrêtés pour prévenir la destruction des oiseaux *sédentaires,* cette disposition, loin de restreindre les dispositions générales de la loi, n'a pour but, au contraire, que de les accroître; qu'ainsi la chasse, même des oiseaux de pays, ne peut avoir lieu qu'à l'aide du fusil à l'époque où la chasse est ouverte, avec un permis de chasse régulièrement délivré, et en outre sous lés conditions imposées pour toute espèce de chasse sans distinction; faisant droit sur l'appel interjeté par M. le procureur du roi du jugement du 13 septembre 1844; considérant qu'il résulte de l'instruction et des débats que le 17 août dernier Biet a été trouvé chassant aux oiseaux dans un des lieux écartés de Passy avec un filet de 92 centimètres de hauteur et 2 mètres 66 centimètres de largeur, et avec un oiseau captif servant d'appelant; qu'en outre, à ladite époque, la chasse n'était point ouverte dans le département de la Seine, et que Biet n'avait point obtenu de permis de chasse; que Biet s'est ainsi rendu coupable des délits prévus et punis par les articles 9, 12 et 17 de la loi du 3 mai 1844; condamne Biet à 50 francs d'amende; le condamne en outre à représenter le filet à l'aide duquel il chassait, sinon, etc. » (Arrêt du 21 décembre 1844; *Gazette des tribunaux* du 22 décembre.) Enfin la Cour suprême, saisie de la question par un pourvoi formé contre un jugement du tribunal de Moulins du 27 février 1845, a consacré le 30 mai suivant la doctrine de la cour royale de Paris par des motifs presque identiques avec ceux de cette cour rapportés plus haut; mais sur le renvoi de l'affaire devant la cour royale de Riom. cette cour n'a pas partagé l'opinion de la Cour suprême; et elle a jugé que la chasse aux oiseaux à l'aide d'engins propres à les prendre ne tombe pas sous l'application de la loi du 3 mai 1844. (Arrêt du 16 juillet 1845; *Gazette des tribunaux* du 5 août.) Le ministère public se pourvoira sans doute contre cet arrêt; et si par suite cette affaire vient, comme nous le

11.

pensons, devant les chambres réunies de la Cour de cassation, nous transcrirons à la fin de *l'appendice* l'arrêt de cette cour qui fixera irrévocablement la jurisprudence. — Le droit des préfets étant absolu à cet égard, ils peuvent interdire de prendre des œufs et des couvées d'oiseaux, de les vendre de les colporter et transporter pendant le temps prohibé. « La loi, a dit M. le garde des sceaux dans sa circulaire, en prohibant l'usage des filets, a déjà fait beaucoup pour empêcher la destruction des oiseaux; mais cette interdiction peut n'être pas toujours suffisante. Les préfets sont autorisés à employer d'autres moyens. Ainsi, par exemple, ils pourront, s'ils le jugent nécessaire, étendre aux œufs et couvées d'oiseaux la défense que le dernier paragraphe de l'art. 9 n'a prononcée qu'à l'égard des œufs et couvées de faisans, de perdrix et de cailles. »

2° *Pour autoriser l'emploi des chiens lévriers pour la destruction des animaux malfaisants ou nuisibles.* Cet emploi est interdit que les lévriers soient de pur sang ou croisés. La présente disposition ne distingue pas en effet. On aurait pu considérer cette disposition comme inutile par la raison que la loi, n'autorisant que la chasse à tir et à courre, a nécessairement proscrit la chasse au *chien lévrier* qui ne rentre dans l'une ni dans l'autre de ces deux chasses, puisque le chien lévrier chasse seul; mais d'un côté, la Cour de cassation ayant décidé qu'un arrêté préfectoral qui défendait la chasse aux chiens lévriers n'était pas obligatoire comme étant pris par le préfet en dehors de ses attributions » (arrêt du 1er juillet 1842; Sirey, 42, I, 736), il n'était pas sans intérêt de faire cesser toute espèce d'incertitude sur ce point, et, d'un autre côté, il fallait poser le principe puisqu'on voulait faire une exception relativement à l'emploi du chien lévrier pour la destruction des animaux malfaisants ou nuisibles, lors, par exemple, qu'on en a besoin pour forcer les loups, après toutefois que cet emploi aura été réglementé par le préfet. « Quelques explications, a dit M. le ministre de l'intérieur dans sa circulaire, sont nécessaires, monsieur le préfet, pour vous faire apprécier la portée de cette disposition. Vous savez que l'emploi des chiens lévriers, comme moyen de chasse, est véritablement destructif, et de nombreuses réclamations se sont élevées, dans presque tous les départements, contre l'usage abusif que certaines personnes faisaient de ces animaux. Plusieurs fois, des préfets ont voulu porter remède à ces abus, en défendant, par des arrêtés, l'emploi des lévriers comme moyen de chasse, mais, en présence de l'état de la législation, les tribunaux n'ont pas pu donner une sanction pénale à ces arrêtés, et leurs jugements ont été confirmés par la Cour de cassation. Désormais, l'emploi des chiens lévriers à la chasse proprement dite se trouve compris dans la prohibition générale formulée par l'art 1er de la nouvelle loi, contre tout autre mode de chasse que la chasse à tir et à courre. La chasse au moyen de chiens lévriers ne rentre, en effet, ni dans l'un ni dans l'autre de ces deux modes. Si quelque incertitude à cet égard avait d'ailleurs pu subsister, elle serait levée par la disposition que nous examinons, puisqu'aux termes de cette disposition l'emploi des chiens lévriers ne peut plus avoir lieu qu'en vertu d'un arrêté spécial du préfet, et que l'arrêté ne peut même autoriser cet emploi que *pour la destruction des animaux malfaisants et nuisibles.* Vous vous montrerez sans doute très-réservé dans l'autorisation que vous aurez à donner, afin que les anciens abus ne puissent être continués. »

3° *Pour interdire la chasse pendant les temps de neige.* « Il s'agit ici, monsieur le préfet, porte la circulaire du ministre de l'intérieur, d'une mesure toute dans l'intérêt de la conservation du gibier. Déjà, elle était prise dans certains départements ; dans d'autres, la légalité en avait été contestée. Cette mesure peut aujourd'hui être adoptée généralement, et vous aurez à examiner si, en raison des circonstances locales, elle vous paraît nécessaire. Vous comprenez, d'ailleurs, que les arrêtés que vous prendriez à cet effet ne sont pas soumis, comme ceux relatifs à la clôture et à l'ouverture annuelles de la chasse, au délai de dix jours de publication, pour devenir exécutoires. Il ne serait même pas possible que vous prissiez, en temps utile, des arrêtés spéciaux pour défendre l'exercice de la chasse chaque fois qu'il sera tombé de la neige. Il suffira, pour atteindre ce but, qu'à l'entrée de l'hiver vous preniez et fassiez publier un arrêté portant défense de chasser lorsqu'il y aura de la neige sur la terre. » — 1re **QUESTION.** *Un préfet pourrait-il, au lieu d'interdire la chasse pendant le temps où la neige tombe et reste sur la terre, l'interdire depuis telle époque jusqu'à telle époque, temps pendant lequel il peut tomber de la neige ?* — 2e **QUESTION.** *Lorsqu'un tel arrêté a été pris, est-il dans tous les cas obligatoire s'il n'a pas été rapporté ?* — 3e **QUESTION.** *La vente et le transport du gibier sont-ils interdits pendant le même temps ?* Dans une espèce où la dernière de ces questions a été résolue, l'arrêté du préfet était ainsi conçu : « Attendu qu'il importe, dans l'intérêt de la conservation du gibier, d'interdire la chasse pendant le temps de neige, la clôture de la chasse, dans le département des Hautes-Alpes, est fixée provisoirement au 15 de ce mois. » Bien que le tribunal devant lequel des poursuites étaient dirigées pour contravention à cet arrêté ne se soit occupé que de la troisième question, cet arrêté ne soulevait pas moins les trois questions posées, et nous devons par suite les examiner ici. Sur la première question, nous croyons que la négative résulte de cette circonstance que le préfet, en prenant un tel arrêté, méconnaît tout à la fois l'esprit et la lettre de la loi : la lettre, car la disposition dont il s'agit permet aux préfets d'interdire la chasse seulement pendant le temps de neige, ce qui suppose évidemment l'existence de la neige sur la terre ; son esprit, car par cette disposition le législateur a voulu empêcher la destruction du gibier, destruction que la neige rend plus facile ; or, pour que l'arrêté soit pris dans ce but, il faut nécessairement qu'il soit tombé de la neige. La seconde question trouve sa solution dans ce que nous venons de dire ; car si le préfet a dépassé ses pouvoirs en prenant un arrêté contre le texte de la loi, il est sorti des limites de ses attributions, et par suite son arrêté n'est pas obligatoire. Quant à la troisième question, elle ne peut faire la matière d'un doute dans les termes mêmes de l'arrêté ; car dès lors que l'arrêté, dans sa généralité, n'avait été pris que pour interdire la chasse pendant le temps de neige, il avait été rendu en exécution de l'article 9 de la loi, et non en vertu de l'article 3 ; et dès lors les arrêts de la Cour suprême des 22 mars et 18 avril 1845, cités sous l'article 4, qui ont décidé que les prohibitions de l'article 4 ne s'appliquent pas à l'interdiction de la chasse pendant le temps de neige, doivent recevoir leur application ; c'est aussi ce qu'a jugé, sur la dernière question, un jugement du tribunal correctionnel de Gap cité dans le journal *le Droit* du 8 avril 1845. — **QUESTION.** *Au lieu de prendre un arrêté spécial pour interdire la chasse en temps de neige, les préfets peuvent-ils, dans leur arrêté d'ouverture de la chasse, déclarer d'une manière générale qu'elle est interdite en temps de neige ?* Nous croyons que l'affirmative doit être admise, et le ministre de l'intérieur, dans la partie de sa circulaire plus haut transcrite, l'admet positivement : il est bien vrai que ces mots de notre article : Ils pourront prendre également des arrêtés, 1°, etc., font bien supposer qu'un arrêté spécial doit être pris en dehors de l'arrêté général qui ouvre la chasse ; mais il faut beaucoup moins s'arrêter au texte qu'à l'esprit de la loi. Qu'a voulu le législateur par cette disposition ? Permettre à l'autorité préfectorale d'introduire une exception, selon l'exigence des localités, à leur arrêté d'ouverture de la chasse. Or, qu'importe, lorsque la conservation du gibier dans un département exigera qu'on interdise la chasse en temps de neige, que cette exception à l'arrêté générale soit introduite dans l'arrêté même d'ouverture ou dans un arrêté spécial ? Tout le monde ayant pu lire cette exception dans l'arrêté même d'ouverture, ne peut exciper de son ignorance; il n'y a qu'un léger inconvénient : c'est que la neige ne tombât-elle que quelques heures, et ne couvrît-elle la terre qu'un jour, il y aura interdiction de chasse ce jour-là; mais cet inconvénient résulte de la loi elle-même, qui n'indique pas la durée du temps pendant lequel la neige couvrira la terre pour que l'interdiction de la chasse puisse être ordonnée. Du reste, on comprend la grande différence qui existe entre l'espèce de la présente question et la précédente, dans laquelle le préfet, en fixant une époque à laquelle la chasse serait interdite à cause de la neige, interdisait momentanément la chasse, alors même qu'il ne tomberait pas de neige dans l'intervalle fixé, ce qui était alors faire ce que la loi ne lui permettait pas — **QUESTION**. *Lorsque la chasse est close, mais qu'elle reste permise par les arrêtés des préfets dans certains cas, par exemple pour des oiseaux de passage ou pour le gibier d'eau, et en cas de prohibition pour le temps de neige, pour les alouettes et les animaux malfaisants énoncés dans l'arrêté, le chasseur qui est surpris chassant est-il présumé chasser dans les termes des arrêtés, et par suite est-ce à la partie poursuivante à établir le contraire si le chasseur est du reste muni d'un permis de chasse ?* Cette question est fort importante et de nature à se présenter fréquemment; elle a d'abord été soumise au tribunal de Nogent-le-Rotrou. Il s'agissait d'un coup de fusil qu'un chasseur prétendait avoir tiré en temps de neige sur un corbeau, oiseau désigné comme animal malfaisant par l'arrêté du préfet qui en même temps qu'il interdisait la chasse en temps de neige, faisait exception pour les alouettes et les animaux malfaisants. Le tribunal de Nogent-le-Rotrou avait renvoyé le prévenu de la demande, par les motifs suivants : «Que le prévenu avait déclaré au garde champêtre, rédacteur du procès-verbal, que le coup de fusil que celui-ci venait d'entendre avait été par lui tiré sur un corbeau, oiseau considéré comme nuisible par l'arrêté de M. le préfet; que rien de contraire à cette déclaration n'est allégué dans ledit procès-verbal; qu'il tombait en charge au ministère public, ce qu'il n'a pas fait, de prouver que cette déclaration n'était pas exacte; que dès lors sa demande n'est pas justifiée. » Sur l'appel interjeté par le ministère public, le tribunal de Chartres a réformé le jugement du tribunal de Nogent-le-Rotrou, en se fondant sur le motif suivant : « Attendu que l'interdiction du droit de chasse en temps de neige est le principe et que la faculté est l'exception ; attendu que la preuve de l'exception incombe à celui qui l'oppose; que Mauté ne justifie pas qu'il ait tiré sur un corbeau; infirme, etc. » (Jugement du 31 décembre 1844.) Cette argumentation nous paraît vicieuse en ce qu'elle applique aux matières du droit criminel des principes du droit civil. En droit civil, ce sont deux intérêts privés qui sont en présence, et il n'y a pas de raison pour que l'allégation de l'un l'emporte sur l'allégation de l'autre, c'est-à-dire que l'un soit cru sans être obligé de rien prouver, tandis que l'autre sera astreint à cette obligation ; mais, en matière criminelle, il n'en est pas ainsi. Lorsqu'un acte peut être, selon les circonstances, coupable ou innocent, la présomption est toujours en faveur de l'innocence du prévenu: il faut établir contre lui sa culpabilité ; seulement on peut la prouver par tous les moyens possibles ; car les faits illicites peuvent s'établir par toutes sortes de preuves et même par des présomptions. A la différence des actes de la vie civile, qui, le plus souvent, ne peuvent s'établir que par des preuves écrites, la présomption d'innocence pourra céder même à la présomption contraire; mais il serait contre tous les principes du droit criminel que le prévenu fût condamné par cela seul qu'il ne pourrait faire la preuve de l'exception dans laquelle la loi lui permet de se placer : il ne peut être obligé qu'à se défendre contre les preuves ou les présomptions invoquées contre lui pour établir qu'il a fait non pas ce qui était licite, mais ce qui ne l'était pas. Le tribunal de Corbeil, à qui une question de la même nature était soumise, semble avoir admis, quoique beaucoup moins nettement que le tribunal de Chartres, les principes que nous combattons; mais ceux que nous venons de développer nous paraissent avoir été formellement consacrés par la cour de Bourges. Voici d'abord le jugement du tribunal de Corbeil : « Attendu qu'il résulte du procès-verbal dressé par le garde champêtre de la commune d'Essonne que le prévenu, qui depuis a justifié d'un permis de chasse, a été trouvé en action de chasse sur sa propriété, le 14 décembre courant, à une époque où la terre était couverte de neige; attendu qu'il a été prétendu par le prévenu qu'il ne chassait aucun gibier; que seulement il était à la recherche d'un chat sauvage dont il avait reconnu les empreintes dans le champ même où il se trouvait; que les chats sauvages ayant été classés par l'arrêté préfectoral du 19 octobre dernier au nombre des animaux malfaisants ou nuisibles, lesquels peuvent être détruits en tout temps par le propriétaire, la pénalité pour le fait de chasse en temps de neige ne lui est pas applicable ; attendu que la loi et l'arrêté préfectoral susdaté n'ayant pas spécifié les cas et les circonstances dans lesquels le chasseur serait réputé ne s'être occupé que de la destruction des animaux malfaisants ou nuisibles, il faut conclure de ce silence que l'appréciation du fait a été laissée à la magistrature ; attendu en effet que, d'une part, la loi n'a point refusé et ne pouvait refuser au propriétaire le droit de défendre sa propriété contre les ravages que commettent les animaux ; que d'un autre côté, il est manifeste que, sous le prétexte de destruction des animaux malfaisants ou nuisibles, le chasseur aurait toute facilité de violer les dispositions prohibitives de la loi ; que chaque espèce doit donc être jugée d'après les caractères qui lui sont propres, ce qui rentre naturellement dans les attributions des corps judiciaires ; attendu que, dans la cause, il n'est pas établi que le prévenu ne se soit mis en chasse que pour la destruction des animaux malfaisants ou nuisibles ; qu'il doit dès lors être réputé, ainsi que cela résulte du procès-verbal, avoir chassé en temps de neige, puisqu'il ne prouve pas qu'il se trouve dans le cas d'exception qu'il invoque, etc. » (Jugement du 27 décembre 1844 ; *Gazette des tribunaux* du 21 janvier 1845.) Nous allons transcrire maintenant l'arrêt de la cour de Bourges, lequel nous paraît plus conforme aux vrais principes du droit criminel : « Considérant qu'il résulte de l'instruction et de l'aveu de l'inculpé, qu'au jour indiqué par le procès-verbal, et alors que la terre était couverte de neige, il a été trouvé en action de chasse à tir sur le territoire de la commune de Bourges ; mais que, d'une part, de Courtenay a justifié d'un permis de chasse en bonne forme, et que, d'un autre côté, il a, dès le premier moment, allégué et constamment soutenu depuis, que sa chasse n'avait pour objet que la destruction des alouettes, autorisée par l'article 4 de l'arrêté de M. le préfet du Cher, en date du 31 octobre 1844 ; considérant qu'à la vérité les débats ont établi que, sur le terrain que l'inculpé parcourait, se trouvaient des empreintes du passage d'un lièvre et que les pas du chasseur suivaient la même direction, d'où les premiers juges ont induit que le sieur de Courtenay chassait véritablement un gibier protégé par l'arrêté, mais que cette circonstance n'est pas nécessairement démonstrative du délit ; qu'en effet, lorsque le fait de chasse s'accomplit sur des terrains que fréquentent aussi bien les espèces de gibier dont la destruction est permise que celles dont la chasse est interdite, que leurs traces s'y répètent en tous sens et à l'infini, il serait fort dangereux de présumer trop facilement que le chasseur est en contravention; que la présomption doit plutôt lui être favorable et qu'elle ne doit fléchir que devant des circonstances plus significatives et plus caractéristiques; mais qu'en l'absence d'aucune de ces circonstances, la confusion de ce qui est licite avec ce qui ne l'est pas serait tellement possible, que c'est un devoir pour les tribunaux de s'abstenir de condamner; qu'en vain objecterait-on que, sous le prétexte de chasser aux alouettes en temps de neige, un chasseur peu scrupuleux dépasserait souvent les limites de l'autorisation, mais que cet inconvénient, inévitable sous l'empire d'une législation mélangée de permissions et de défenses, n'est pas une raison suffisante pour anéantir, ou du moins rendre illusoire le droit garanti par l'article 4 de l'arrêté; qu'il en serait pourtant ainsi si la circonstance que le terrain parcouru par le chasseur aux alouettes reproduit les traces d'un lièvre que cotoient les pas du chasseur, accidentellement peut-être, devait faire nécessairement présumer sa culpabilité; considérant que rien autre chose ne résulte des débats contre de Courtenay, et que dès lors la conscience de la cour conçoit des doutes sur la réalité de la contravention qui lui est imputée; considérant qu'en raison de ce qui vient d'être dit, il n'y a lieu de s'occuper de l'appel *a minima* de M. le procureur du roi, etc. » (Arrêt du 6 mars 1845; journal *le Droit* du 8 avril.) Voyez dans le même sens un arrêt de la même cour du 22 mai 1845. (Journal *le Droit* du 29 mai.) — 1re **QUESTION**. *L'arrêté préfectoral qui défend la chasse, soit en pleine, soit au bois, sur les parties du territoire qui seraient couvertes de neige, est-il applicable à ceux qui chassent dans les prairies et autres endroits fréquentés spécialement par les oiseaux d'eau et de passage? — 2e* **QUESTION**. *L'exception relative aux communes situées sur le littoral s'applique-t-elle aux communes situées sur le bord même de la mer, et non à celles dont une partie du sol n'est submergée qu'accidentellement par les eaux de la mer et par suite des marées?* Le tribunal de Dieppe avait consacré la négative sur les deux questions, en ces termes : « Attendu que la disposition de la loi qui autorise le préfet à interdire la chasse pendant le temps de neige a pour but la conservation du gibier; que cette conservation n'a d'intérêt que pour le gibier sédentaire et cantonné dans le pays; qu'elle ne s'applique pas aux oiseaux d'eau ou de passage; que, pénétré de l'esprit de la loi, le préfet de la Seine-Inférieure, par son arrêté du 24 octobre 1844, a défendu la chasse au bois et en pleine lorsque les terres seraient couvertes de neige; que par cette expression restreinte, *en pleine*, il a clairement manifesté qu'il n'entendait pas prohiber la chasse dans les prairies et marais exclusivement fréquentés par les oiseaux d'eau et de passage; que s'il pouvait y avoir quelque doute sur cette intention, il se trouverait levé par la disposition finale de l'article 8 dudit arrêté, qui porte que la prohibition ne s'étendra pas aux communes du littoral pour ce qui concerne les oiseaux de passage et d'eau; attendu en fait que le procès verbal constate que le sieur *** a été trouvé chassant en temps de neige dans une partie de prairie dépendant de la commune de Saint-Martin-Eglise : qu'il est certain que lesdites prairies, ainsi que celles des communes voisines, sont exclusivement fréquentées par les oiseaux d'eau et de passage, et qu'elles ne sont fréquentées par les chasseurs que pour la chasse de ce genre de gibier; déclare que le sieur *** n'a pas contrevenu à l'arrêté du préfet, et le renvoie de la plainte.» Mais sur l'appel interjeté par le ministère public, la cour de Rouen a réformé cette décision par un arrêt ainsi conçu : «Attendu qu'aux termes de l'article 8 de l'arrêté du préfet de la Seine-Inférieure, du 24 octobre 1844, arrêté pris en exécution de l'article 9 de la loi du 3 mai 1844, la chasse a été défendue soit au bois, soit en pleine, lorsque les terres seraient couvertes de neige; que cet article n'admet qu'une seule exception à cette prohibition; que cette exception s'applique aux communes du littoral du département de la Seine-Inférieure, pour ce qui concerne les oiseaux de passage et d'eau; attendu qu'il est constant que le délinquant chassait sur une commune qui ne fait pas partie des communes du littoral du département; qu'en admettant que *** chassait, ainsi qu'il le prétend, la sauvagine le long de la rivière, il ne se trouvait pas dans le cas de l'exception prévue par l'article 8 de l'arrêté, puisqu'il chassait sur le territoire d'une commune non comprise dans l'exception; que vainement il prétend créer une seconde exception en faveur de la chasse dans la prairie ; que les termes *soit au bois, soit en pleine,* sont généraux ; qu'ils n'admettent aucune exception pour l'état de culture où se trouvent les terres et leur situation; qu'ils s'appliquent à tout le territoire du département, sauf le territoire des communes du littoral; vu les articles 9 et 11 de la loi du 3 mai 1844; vu l'article 8 de l'arrêté du préfet du département de la Seine-Inférieure, lequel est ainsi conçu : «Nul ne pourra chasser, soit au bois, soit en pleine, avec des armes à feu ou avec des filets, lorsquel les terres seront couvertes de neige ; cette interdiction, qui n'est faite que pour les portions du territoire qui se trouveraient couvertes de neige, ne s'étend pas jusqu'à prohiber le transport et la vente du gibier; néanmoins, cette prohibition ne s'étendra pas aux communes du littoral de ce département pour ce qui concerne les oiseaux de passage et d'eau ; » la cour condamne le prévenu en 16 francs d'amende et aux dépens. » (Arrêt du 3 avril 1845; *Gazette des tribunaux* du 6 avril.)— Sur la question de savoir si, en cas de contravention à la prohibition de chasse en temps de neige, on doit ordonner la confiscation du fusil, voir nos observations sur l'article 16.

10. Des ordonnances royales détermineront *la gratification qui sera accordée aux gardes et gendarmes* rédacteurs des procès verbaux ayant pour objet de constater les délits.

═══ *La gratification qui sera accordée aux gardes et gendarmes.* La loi qui qualifie de *concussionnaire* et punit comme tel (art. 174, 177 C. pén.) le fonctionnaire public qui reçoit quelque chose pour remplir ses devoirs, consacre ici la gratification en faveur des gardes et gendarmes. C'est qu'il y a ici une grande différence entre cette gratification qui émane de l'administration et qui est une espèce de supplément de traitement, pour stimuler le zèle de ses fonctionnaires, et les dons qui leur sont faits par les particuliers, presque toujours dans l'intention de les corrompre. L'ancienne législation renfermait une disposition semblable. L'article 2 de l'ordonnance du 17 juillet 1816 portait : « La gratification de 3 francs précédemment accordée à tout gendarme, garde champêtre ou forestier, qui constate des contraventions aux lois et règlements sur la chasse, est portée à 5 francs. » Cette disposition est évidemment abrogée par l'article que nous expliquons. Cette gratification n'était due qu'aux agents spécialement désignés dans cet article 2 de l'ordonnance : ainsi un maire ou un adjoint qui aurait rapporté un procès-verbal de délit de chasse ou de port d'armes n'y aurait pas eu droit. (Circulaire du ministre des finances, du 20 septembre 1820.) Elle n'est pas due au garde particulier qui a dressé un procès-verbal d'un délit de cette espèce. (Décision du ministre des finances, du 23 juillet 1823.) Il en serait encore ainsi sous l'empire de la nouvelle loi. Il n'y avait lieu qu'à la gratification simple de 5 francs, lorsqu'un seul et même procès-verbal constatait un double délit de chasse et de port d'armes : elle devait être allouée quelle que fût la propriété où le délit a été commis. (Décision du ministre des finances, du 1er octobre 1823.) Lorsque plusieurs individus avaient été condamnés pour fait de chasse constaté par un seul procès-verbal, il revenait à l'agent rédacteur autant de gratifications qu'il y avait de condamnés; mais il n'était dû qu'une gratification, lorsque le jugement était rendu contre un seul individu, sur un procès-verbal rapporté par plusieurs agents. (Circulaire du ministre des finances, du 20 septembre 1823.) Les gratifications étaient payées par les receveurs des domaines, en vertu d'un mandat du préfet contenant la date du jugement et la désignation du tribunal qui l'avait rendu. Il devait être joint au mandat un certificat du procureur du roi ou du greffier, sur papier non timbré, attestant la condamnation des délinquants. Ce mandat, comme pièce de comptabilité, était sujet au visa du directeur des domaines du département. (Instruct. gén. du dir. de l'enregistr., du 17 nov. 1820, n° 957.) — La loi ne parlant que des *gardes et gendarmes*, il est clair que les gratifications ne doivent pas être accordées aux employés des contributions indirectes et de l'octroi, chargés dans certains cas de la recherche des délits de chasse (art. 4 de la nouvelle loi). On s'est positivement expliqué sur ce point à la Chambre des pairs. M. le ministre de l'intérieur fait, à propos de cette disposition, les observations suivantes dont il importe de peser la gravité. « L'art. 10 assure aux gardes et gendarmes, rédacteurs de procès-verbaux ayant pour objet de constater les délits de chasse, une gratification qui sera prélevée sur le produit des amendes. Le taux de cette gratification sera fixé par ordonnance royale, et des instructions seront données par M. le ministre des finances pour en assurer le payement. Je saisis cette occasion pour vous engager à prémunir de nouveau MM. les maires sur les inconvénients, les dangers même de certaines transactions qu'ils autorisent quelquefois entre les gardes, rédacteurs de procès-verbaux, et les particuliers atteints par ces procès-verbaux. Des maires croient pouvoir arrêter les poursuites en exigeant des délinquants soit une gratification en faveur du garde, soit même le versement d'une somme quelconque en faveur des pauvres de la commune. Sans méconnaître les intentions de ces fonctionnaires, on ne peut se dissimuler qu'ils excèdent leurs pouvoirs, qu'ils contreviennent soit à nos lois pénales, soit à nos lois financières, et qu'ils s'exposeraient à être poursuivis, comme concussionnnaires, en vertu de la disposition finale des lois annuelles de finances. Vous devrez donc rappeler à MM. les maires, avec force, le danger auquel ils s'exposent. Quant aux gardes, faites-leur savoir que vous n'hésiterez pas à prononcer la révocation de tous ceux qui auraient consenti à se prêter à de semblables transactions, sans préjudice des poursuites en prévarication qui pourraient être exercées contre eux. »

SECTION II.

Des peines.

═══ D'importantes modifications ont été apportées aux lois précédentes quant à la gravité des peines. Dans le but que le législateur de 1844 se proposait celui de réprimer le braconnage, il a cru devoir augmenter les peines dont il frappait les délits de chasse. Il n'a pas sans doute rétabli les peines excessives des anciens édits, car nos mœurs les repoussent, mais il a pris une sorte de milieu entre l'indulgence de la loi de 1790 et la sévérité des vieilles ordonnances. Au reste, les peines établies par la loi nouvelle sont graduées suivant la gravité des faits dont elle prescrit la répression.

Art. 11. *Seront punis* d'une amende *de seize à cent francs :*—1° *Ceux qui auront chassé sans permis de chasse;*—2° *Ceux qui auront chassé sur le terrain d'autrui sans le consentement du propriétaire.* — L'amende *pourra être portée au double* si le délit a été commis *sur des terres non dépouillées de leurs fruits,* ou s'il a été commis *sur un terrain entouré d'une clôture continue,* faisant obstacle à toute communication avec les héritages voisins, *mais non attenant à une habitation.* — Pourra ne pas être considéré comme délit de chasse *le fait du passage des chiens courants sur l'héritage d'autrui,* lorsque ces chiens seront à la suite d'un gibier lancé sur la propriété de leurs maîtres, *sauf l'action civile, s'il y a lieu,* en cas de dommage;—3° Ceux qui auront contrevenu *aux arrêtés des préfets concernant les oiseaux de passage, le gibier d'eau, la chasse en temps de neige, l'emploi des chiens lévriers ;* ou aux arrêtés cencernant la destruction des oiseaux et celle des animaux nuisibles ou malfaisants;—4° Ceux qui auront pris ou détruit, sur le terrain d'autrui, des œufs ou couvées de faisans, de perdrix ou de cailles; — 5° Les fermiers de la chasse, *soit dans les bois soumis au régime forestier, soit sur les propriétés dont la chasse est louée au profit des communes ou établissements publics*, qui auront contrevenu *aux clauses et conditions de leurs cahiers de charges relatives à la chasse.*

== *Seront punis.* Sur la question de savoir si les infractions en matière de chasse peuvent être excusées à raison de la bonne foi des prévenus; en d'autres termes, si l'intention de commettre le délit est seule constitutive de celui de chasse comme elle l'est des délits en général, voir nos observations et les arrêts cités sous l'article 12, §2.

De seize à cent francs. Cette disposition qui sanctionne de la même pénalité la chasse sans permis et la chasse sur le terrain d'autrui sans son consentement, n'était pas uniforme dans l'ancienne législation : l'article 1er du décret du 4 mai 1812 portait : «Quiconque sera trouvé chassant, et ne justifiant point d'un permis de port d'armes de chasse, délivré conformément à notre décret du 11 juillet 1810, sera traduit devant le tribunal de police correctionnelle, et puni d'une amende qui ne pourra être moindre *de 30 fr. ni excéder* 60 fr.» Et l'article 1er de la loi du 30 avril 1790 défendait «à toutes personnes de chasser, en quelque temps et de quelque manière que ce soit, sur le terrain d'autrui, sans son consentement, à *peine de 20 fr.* d'amende envers la commune du lieu, et d'une indemnité de 10 fr. envers le propriétaire des fruits, sans préjudice de plus grands dommages-intérêts s'il y échoit.» La loi nouvelle quant à la chasse sur le terrain d'autrui n'accorde pas d'indemnité fixe au propriétaire, mais l'article 16 dispose que, «dans tous les cas, la quotité des dommages-intérêts est laissée à l'appréciation des tribunaux :» ainsi lorsque les tribunaux décideront qu'en chassant sur le terrain d'autrui on ne lui a pas causé de préjudice, aucune indemnité ne sera due, tandis que sous l'empire de l'ancienne loi, une indemnité de 10 fr. au moins était toujours accordée. — Il y a dans cette disposition pénale qui fixe un minimum et un maximum, et dans les dispositions suivantes qui contiennent des fixations semblables, une innovation importante dans la

12.

pénalité de la chasse. La loi de 1790 ne prononçait qu'une amende de 20 fr. et une indemnité de 10 fr. sans maximum ni minimum pour avoir chassé sur le terrain d'autrui ou en des temps prohibés, et de 45 francs lorsqu'on avait chassé sur un terrain clos attenant à une habitation. Le décret de 1812 pour avoir chassé sans justifier d'un port d'armes de chasse, prononçait une amende dont le minimum était de 30 fr. et le maximum de 60. Ces dispositions étaient en général peu en harmonie avec la gravité plus ou moins grande du délit selon les circonstances. En effet, elles étaient parfois fort sévères contre le propriétaire trop impatient à se livrer sur ses terres au plaisir de la chasse, et presque toujours elles ne l'étaient pas assez contre le braconnier dont elles étaient impuissantes à réprimer la coupable industrie. Aujourd'hui notre article, et les deux articles suivants, fixent non-seulement des peines plus ou moins graves selon la nature du délit ; mais toutes les peines sont susceptibles dans leur application d'un minimum et d'un maximum. Ainsi dans les divers cas que prévoit la présente disposition, le juge aura le pouvoir de descendre la peine à 16 fr. ou de l'élever jusqu'à 100 fr.

Ceux qui auront chassé sans permis de chasse. Ainsi, pour que l'absence du permis ou le fait de parcourir armé le terrain d'autrui puisse entraîner une condamnation, il faut nécessairement qu'il y ait *fait de chasse.* Le port d'une arme de chasse, si d'ailleurs on ne chassait pas, ne pourrait être poursuivi, à moins que le porteur ne fût au nombre des gens à qui le port d'armes à feu est interdit ; mais alors ce ne serait plus par application de la loi sur la police de la chasse qu'une peine serait prononcée : l'article 1er du décret du 4 mai 1812 était encore plus énergique : « Quiconque, porte cet article, sera *trouvé chassant* et ne justifiant point d'un permis de port d'armes de chasse, délivré conformément à notre décret du 11 juillet 1810, sera traduit devant le tribunal de police corectionnelle, et puni d'une amende qui ne pourra être moindre de 30 fr., ni excéder 60 fr. Une condamnation sous l'empire de cette loi ayant été prononcée sans que le fait de chasse fût établi, la Cour de cassation statua en ces termes : « Considérant que le tribunal de première instance à Vouzier, ayant reconnu le sieur Deheppe coupable d'avoir chassé sur les propriétés d'autrui, avec port d'armes sans permis, ne l'avait néanmoins condamné qu'aux peines du délit de port d'armes, établies par le décret du 4 mai 1812 ; que l'omission de le condamner en même temps aux peines portées par la loi du 30 avril 1790, contre le délit de chasse, a été le motif sur lequel le procureur du roi s'est pourvu par appel contre le jugement dudit tribunal; considérant que le tribunal de Charleville, saisi de cet appel, a été investi du droit de statuer de nouveau sur le délit de chasse, et par conséquent sur celui de port d'armes sans permis, qui, d'après l'économie du décret du 4 mai 1812, ne peut exister sans le fait de chasse auquel il est joint; que ce tribunal ayant déclaré, d'après l'instruction et les débats qui ont eu lieu devant lui, que le sieur Deheppe n'était point convaincu d'un fait de chasse, il s'ensuivait que le port d'armes ne pouvait constituer un délit isolé, et qu'ainsi il n'y avait plus aucune peine à lui appliquer ; que dans ces circonstances le renvoi du sieur Deheppe de toutes poursuites prononcées par le tribunal de Charleville ne renferme la violation ni de la chose jugée, ni d'aucune loi pénale; rejette le pourvoi du procureur du roi. » (Arrêt du 17 août 1821 ; Dall., Jurisp. gén., vº Chasse, p. 449). — Nous avons vu sous l'article 2 que les propriétaires ou possesseurs peuvent chasser en tout temps, et sans permis de chasse, dans leurs possessions attenant à une habitation et entourées d'une clôture continue : cette faculté a soulevé la difficulté suivante. — **QUESTION**. *Pour écarter un délit de chasse sans permis, suffit-il que le juge déclare que dans le terrain clos où a chassé le possesseur, se trouvait une maison pouvant servir à habitation? Faut-il constater en outre que la maison était habitée ou destinée à l'habitation, en telle sorte que l'enclos en fût une dépendance ?* C'est cette dernière opinion que la Cour suprême a admise : «Vu les articles 1, 2 et 11, nº 1 de la loi du 3 mai 1844; attendu que d'après l'article 1er nul ne peut chasser s'il ne lui a été délivré un permis de chasse, et que d'après l'article 11, nº 1, toute infraction à cette disposition doit être punie d'une amende de 16 à 100 francs; que d'un autre côté l'article 2 autorise tout propriétaire à chasser ou faire chasser en tout temps, sans permis de chasse, dans des possessions attenant à une habitation et entourées d'une clôture continue, faisant obstacle à toute communication avec les héritages voisins ; attendu que le jugement attaqué a fait jouir le sieur Mercier du bénéfice de cette disposition, par le motif que le fait de chasse à lui imputé a eu lieu dans un terrain parfaitement clos et au milieu duquel se trouve une maison pouvant servir à l'habitation; attendu que, sous le rapport de la clôture, la déclaration du jugement, qui n'a rien de contraire au procès-verbal dressé pour constater le délit, est irréfragable, et que le demandeur ne peut se fonder, pour établir devant la Cour que la clôture n'était pas continue, sur un second procès-verbal qu'il a fait dresser pendant le procès, et qui ne peut valoir que comme renseignement, mais que, sous le rapport de l'habitation, la déclaration du jugement est insuffisante; qu'en effet, la disposition de l'article 2 est fondée sur le respect dû au domicile des citoyens; qu'il ne suffit donc pas, pour qu'il y ait lieu de l'appliquer, que dans le terrain clos où on a chassé se trouve une construction pouvant servir à l'habitation; que cette construction doit être, si ce n'est actuellement habitée, au moins destinée à l'habitation, en sorte que l'enclos qui l'environne puisse être considéré comme une dépendance d'une habitation; attendu, en conséquence, qu'en affranchissant, pour le fait de chasse dont il s'agit, de l'obligation d'avoir un permis de chasse, le jugement attaqué a faussement appliqué l'art. 2, et par suite formellement violé les art. 1 et 11, n° 1 ci-dessus visés de la loi du 3 mai 1844; casse. »(Arrêt de la Cour de cassation du 3 mai 1845)—Si c'est le fait de chasse qui peut seul constituer le délit de chasse sans permis, ou de chasse sur le terrain d'autrui sans son consentement, il est clair qu'il faut rechercher avec soin tout ce qui constitue ou ne constitue pas un fait de chasse. En général, l'appréciation du fait de chasse est abandonnée aux juges, et c'est la jurisprudence qui sera sur ce point l'interprète de la loi nouvelle : toutefois nous pouvons déjà invoquer à cet égard des précédents; du moins quant à la chasse à tir. Ces précédents se rencontrent dans les décisions rendues sur les questions suivantes.—**QUESTION**. *Le chasseur qui, posté en dehors d'un terrain sur lequel il n'a pas droit de chasser, fait poursuivre sur ce terrain du gibier que ses chiens doivent lui ramener, commet-il le délit de chasse ?* La Cour de cassation a décidé l'affirmative. « Vu l'article 1er de la loi du 30 avril 1790 sur la chasse, qui défend de chasser en quelque temps et de quelque manière que ce soit sur le terrain d'autrui sans son consentement; attendu qu'il est constant et reconnu en fait par le jugement attaqué que le sieur Lannoy, posté dans un bois situé en Belgique, attendait l'arrivée ou le retour du gibier que ses chiens poursuivaient dans la forêt domaniale française de Famennes, dont la chasse est affermée au sieur Scheppers, qui s'était d'abord porté partie civile; attendu que la loi de 1790 sur la chasse, dans son article 1er, défend d'une manière absolue de chasser, en quelque temps et de quelque manière que ce soit, sur le terrain d'autrui sans son consentement; attendu qu'on ne peut ne pas voir un fait de chasse dans l'acte du chasseur qui, posté en dehors du terrain sur lequel il n'a pas droit de chasser, fait poursuivre sur ce terrain du gibier que ses chiens doivent lui ramener; qu'il n'est pas possible d'admettre en droit qu'un chasseur, agissant comme il vient d'être dit, soit autorisé à lancer des chiens qui puissent indéfiniment suivre le gibier sur la propriété d'autrui; que, s'il en était ainsi, chaque propriétaire ne serait plus, comme le veut la loi du 30 avril 1790, en possession pleine et entière du droit de chasse sur ses propriétés, et pourrait même en être continuellement privé par le fait des chasseurs postés sur les propriétés voisines; et attendu néanmoins que le tribunal d'appel de Charleville, au lieu de faire au sieur Lannoy application des peines portées en la loi du 30 avril 1790, l'a renvoyé de la plainte sur le motif que, n'étant pas posté dans la forêt dont la chasse lui était interdite, il lui était permis de faire poursuivre par ses chiens, sur ce terrain, du gibier lancé sur d'autres propriétés : en quoi il a commis une violation formelle de la loi du 30 avril 1790; casse.» (Arrêt du 26 sept. 1840; Sir., 41, 1, 256.)—**QUESTION**. *Lorsqu'un chien, même séparé de son maître qui poursuit sa chasse d'un autre côté avec d'autres chiens, est trouvé chassant sur le terrain d'autrui, le délit de chasse existe-t-il?* La cour de Douai a consacré l'affirmative. « Considérant qu'il résulte de l'enquête et des débats, que le 4 décembre 1842, Gustave de Robaulx s'est mis en chasse dès huit heures et demie du matin avec son piqueur et sa meute; considérant qu'il résulte du procès-verbal et des dépositions des gardes rédacteurs, que dès onze heures et demie de la même matinée, un des chiens de cette meute a été aperçu chassant sur une terre du sieur Prudent Bossus, sans le consentement de ce dernier, et qu'il a été suivi chassant sur d'autres propriétés appartenant à des tiers, jusqu'au moment où les gardes sont parvenus à le couper et à l'arrêter; qu'il importe peu, dans ces circonstances, que le chien de Gustave de Robaulx ait ou non suivi cette direction à l'insu de son maître; considérant que ces faits constituent suffisamment à la charge de Gustave de Robaulx le délit de chasse, puni par l'article 1er de la loi du 22, 30 avril 1790; par ces motifs, confirme, etc. » (Arrêt du 11 févr. 1843; Sir., 43, II, 153.) Cette solution est antérieure à la nouvelle loi sur la chasse, et peut-être serait-elle encore semblable aujourd'hui, puisque le propriétaire des chiens, qui était d'ailleurs chassant, devait s'imputer de n'avoir pas surveillé ces chiens; mais la cour de Nancy, sous l'empire de la loi nouvelle, n'a pas vu un délit de chasse sans permis dans le fait de laisser *quêter* des chiens couchants, même dans un champ non dépouillé de ses récoltes, si le propriétaire des chiens, quoique les accompagnant, n'était pas muni d'un fusil. » (Arrêt du 7 décembre 1844; *Gazette des tribunaux* du 30 janvier 1845). Dans ce cas, en effet, on ne peut pas dire que le propriétaire des chiens ait été trouvé *chassant*, puisque la chasse ne peut plus avoir lieu qu'*à tir* ou *à courre*. On décidait généralement le contraire sous l'empire de la loi de 1790.—**QUESTION**. *Un seul coup de fusil, encore qu'il soit tiré sur un oiseau de proie et par le fils du fermier, constitue-t-il le délit de chasse sur le terrain d'autrui, s'il n'y a pas eu permission du propriétaire?* L'affirmative a paru incontestable à la Cour suprême qui a jugé comme il suit cette question : « Vu l'article 1er de la loi du 21 avril 1790 ; et attendu que les faits établis et reconnus par l'arrêt constituent un délit de chasse, et qu'en ne prononçant pas les peines portées par cet article, la cour royale est contrevenue à ses dispositions; casse, etc. » (Arrêt de cass. du 13 nov. 1818, sect. cr.: Dall., Jurisp. gén., v° Chasse, p. 435.) — Dans une autre espèce, la Cour a jugé différemment, parce qu'elle a considéré que le prévenu était dans un jardin dont il était fermier, que le jardin était clos de toutes parts, renfermé dans l'enceinte de l'habitation et faisait ainsi partie des objets affermés au prévenu; que de plus ce fermier avait été spécialement chargé par le propriétaire de détruire les animaux qui pourraient commettre des dégâts dans sa ferme; que de ces circonstances résultait l'exclusion d'un *fait de chasse,* et par conséquent l'exclusion d'une contravention au décret du 4 mai 1812. (Dall., Jurisp. gén., v° Chasse, p. 450.) Voir encore deux autres arrêts, l'un du 7 mars 1823, l'autre du 20 juin même année, par lesquels la Cour de cassation considère comme fait de chasse sans permis de port d'armes, des coups de fusil tirés d'une cabane couverte de feuillage, parce que l'on ne pouvait regarder une telle cabane servant à l'affût comme maison habitée définie par l'article 390, Code pénal. (Dall., Jurisp. gén., v° Chasse, p. 450 et 451.) Voir enfin un autre arrêt du 21 mars 1823, portant « que si on excepte de la règle portée par notre article, le cas où le fait de port et d'usage d'armes de chasse a eu lieu dans un enclos fermé au public, lié à une maison d'habitation et ne formant avec elle qu'un corps de propriété dont les deux parties se communiquent sans intermédiaire, et dont celle qui est en enclos est la dépendance et l'accessoire de l'habitation, c'est que cet enclos doit alors être considéré comme l'habitation elle-même, et que le port et l'usage d'armes dans une habitation ne peuvent être considérés comme un fait de chasse; que dans l'espèce, etc. » (Arrêt du 21 mars 1823 ; Dall., Jurisp. gén., v° Chasse, p. 452.)

Cependa nt un arrêt de la cour royale de Paris du 6 novembre 1828 (Dall., ann. 1829, II, 77) paraît avoir jugé, contrairement à la jurisprudence de la Cour suprême, qu'il suffisait qu'un terrain fût enclos, lors même qu'il existerait des brèches, pour qu'on pût y chasser sans permis de port d'armes : cet arrêt, qui ne paraît pas avoir supposé que l'enclos était attenant à une habitation, ne pourrait plus être invoqué aujourd'hui (art. 2). — **QUESTION.** *Le fait de chasser seulement avec des chiens lévriers, mais sans armes, est-il punissable des peines du décret du 4 mai 1812, encore qu'il ait eu lieu sans permis de port d'armes de chasse ; ou bien le renvoi du prévenu a-t-il pu être régulièrement ordonné ?* La Cour suprême avait décidé que ce renvoi avait dû être autorisé : « Vu l'art. 8 de la loi du 30 avril 1790, et les art. 1 et 3 du décret du 4 mai 1812 ; attendu que, dans l'état des faits tels qu'ils sont établis par le jugement attaqué, ledit jugement n'est contrevenu à aucune loi ; rejette. » (Arrêt du 10 oct. 1828 ; Dall., année 1828, I, 631.) Dans cette circonstance ce n'était pas un fait de chasse sans permis de port d'armes, puisque le chasseur ne portait pas d'armes, mais aujourd'hui ce serait un fait de chasse par un mode proscrit par la loi, c'est-à-dire au moyen des lévriers dont la loi défend l'emploi, si ce n'est pour la chasse des animaux nuisibles, et en tant qu'un arrêté du préfet l'autorise conformément au n° 3 de notre article. — **QUESTION.** *Le fait de fureter dans un bois pour y prendre des lapins (non tenus en garenne), sans la permission du propriétaire, constitue-t-il non un vol ou une tentative de vol, mais un délit de chasse ?* Les tribunaux de Pont-Audemer et d'Evreux avaient consacré la négative : « L'action de fureter, portent les jugements de ces tribunaux, est un vol ou une tentative de vol, parce que les lapins qu'il s'agit de prendre frauduleusement sont inhérents au sol et y occupent une demeure fixe, vers laquelle ils reviennent toujours et qu'ils ne quittent que rarement. Il suit de là que les lapins appartiennent au propriétaire du sol ; et, en effet, les propriétaires d'un bois ouvert, garni de lapins, sont passibles de dommages-intérêts envers les cultivateurs riverains qui souffrent du voisinage de ces animaux, ce qui n'aurait pas lieu si les lapins étaient considérés comme un gibier ordinaire appartenant au premier occupant. Le Code civil a reconnu la propriété du maître sur les lapins qui habitent son fonds, comme celle des pigeons qui nichent dans son colombier (art. 564). Enfin l'art. 21 de l'ordonnance de 1601 considérait comme larcin l'enlèvement des lapins dans les garennes, etc. » Mais la Cour de cassation a consacré l'opinion contraire en ces termes : «Attendu que le furetage est un mode de chasse approprié à la capture des lapins ; que les lapins, comme tous les autres gibiers, sont par leur nature des animaux sauvages qui n'appartiennent à personne ; qu'ils ne deviennent propriété particulière que quand ils sont enfermés, ou tout au moins établis dans un lieu spécialement destiné à les multiplier ou à les conserver ; que, hors ces circonstances, qui ne se rencontrent pas dans l'espèce actuelle, la chasse de ces animaux ne peut constituer un vol ni une tentative de vol ; que cette chasse, entreprise sans l'autorisation du propriétaire, est un délit prévu par l'art. 1er de la loi du 30 avril 1790 ; attendu qu'en qualifiant le fait par lui établi de soustraction frauduleuse, le jugement attaqué a faussement interprété l'art. 564, Code civil, et l'art. 21 de l'ordonnance de 1601, et a fait une fausse application des art. 379 et 401, Code pénal ; que, d'un autre côté, en ne reconnaissant pas dans ce même fait un délit de chasse, et n'y appliquant pas les peines édictées par la loi du 30 avr. 1790, le même jugement a violé l'article 1er de cette loi ; casse, etc.» (Arrêt du 13 août 1840 ; Ch. crim. ; Sirey, 40, 1, 732.) La nouvelle loi ayant maintenu comme mode de chasse le furetage pour les lapins (art. 9, § 2), il est clair que cette jurisprudence devrait encore être suivie. — *1re* **QUESTION**. *Les chasseurs sont-ils obligés d'être porteurs de leurs permis de chasse pour en justifier à toutes sommations des fonctionnaires chargés de la constatation des délits de chasse?* —*2e* **QUESTION**. *En admettant la négative, sont-ils passibles des frais faits jusqu'au moment où ils ont justifié de leurs permis?* Ces deux questions sont de nature à se présenter fréquemment, et ont déjà été soulevées sous l'empire des anciennes lois. Nous croyons qu'elles doivent toutes deux être résolues négativement. Et d'abord, quant à la première question, il faut bien remarquer les termes mêmes de la loi : elle ne punit pas ceux qui ont chassé sans être porteurs de leurs permis de chasse ou sans avoir exhibé aux gardes leurs permis de chasse ; mais seulement ceux qui ont chassé *sans permis de chasse :* qu'a voulu en effet le législateur en exigeant le permis de chasse? Prendre une mesure de précaution dans l'intérêt général et établir une espèce d'impôt. Or, lorsqu'on a satisfait à cette double obligation ; lorsque l'autorité administrative à reconnu que le permis devait être accordé, et l'a en effet délivré, lorsque l'impôt a été payé, le fait de chasse est devenu licite, et il n'a pu prendre un autre caractère par une circonstance indépendante de l'existence du permis de chasse : le fait ne peut devenir coupable, parce que le chasseur aura oublié chez lui, ou même égaré, ou perdu le permis de chasse. Ajoutons que quand le législateur a refusé aux agents chargés de la poursuite des délits de chasse, le droit de rédiger des procès-verbaux faisant foi jusqu'à inscription de faux, il n'aurait pu sans une espèce de contradiction leur permettre, en déclarant dans leurs procès-verbaux qu'on avait refusé de leur exhiber le permis de chasse, de créer à leur volonté un délit de chasse, par l'impossibilité où se seraient trouvés des chasseurs isolés lorsqu'on leur a déclaré procès-verbal, de prouver, soit qu'on ne leur avait pas demandé leur permis, soit qu'ils l'avaient exhibé. Cette solution était, au reste, déjà admise sous l'ancienne législation, ainsi que l'atteste l'arrêt suivant émané de la Cour de cassation, nonobstant les termes beaucoup plus impératifs de l'art. 1er du décret du 4 mai 1812, portant : *Quiconque sera trouvé chassant et ne justifiant point d'un permis de port d'armes, sera traduit, etc.»* **Vu** l'art. 1er du décret du 4 mai 1812, portant : « Quiconque sera 'trouvé chassant et ne justifiant pas d'un permis de port d'armes de chasse, délivré conformément au décret du 11 juillet 1810, sera traduit devant le tribunal de police corectionnelle, et puni d'une amende qui ne pourra être moindre de 30 fr., ni excéder 60 fr.;» attendu qu'il résulte de ces dispositions que tous ceux qui chassent avec armes sont passibles des poursuites qui y sont prescrites, s'ils ne justifient pas qu'au moment où furent constatés les faits de chasse, ils avaient obtenu un permis de port d'armes; que ni le décret du 4 mai, ni aucune autre disposition législative n'ont subordonné la nécessité de cette justification à une sommation préalable, destinée à mettre les chasseurs en demeure, et que d'ailleurs, d'après la nature particulière du fait dont il s'agit, cette sommation serait le plus souvent impraticable; et attendu que, d'après un procès-verbal du 23 août 1825, M. Levannier-Desvauviers aurait été trouvé chassant avec armes; que, par la citation du 16 septembre, il fut appelé devant la cour royale, non-seulement pour avoir à répondre sur le fait de chasse en temps prohibé, mais aussi sur le fait de chasse sans permis de port d'armes; attendu dès lors que M. Levannier-Desvauviers, pour justifier, sous ce point de vue, le fait de chasse qui lui était imputé, aurait dû prouver qu'il avait préalablement obtenu un permis de port d'armes; attendu qu'il n'a point fait cette preuve, et que même la cour royale, par son arrêt, l'en dispense, et met à la charge du ministère public la preuve du fait contraire, preuve négative qui ne peut être exigée de lui, soit d'après le texte formel du décret du 4 mai 1812, soit d'après les règles générales de la procédure ; attendu qu'en jugeant ainsi, la cour royale de Caen a formellement violé le décret du 4 mai 1812 ; par ces motifs, casse. » (Arrêt du 5 mai 1836 ; Sirey, 36, 1, 777.) Voyez dans le même sens un arrêt du 19 juin 1813. La seconde question offre plus de difficulté ; nous croyons cependant qu'elle doit encore être résolue en faveur des chasseurs. L'art. 162 du Code d'inst. crim. porte : « La partie qui *succombera* sera condamnée aux frais ; » il faut donc que la partie succombe pour être condamnée aux frais, et conséquemment toute partie renvoyée de l'action intentée contre elle ne saurait subir (une condamnation aux frais. La raison en est simple, la condamnation aux frais est l'accessoire de la peine ; or, comment infliger la condamnation accessoire, lorsqu'il n'existe pas de condamnation principale ? Dans notre espèce, il est clair qu'il n'y a pas de délit, puisque nous supposons un permis de chasse, le fait coupable même n'existe pas, on ne peut donc sans violer l'article 162 du Code d'instr., condamner le prévenu renvoyé de l'action aux dépens. C'est ce que la Cour de cassation a positivement jugé, dans une espèce où il s'agissait d'un autre délit dans lequel le prévenu avait été aussi renvoyé de l'action ; et voici en quels termes la Cour de cassation a statué : « Attendu d'ailleurs, qu'après avoir renvoyé l'intervenant de l'action dirigée contre lui, le tribunal l'a néanmoins condamné aux dépens de la procédure... d'où la violation manifeste de l'article 162 précité. » (Arrêt du 16 nov. 1832 ; Sirey, 33, 1, 177.) Dans une autre espèce, le tribunal avait reconnu l'existence du fait, mais il s'était contenté de condamner le prévenu aux frais ; la Cour cassa encore, parce qu'il avait prononcé l'accessoire de la peine sans prononcer la peine (arrêt du 7 janv. 1830 ; Sirey, 30, 1, 147). On peut citer encore à l'appui de cette opinion un arrêt de la Cour de cassation du 17 janvier 1839, (Dall., ann. 1839, II, 72.) Dans l'opinion contraire, on peut, indépendamment de quelques anciennes décisions, invoquer un arrêt de la Cour de cassation du 14 janvier 1830, qui statue en ces termes : « Vu l'art. 1384 Code civ. et l'art. 368 Code instr. crim.: attendu que lorsqu'il est reconnu par le jury que le fait accompli par un accusé, sans constituer un crime prévu par la loi, a cependant occasionné des frais ou dommages, soit à l'État, soit à un tiers, les cours peuvent condamner l'accusé acquitté, aux frais de la procédure ; et qu'en mettant à la charge du demandeur les frais du procès instruit contre lui, l'arrêt attaqué n'a violé aucune loi; rejette, etc. » (Arrêt du 7 janv. 1830 ; Sirey, 30, 1, 146.) Mais le principe posé par cet arrêt ne peut être opposé aux considérations qui précèdent par plusieurs raisons : d'abord, parce que l'article 368, sur lequel l'arrêt dont il s'agit est basé, est spécial pour les cours d'assisses, et ne peut par suite s'étendre aux matières de police et correctionnelle régies par l'article 162 ; en second lieu, parce que pour que l'article 368 soit applicable, il faut que les accusés aient été au moins déclarés auteurs du fait préjudiciable pour lequel ils ont été poursuivis, bien qu'à raison de l'intention ou pour une autre cause, ils n'eussent pas été déclarés coupables, et que, dans tous les cas, ces faits constituassent soit un crime, soit un délit, soit une contravention, et que la péremption ne fût pas acquise comme l'a jugé la Cour de cassation par des arrêts du 27 mars 1823 (Sirey, 23, 11, 552) et des 16 déc. 1831, et 24 fév. 1832 (Dall., ann. 1832, 1, 156 et 180); or, dans notre espèce, il n'y a pas de fait de chasse sans permis dont le prévenu aurait été déclaré auteur; et d'un autre côté, il ne pourrait être renvoyé de l'action que parce qu'il n'y a pas de délit de chasse : nous croyons donc que la solution que nous donnons de la seconde question n'est pas moins certaine que notre solution de la première; on peut dire, il est vrai, comme considération, qu'il ne doit pas être permis aux citoyens de se refuser à exhiber leurs permis de chasse lorsque les gardes les demandent, et de faire rédiger par suite des procès-verbaux inutiles ; mais on ne doit pas présumer facilement un refus qui ne serait pas causé par quelques circonstances indépendantes de la volonté du chasseur ; car la citation qui est la suite de la rédaction du procès-verbal entraîne des inconvénients et des dérangements que tout homme raisonnable doit vouloir éviter. — **QUESTION**. *Celui qui chasse avant d'avoir retiré des mains du percepteur le permis, mais après qu'il a été signé par le préfet, contrevient-il à notre article ?* Le tribunal de Draguignan a adopté l'affirmative : « Attendu qu'aux termes de l'article 1er de la loi du 3 mai 1844, nul ne peut chasser si la chasse n'est pas ouverte et s'il ne lui a pas été délivré un permis de chasse par l'autorité compétente ; attendu que cette délivrance s'opère par le préfet, qui envoie le permis au percepteur, lequel le remet à l'impétrant et reçoit de celui-ci les droits fixés par la loi ; attendu que le permis de chasse n'est réellement délivré que lorsque celui qui l'a demandé l'a retiré des mains du percepteur et en a acquitté les droits ; attendu qu'il est constaté, par procès-verbal de la gendarmerie, que le prévenu ayant été trouvé chassant, le 10 décembre dernier, à onze heures du matin, sur le territoire de la commune du Tignet, dit aux gendarmes qu'il avait formé sa demande en délivrance d'un permis de chasse, et qu'il croyait que ce permis était entre les mains du percepteur de la commune; d'où il suit que le permis ne lui avait pas encore été délivré, et que les droits fixés par la loi n'avaient pas encore été acquittés; attendu que, bien que le prévenu ait exhibé en première instance son permis de chasse, ainsi que le reçu du coût de ce permis délivré par le percepteur le jour même du fait de chasse dont s'agit, c'est-à-dire le 10 décembre dernier, il est évident que la délivrance de ces deux pièces est postérieure au fait qui a donné lieu aux poursuites, qu'à cet égard la réponse faite par le prévenu aux gendarmes verbalisant ne laisse aucun doute; attendu que de ce qui précède il résulte que le prévenu a contrevenu à l'article 11 de la loi du 3 mai 1844 en chassant sans permis de chasse; par ces motifs, le tribunal, faisant droit à l'appel émis par le ministère public envers le jugement rendu le 24 décembre dernier, condamne, etc. » (Arrêt du 30 janvier 1845; journal *le Droit* du 7 février.) Nous remarquerons en finissant que l'arrêt du 5 mai 1836, plus haut transcrit, pose en principe, avec grande raison que *c'est à la partie qui.prétend avoir obtenu un permis de chasse* à en faire la preuve, et non au ministère public.

Ceux qui auront chassé sur le terrain d'autrui sans le consentement du propriétaire. Ces expressions ne peuvent s'entendre d'une manière absolue; car si le propriétaire a aliéné le droit de chasse, c'est le consentement du concessionnaire et non celui du propriétaire du fonds qu'il faudra obtenir. — **QUESTION**. *Ce consentement ne peut-il être prouvé qu'au moyen d'un écrit émané du propriétaire?* Cette question ne peut pas se présenter lorsqu'on a chassé sur un terrain non clos et dépouillé de ses fruits; car, dans ce cas, le silence du propriétaire empêche toute poursuite de la part du ministère public, aux termes de l'article 26; mais s'il y a eu plainte du propriétaire, ou s'il s'agit de terres closes ou non dépouillées de leurs fruits, le prévenu ne peut se défendre qu'autant qu'il excipe du consentement du propriétaire; or, ce consentement, la loi n'exige pas qu'il soit donné par écrit. Si donc le prévenu ne peut présenter d'écrit, il établira par tous les moyens qui seront en son pouvoir qu'il a chassé avec le consentement verbal du propriétaire; si ce consentement lui a été donné en présence de témoins, il pourra les faire entendre; la cour de Paris, par un arrêt du 14 mai 1828, a même jugé que le prévenu pouvait sur ce point déférer le serment au propriétaire.—Nous devons rappeler ici les principes qu'on doit appliquer lorsque le chasseur, pour échapper à l'action intentée contre lui, prétend que la propriété sur laquelle il a chassé lui appartient, et que par suite il n'a pas chassé *sur le terrain d'autrui.* Cette question se nomme *préjudicielle,* parce que la solution de cette question ayant une influence immédiate sur l'action publique, celle-ci doit rester suspendue tant que la question préjudicielle n'est pas résolue. Ainsi, on m'accuse d'avoir commis un délit dans telle propriété ; je conviens du fait qu'on m'impute, mais je prétends que cette propriété m'appartient, et que, conséquemment, j'ai eu le droit de faire ce qu'on me reproche ; en un mot, je me retranche derrière l'exception *feci, sed jure feci.* Avant de poursuivre l'action publique, il faut vider la question de propriété, qui ne peut être jugée que par les tribunaux civils ; car il s'agit d'interpréter des actes, et d'appliquer les principes du droit civil. (Arrêt de la Cour de cassation du 4 janvier 1810 ; Sirey, t. 10, 1, 277 ; du 30 juillet 1825 ; Sirey, t. 25, 1, 364, etc. etc.) Tant que la question de propriété est pendante devant les tribunaux civils, il ne peut intervenir de condamnation contre le prévenu, par le tribunal de justice répressive, sous un prétexte quelconque. (Arrêt de la même Cour du 14 août 1823, ch. cr.; Sirey, t. 24, 1, 353.) Mais le principe consacré par un si grand nombre de monuments judiciaires ne reçoit pas toujours application : s'il ne s'agit que d'une vérification à faire ; si, par exemple, un individu poursuivi pour un délit forestier prétendait que les arbres qu'il a coupés n'étaient pas au nombre des arbres réservés, le tribunal correctionnel ne serait pas incompétent pour en connaître, car il ne s'agirait pas là d'une appréciation de titre de propriétés, mais d'une simple vérification, et ce serait le cas d'appliquer le principe, que les juges de l'*action* le sont aussi de l'*exception.* C'est ce que la Cour suprême a jugé dans les termes qui suivent : « Attendu que les tribunaux correctionnels n'ont pas de caractère, sans doute, pour statuer sur les droits ou les obligations qui peuvent résulter des contrats ou des conventions, mais qu'ils peuvent et doivent juger les faits qui leur sont soumis, accessoirement ou accidentellement à un délit de leur compétence, lorsque ces faits peuvent être appréciés par des expertises, des vérifications et autres moyens étrangers à une interprétation d'acte et de convention ; qu'un tribunal juge d'une action est en effet, et nécessairement, juge des faits d'exception proposés contre cette action, à moins que ces faits d'exception ne puissent

13.

être appréciés que par l'examen d'éléments d'instruction essentiellement hors des attributions de ce tribunal. » (Arrêt du 3 novembre 1810, ch. cr.; Sirey, t. 11, 1, 248. Voyez encore en ce sens un arrêt de la même Cour du 13 mars 1840 ; Sirey, 41, 1, 207.) Ces principes ont été positivement appliqués dans l'espèce des questions suivantes : — 1re **QUESTION.** *Le tribunal correctionnel ne doit-il renvoyer devant le tribunal civil que lorsqu'il s'agit d'un droit immobilier, et non d'une simple convention ou droit mobilier, tel qu'une tolérance ou permission de chasse ?* — 2e **QUESTION.** *Le renvoi, lorsque l'exception est fondée, doit-il être ordonné d'office ?* La Cour suprême a consacré l'affirmative sur ces deux questions : « Vu l'article 408 du Code d'instruction criminelle ; vu pareillement l'article 182 du Code forestier ; attendu que, lorsque devant la juridiction nantie de la poursuite en répression d'un délit, les prévenus excipent d'un droit en vertu duquel ils auraient agi, les tribunaux ne peuvent renvoyer cette exception devant les juges civils qu'autant qu'il s'agit d'une discussion sur le fonds d'une propriété, d'un droit immobilier, dont la connaissance appartient exclusivement à la juridiction civile, mais que si cette exception consiste uniquement dans l'allégation d'un droit mobilier, tel que les simples tolérances ou permissions d'usage, elle doit être appréciée par les juges de la répression, comme tous les autres moyens proposés par les prévenus pour leur défense ; et attendu que, dans l'espèce, les prévenus avaient excipé d'une *permission de chasse* qui aurait été accordée par le sieur Duchemin au sieur Maritaux et aux personnes qui l'accompagnaient, et demandé à prouver que le jour où avait été dressé le procès-verbal, ils accompagnaient ledit sieur Maritaux, et qu'au lieu d'admettre les prévenus à prouver ces faits, dont l'appréciation était de la compétence des tribunaux correctionnels, la cour royale de Dijon, chambre correctionnelle, a décidé que l'existence de la permission dont il s'agit constituerait une convention qui serait de la juridiction civile, et que, sous ce rapport, elle a méconnu les règles de sa compétence, et encouru l'annulation prononcée par l'article 408 du Code d'instruction criminelle ; et attendu, de plus, que, par le même arrêt, il a été décidé aussi qu'un renvoi à fins civiles (au cas où la cour aurait été incompétente), n'ayant pas été demandé par des conclusions formelles, les prévenus n'étaient pas recevables à soutenir leur exception ; attendu, à cet égard, que (au cas où il y aurait eu lieu à renvoi) il eût suffi que l'exception opposée fût de la compétence des tribunaux civils pour que la juridiction correctionnelle prononçât un sursis durant lequel serait jugée la question préjudicielle, cette question touchant à l'ordre des juridictions, qui est d'ordre public; que dès lors, et sous ce second rapport, l'arrêt attaqué aurait encore méconnu les règles de la compétence; casse, etc. » (Arrêt du 22 janvier 1836; Sirey, 36, 1, 527.) Ajoutons que lorsque l'exception de propriété se trouve invraisemblable, et que les pièces du procès la font disparaître, il n'y a lieu à aucun renvoi devant les tribunaux civils. (Arrêts de la Cour de cassation des 7 et 27 mai 1807; Sirey, t. 7, 11, 1152 et 1258). En effet, si les juges criminels ne peuvent juger les questions de pur droit civil, ils sont compétents pour examiner si ces questions existent réellement dans les affaires qui leur sont soumises, et si, par suite, elles peuvent être proposées. (Arrêt de la même Cour du 8 avril 1811; Sirey, 13, 1, 388.) Voyez aussi nos observations sur l'article 26. — Sur la question de savoir si un tiers de bonne foi, qui a chassé sur le terrain d'autrui avec le consentement du propriétaire, peut être poursuivi sur la plainte de celui à qui le droit exclusif de chasse avait été concédé, voyez l'arrêt de la cour de Colmar du 29 décembre 1821, rapporté sous l'article 1er. — QUESTION. *Les tribunaux peuvent-ils refuser d'appliquer la peine prévue pour les délits de chasse commis sur les propriétés d'autrui, sous prétexte que ces propriétés sont de peu d'étendue?* La négative est incontestable, ainsi que l'a jugé la Cour suprême par l'arrêt suivant : « Vu les art. 1er et 5 de la loi du 30 avril 1790; attendu que, d'après les articles précités, le fait de chasse sur la propriété d'autrui, sans le consentement du propriétaire, dûment constaté, est punissable des peines qui y sont prononcées, quelle que soit l'étendue des propriétés sur lesquelles le délit a été commis; attendu que la cour de Colmar s'est refusée à appliquer les articles précités, en se fondant sur une distinction qu'elle a établie entre les propriétés considérables et les propriétés de moindre étendue; en quoi elle a méconnu les dispositions des art. 1er et 5 de ladite loi du 30 avril 1790; casse, etc. » (Arrêt du 25 avril 1828, ch. cr.; Dall. ann. 1828, 1, p. 227.) — Nous avons sous l'article 1er examiné la question de savoir *si toute personne munie d'un permis de chasse peut chasser en temps non prohibé, sans l'autorisation de l'administration sur les biens dépendant du domaine public.* Nous avons résolu cette question affirmativement, mais cette question s'étant présentée relativement à un fait de chasse sur une rivière navigable, avec celle de savoir si on peut chasser aussi sans la permission de l'administration sur un chemin de hallage, la cour de Metz a résolu négativement la première question sans s'expliquer sur la seconde : « Attendu que, par son procès-verbal du 22 décembre 1844, le garde forestier à la résidence de Malroy a constaté que ledit jour il avait vu le prévenu faisant feu sur trois canards sauvages sur la rivière de la Moselle; attendu que ces expressions sont claires et précises, qu'il en résulte nécessairement que le prévenu a commis un fait de chasse sur la rivière de la Moselle; attendu qu'il était sans droit pour chasser sur une rivière navigable dont la chasse appartient à l'État; attendu qu'aux termes de l'article 22 de la loi du 3 mai 1844, les procès-verbaux des gardes forestiers font foi jusqu'à preuve contraire, que cette preuve n'a été faite ni même offerte par le prévenu; que ses assertions et dénégations ne peuvent en aucune façon porter atteinte à la foi due au procès-verbal; que c'est donc à tort que les premiers juges l'ont renvoyé des poursuites de l'administration forestière; par ces motifs, la cour annule le jugement, et, par application des articles 1er et 11, n° 2, de la loi du 3 mai 1844, condamne le prévenu à 16 francs d'amende et aux frais, en déclarant le père civilement responsable de son fils mineur habitant avec lui, conformément à l'article 28 de la même loi. » (Arrêt du 5 mars 1845; *le Droit* du 25 mars.) Nous ne croyons pas devoir nous rendre à cette décision dont les motifs ne renferment aucune réponse aux arguments que nous faisons valoir, sur cette question posée sous l'article 1er. Quant à la question de savoir si la chasse sur les chemins de hallage a besoin de l'autorisation de l'administration, la cour de Metz n'a pas cru devoir s'en occuper; mais le tribunal de Metz, dont l'appel était soumis à la cour, l'avait résolue négativement, et, nous le croyons, conformément aux vrais principes, en se fondant sur la circonstance que les chemins de hallage sont, aux termes de l'article 650 du Code civil, des servitudes établies sur les propriétés bordant les rivières, et qu'il n'était justifié d'aucune plainte du propriétaire de ce terrain, condition exigée par l'article 26 de la loi sur la chasse pour la poursuite du ministère public. » (Même journal du 25 mars.)

Pourra être portée au double. Le projet du gouvernement disait *sera* portée : en rendant cette pénalité *facultative,* le législateur a voulu que l'aggravation de la peine fût en rapport avec le dommage. Cette disposition sera ou ne sera pas appliquée, ou le sera plus ou moins fortement selon qu'un dommage aura ou n'aura pas été commis, et selon la gravité du dommage. La quotité de l'amende étant de 16 francs, il est clair qu'elle est portée au double, si le juge en l'élevant à 32 francs indique que son intention a été de la doubler, bien qu'il pût en ne la doublant pas l'élever jusqu'à 100 francs ; mais on conçoit des cas où sans atteindre même le maximum de l'amende simple, le juge veuille doubler le minimum de l'amende pour indiquer le fait qu'il a entendu surtout réprimer, comme il peut en prenant le maximum de 100 francs la porter, en la doublant, à 200 francs. Le plus comprenant le moins, le juge peut, comme nous venons de le dire, doubler l'amende sans atteindre 200 francs, et par exemple déclarer qu'il condamne le délinquant à 60 francs d'amende et qu'il la double. — Au reste, la loi n'exige pas la constatation du dommage, elle abandonne cette appréciation, et par suite la fixation de l'aggravation de peine, à la conscience des magistrats.

Sur des terres non dépouillées de leurs fruits. L'article 1er de la loi du 30 avril 1790 défendait aux propriétaires ou possesseurs de chasser sur leurs propres terres *jusqu'après la dépouille entière des fruits.* Cette disposition concernait en général les terres ensemencées, depuis les grains en tuyaux jusqu'à la dépouille, et les vignes depuis le mois de mai jusqu'à la vendange. C'était une jurisprudence constante que cette disposition s'appliquait tout aussi bien aux propriétaires sur leurs propres terres, en temps non prohibés, qu'aux non-propriétaires sur le terrain d'autrui : c'est ce qu'ont jugé nombre d'arrêts et particulièrement l'arrêt suivant : « Vu les art. 1er, 2, et 8 de la loi des 28 et 30 avril 1790 ; attendu que l'art. 1er de cette loi, indépendamment de la défense faite à toutes personnes de chasser sur le terrain d'autrui, en quelque temps que ce soit, sans le consentement du propriétaire, interdit formellement aux propriétaires et possesseurs de chasser sur leurs terres non closes, même en jachère, jusqu'au 1er septembre lors prochain, pour les terres qui seraient alors dépouillées, et, pour les autres terres, jusqu'après la dépouille entière des fruits ; attendu que ce fait est un délit, même lorsqu'il a lieu dans la période de temps où la chasse n'est pas défendue par l'arrêté du préfet, puisque l'existence des fruits sur terre suffit pour constituer un dommage, non-seulement au propriétaire ou possesseur, mais encore à la société tout entière, intéressée à la conservation des récoltes ; qu'en effet, la loi du 28 avril 1790 exprime dans son préambule qu'elle est rendue pour la conservation des récoltes, et que c'est dans ce sens qu'est conçue la première disposition du 2e paragraphe de l'art. 2 ; etc. » (Arrêt du 9 juin 1838 ; Sirey, 38, 1, 982.) Cette prohibition n'a pas été reproduite par la loi nouvelle.

Lorsque la chasse a été déclarée ouverte par l'autorité compétente, le propriétaire peut chasser dans ses propriétés, qu'elles soient ou non dépouillées de leurs récoltes : cette circonstance que les terres sur lesquelles on a chassé n'étaient pas *encore dépouillées de leurs fruits* n'est prise en considération que comme constitution d'une circonstance aggravante du fait de chasse même en temps non prohibé sur le terrain d'autrui : cette disposition forme, en effet, le 2ᵉ paragraphe du nᵒ 2 de notre article, qui punit le fait de chasse sur le terrain d'autrui sans le consentement du propriétaire ; il ne se rattache donc pas au nᵒ 1 du même article, qui punit d'une manière générale le fait de chasse sans permis de chasse ; et conséquemment toutes les fois que la chasse est ouverte et qu'un permis a été accordé, le propriétaire ne peut être poursuivi bien qu'il ait chassé dans ses récoltes. La nouvelle loi s'en est rapportée à l'intérêt que le propriétaire ou possesseur a toujours de ménager ses propres récoltes pour qu'il chasse, avec toutes les précautions désirables ; mais, comme nous venons de le dire, quant au terrain d'autrui, le fait qu'il n'est pas encore dépouillé de ses fruits forme une circonstance aggravante. On comprend le motif de cette disposition : indépendamment de la violation des prescriptions de la loi en chassant sans l'autorisation du propriétaire, on porte atteinte au principe d'intérêt général qui réclame la conservation des fruits, lesquels ne sont plus dans ce cas, comme lorsque le propriétaire chasse sur ses terres, sous la sauvegarde des précautions que prend l'intérêt personnel ; d'un autre côté, l'atteinte portée au droit de propriété est plus vive lorsqu'elle frappe même les fruits de la chose : on a donc rendu hommage à l'agriculture et au droit de propriété plus fortement froissé, en permettant dans ce cas de doubler l'amende ; et comme ce n'est pas doubler l'amende que de l'augmenter depuis seize francs jusqu'à cent francs, on pourra l'augmenter depuis cent francs jusqu'à *deux cents francs*. Quant à l'indemnité en faveur du propriétaire dont on n'a pas demandé le consentement pour chasser sur ces terres non dépouillées de leurs récoltes, il est clair que dans ce cas les juges la fixeront à un taux beaucoup plus considérable et en rapport avec le dommage.—Nous avons sous l'article 3 examiné la question de savoir *si le préfet peut, par son arrêté, ouvrir la chasse seulement sur les terres dépouillées de leurs récoltes,* de telle sorte que les autres propriétés en demeurent exceptées. Nous avons maintenu la négative et cité des décisions en ce sens et un jugement du tribunal de Blois en sens contraire. Nous pouvons encore citer toujours dans ce dernier sens un jugement du tribunal de Versailles, du 12 décembre 1844, cité par la *Gazette des tribunaux* du 10 janvier 1845. Voici enfin, encore dans cette dernière opinion, un arrêt de la cour d'Orléans qui fait dériver ce droit pour le préfet de celui qu'il a de prononcer comme il l'entend l'ouverture de la chasse : « Attendu, porte cet arrêt, que, d'après l'esprit de l'article 3 de la loi du 3 mai 1844, le préfet a le droit de prononcer l'ouverture de la chasse ; que ce droit implique celui de retarder la chasse dans telle ou telle partie du département qu'il jugera convenable d'excepter, soit dans l'intérêt de la reproduction du gibier, soit surtout dans celui de la conservation de la propriété et de ses fruits ; qu'en interdisant le droit de chasser sur les propriétés non dépouillées de leurs fruits, même pour les propriétaires, le préfet a donc usé d'un droit que lui conférait la loi, et que par suite, dans ce cas, la chasse n'était pas ouverte ; attendu que le prévenu a chassé sur un sol planté en haricots non encore récoltés ; qu'ainsi il a contrevenu à l'arrêté préfectoral dont l'article 1er est ainsi conçu : « L'ouverture de la chasse, dans le département du Loiret, est fixée au mardi 3 septembre prochain : elle ne sera permise toutefois que sur les terrains entièrement dépouillés de leurs récoltes ; » que le sieur Beauvilliers-Richard a donc chassé hors le cas où la chasse était ouverte, et par suite violé l'article 11 de la loi précitée du 3 mai; par ces motifs, déclare Beauvilliers-Richard coupable d'avoir chassé sur un terrain non dépouillé de sa récolte. » (Arrêt du 22 octobre 1844 ; Sirey, 45, 11, 235.) Nonobstant l'autorité de ces décisions, nous croyons l'autre opinion mieux fondée ; mais en admettant même le système de la cour d'Orléans, nous ne pensons pas que les tribunaux pussent appliquer dans ce cas la présente disposition, qui permet de porter l'amende au double, au propriétaire qui chasserait lui-même sur ses propriétés non dépouillées de leurs fruits ; nous avons vu que, dans l'esprit de la nouvelle loi, cette circonstance était tout à fait indifférente pour le propriétaire, et qu'elle n'a d'effet que relativement aux étrangers qui chassent sur des terres non dépouillées de leurs fruits sans le consentement du propriétaire : pour ce dernier, dans l'hypothèse qu'il appartienne en effet aux préfets d'excepter de l'ouverture de la chasse les propriétés encore couvertes de leurs récoltes, c'est l'article 12 qui punit la chasse en temps prohibé qu'on devrait appliquer. Voici au reste une espèce qui se rattache aux principes que nous venons d'examiner, et dans laquelle l'arrêt intervenu peut être invoqué dans le sens de l'opinion que nous défendons. — **QUESTION**. *Lorsque le préfet, par son arrêté, n'a autorisé la chasse que sur les terrains non couverts de récoltes, le fait d'avoir chassé sur un terrain appartenant à autrui, et non encore dépouillé de ses récoltes, tombe-t-il sous l'application de notre article, et non sous celle de l'article 12, qui punit d'une amende de ciquante à deux cents francs la chasse en temps prohibé ?* La Cour de cassation a consacré l'affirmative: « Attendu que l'article 9 de la loi du 3 mai 1844, en subordonnant, comme l'article 1er de la loi du 30 avril 1790, le caractére licite du fait de chasse sur le terrain d'autrui au consentement du propriétaire, n'a pas reproduit la disposition contenue dans le 2e paragraphe de cet article, par laquelle il était interdit au propriétaire de chasser sur ses terres non dépouillées de leurs fruits; que ledit article 9 n'a fait de cette situation accidentelle du terrain sur lequel la chasse a eu lieu, qu'une circonstance aggravante du défaut de consentement; attendu que la loi ayant ainsi attribué à l'intérêt de la conservation des récoltes le degré de protection qu'elle a, seul, jugé nécessaire, il n'appartient ni à l'autorité administrative, ni aux tribunaux de modifier l'effet pénal de sa disposition; que le droit conféré aux préfets par l'article 3 de la loi précitée de déterminer par des arrétés l'époque de l'ouverture ou de la clôture de la chasse, est limité dans son exercice par ledit article 9, et ne peut ni détruire la conséquence légale du consentement du propriétaire, ni, en l'absence de ce consentement, et au cas où ce fonds est chargé de ses fruits, aggraver la peine du fait ainsi caractérisé; qu'ainsi le jugement attaqué, loin d'avoir violé, en prononçant contre Berthault, prévenu d'un acte de chasse sur une vigne non vendangée sans le consentement du propriétaire de ladite vigne, la peine dudit article 9 et non celle du fait de chasse en temps prohibé, la loi du 3 mai 1844 en a fait une saine appréciation ; rejette le pourvoi. » (Arrêt du 18 juillet 1845.) Nous venons de dire que cet arrêt peut être invoqué à l'appui de l'opinion que les préfets ne peuvent restreindre l'ouverture de la chasse aux terres dépouillées de leurs récoltes. En effet, s'ils avaient ce droit, la chasse devrait être considérée comme *non ouverte* quant aux terres encore couvertes de leurs récoltes, et conséquemment ce serait la peine que la loi applique au fait de chasse *en temps prohibé*, c'est-à-dire une amende de 50 fr à 200 fr. qu'on devrait prononcer, dans ce cas, et non la peine de l'article 9; car si aucun arrêté de l'ouverture de la chasse n'existait, il est bien certain que le prévenu qui aurait chassé serait poursuivi pour avoir chassé *en temps prohibé,* soit qu'il eût ou non chassé sur le terrain d'autrui. Comment la Cour de cassation pourrait-elle décider qu'il en doit être différemment lorsque le *temps prohibé* n'existe que quant à une partie des terres, si elle ne considérait pas cette prohibition comme prononcée en dehors des pouvoirs de l'autorité préfectorale. — La circonstance que les terres ne sont pas dépouillées de leurs fruits a encore cet effet qu'elle permet au ministère public de poursuivre le fait de chasse sur le terrain d'autrui, sans être obligé d'attendre la dénonciation du propriétaire. Voir l'article 26 et nos explications sur cet article. — La généralité des termes dont se sert notre article fait naître la question suivante : — **QUESTION.** *Lorsque le possesseur du droit de chasse n'est pas le propriétaire des récoltes et qu'il a chassé sans le consentement de ce propriétaire, commet-il le délit que prévoit ici notre article?* Evidemment, non ; car il exerce un droit qui lui appartient ; mais comme, en exerçant son droit, il cause un dommage à la propriété d'autrui, le fermier pourra, conformément à l'article 475, § 9, du Code pénal, obtenir contre le chasseur qui a dévasté ses récoltes des dommages-intérêts.

—**QUESTION.** *L'amende peut-elle être doublée non-seulement lorsqu'on chasse sur les terres d'autrui non dépouillées de leurs récoltes sans le consentement du propriétaire, mais encore lorsqu'on chasse sans permis de chasse sur ses propres terres couvertes encore de leurs récoltes?* La négative est certaine, comme nous l'indiquons plus haut ; car si chasser sur ses propres terres chargées de récoltes n'est pas un délit lorsqu'on a un permis de chasse, l'absence de ce permis ne peut donner à cette circonstance un caractère de délit qu'elle n'a pas par elle-même. Le propriétaire ayant le droit d'user et d'abuser de sa chose, le délit de chasse ne s'aggrave pas par la circonstance qu'il chasse sans permis sur ses terres non dépouillées de leurs récoltes; il n'y a pas là ce mépris de la chose d'autrui que la loi a voulu punir par l'aggravation de peine, lorsque la chose d'autrui était plus sacrée à raison des récoltes qui la couvraient encore.

—**QUESTION.** *Qu'entend-on par terres non dépouillées de leurs fruits?* Si on s'attache aux différentes modifications que cette disposition a subies, on demeure convaincu que le législateur, pour ne pas rendre l'exercice de la chasse impossible dans certains pays, a entendu cette disposition d'une manière large : aussi, il ne suffit pas que les terres soient *ensemencées* pour que l'aggravation de peine existe; il faut que

les blés soient en tuyau, c'est ce qui résulte de la suppression
du mot *ensemencées* qui se trouvait dans le projet, parce
que si, d'un côté, il restreignait trop l'exercice du droit de chasse,
d'un autre côté, la disposition pénale n'aurait plus compris que
les fruits industriels, et aurait, par suite, laissé les fruits naturels, tels que l'herbe des prés, sans protection ; de même on a
substitué le mot *fruits* au mot *produits*, auquel les tribunaux
auraient pu donner un sens trop étendu. En un mot, par les expressions que nous expliquons, le législateur n'a entendu protéger la propriété par l'aggravation de la peine que dans le cas où
le délit peut causer un préjudice plus grand. Au reste, comme
cette disposition reproduit les expressions de la loi de 1790, la
jurisprudence, qui déjà s'est formée, servira à éclairer les tribunaux. Voici ce que porte un arrêt de la Cour de cassation sur ce
point : « Attendu que les dispositions de la loi du 30 avril 1790,
qui défend, même aux propriétaires ou possesseurs, de chasser dans les terres non closes avant le dépouillement entier des
fruits, ne peut s'entendre que des terres qui peuvent produire
encore des fruits propres à être récoltés et auxquels le passage
des chasseurs pourrait causer des dommages ; que, sur le
point de savoir s'il en est ainsi d'une prairie artificielle, au
moment où l'on y chasse, c'est un véritable point de fait, subordonné à la fertilité du sol, à la variation des saisons et aux
usages du pays ; et qu'il résulte suffisamment du jugement du
tribunal de Melun attaqué, que le fait de chasse dont il s'agit a
eu lieu sur une pièce de luzerne dont la deuxième coupe avait
été faite, qui n'était plus destinée à être fauchée, et qui n'a pu
éprouver aucun dommage dudit fait de chasse ; rejette. »
(Arrêt du 30 janvier 1840 ; Sirey, 45, II, 107, à la note.)
Cette jurisprudence paraît avoir adopté la distinction suivante : ou le fait de chasse a causé aux fruits un dommage
réel, ou il n'en a causé aucun : dans le premier cas, les tribunaux appliquaient la peine portée par la loi de 1790 ; dans le
second, ils ne l'appliquaient pas : aujourd'hui, ils doubleront
ou ne doubleront pas l'amende suivant la même distinction.
Nous rapporterons, au reste, sous l'article 26, plusieurs arrêts
qui serviront à se fixer sur ce qu'il faut entendre par terres non
dépouillées de leurs fruits. — **QUESTION**. *Un jugement qui
aurait doublé l'amende, bien qu'aucun dommage ne fût
résulté du fait de chasse sur un terrain chargé de fruits,
serait-il susceptible d'être annulé par la Cour de cassation ?* Non ; car c'est là de la part des juges une appréciation de fait qui échappe à la censure de la Cour : la cassation ne pourrait être prononcée qu'autant qu'il serait constant

par le jugement même, que les juges ont doublé l'amende, bien qu'il n'y eût pas de fruits sur le terrain. — Il ne faut pas confondre avec le fait de chasse dans les récoltes d'autrui la dévastation des récoltes sur pied que punit l'article 444 du Code pénal, et qui suppose le fait commis méchamment avec intention de nuire ; si ce fait se trouvait joint au fait de chasse, se serait le cas d'appliquer l'article 17, qui veut que dans le cas où deux délits ont été commis, on applique la peine la plus forte.

Sur un terrain entouré d'une clôture continue. L'article 2 de la loi du 30 avril 1790 portait aussi une aggravation de peine dans ce cas : « L'amende et l'indemnité ci-dessus, statuées contre celui qui aura chassé sur le territoire d'autrui, seront portées respectivement à 30 livres, et à 15 livres quand le terrain sera clos de murs ou de haies, et à 40 livres, et 20 livres dans le cas où le terrain clos tiendrait immédiatement à une habitation. » De même qu'il y a dans le fait de chasse sur des terres non dépouillées de leurs récoltes une atteinte aux principes protecteurs de l'agriculture, il y a dans le fait de chasser sur un terrain enclos une atteinte plus grave au droit de propriété, et par suite, il était juste de venger ce grand principe violé, par une aggravation de peine. Mais il est bien clair que cette disposition ne s'appliquant qu'au cas où l'on chasse sur le terrain enclos appartenant à autrui, l'aggravation de peine ne peut être encourue par le propriétaire qui chasse sans permis de chasse sur son terrain enclos ; car loin que ce fait soit plus grave que le fait de chasse sur ses terres non closes, il l'est au contraire moins, puisque la clôture de la terre rend l'infraction de la loi moins publique, et par suite moins répréhensible. La simple peine du délit de chasse sans permis sera donc suffisante dans ce cas pour réprimer l'infraction.

Mais non attenant à une habitation. Nous verrons, article 13, que la peine peut être, dans le cas où le terrain enclos sur lequel on a chassé est attenant à une maison habitée ou servant à habitation, d'une amende de 50 à 300 francs et d'un emprisonnement de six jours à trois mois.

Le fait du passage des chiens courants sur l'héritage d'autrui. Les anciens principes sur la chasse autorisaient le droit de suite sur l'héritage d'autrui : « Si mon voisin, disait Pothier, a levé sur son fief un gibier, je ne puis, tant que ses chiens sont à sa poursuite, l'empêcher de le suivre sur mon fief. » (*Du droit de propriété,* n° 48). Ce droit de suite ne pouvait plus se concilier avec l'inviolabilité du droit de propriété reconnu par nos lois actuelles, et conséquemment toutes les fois qu'un chasseur lance ses chiens sur l'héritage d'autrui, lors même qu'il n'y pénétrerait pas lui-même, il commet le délit de chasse sur le terrain d'autrui ; mais ce principe, appliqué trop rigoureusement, aurait pu conduire à prononcer des condamnations injustes ; il aurait surtout eu pour effet de rendre presque impossible la chasse à courre. Il arrive fréquemment, et surtout dans cette chasse, que des chiens attachés à la voie suivent le gibier sur le terrain d'autrui, contre la volonté et malgré les efforts du chasseur ; si les juges reconnaissent ces caractères au fait du passage des chiens sur l'héritage d'autrui, ce passage ne sera pas considéré comme un délit de chasse ; mais cette circonstance sera tout entière abandonnée à l'appréciation du juge ; car la disposition que nous expliquons n'est « qu'une simple indication qui ne lie pas les juges, et qui doit seulement les guider dans l'appréciation des faits soumis à leur examen » (motif du projet de loi à la Chambre des pairs). Comme les *chiens d'arrêt* reviennent toujours à l'appel des chasseurs, la disposition se restreint nécessairement aux *chiens courants*, à moins toutefois qu'il ne fût établi que le chasseur n'a pas pu empêcher l'introduction des chiens d'arrêt. — **QUESTION.** *Le fait du chasseur passant à la suite de ses chiens courants sur le terrain d'autrui est-il toujours punissable ?* Sans nul doute, car l'exception ne s'étend pas au chasseur. Lorsqu'à la suite de ses chiens il poursuit le gibier, il chasse évidemment sur le terrain d'autrui, et conséquemment il contrevient à la loi ; c'est d'ailleurs ce qui a été reconnu dans la discussion à la Chambre des pairs.

Sauf l'action civile, s'il y a lieu. On nomme cette action *civile* par opposition à l'*action publique,* dont s'occupe particulièrement le Code d'instruction criminelle dans ses dispositions préliminaires. Il est facile, au moyen de quelques explications, de déterminer la nature de ces deux actions : toute espèce de délit, en troublant l'ordre public, base de l'existence sociale, offense nécessairement la société tout entière : or, l'*action publique* est le droit qui appartient à toute la société, *au public,* de poursuivre la vengeance du mal qui lui a été fait ; le même délit qui attaque tout le corps social blesse le plus souvent un citoyen en particulier ; mais vengé comme membre de la société, par l'application de la peine que réclament les fonctionnaires préposés pour exercer l'action publique, le citoyen lésé dans ses intérêts privés ne saurait plus invoquer que la loi *civile,* qui veut que tout fait de l'homme qui cause à autrui un dommage soit réparé par l'auleur de ce dommage (art. 1382 du Code civil). On nomme par suite *action civile*, le droit, la faculté qui appartient au citoyen lésé de poursuivre la réparation du dommage qu'il a éprouvé : ainsi, un vol de 100,000 francs m'a été fait ; comme le *vol* porte atteinte à l'ordre public qui commande le respect à la propriété, on poursuivra, au moyen de l'action publique, l'application de la peine dont la loi punit le vol ; mais si la société est vengée par l'application de cette peine, je dois, moi, recouvrer les 100,000 francs qui m'ont été enlevés, et c'est pour les réclamer que j'exercerai l'action civile. (Art. 3, C. inst. cr.)

Aux arrêtés des préfets concernant les oiseaux de passage, le gibier d'eau, la chasse en temps de neige. C'est là un délit tout à fait nouveau et spécial ; on a pensé que des peines de simple police seraient insuffisantes pour réprimer ces infractions.—Nous avons dit, sous l'article 3, à la troisième note, que la publication des arrêtés préfectoraux résulte de leur insertion au bulletin des actes de la préfecture ; mais cette insertion ne suffit pas pour rendre obligatoires les arrêtés concernant l'ouverture et la clôture de la chasse ; les oiseaux de passage, le gibier d'eau, la chasse en temps de neige, etc. C'est ce qui a été positivement jugé dans l'espèce de la question suivante. — **QUESTION.** *Les arrêtés des préfets concernant la chasse ne deviennent-ils obligatoires pour les citoyens qu'autant qu'ils ont été publiés dans chaque commune par les voies en usage, et non par leur simple insertion au bulletin des actes de la préfecture ?* La Cour de cassation a consacré l'affirmative. « Vu les articles 1er, titre II, de la loi du 24 août 1790, et 471, § 15, du Code pénal ; attendu que tout règlement administratif dont l'infraction emporte l'application d'une peine n'a force d'exécution que par la connaissance qui en est légalement donnée à ceux auxquels est imposée l'obligation de s'y conformer ; que c'est là une maxime constante de notre droit public, spécialement consacrée par les articles précités de la loi du 25 août 1790 et du Code pénal ; attendu que cette connaissance ne saurait résulter de la seule insertion desdits règlements au bulletin des actes de la préfecture ; que ce bulletin, fondé par une circulaire de l'administration centrale en date du 21 septembre 1815, et destiné uniquement à faciliter les rapports des préfets avec les divers fonctionnaires placés sous leurs ordres, n'a, aux termes mêmes de l'acte de son institution, d'effet, quant aux administrés, que si, par suite de sa transmission à ces fonctionnaires, les arrêtés d'intérêt général qu'il renferme reçoivent dans chaque localité, par les voies en usage, la publication qui peut seule

14.

leur conférer un caractère obligatoire ; attendu que dans l'espèce le jugement dont était appel avait formellement déclaré en fait que l'arrêté du préfet de la Haute-Marne portant interdiction de chasser en temps de neige n'avait pas été publié dans la commune de Noirécourt sur le territoire de laquelle avait eu lieu l'acte de chasse objet de la poursuite ; qu'il s'est borné à décider en droit que les arrêtés administratifs étaient, en ce qui concerne leur publication, régis par les dispositions des articles 1er et 3 du Code civil et de l'ordonnance du 27 novembre 1816 ; attendu qu'en confondant ainsi avec les lois et ordonnances auxquelles ces textes se rapportent limitativement, les règlements locaux que les principes de la matière et la loi du 24 août 1790 combinée avec l'article 471 du Code pénal ont rangés sous l'empire des prescriptions spéciales, le jugement attaqué a méconnu ces principes et violé ces articles ; casse. » (Arrêt du 5 juillet 1845.) — Il est clair qu'il ne suffira pas qu'une légère quantité de neige soit tombée pour que cette circonstance constitue un temps de neige. Il serait utile que les préfets déclarassent ce que l'on devra considérer comme temps de neige. A défaut de cette déclaration, l'appréciation du fait appartiendra aux juges

L'emploi des chiens lévriers. Nous avons vu que les arrêtés des préfets doivent régler les *conditions* de l'emploi des chiens lévriers pour la destruction des animaux nuisibles ; c'est lorsqu'on enfreint ces conditions qu'on encourt la peine prononcée ici par notre article (16 à 100 francs d'amende) ; car si au lieu de les employer à la destruction des animaux nuisibles on chassait les autres animaux au moyen de lévriers, ce serait la peine prononcée par l'article 12, n° 2, qu'il faudrait prononcer, c'est-à-dire 50 à 200 francs d'amende.

Soit dans les bois soumis au régime forestier, soit sur les propriétés dont la chasse est louée au profit des communes ou établissements publics. Les bois soumis au régime forestier sont les bois de l'État, des communes, des hospices et des autres établissements publics (art. 1er Code forest.). La loi ne parlant que des bois soumis au régime forestier, il est clair que la disposition n'est pas applicable aux fermiers de la chasse sur des propriétés de l'État autres que les bois, et aux fermiers de la chasse dans les bois des particuliers et à plus forte raison aux fermiers de la chasse sur les autres propriétés des particuliers.

Aux clauses et conditions de leurs cahiers de charges relatives à la chasse. Cette disposition est nouvelle : voici en quels termes la justifiait M. le garde des sceaux en présentant la loi à la Chambre des pairs : « Dans l'état de la législation, les contraventions à ces clauses ne donnent lieu qu'à des réparations civiles. L'action de l'administration forestière est sans cesse entravée par les formalités qu'entraînent toujours les procès devant la juridiction civile. C'est ainsi que l'article 37 du Code forestier porte que toute contravention aux clauses et conditions du cahier des charges, relativement au mode d'abattage des arbres et au nettoiement des coupes, sera puni d'une amende qui ne pourra pas être moindre de 50 francs ni excéder 500 francs. L'intérêt général qui a fait adopter cette mesure justifie également celle que nous proposons.» Il est clair qu'il ne s'agit pas ici de délits prévus par les défenses de la loi générale, mais bien des faits de chasse qui, avant la clause que nous expliquons, auraient donné lieu seulement à des réparations civiles, par exemple, si le fermier qui, par une des conditions du cahier des charges, devait chasser seul, chasse avec des amis. — **QUESTION**. *Lorsque l'adjudicataire du droit de chasse dans un bois communal avec clause limitant le nombre de chasseurs qu'il pourra s'adjoindre, en conduit un plus grand nombre, l'amende portée par le n° 5 du présent article, contre les fermiers du droit de chasse qui auront contrevenu aux conditions de leurs cahiers de charges, doit-elle être prononcée seulement contre cet adjudicataire et non contre tous les chasseurs ?* La cour de Dijon a consacré l'affirmative : « Considérant qu'une distinction est à faire entre la position du sieur D... et celle du chasseur qu'il s'est adjoint; que, par rapport au premier, comme il est adjudicataire de la chasse, et que son cahier des charges lui impose l'obligation de n'employer qu'un nombre déterminé de chasseurs qu'il a dépassé, il est constant qu'il a commis une infraction aux clauses du contrat et qu'il a encouru la peine prononcée par le n° 5 de l'article 11 de la loi du 3 mai 1844; mais qu'il en est autrement en ce qui concerne les autres prévenus, qui n'ont point contracté avec la commune; que la prohibition de chasser en nombre supérieur à celui fixé dans le réquisitoire ne résulte d'aucune disposition de la loi générale; qu'elle est imposée seulement par une clause du cahier des charges spécial à l'amodiation dont il s'agit; que si cette défense, purement conventionnelle, est cependant sanctionnée par la loi pénale, elle ne change point pour cela de nature; qu'en vertu des principes en matière de contrat, elle ne peut concerner que les parties qui ont comparu à l'acte, mais non les étrangers, pour lesquels elle est *res inter alios acta;* que d'ailleurs si la sanction rigoureuse dont il s'agit est juste vis-à-vis le fermier qui connaît les conditions de son bail, elle serait exorbitante contre des tiers qui ont pu les ignorer, et qui, invités à une partie de chasse par l'adjudicataire, n'ont pas dû préalablement se faire représenter le cahier des charges et arpenter la forêt ; qu'enfin les termes précis du n° 5 de l'article 11 invoqués : « Les fermiers de la chasse qui auront contrevenu aux clauses de leur cahier de charges, » démontrent que la peine ne peut être prononcée que contre les adjudicataires personnellement, mais non contre les individus qu'ils se sont adjoints, et qui, n'étant point fermiers, n'ont point de cahiers de charges auxquels ils aient pu contrevenir ; que, si la peine devait atteindre d'autres que le fermier, comme elle ne devait être prononcée que contre les personnes excédant le nombre permis, on ne saurait à qui l'appliquer, aucun ordre de numéros n'étant établi entre les personnes invitées, ce qui démontre qu'il ne peut y avoir qu'une seule peine et contre le seul adjudicataire, qui effectivement est, en ce cas, le seul en faute ; par ces motifs, etc. » (Arrêt du 24 décembre 1844 ; journal *le Droit* du 16 janvier 1845.) — **QUESTION**. *Si le fermier qui pouvait, d'après les clauses du cahier des charges, se faire accompagner de deux amis, chasse accompagné de quatre, quels seront, parmi eux, les deux qui devront être punis comme chassant en délit ?* Aucun des quatre, d'après l'arrêt ci-dessus, à moins qu'ils n'eussent chassé en contravention à quelque disposition de la loi générale, par exemple, sans permis de port d'armes ; s'il n'en est pas ainsi, il n'y a qu'un délit, celui que prévoit notre article, le délit du fermier qui viole le cahier des charges.

Art. 12. Seront punis d'une amende *de cinquante à deux cents francs*, et pourront en outre l'être d'un emprisonnement de six jours à deux mois. — 1° *Ceux qui auront chassé en temps prohibé ;* — 2° *Ceux qui auront chassé pendant la nuit, ou à l'aide d'engins et instruments prohibés, ou par d'autres moyens que ceux qui sont autorisés par l'article 9 ;* — 3° *Ceux qui seront détenteurs ou ceux qui seront trouvés munis ou porteurs, hors de leur domicile, de filets*, engins ou autres instruments de chasse prohibés ; — 4° Ceux qui, en temps où la chasse est prohibée, *auront mis en vente, vendu, acheté, transporté ou colporté du gibier;* — 5° Ceux qui auront employé *des drogues ou appâts* qui sont de nature à enivrer le gibier ou à le détruire; — 6° Ceux qui auront chassé *avec appeaux, appelants ou chanterelles.* — Les peines déterminées par le présent article pourront être portées au double contre *ceux qui auront chassé pendant la nuit sur le terrain d'autrui, et par l'un des moyens spécifiés au § 2, si les chasseurs étaient munis d'une arme apparente ou cachée.* — Les peines déterminées par l'article 11 et par le présent article seront toujours portées au maximum, lorsque les délits auront été commis *par les gardes champêtres ou forestiers des communes,* ainsi que par les gardes forestiers de l'État et des établissements publics.

＝ *De cinquante à deux cents francs.* Dans tous les cas auxquels le législateur va appliquer cette sanction, il y a une atteinte plus grave portée au principe conservateur de la chasse, que dans les cas énumérés par l'article précédent. La peine devait donc être plus considérable. Il est clair en effet que chasser en temps prohibé constitue un fait plus grave, pour la conservation du gibier, que de chasser en temps non prohibé sans permis de chasse. Ce sont surtout les braconniers qu'on a voulu atteindre par les dispositions qui vont suivre :

1° *Ceux qui auront chassé en temps prohibé.* L'article 1er de la loi du 30 avril 1790, que nous avons transcrit en entier sous l'article 1er de la présente loi, ne portait, pour le délit de chasse en temps prohibé, qu'une amende de 20 francs. « Défenses sont pareillement faites, sous ladite peine de 20 francs d'amende, aux propriétaires ou possesseurs, de chasser dans leurs terres non closes, même en jachères, à compter du jour de la publication du présent décret jusqu'au 1er septembre, etc. » Cette peine était évidemment trop minime pour arrêter ceux que l'appât du gain ou l'amour de la chasse entraînait à chasser en temps prohibé.

— QUESTION. *Les infractions en matière de chasse peu-*

vent-elles être excusées à raison de la bonne foi des prévenus ? Le tribunal de Jonzac avait consacré l'affirmative en ces termes : « Attendu que les prévenus sont nantis de permis de chasse qui leur ont été délivrés antérieurement au délit qui leur est imputé ; attendu que la chasse était ouverte dans le département de la Gironde à partir du 14 août dernier ; attendu que, s'il est vrai que les prévenus ont chassé dans la commune de Bédenas les jours indiqués dans la plainte, c'est-à-dire avant l'ouverture de la chasse dans le département de la Charente-Inférieure, dont la commune de Bédenas fait partie, il est vrai aussi, et cela résulte formellement des débats, que leur intention n'était pas de chasser dans ce département, et que, pour se garantir de cette action dans l'ignorance où ils étaient des limites du département de la Gironde dans lequel ils s'étaient rendus pour chasser, ils avaient pris un guide qui leur avait assuré et bien promis de les diriger constamment sur le territoire du département de la Gironde ; qu'ainsi, s'ils ont chassé dans la commune de Bédenas, c'est à leur insu et sans le vouloir ; que dès lors ils n'ont commis aucun délit ; par ces motifs, le tribunal dit qu'il n'y a pas lieu d'entrer en condamnation contre les sieurs Desmivail et Collet ; en conséquence, les relaxe sans dépens. » Sur l'appel du ministère public, le tribunal de Saintes confirma le jugement : « Attendu que l'infraction aux lois sur la chasse est un délit et non pas une contravention, attendu que le délit se constitue d'un fait matériel et d'une intention criminelle ; attendu que si la bonne foi ne peut être admissible lorsqu'il s'agit de l'ignorance d'une loi existante, parce que nul n'est censé ignorer la loi, il n'en pourrait être de même lorsqu'il s'agit d'un fait ; attendu que les prévenus avaient fait tout ce qu'ils avaient pu pour ne pas commettre le délit qui leur est imputé ; que dès lors ils étaient de bonne foi ; adoptant au surplus les motifs des premiers juges ; dit qu'il a été bien jugé. » Mais ce jugement ayant été dénoncé à la Cour de cassation par le ministère public, cette Cour a adopté l'opinion contraire : « Vu les articles 12 et 16 de la loi du 3 mai 1844 ; attendu qu'en matière de chasse, et dans l'absence de toute règle écrite, le caractère légal du fait dépend de sa nature ; attendu que l'infraction à un arrêté réglementaire portant dans un intérêt général des prohibitions qui tendent à prévenir la destruction du gibier ou des récoltes, doit être considérée, quelles que soient la juridiction appelée à en connaître et la peine qui lui est applicable, comme participant du caractère d'une contravention de police ; attendu que ce fait ne peut être excusé par l'intention, dès qu'il est

reconnu que celui auquel il est imputé a librement et volontairement procédé à l'acte de chasse dont il a dès lors assumé
les conséquences pénales; attendu que dans l'espèce il a été
établi et déclaré que les sieurs Collet et Desmivail avaient
chassé sur le territoire de la Charente-Inférieure à une époque
où, en vertu d'un arrêté du préfet de ce département, la
chasse y était interdite; attendu qu'il ne ressort d'aucune des
énonciations du jugement attaqué que la viola ion constatée à
leur charge de la disposition prohibitive de ce règlement, ait
été le résultat de la force majeure, et qu'en admettant comme
base d'une décision de relaxe une exception de bonne foi qui,
en dehors de ce cas, ne pouvait avoir pour effet de détruire
le caractère pénal de l'acte objet de la poursuite, le tribunal
correctionnel de Saintes a violé les articles 12 et 16 de la loi du
3 mai 1844: casse, etc. » (Arrêt de la chambre criminelle du
12 avril 1845). La cour de Bourges a consacré les mêmes principes par l'arrêt suivant : « Considérant qu'il s'agit ici d'une matière spéciale, dans laquelle l'article 463, Code pénal, relatif
aux circonstances atténuantes, a été expressément déclaré
inapplicable; que la loi sur la police de la chasse, sinon dans
la majeure partie de ses dispositions, au moins dans celles relatives au permis, est une loi de fiscalité, et qu'enfin, ainsi
qu'il a été proclamé et reconnu dans les exposés de motifs, les
rapports et les discussions dont elle a été l'objet, les infractions à cette loi, quoique qualifiées délits et punies des peines
correctionnelles, n'en sont pas moins, en réalité, plutôt de
simples contraventions matérielles que de véritables délits;
qu'ainsi, à ce triple titre, la question d'intention ne doit entrer
pour rien dans leur appréciation, en ce sens que toutes les fois
que, résultat d'une volonté libre, elles consistent dans des faits
de chasse caractérisés, il n'y a, en aucune façon, à rechercher si leurs auteurs avaient, ou non, en se les permettant,
l'intention de commettre, ou même la conscience qu'ils commettaient un délit. » (Arrêt du 27 février 1845; Sirey, 45, II,
240.) Sans entendre combattre d'une manière absolue cette
décision de la Cour suprême et de la cour de Bourges, nous ne
croyons pas, avec ces deux cours, que pour reconnaître le caractère légal du fait de chasse, *il y ait absence d'une règle
écrite*, et que par suite la détermination de cette règle dépende
de la nature du fait. Il nous semble qu'il suffit de rapprocher
les articles 137, 138 et 179 du Code d'instruction criminelle,
l'article 1er du Code pénal, pour se convaincre que les faits
illicites de chasse ont les caractères des délits et non pas ceux
des contraventions. La loi, en effet, pour qualifier les infractions

qu'elle punit, ne s'est pas attachée à la nature de ces contraventions, mais à la nature et à l'étendue des peines qui doivent être appliquées. L'article 1er du Code pénal porte : « L'infraction que les *lois* punissent des peines de police est une *contravention*. L'infraction que les *lois* punissent de peines correctionnelles est un *délit*. L'infraction que les *lois* punissent d'une peine afflictive ou infamante est un *crime*. L'article 137 du Code d'instruction criminelle est ainsi conçu : « Sont considérés comme contravention de police simple les faits qui, d'après les dispositions du ive livre du Code pénal, peuvent donner lieu soit à 15 francs d'amende ou au-dessous, soit à cinq jours d'emprisonnement ou au-dessous, etc. » Art. 138 : « La connaissance des contraventions de police est attribuée au juge de paix et au maire, suivant les règles et les distinctions qui seront ci-après établies. » Art. 179 : « Les tribunaux de première instance en matière civile connaîtront en outre, sous le titre de *tribunaux correctionnels*, de tous les délits forestiers poursuivis à la requête de l'administration, et de tous les *délits* dont la peine excède *cinq jours d'emprisonnement et quinze francs d'amende.* » N'est-il pas clair, en rapprochant tous ces textes, que la loi elle-même détermine ce qu'elle entend par contravention et par délit; qu'elle ne les distingue pas d'après leur nature, mais uniquement d'après celle des peines qu'elle établit : cette vérité ressort encore des articles 9, 464, 465, 466 du Code pénal. L'article 9 porte : « Les peines en matière corectionnelle sont : 1° l'emprisonnement à temps dans un lieu de correction; 2° l'interdiction à temps de certains droits civiques, civils ou de famille; 3° l'amende. Le livre iv du même Code est intitulé *des Contraventions de police et peines.* L'article 464, placé sous cette rubrique, porte : « Les peines de police sont l'emprisonnement, l'amende et la confiscation de certains objets saisis. » L'article 465 : « L'emprisonnement pour contravention de police ne pourra être moindre d'un jour ni excéder cinq jours, selon les classes, distinctions et cas ci-après spécifiés... » Art. 466 : « Les amendes pour contravention pourront être prononcées depuis un franc jusqu'à quinze francs inclusivement, selon les distinctions et classes ci-après spécifiées, et seront appliquées au profit de la commune où la contravention aura été commise. » N'est-il pas clair que toute infraction, quelle que soit sa nature, est aux yeux de la loi ou un *délit* ou une *contravention,* selon que la peine que la loi prononce consiste en un emprisonnement excédant ou n'excédant pas cinq jours, ou en une amende supérieure ou inférieure à quinze francs.

Pour que cette règle générale reçoive son application, il n'est pas nécessaire qu'il s'agisse d'infractions prévues par le Code pénal : les expressions des dispositions que nous avons rapportées n'ont rien de limitatif; elles ne contiennent qu'une exception qui confirme la règle; cette exception est écrite dans l'article 5 du Code pénal, portant : « Les dispositions du présent Code ne s'appliquent pas aux contraventions, délits et crimes *militaires.* » Tout ceci posé, il ne reste qu'à rechercher de quelles peines la loi sur la chasse punit les infractions à ses dispositions : or, il suffit de l'ouvrir pour s'assurer qu'elle prononce des peines d'emprisonnement supérieures à cinq jours et des amendes supérieures à 15 francs. Au reste, la Cour de cassation elle-même a appliqué ces règles en considérant comme un *délit,* par les motifs que nous venons de développer, un fait de chasse qui avait accompagné un meurtre, et en décidant par suite que c'était la peine de mort qui devait dans ce cas être prononcée : voir cet arrêt en date du 11 mars 1822, rapporté sous l'article 1er. Ne serait-il pas souverainement injuste que l'on pût considérer les faits illicites de chasse comme des délits pour appliquer la peine de mort, lorsqu'ils deviennent une aggravation du meurtre, et de les considérer comme de simples contraventions lorsqu'il s'agit d'apprécier l'intention ? Nous pensons donc que si la jurisprudence de la Cour de cassation doit s'établir dans le sens de l'arrêt que nous avons rapporté, ce n'est pas à raison de ce qu'un fait de chasse participe plus de la contravention que du délit, mais parce que l'article 463, relatif aux circonstances atténuantes, a été déclaré non applicable aux matières de chasse comme aux matières forestières. Voici en effet, quant à ces matières, comment la Cour de cassation a jugé la question de *bonne foi* des délinquants : « Attendu, en droit, qu'en défendant aux tribunaux d'appliquer aux matières forestières les dispositions de l'article 463, Code pénal, relatif aux circonstances atténuantes, et par conséquent de modérer d'après ces circonstances les peines encourues, l'article 203, Code forestier, qui n'est que la reproduction de l'article 14, titre XXXII de l'ordonnance de 1669, rejette implicitement et nécessairement l'exception de la prétendue bonne foi; que la défense de modérer les peines d'après les considérations tirées de la bonne foi emporte, à plus forte raison, celle de renvoyer les prévenus des poursuites dirigées contre eux à raison des faits légalement constatés; qu'à l'autorité administrative seule appartient le droit d'apprécier les exceptions tirées d'une erreur involontaire pour accorder, d'après cette appréciation, les réductions que les circonstances où l'équité peuvent faire admettre ; mais que les tribunaux ne peuvent, sans excès de pouvoir, entrer dans l'appréciation dont il s'agit, et s'affranchir ainsi de l'obligation qui leur est imposée de prononcer les peines portées par la loi contre le fait matériel de la contravention ; attendu, en fait, qu'il résulte du procès-verbal servant de base à la poursuite, et qu'il n'est pas contredit par le jugement attaqué, que les prévenus ont coupé dans le bois communal de Melicoq une quantité de bois évaluée à vingt-cinq fagots, et avaient disposé ce bois pour le façonner plus tard à leur profit ; que par ce fait ils s'étaient rendus passibles des peines portées en l'article 194, Code forestier ; que néanmoins le jugement attaqué a refusé de leur faire application des dispositions de cet article, et les a renvoyés des fins de la plainte, sur le motif qu'ayant été induits en erreur par la direction des bornes, ils avaient agi de bonne foi ; qu'en prononçant ainsi, le tribunal de Beauvais a excédé ses pouvoirs, violé l'esprit et le sens de l'article 203, Code forestier, et violé également, en ne l'appliquant pas, l'article 194 du même Code ; cassé. » (Arrêt du 12 mai 1843 ; Sirey, 44, 1, 158.)

2° *Ceux qui auront chassé pendant la nuit, ou à l'aide d'engins et instruments prohibés.* Ces deux délits sont mis sur la même ligne et punis de la même peine. Nous avons vu sous l'article 9 que c'est aux juges qu'il appartient d'apprécier, d'après les circonstances, s'il faisait jour ou non lorsqu'on a chassé. Il résulte de la rédaction du n° 2 que nous expliquons, comparé au n° 6, § 2 du même article, que la circonstance qu'on a chassé la nuit sur son propre terrain à l'aide d'engins et instruments prohibés n'est pas une circonstance aggravante du délit. La loi ne permet de porter *au double* la peine qu'elle prononce qu'autant qu'on a chassé la nuit *sur le terrain d'autrui.* Au reste, lorsqu'on a chassé en temps prohibé ou pendant la nuit, ou à l'aide d'engins prohibés, il importe peu que l'on fût ou non muni d'un permis de chasse ; car la peine que prononce notre article étant plus forte pour les délits qu'il prévoit que celle que prononce l'article précédent pour le délit de chasse sans permis, cette peine seule doit être prononcée conformément à l'article 17 ; seulement il sera loisible aux juges, dans ce cas, d'appliquer le maximum.

Ou par d'autres moyens que ceux qui sont autorisés par l'article 9. Ces moyens sont la chasse à tir et à courre, et les furets et bourses pour prendre les lapins.—**QUESTION.** *La chasse à tir avec un miroir, pendant le temps où la chasse est ou-*

verte, constitue-t-elle le délit de chasse par l'emploi de moyens autres que ceux qui sont autorisés par l'article 9? La cour de Grenoble a consacré la négative : « Attendu que du procès-verbal dressé par la gendarmerie, il résulte que les prévenus Grandperret et Laffolay ont été trouvés chassant à tir, avec l'aide d'un miroir, sur le territoire de la commune de Villeurbaune, le 27 octobre 1844; que les deux prévenus étaient porteurs d'un permis de chasse, et qu'il n'est point constaté au procès-verbal que le terrain sur lequel ils chassaient n'était pas dépouillé de ses fruits; que, dès lors, la seule question à examiner est celle de savoir si le miroir dont ils se servaient pour attirer le gibier doit être considéré comme un engin et un instrument prohibé dont l'emploi n'aurait pu être autorisé que par un arrêté du préfet de l'Isère, pris en conformité de la loi, autorisation qui n'existe pas dans l'espèce; attendu que, dans l'acception usuelle du mot *engin*, qui n'a pas été défini dans la loi, on ne peut entendre que les objets et instruments qui, matériellement et directement, saisissent ou tuent le gibier, qui sont des moyens uniques et principaux, sans y ajouter l'emploi du fusil, tels que les filets, lacets, collets ou autres intruments du même genre; que le miroir, ne pouvant servir seul à prendre ou à tuer le gibier, n'est point un engin proprement dit; que le miroir employé par l'individu qui chasse à tir ne peut être considéré que comme un des accessoires de cette chasse, et que, n'ayant pour but et pour effet que d'attirer le gibier, il n'est que l'auxiliaire de la chasse à tir, comme le chien qui recherche et fait lever le gibier; attendu que si le n° 2 de l'article 12 de la loi du 3 mai 1844 est applicable au fait de chasse avec instruments prohibés, autres que les engins, il faut rechercher dans la loi quels sont les instruments prohibés; et que le même article, au n° 6, indique les appeaux, appelants, chanterelles; mais qu'on ne saurait même, par assimilation, appliquer cette énonciation au miroir, et le ranger parmi ces instruments dont l'emploi est nommément défendu; et que d'ailleurs la mention spéciale d'une prohibition est exclusive de toute interprétation, de toute extension : que si, par les mots *engins* et *instruments prohibés*, le législateur eût voulu interdire tous les instruments qui servent à attirer le gibier, il eût été inutile de comprendre les appeaux, appelants et chanterelles dans une disposition spéciale; attendu que le miroir ne peut rentrer dans les termes du n° 5 de l'article 12, et constituer un appât, car par là encore on n'a eu en vue que l'appât considéré comme moyen principal de destruction; attendu qu'il résulte du rapport à la Chambre des pairs, que, pour interdire la chasse à tir, quand à ce mode de chasse vient se joindre l'emploi d'appeaux, appelants et chanterelles, on a jugé nécessaire de formuler une prohibition spéciale, parce que, selon les expressions du rapport, cette chasse à tir avec appeaux, appelants et chanterelles, se trouvait indirectement permise, si la loi ne s'en expliquait autrement; que si une disposition formelle a été indispensable pour interdire ce mode de chasse, le législateur aurait pris le même soin dans les mêmes circonstances, pour interdire la chasse à tir à l'aide d'un miroir, s'il avait entendu la prohiber; qu'il faut conclure de ce silence que la chasse à tir avec l'aide d'un miroir se trouve indirectement permise, la loi ne s'en étant pas expliquée autrement; attendu que, d'après l'article 9, tout individu qui a obtenu un permis de chasse a le droit, quand la chasse est ouverte, de chasser à tir; que les expressions du § 2 « tous autres moyens de chasse sont prohibés » prouvent, sauf les expressions portées au n° 6 de l'article 12, qu'il suffit que la chasse ait eu lieu à tir pendant le jour pour ne pas constituer un délit, et que le fait de chasse à tir et avec un miroir, sur un terrain où on a droit de chasse, ne peut constituer un délit en temps où la chasse est ouverte, et quand le chasseur est porteur d'un permis; attendu que, dans l'espèce, la chasse était ouverte le 27 octobre, dans le département de l'Isère ; que les prévenus étaient porteurs d'un permis, et qu'il n'est point constaté qu'ils aient été trouvés sur un terrain appartenant à autrui, et non dépouillé de ses fruits; par ces motifs, la Cour confirme, etc. » (Arrêt du 2 janvier 1845, journal *le Droit* du 4 février.) Mais ce mode de destruction des oiseaux pourrait être interdit par arrêté préfectoral en vertu de l'article 9. — Nous avons vu sous ce même article 9 que la chasse aux *lévriers* est défendue, et que leur emploi n'est permis qu'autant que les préfets l'autorisent dans leurs arrêtés pour la destruction des animaux nuisibles. Nous avons encore remarqué, sous ledit article 9, que lorsqu'on chasse aux lévriers, hors le cas où les arrêtés des préfets les admettent, on encourt la peine prononcée par notre article ; car alors on chasse par un *autre moyen* que les moyens consacrés par la loi; mais lorsque l'emploi des lévriers pour la destruction des animaux nuisibles est permis dans les arrêtés, si on contrevient aux conditions de cet emploi prescrites par l'arrêté, on encourt la peine prononcée par l'art. 11. Enfin il y a délit de chasse *en temps prohibé* si le maître de *chiens courants,* bien qu'il ne chasse pas lui-même, les laisse chasser sans les rappeler au moment de son arrivée sur les lieux où ils sont en chasse. (Arrêt de la cour royale de Besançon du 8 juillet 1845 ; *Gazette des Tribunaux* du 5 août.)

3° *Ceux qui seront détenteurs ou ceux qui seront trouvés munis ou porteurs, hors de leur domicile, de filets*, *etc.* Cette disposition a été empruntée en partie à l'article 39 de la pêche fluviale ; et le motif qui l'a dictée est le même : puisque l'usage des filets et engins est prohibé, les individus n'ont pu en être trouvés munis que parce qu'ils s'en sont servis au mépris des prohibitions de la loi, ou qu'ils ont l'intention de s'en servir. Mais cette intention est toujours présumée, et la preuve contraire ne pourrait se faire, car la loi punit la simple détention ; on a été amené à cette rigueur par la considération que cette mesure était le moyen le plus efficace pour atteindre les braconniers qui s'enveloppent de mystères pour exercer leur coupable industrie, et qu'il est même dangereux de chercher à saisir en flagrant délit ; mais à la différence de la loi sur la pêche, notre article ajoute à la disposition le fait de la simple *détention*, et en rapprochant ce mot du reste de la disposition, on voit qu'il s'agit de la détention des filets ou engins dans le domicile même. Cependant n'était-il pas à craindre qu'on exposât les citoyens à des visites domiciliaires, et par suite à des vexations, pour faire la recherche des filets ou engins ? On a répondu que cette mesure ne tomberait jamais que sur des braconniers connus, et que les visites domiciliaires ne pouvant se faire qu'avec l'observation de certaines formalités et par les magistrats qui ont qualité pour pénétrer dans le domicile, on n'avait pas à craindre que les citoyens paisibles fussent réellement troublés dans leur domicile par des mesures vexatoires. Voici comment M. le garde des sceaux, dans sa circulaire, motive cette disposition : « La loi sur la pêche fluviale ne punit que les individus trouvés munis ou porteurs, hors de leurs domiciles, de filets et engins prohibés. La loi sur la chasse va plus loin : elle punit ceux qui en sont possesseurs et les détiennent dans leurs domiciles. Il a été reconnu qu'une demi-mesure serait insuffisante ; que les braconniers, qui font usage de ces immenses filets à l'aide desquels on détruit des compagnies entières de perdreaux, n'auraient jamais l'imprudence de se montrer porteurs, en plein jour, de ces instruments de délit, et que, pour atteindre sûrement le but que l'on devait se proposer, il était nécessaire de rechercher les filets et les engins prohibés jusque dans leurs domiciles. L'exécution de la disposition dont il s'agit ne peut faire craindre d'abus. Les vi-

15.

sites domiciliaires, pour constater la détention des instruments de chasse prohibés, ne devront avoir lieu, comme pour les délits ordinaires, que sur la réquisition du ministère public et en vertu d'une ordonnance du juge d'instruction.» Mais on a remarqué que cette garantie, qui résulte de l'intervention des magistrats, disparaîtrait en cas de *flagrant* délit, puisque dans ce cas tous les officiers auxiliaires du juge d'instruction ou du procureur du roi peuvent s'introduire dans le domicile; mais nous verrons plus bas que le flagrant délit ne peut exister quant à la détention d'engins prohibés. Ces mots *hors de leur domicile,* depuis l'adoption de l'amendement qui comprend dans la disposition pénale même la *détention* dans le domicile, n'ont plus de sens, car puisque la détention dans le domicile est punie, à plus forte raison l'est-elle hors du domicile. Ce sera aux tribunaux qu'il appartiendra de décider si les filets, engins et autres instruments qui peuvent se trouver en la possession d'un individu sont véritablement des instruments de chasse; car s'il était constant qu'on se sert d'un filet ou de tout autre instrument pour un usage rentrant dans l'état ou dans l'industrie d'un individu qui n'aurait pas l'habitude de chasser, ce serait abuser de la sévérité de la loi que d'appliquer dans ce cas la peine que notre article prononce.

— **QUESTION.** *Des perdrix trouvées dans le domicile des inculpés peuvent-elles être de droit réputées chanterelles, c'est-à-dire instruments de chasse, et, comme telles, valablement saisies ?* Le tribunal de Bourges a embrassé la négative : «Considérant qu'une perdrix femelle est par elle-même un gibier, et non pas un instrument de chasse, qu'elle ne peut et ne doit donc être considérée comme chanterelle, c'est-à-dire comme moyen de chasse, qu'alors seulement qu'elle est employée à cet exercice; qu'autrement la possession de cet oiseau serait absolument interdite; que cependant il est certain que chaque jour les laboureurs recueillent dans les champs des perdrix mâles ou femelles, et les gardent chez eux dans des cages, sans pour cela employer les femelles à servir de chanterelles; que c'est ainsi que, notamment dans l'espèce, on a trouvé chez l'un des inculpés deux perdrix, mâle et femelle, dont l'une seulement, la femelle, a été saisie comme chanterelle; considérant que rien dans la cause n'établissant que les perdrix saisies aient réellement qualité de chanterelle, et qu'aucune disposition de la loi ne réputant délit la possession de pareils volatiles, c'est à tort que la saisie en a été opérée chez les inculpés, puisque la perquisition et la saisie à domicile du gibier ne sont pas autorisées par la loi.» (Jugement du 2 novembre 1844, *Gazette des tribunaux* du 15 novembre.) — 1re **QUESTION**. *La loi distingue-t-elle entre la chasse du gibier proprement dit et la chasse des oiseaux, et par suite distingue-t-elle entre les divers filets ou autres instruments qui peuvent servir à ces chasses ? — 2e* **QUESTION**. *L'interdiction de détenir les filets et engins prohibés s'applique-t-elle aux fabricants et marchands comme à tous autres détenteurs ?* La cour de Paris a consacré la négative sur la première question, et l'affirmative sur la seconde, en confirmant un jugement du tribunal de la Seine ainsi conçu : « Attendu que les articles 12 et 16 de la loi du 3 mai 1844, en punissant la détention et en ordonnant la confiscation de tous filets, engins et autres instruments de chasse prohibés, se réfèrent à l'article 7, qui défend tous autres moyens que ceux employés pour la chasse à courre, à tir et au furet ; attendu que, d'après l'esprit de la loi, tel qu'il résulte des discussions qui l'ont précédée, il n'est pas permis de distinguer entre la chasse du gibier proprement dit et la chasse des oiseaux, ni par conséquent entre les divers filets ou instruments qui peuvent servir à ces chasses ; attendu que le droit conféré aux préfets, par l'article 9, de prendre des arrêtés pour prévenir la destruction des oiseaux, n'a d'autre but que de restreindre à cet égard, dans de certaines localités et dans l'intérêt de l'agriculture, les moyens de chasse ordinaires ; attendu que l'interdiction de détenir tout instrument de chasse prohibé s'applique nécessairement aux fabricants et marchands dont l'industrie peut fournir aux délinquants les moyens de violer la loi ; attendu que si les préfets peuvent prendre des arrêtés qui permettent pour la chasse des oiseaux de passage certains modes et procédés particuliers, les instruments de chasse autorisés dans ces cas exceptionnels ne doivent être affranchis de la saisie que lorsqu'ils sont conformes à ceux qui avaient été désignés dans les arrêtés, et seulement dans les départements pour lesquels ces arrêtés auront été rendus ; par ces motifs : le tribunal, en faisant application des articles 12 et 16 de la loi du 3 mai 1844, condamne chacun des prévenus en 50 francs d'amende, ordonne la confiscation et la destruction des instruments saisis. » (Arrêt du 26 décembre 1844, *Gaz. des trib.* du 27 décembre 1844.) — **QUESTION**. *La détention d'un instrument tel qu'un piège en fer, destiné à la capture des animaux malfaisants et nuisibles, constitue-t-elle le délit de détention d'instruments de chasse prohibés, bien que par sa confection cet instrument soit susceptible de servir accidentellement à* *la chasse ?* Le tribunal correctionnel de Laval, par un jugement confirmatif d'un jugement du tribunal de Mayenne, a résolu la question dans le sens de la négative par les motifs suivants : « Considérant que le prévenu est poursuivi pour détention d'un piége en fer trouvé chez lui et représenté comme pièce de conviction ; considérant, en droit, qu'aucune disposition de la loi du 3 mai 1844 n'interdit nommément la possession ou détention des piéges ; que seulement l'article 9 de cette loi n'admet comme modes de chasse licites que la chasse de jour à tir ou à courre, et celle du lapin avec furets et bourses, et prohibe tous autres moyens de chasse ; que l'article 12, § 3, punit la détention ou le port d'instruments de chasse prohibés ; que la détention d'un piége ne serait donc illicite qu'autant qu'il serait de nature à rentrer dans la classe des instruments de chasse ; considérant qu'il n'y a d'instruments de chasse que les objets dont la destination est de servir à la chasse ; que, par cela seul qu'un objet confectionné pour un tout autre usage serait susceptible de servir accidentellement à la chasse, c'est-à-dire à la poursuite ou à la capture du gibier, il ne s'ensuivrait nullement qu'il dût être réputé instrument de chasse ; que ce serait faire violence aux mots, parce que l'idée de *destination* est essentiellement renfermée dans le mot *instrument ;* considérant qu'une telle interprétation ne serait pas moins contraire à l'esprit de la loi qu'à son texte ; qu'elle entraînerait des conséquences exorbitantes et subversives de droits et d'intérêts d'un ordre bien supérieur à l'intérêt de la conservation du gibier, puisque beaucoup de machines indispensables, dans les habitations rurales, pour la destruction des animaux nuisibles qui les infestent, pourraient, si on les détournait de leur destination, devenir accidentellement des moyens de chasse ; que la règle suprême dans l'interprétation des lois pénales et de police est de leur attribuer un sens raisonnable et humain, en harmonie avec les nécessités sociales ; considérant, en fait, que le piége saisi ne paraît pas, d'après sa structure, destiné à la capture du gibier, mais bien à celle des animaux malfaisants, tels que les fouines et les belettes, qui dévastent les dépendances des habitations ; considérant que l'article 9 de la loi invoquée, en disant que les préfets prendront des arrêtés pour déterminer les espèces d'animaux malfaisants ou nuisibles que le propriétaire, possesseur ou fermier, pourrait, en tout temps, détruire sur ses terres, n'a certainement entendu parler que des animaux susceptibles d'être chassés ou poursuivis dans les champs, et non pas des animaux auxquels on tend des piéges dans les habitations ou dépendances d'habitation ; que le législateur ne pouvait songer à soumettre les cultivateurs à de telles entraves pour la conservation de leur fortune mobilière et la défense de leurs habitations, alors que, dans le même article, il disait que le réglement préfectoral ne pourrait jamais préjudicier à leur droit de repousser ou de détruire, même avec des armes à feu, les bêtes fauves qui porteraient dommage à leurs propriétés ; qu'au surplus, cette question ne peut s'élever dans la cause, puisque Behier n'est pas prévenu d'avoir fait du piége saisi un usage quelconque ; renvoie François Behier des fins de la plainte, et ordonne que le piége saisi lui sera restitué après les délais de l'appel. » Le ministère public s'étant pourvu pour violation des articles 9 et 12, § 3 de la loi du 3 mai 1844, la Cour de cassation a rejeté le pourvoi par un arrêt ainsi conçu : « Attendu qu'il a été déclaré par le jugement attaqué que le piége saisi ne paraissait pas, d'après sa structure, destiné à la capture du gibier, mais bien à celle des animaux, tels que les fouines et belettes, qui dévastent les dépendances des habitations rurales ; que, dans l'état des faits ainsi constatés, et en l'absence de tout arrêté du préfet du département ayant pour objet de déterminer les conditions du droit appartenant au propriétaire de détruire sur ses terres les animaux malfaisants et nuisibles, conformément à l'article 9 de la loi du 3 mai dernier, le jugement attaqué n'a point violé les dispositions dudit article 9 de la loi précitée ; rejette, etc. » (Arrêt du 15 octobre 1844 ; Sirey, 45, 1, 132.) — **QUESTION.** *Lorsqu'on découvre des engins prohibés dans une maison habitée par une famille, sur quel membre de la famille doit porter la peine ?* Évidemment sur celui qui détient les engins avec intention de s'en servir ; si cette intention n'est pas démontrée, la peine tombera sur le chef de la famille, qui est naturellement responsable des délits qui se commettent chez lui.

— **QUESTION.** *Si les gardes soupçonnaient que les personnes qu'ils rencontrent cachent sous leur blouse ou dans leurs poches des engins, tels que des collets, pourraient-ils les fouiller pour opérer la saisie de ces objets ?* La négative nous paraît résulter des termes et de l'esprit de la nouvelle loi. Les mots *trouvés munis* supposent la rencontre d'individus porteurs d'objets apparents ; autoriser une recherche des engins prohibés qui pourrait aller jusqu'à *fouiller* les personnes, ce serait attribuer aux gardes le pouvoir de soumettre arbitrairement à la mesure la plus humiliante tous ceux qu'ils rencontreraient. Sans doute le danger d'une collision sanglante n'est pas aussi grand dans ce cas que si les gardes tentaient de désarmer les chasseurs, pouvoir que leur refuse l'article 25 de la loi ; mais l'exercice de ce droit, s'il était reconnu appartenir aux gardes, amènerait nécessairement de la part de personnes qu'on voudrait fouiller une résistance qui prendrait les caractères de la rébellion, puisque le garde aurait exercé un droit rigoureux qu'il aurait puisé dans la loi ; ce serait dans tous les cas une source d'altercations entre les gardes et les particuliers dont les résultats judiciaires seraient toujours funestes à ces derniers. Des considérations de la même nature ont fait effacer du projet de loi par la Chambre des pairs, la disposition qui, dans l'article 4, permettait la confiscation du gibier. Cette confiscation ne pouvait être prononcée qu'autant qu'on aurait permis de fouiller dans la carnassière : or, cela pouvait amener les conflits les plus dangereux, disait-on à la Chambre des pairs ; la nouvelle loi, déjà si rigoureuse dans plusieurs de ses dispositions, deviendrait un moyen de vexation si on résolvait la question dans un sens différent de celui que nous adoptons. — QUESTION. *L'emploi des filets, engins et autres instruments est-il du moins permis dans les dépendances du domicile pour détruire les bêtes fauves qui portent dommage aux propriétés ?* L'affirmative paraîtrait devoir résulter de ces mots du n° 3, § 3 de l'article 9 : « Sans préjudice du droit appartenant au propriétaire ou au fermier de repousser ou de détruire, *même avec des armes à feu,* les bêtes fauves qui porteraient dommage à ses propriétés. » Donc on peut employer les autres moyens de destruction, puisqu'on peut même employer les armes à feu ; mais cette opinion ne peut se défendre devant la disposition qui interdit même la *détention* des filets et engins, car, comment serait-il permis de s'en servir contre ces bêtes fauves, si c'est un délit d'avoir ces objets en sa possession ; mais on pourrait avoir en sa possession des *piéges* particulièrement *destinés* à la destruction des bêtes fauves, comme le juge l'arrêt de la Cour de cassation du 15 octobre 1844 rapporté plus haut. — QUESTION. *Si la détention n'était pas le résultat de la volonté du possesseur, par exemple, si un filet prohibé se trouve dans les biens laissés à un fils par son père décédé, la peine sera-t-elle applicable ?* La solution de cette question se rattache à celle de savoir si les délits de chasse existent comme les contraventions en général, sans qu'il y ait intention coupable. Nous avons vu plus haut, à la seconde note, que telle paraît devoir être la jurisprudence de la Cour de cassation, qui l'a jugé ainsi par son arrêt du 12 avril 1845. Il nous semble bien dur d'étendre cette jurisprudence au cas même dont il s'agit. Certes, c'est déjà beaucoup d'avoir puni la simple détention, et il semble souverainement injuste de punir cette détention dans la personne de celui qui ne détient que parce que la loi a voulu qu'il continuât, même à son insu, en qualité d'héritier, la personne du défunt ; ajoutons, pour écarter de la présente espèce la jurisprudence dont il s'agit, que la Cour suppose dans tous les cas un *fait volontaire* de détention ; or, ici il n'y a aucun fait de la part de l'héritier qui se trouve à son insu détenteur d'un engin prohibé ; mais on comprend que si aucune peine n'est d'ailleurs applicable à l'héritier, la confiscation des engins n'en doit pas moins être ordonnée, car la détention qui se perpétuerait prendrait dans ce cas le caractère du délit que la loi a prévu. Voici une espèce analogue dans laquelle le tribunal de Bourges a consacré des principes en opposition avec ceux de la Cour de cassation : « Considérant, en droit, qu'à tout fait incriminé, et pour qu'il soit réputé délit passible d'une répression pénale, doit nécessairement se rattacher une intention coupable ; qu'on ne peut admettre que la loi nouvelle sur la police de la chasse ait voulu appliquer une peine au seul fait matériel de détention de filets, sans qu'il soit loisible aux détenteurs d'exciper de leur bonne foi ; qu'il est donc indispensable d'apprécier, dans l'espèce, le caractère de la détention de ces filets ; qu'à cet égard, on doit remarquer qu'aucun antécédent juridique ne désigne les inculpés comme braconniers ; que, d'après ce qui résulte des procès-verbaux, les filets, loin d'être préparés pour faire un service quelconque, étaient relégués comme objets inutiles sur des armoires ou dans le fond de coffres ; qu'ils ont été immédiatement, et sans qu'il ait été nécessaire de faire aucune recherche, remis par les inculpés au juge de paix ; que, de plus, il est certain que ces filets étaient depuis longtemps en la demeure des inculpés, et leur sont advenus soit par succession, soit par des acquisitions anciennes, ce qui est confirmé par l'état matériel de ces filets ; que dès lors la loi nouvelle sur la chasse, qui n'a pas ordonné la destruction des filets existant à l'époque de sa promulgation, ni leur remise à l'autorité, ne peut imputer à délit et regarder comme détention coupable de la part des inculpés la conservation inerte, quant à l'usage à en faire, d'objets qui étaient leur propriété antérieure et licite ; que c'est dans le sens de ces diverses observations que s'est exprimé M. le garde des sceaux, en justifiant la mesure grave des visites domiciliaires, et que c'est sous la foi d'une interprétation conforme que la loi a été adoptée ; que tout au moins faudrait-il, pour présumer l'intention frauduleuse, en l'absence de circonstances qui la constatent, qu'un laps moral de temps indispensable se fût écoulé depuis la mise à exécution qui eût pu éclairer les citoyens sur la portée des dispositions pénales de la loi; qu'on ne peut donc, par toutes ces considérations, reconnaître dans les inculpés aucune culpabilité en ce point. » (Jugement du 2 novembre 1844, *Gazette des tribunaux* du 15 novembre.) La doctrine de la Cour de cassation peut être invoquée, nous le répétons, contre ces décisions, tout équitables qu'elles paraissent; mais voyez aussi plus haut, à la seconde note, nos observations sur l'arrêt du 12 avril 1845. — **QUESTION**. *Les officiers de police auxiliaires du procureur du roi peuvent, en cas de flagrant délit, le constater et saisir les coupables; auront-ils ce droit, en cas de flagrant délit de détention, et par suite, celui de pénétrer, sans mandat du juge d'instruction, et sur une simple réquisition du procureur du roi, comme s'il s'agissait d'un flagrant délit ordinaire, dans le domicile des délinquants?* La négative est incontestable, par le motif qu'il ne peut pas y avoir de flagrant délit de détention; car, de deux choses l'une; ou bien un individu porteur d'engins se sera réfugié dans une maison, ou bien on saura que des engins prohibés, dont personne n'aura été vu porteur, existent dans une maison : dans le premier cas, c'est le flagrant délit de port d'engins prohibés que les officiers de police auxiliaires du procureur du roi auront droit de suivre et constater dans le domicile où il se continue; dans le second cas, c'est la simple détention qui, existant sans un fait actuel de l'homme, ne saurait jamais avoir ce caractère qui constitue la flagrance du fait coupable. Ce délit ne peut pas être plus flagrant que la détention, par exemple, d'armes de guerre et de poudres. La question s'est présentée devant les tribunaux. Le tribunal d'Yvetot l'avait résolue dans le sens que la détention dont il s'agit *constituait un flagrant délit.* Voici les motifs de sa décision : « Attendu que la loi a voulu punir la simple détention des filets ayant servi ou pouvant servir à prendre du gibier; que c'est donc le fait même de la détention que la loi qualifie délit et qu'elle punit; attendu que la loi qui qualifie ainsi le délit qu'elle punit ne contient aucune disposition pour prescrire la manière de constater ce délit, ou pour indiquer le magistrat qui sera chargé de rechercher la preuve; qu'en l'absence d'une disposition spéciale, il faut décider que le fait mis par la loi de 1844 au nombre des délits, sera *constaté* et recherché, conformément au droit commun; attendu qu'en règle générale , dans le cas de flagrant délit et dans ceux qui y sont assimilés , le procureur du roi est autorisé à constater les délits et à rechercher les coupables ; attendu que , dans l'espèce , le délit consiste dans la détention de filets ou engins prohibés : qu'il faut reconnaître que ce fait, mis au nombre des délits , est par sa nature continu , qu'il se commet actuellement et qu'il a lieu même au moment où le procureur du roi en est prévenu, soit par une dénonciation , soit par la clameur publique ; attendu que les discussions qui ont eu lieu devant les Chambres législatives, sur l'article 12 , ne peuvent pas ne point avoir d'influence sur la question ; attendu que les tribunaux doivent attacher la plus grande importance à la partie de ces discussions dans laquelle on qualifie et caractérise le délit qui doit être puni, puisque , d'après l'intention du législateur, la détention des filets prohibés ne doit pas toujours être l'objet d'une condamnation ; attendu que cette partie de la discussion doit servir à déterminer l'étendue de la disposition de l'article 12 , et doit à cet égard guider les magistrats ; attendu que les tribunaux ne doivent avoir aucun égard aux discussions qui se seront élevées sur le point de savoir comment on doit constater la détention des filets , et quel magistrat doit être chargé de rechercher la preuve de ce délit ; attendu que la saisie opérée a été faite valablement et est conforme à ce qui se passe en matière ordinaire dans le cas de flagrant délit ; condamne Lemelle à six jours de prison et 50 fr. d'amende, etc. » Mais sur l'appel la cour de Rouen a réformé cette décision par les motifs suivants : « Attendu qu'aux termes de l'article 12 de la loi du 3 mai 1844, la détention d'engins prohibés est un délit ; que cette loi n'a indiqué aucun mode spécial pour rechercher et constater ce délit à domicile , et qu'elle s'en est référée au droit commun ; qu'en principe général, c'est au juge d'instruction que la loi a conféré le droit de diriger l'instruction et de faire des perquisitions au domicile des citoyens ; que, par exception à ce principe, et dans un seul cas, celui de flagrant délit , elle a investi le procureur du roi et les officiers de police auxiliaires de ce magistrat, du même droit; qu'aux termes de l'article 41, Code instr. crim., le flagrant délit est celui qui se commet actuellement ou qui vient de se commettre ; que l'existence, au domicile de l'inculpé, d'engins prohibés, sans aucune circonstance extérieure propre à révéler la prise de possession actuelle de ces engins, ne peut constituer le flagrant délit ; qu'à la vérité, la détention est, par sa nature, un délit permanent, continu et successif; que si l'on suppose qu'à ce titre il puisse être réputé se com-

mettre au moment même de la constatation, ce n'est que par une fiction de la loi, et par une exception tout à fait spéciale à ce genre de délit, évidemment en dehors des prévisions de l'article 41 et du principe général qu'il consacre ; qu'en réalité, la simple détention ne constitue pas par elle-même un fait actuel et apparent de l'homme, fait qui, troublant par sa manifestation l'ordre public, provoque l'intervention de l'autorité judiciaire pour le constater et le réprimer ; qu'elle manque donc des caractères de spontanéité et de publicité qui sont de l'essence du flagrant délit ; attendu, en fait, que la perquisition au domicile de Lemelle a été faite par deux gendarmes se disant porteurs d'un réquisitoire du procureur du roi ; que l'existence constatée par le procès-verbal qui a été dressé d'engins prohibés à ce domicile, sans la constatation d'aucun fait particulier antérieur qui motivât la perquisition, n'établit pas à la charge de l'inculpé le flagrant délit ; que la perquisition, hors ce cas exceptionnel, ne pouvait être faite que par le juge d'instruction, ou qu'en vertu d'un mandat décerné par ce magistrat ; que cette perquisition et le procès-verbal constatant le délit sont donc frappés de nullité et ne peuvent servir de base légale à l'action dirigée contre Lemelle ; réforme, et décharge Lemelle de l'action intentée contre lui. » (Arrêt du 1er février 1845 ; Sirey, 45, II, 106.) Voyez dans le même sens un arrêt de la même cour, du 13 mars 1845, rapporté dans *le Droit* du 1er mai 1845.
— **QUESTION**. *L'article 16 du Code d'instruction criminelle donne aux gardes champêtres et gardes forestiers le droit de s'introduire dans les maisons pour y suivre les choses enlevées en présence soit du juge de paix ou de son suppléant, soit du commissaire de police, soit du maire ; ont-ils ce droit, en remplissant la même formalité, pour saisir chez les détenteurs les engins prohibés ?* Nous ne le pensons pas. L'article 16 doit être restreint au cas qu'il prévoit, celui où il s'agit de suivre les choses enlevé s ; or, c'est de la recherche d'une chose qui n'a pas ce caractère qu'il s'agit ; d'un autre côté, dans la discussion on é ait généralement d'accord que la recherche à domicile des engins prohibés ne pouvait se faire que par le juge d'instruction ou en vertu d'une délégation émanée de lui. Les décisions intervenues dans les diverses espèces des questions suivantes consacrent ces principes. — **QUESTION**. *Les gardes forestiers qui, de leur propre autorité, sous le prétexte mensonger de rechercher du bois de délit, s'introduisent, accompagnés du maire, dans*

le domicile des citoyens, et y saisissent des filets, portent-ils par cela même atteinte à l'inviolabilité du domicile, et leurs procès-verbaux de saisie sont-ils par suite des actes illégaux qui ne peuvent servir de base à une condamnation ? Cette question se rattache évidemment à la précédente, et le tribunal d'Epinal l'a résolue par des principes analogues dans le sens de l'affirmative : « Attendu qu'aucune disposition de la loi du 3 mai 1844, sur la chasse, ne donne aux gardes forestiers et autres agents inférieurs de la police judiciaire le droit de faire des visites domiciliaires pour rechercher et saisir les filets et autres engins prohibés dont les habitants peuvent être détenteurs ; que, lors de la discussion de cette loi, il a été reconnu au contraire, quand le mot *détenteur* a été ajouté à l'article 12 par la Chambre des pairs, et accepté par la Chambre des députés, que les visites domiciliaires dans ce cas ne pourraient être faites que par le juge d'instruction, ou ensuite de délégations émanées de lui ; attendu que si les gardes forestiers n'ont pas pouvoir de faire *directement* des visites domiciliaires pour saisir les engins prohibés, ils ne peuvent pas, à plus forte raison, en employant une voie détournée, arriver à la recherche et à la saisie de ces engins dans l'intérieur des domiciles ; que leur reconnaître un pareil droit, ce serait, au mépris des engagements si solennellement contractés à la tribune et par le rapporteur et par la garde des sceaux, violer toutes les garanties que dans les deux Chambres on a entendu prendre pour prévenir des perquisitions vexatoires et protéger le domicile des citoyens : » attendu que des dépositions des témoins et des débats il résulte que, le 4 octobre dernier, les gardes forestiers, ayant à leur tête le brigadier, se sont réunis, d'après les ordres de leur garde général, dans la commune d'Hadol, pour y procéder, dans l'intérieur des habitations, à la recherche et à la saisie des filets et autres engins de chasse prohibés ; que s'étant présentés chez le sieur Ballon, adjoint, pour le prier de les assister dans leurs visites domiciliaires, ils essayèrent de le tromper sur la nature des objets qu'ils recherchaient ; qu'ils lui dirent que leur visite avait pour but de retrouver du bois coupé en délit, et lui indiquèrent les deux maisons des deux prévenus Colin et Georgel comme devant être soumises à leurs perquisitions ; que le sieur Ballon, surpris de ce que les gardes voulussent visiter le domicile de ces deux cultivateurs, qui ne sont pas délinquants forestiers, qui n'ont jamais eu de rapports, chez qui même les gardes ne sont jamais allés, s'écria : « Ce n'est donc pas du bois de délit que vous cherchez, puisque vous voulez faire des perquisitions chez ces habitants? » que le garde se détermina alors à lui avouer que leurs visites avaient pour objet la recherche et la saisie des filets prohibés ; attendu que devant le maire et ses deux adjoints le brigadier a renouvelé ses confidences, et leur a montré la lettre de son garde général pour vaincre leurs scrupules, et leur démontrer qu'ils avaient le droit de faire des visites domiciliaires pour saisir des engins de chasse prohibés; attendu qu'afin d'assurer la réussite de leurs opérations par des perquisitions soudaines et simultanées sur les différents points de la commune, les gardes se divisèrent en trois groupes, à la tête desquels se mirent le maire et les deux adjoints; que le garde Ternier, qu'accompagnait l'adjoint Ballon, se présenta chez Nicolas Colin et chez Joseph Georgel, et leur déclara qu'il *était à la recherche de bois de délit ;* qu'ayant, à l'aide de ce prétexte, pénétré dans leurs domiciles, et ayant trouvé un filet dans chaque habitation, il saisit ces engins, et se retira sans rechercher le prétendu bois de délit ; attendu qu'en cachant sous un prétexte faux et mensonger l'objet véritable de sa visite, le garde Ternier a trompé la bonne foi de Colin et de Georgel, et les a mis dans l'impossibilité de s'opposer à ce qu'il recherchât dans leurs domiciles les engins prohibés qui s'y trouvaient; qu'en agissant ainsi, ce garde a méconnu ses devoirs; que les procès-verbaux de saisie de filets, qu'il a rédigés dans cette circonstance, sont des actes illégaux qui ne peuvent servir de base à une condamnation ; par ces motifs, le tribunal déclare nuls les procès-verbaux de saisie de filets rédigés le 4 octobre 1844 par le garde Ternier, comme faits par une personne sans qualité et pouvoir à cet effet ; renvoie Colin et Georgel des poursuites du ministère public ; leur donne acte de ce qu'ils ne réclament pas les filets prohibés saisis chez eux, et en ordonne la confiscation et la destruction. » (Jugement du 8 novembre 1844, *Gaz. des trib.* du 22 novem. 1844.) Le tribunal du Havre semble cependant, par le jugement suivant, avoir embrassé l'opinion contraire : « Vu les articles 9, 12 et 16 de la loi du 3 mai 1844; et attendu que l'article 9 de cette loi n'autorise que la chasse de jour à tir et à courre; qu'il déclare prohiber tous autres moyens de chasse, à l'exception des fusils et des bourses à prendre le lapin ; attendu qu'aux termes de l'article 12 de la même loi, ceux qui sont détenteurs et qui sont trouvés nantis ou porteurs, hors de leur domicile, de filets, engins, ou autres instruments de chasse prohibés, sont punis d'une amende de 50 à 200 fr.; que ce dernier article contient deux dispositions distinctes; qu'il proscrit le port d'engins hors du domicile et déclare en outre que la simple détention de ces engins dans l'intérieur du domicile constitue à elle seule un délit; attendu que les collets en fils de laiton déposés sur le bureau de justice ont été saisis dans le domicile de Pigné; que ce fait est avoué par lui; qu'il reconnaît en outre que les collets ci-dessus désignés sont bien des engins de chasse destinés à prendre le gibier; qu'il se trouve dès lors dans un des cas prévus et punis par les articles 9 et 12 de la loi ci-dessus citée; par ces motifs, le tribunal, lui faisant application desdits articles, condamne Pigné à 50 francs d'amende et aux dépens, par corps; déclare confisqués les engins et instruments de chasse prohibés qui ont été saisis, et en ordonne la destruction.» (Jugement du 23 août 1845, *Gazette des tribunaux* du 25 septembre.) Pour concilier cette décision avec celles qui précèdent, on peut dire que dans ce jugement le tribunal du Havre s'est principalement fondé sur l'aveu du délinquant; mais cette raison ne nous paraît pas suffisante pour soutenir le jugement, si les actes primitifs de saisie sur lesquels le tribunal ne s'explique pas étaient d'ailleurs frappés d'une nullité radicale. Quelle que soit la jurisprudence qui s'établisse sur ces points importants, nous devons faire connaître ici les principes admis par la cour suprême, relativement aux procès-verbaux rédigés sans l'observation des formalités exigées par la loi pour protéger le domicile. La difficulté se formule par la question suivante : — **QUESTION**. *Le procès-verbal dressé par un garde qui aurait pénétré dans une habitation, sans être assisté, comme l'exige la loi et notamment l'article 16, Code inst. crim., serait-il nul?* Non, car cette nullité n'est pas prononcée par la loi ; seulement le garde qui en s'introduisant sans opposition, d'ailleurs, du maître, ne remplit pas la formalité dont il s'agit, compromettrait sa responsabilité. (Arrêt du 22 janvier 1829 ; Dall., ann. 1829, I, 116.) Mais le procès-verbal ne pourrait faire preuve si le garde s'était introduit seul, malgré l'opposition ou en l'absence du prétendu délinquant; car si le procès-verbal est valable lorsqu'il n'y a pas d'opposition, c'est parce que le particulier qui n'exige pas l'exécution d'une formalité prescrite en sa faveur est censé y renoncer : or, cette raison n'existe plus lorsqu'il l'exige. (Arrêts de la Cour de cassation du 10 avril 1823, ch. crim.; Sirey, t. 23, 1, 276, et du 12 juin 1829; Sirey, t. 30, 1, 355.) — **QUESTION**. *Le préfet de police, à Paris, peut-il faire saisir chez les fabricants et marchands les instruments et engins de chasse prohibés?* Un prévenu contestait ce droit au préfet de police par les motifs suivants rédigés en forme de conclusions en ces termes : « Il plaira à la cour, attendu que le préfet de police n'a le droit de faire des visites domiciliaires et saisies que dans le flagrant délit ; attendu, dans le cas spécial, qu'il a été reconnu à la Chambre, par M. le garde des sceaux lui-même, que la recherche des filets à domicile ne pourrait être faite que sur le mandat d'un magistrat inamovible, spécialement d'un juge d'instruction ; que vainement dirait-on que les boutiques sont des lieux publics ; que le contraire a été jugé plusieurs fois ; que ce n'est qu'au dehors, et autant qu'il y aurait étalage, que le préfet de police aurait le droit de saisir chez les marchands ; par ces motifs, déclarer nulles les saisies faites au préjudice de Kresz. » Mais la cour de Paris a rejeté ces conclusions par un arrêt ainsi conçu : « En ce qui touche la validité de la saisie, en ce qu'elle aurait été faite sur mandat du préfet de police, et non d'un juge d'instruction ; considérant que, d'après l'article 10 du Code d'instruction criminelle, le préfet de police a le droit de faire à Paris tous les actes nécessaires pour constater les délits, et que la loi du 3 mai 1844 ne renferme aucune dérogation à l'article ci-dessus visé ; sans s'arrêter à la demande en nullité de la saisie ; ordonne que ce dont est appel sortira son plein et entier effet. » (Arrêt du 26 décembre 1844 ; Sirey, 45, II, 239.) — Voyez plus loin des arrêts qui se rattachent à la disposition que nous expliquons, lesdits arrêts rendus sur la question de savoir si les propriétaires des terrains enclos, conformément à l'article 2, peuvent chasser avec des filets, sans être passibles des peines prononcées contre la détention des engins prohibés. — Les ordonnances de 1515, art. 2 et 11, et de 1601, art. 9, défendaient aussi la détention des filets et engins de chasse.

Auront mis en vente, vendu, acheté, transporté ou colporté du gibier. Nous avons dit, dans nos explications sur l'article 4, que, pour justifier la disposition qui punit *l'acheteur* comme le vendeur du gibier, dans le temps où la chasse est prohibée, on a, dans la discussion aux Chambres, prétendu que l'acheteur devait être considéré comme *complice* du vendeur, et qu'à ce titre la même peine devait l'atteindre. C'est donc ici le lieu d'examiner si cette proposition est vraie.

—**QUESTION.** *La complicité existe-t-elle en matière de délit de chasse ?* Un tribunal avait jugé que « le délit de chasse ne peut jamais résulter que d'un fait personnel et direct ; que le fait d'avoir acheté du gibier, sachant même qu'il aurait été tué sans droit dans une forêt royale, ne saurait fonder une action correctionnelle contre l'acheteur, comme complice de celui qui s'est indûment procuré, par un fait de chasse, le gibier qu'il a vendu. » L'intendant de la liste civile se pourvut en cassation contre ce jugement, que la Cour de cassation annula par l'arrêt suivant : « Vu les articles 59, 60 et 62, Code pén.; attendu que la prévention avait pour objet une complicité, par recélé, d'un délit de chasse; que le tribunal de Melun, au lieu d'examiner si le délit était constant et si la preuve de la complicité était acquise, a relaxé les prévenus par le seul motif de droit que le délit de chasse ne pouvant jamais résulter que d'un fait personnel et direct, aucun fait de complicité ne saurait fonder une action correctionnelle; mais attendu que la disposition des articles 59, 60 et 62, Code pén., est générale et s'applique à tous les crimes et délits, à moins que la loi n'en ait autrement ordonné, et qu'aucune loi spéciale sur la chasse, et notamment celle du 30 avril 1790, n'a dérogé aux règles générales sur la complicité; qu'ainsi le jugement attaqué a formellement violé les articles du Code pénal précités; Casse, etc. » (Arrêt du 6 décembre 1839; Sir., 40, 1, 77.) Cette doctrine de la Cour de cassation n'est pas à l'abri de toute critique; il est difficile, lorsque l'on se reporte aux articles 59, 60 et 62 du Code pénal, de concilier les dispositions de ces articles avec les principes particuliers qui régissent la chasse. En effet, aux termes des articles 60 et 62 du Code pénal, la complicité consiste : 1° dans la provocation à une action qualifiée crime ou délit, par dons, promesses, menaces, abus d'autorité ou de pouvoir, machinations ou artifices coupables, ou en donnant des instructions pour la commettre; elle consiste encore dans l'aide ou l'assistance prêtée aux auteurs dans les faits qui ont préparé, facilité ou consommé l'action; 2° dans le recélé fait sciemment des choses enlevées, détournées ou obtenues à l'aide d'un crime ou d'un délit; or, conçoit-on bien la provocation à un fait de chasse, ou l'instruction donnée pour le commettre, qui puisse constituer la complicité ? La chasse en elle-même est un droit qui appartient à tous, seulement il est soumis à des mesures particulières dictées par l'intérêt général; mais provoquer à l'exercice du droit en lui-même, ou donner des instructions pour cet exercice, ne peut pas être un acte coupable, puisque c'est non pas le droit en lui-même, mais l'exercice du droit sans l'observation de certaines formalités qui est interdit; il faut en dire autant de l'aide et de l'assistance prêtés aux auteurs dans les faits qui ont préparé, facilité ou consommé l'action. Verra-t-on, par exemple, un fait ayant contribué à la consommation de l'ac-

tion dans le prêt d'un fusil de chasse, dont le port n'est interdit qu'aux vagabonds ou gens sans aveu; enfin, quant au *recélé* d'un produit de la chasse, comment pourrait-il encore
constituer la complicité, lorsqu'il est de principe, en matière
de chasse, que le gibier, de quelque manière qu'il soit tombé
entre les mains du chasseur, lui appartient par suite du droit
d'*occupation*, qui n'a pas cessé d'être suivi en cette matière,
et qui attribue au premier occupant les animaux sauvages qui
n'appartiennent à personne? Il faudrait donc dire, si toutes ces
raisons devaient prévaloir sur la doctrine de la Cour de cassation, que si l'acheteur, dans la disposition, est frappé de la
même peine que le vendeur, ce n'est pas comme son complice,
mais à raison d'un acte qui lui est propre, et que la loi nouvelle a voulu, dans l'intérêt de la conservation du gibier, éri-
ger en délit. — **QUESTION**. *Pourra-t-on fouiller les personnes soupçonnées de transporter du gibier en fraude?*
La fouille sans doute pourra avoir lieu aux barrières par les
employés de l'octroi, parce que c'est un droit qu'ils ont d'une
manière générale, mais hors de là nous ne pensons pas que la
fouille soit permise par les raisons que nous avons déduites
plus haut.

Des drogues ou appâts. Cette disposition a encore été empruntée à l'article 25 de la loi sur la pêche fluviale.

Avec appeaux, appelants ou chanterelles. C'est une
manière indirecte de chasser sur le terrain d'autrui, puisqu'on peut appeler le gibier par ces procédés en restant sur
son propre terrain. Cette prohibition existe dans tous les cas,
et lors même qu'on aurait simplement employé ces procédés
pour appeler des oiseaux sur ses propres terres pour les tuer au
fusil. Les *appeaux* sont ordinairement des espèces de sifflets
au moyen desquels on imite le cri de réclame des oiseaux;
l'*appelant* est l'oiseau captif dont on sert pour attirer par ses
cris ceux de son espèce; la *chanterelle* est le nom que l'on
donne à la poule de la perdrix ou à la caille femelle auxquelles on fait jouer le rôle d'*appelant;* la *moquette* est le
nom de l'alouette servant d'appelant. — **QUESTION**. *Pourra-t-
on chasser avec appeaux, appelants ou chanterelles
dans les terrains clos attenant à une habitation?* L'affirmative paraît incontestable, car si le respect dû au domicile
ne permet pas de s'introduire dans les enclos attenant aux
habitations, bien qu'on chasse en temps prohibé et sans
permis de chasse, ce respect protège aussi dans l'emploi des
appeaux, appelants ou chanterelles, puisque ces objets ne
peuvent être confondus avec les filets, engins et autres

instruments de chasse dont la *détention* est défendue. L'arrêt de la Cour de cassation, intervenu sur la question suivante, ne semble applicable qu'au cas où il y a eu emploi de *filets*, et conséquemment cet arrêt ne contrarierait pas la solution qui précède. — **QUESTION**. *Les propriétaires des terrains enclos, conformément à l'article 2, peuvent-ils chasser avec filets sans être passibles des peines que prononce notre article contre la détention des engins prohibés ?* Il semble résulter de la discussion, disait-on, que les propriétaires dont il s'agit ont ce droit, car l'inviolabilité du domicile ne permet pas de rechercher s'ils emploient tel ou tel mode de chasse ; ce n'est que dans le cas où le juge d'instruction ordonnerait une perquisition qu'il pourrait y avoir lieu à saisir les engins prohibés ; mais hors ce cas toute inquisition est interdite, par suite aucune poursuite ne peut être intentée à raison de l'emploi des modes de chasse employés par les propriétaires. Le tribunal de Besançon avait consacré la doctrine contraire ; mais, sur l'appel, son jugement a été réformé en ces termes par la cour royale de cette ville : « Considérant, en fait, qu'il résulte du procès-verbal dressé le 5 octobre dernier par le commissaire de police Clerget, le garde champêtre Ducret et le garde forestier Ravien, ainsi que des débats et même de l'aveu du prévenu, que Baud a été surpris ledit jour 5 octobre, à sept heures du matin, chassant à l'aide d'un filet à prendre les oiseaux, dans un terrain attenant à l'habitation du sieur Lebrune, au canton de Montjoux, banlieue de Besançon, ledit terrain entouré d'une clôture continue, faisant obstacle à toute communication avec les héritages voisins ; que Baud chassait alors avec consentement du propriétaire de l'enclos, et que par conséquent il se trouve dans les termes de l'article 2 de la loi du 3 mai 1844, dont il invoque le bénéfice ; en droit, considérant qu'après avoir, par son premier article, défendu à toute personne de chasser sans permis de chasse, ou quand la chasse n'est pas ouverte, la loi, qui vient de fixer ainsi les deux conditions hors desquelles la chasse est généralement interdite, affranchit complétement de ces conditions et défenses le propriétaire ou possesseur d'un enclos attenant à une maison habitée, et lui donne, par la disposition exceptionnelle de l'article 2, la faculté de chasser et faire chasser dans cet enclos en tout temps et sans permis ; qu'elle lui accorde cette faculté sans nulle réserve, ce qui laisse conséquemment à la disposition du propriétaire de l'enclos tous les procédés et moyens de chasse ; que cette exception a pour motif le respect du domicile, car un enclos attenant à l'habitation, c'est l'habitation elle-même et la continuation du domicile : «Nul, a dit le rapporteur de la loi devant la Chambre des pairs, n'a le droit de voir ce qui s'y passe : on pourra donc y chasser avec des filets, appeaux, avec fusil, sans qu'on puisse savoir ce qui s'y fait; nous n'avons pas le droit d'y pénétrer;» considérant que les articles 5, 6, 7 et 8 de la même loi ne contiennent que des dispositions réglementaires en ce qui touche la délivrance du permis de chasse, après quoi l'article 9 fixe l'étendue du droit que donne ce permis à ceux qui l'ont obtenu; d'où il suit que les restrictions apportées à ce droit par ledit article 9, et généralement la prohibition des filets comme moyen de chasse, ne sont obligatoires que pour ceux à qui ce permis est nécessaire, et ne s'appliquent point au propriétaire ou possesseur qui chasse ou fait chasser dans un terrain clos attenant à son habitation; qu'à la vérité, le préfet du département du Doubs, par un arrêté du ....., pris en vertu dudit article 9 de la loi du 3 mai 1844, défend la chasse des oiseaux avec filets dans toute l'étendue du département, mais que cette défense ne peut s'entendre que sous la réserve du droit que l'article 2 de la même loi accorde, par une exception formelle, aux propriétaires et possesseurs dont il parle; qu'ainsi, pour le fait de chasse qui lui est imputé, Baud n'est passible d'aucune peine; qu'il n'y a pas lieu non plus de lui appliquer la disposition de l'article 12 de ladite loi, comme détenteur d'un filet prohibé; qu'en effet, on n'allègue point qu'il ait fait usage de son filet dans aucune circonstance que celle où la saisie en a été opérée, le 5 octobre, accessoirement à la constatation d'un prétendu délit de chasse, et qu'il est évident que la loi n'a pas entendu punir la simple détention d'un filet dans les cas où l'usage même de ce filet n'est pas punissable; qu'il résulte, au contraire, de la discussion à laquelle a donné lieu l'article 12 de la loi du 3 mai 1844 devant les Chambres, que la détention de filets, engins ou instruments de chasse prohibés, doit, pour donner matière à poursuites, se rattacher à une prévention de braconnage, ou au moins de chasse au dehors, et que la constatation de ce délit au moyen de la recherche et de la saisie à domicile des filets et autres instruments de chasse illicites, est soumise à des formes qui n'ont pas été observées dans l'espèce actuelle, et nécessite l'intervention même du juge instructeur; qu'ainsi, sous ce rapport encore, la saisie du filet de Baud est irrégulière et nulle; par ces motifs, la Cour, prononçant sur l'appel émis par François Baud du jugement rendu contre lui, le 21 octobre 1844, par le tribunal correctionnel de Besançon, admettant la requête d'appel, et réformant ledit jugement, renvoie Baud sans peine, amende ni dépens; ordonne que le filet saisi sera rendu. » (Arrêt du 18 janvier 1845, journal *le Droit* du 8 février 1845.) Voyez dans le même sens un arrêt également très-fortement motivé de la cour de Metz du 5 mars 1845 (Sirey, 45, 11, 237). L'arrêt de la cour royale de Besançon a été déféré à la Cour de cassation qui l'a annulé par les motifs suivants : « Vu les articles 2, 9 et 12 de la loi du 3 mai 1844; attendu que cette loi a eu essentiellement pour objet de mettre un terme au braconnage et de prévenir la destruction du gibier ; attendu qu'il ressort des circonstances dans lesquelles elle est intervenue, et de l'exposé de ses motifs, que, pour donner satisfaction au vœu public qui réclamait à cet effet un système tout nouveau de répression, elle a dû suppléer, en les revisant, à l'insuffisance des mesures légales prises par l'assemblée constituante dans l'unique but d'affranchir la propriété territoriale des charges dont l'avait grevée l'ancienne législation sur la chasse; attendu que la loi nouvelle a, sous l'influence de cette pensée, reproduit dans un intérêt d'ordre général plusieurs des prohibitions que cette ancienne législation avait établies dans un intérêt de privilège; attendu notamment qu'en conformité de l'article 8 de l'ordonnance du roi de juin 1601, qui assimilait la détention des engins prohibés au délit résultant de leur emploi, elle a, par son article 12, frappé l'un et l'autre fait de la même peine; attendu que si, dans son article 2, elle a maintenu le droit exceptionnel accordé par l'article 1er de la loi du 30 avril 1790, au propriétaire ou possesseur, de chasser ou de faire chasser en tout temps dans leurs possessions closes, elle a renfermé cette immunité dans de plus étroites limites, et l'a subordonnée à des conditions plus rigoureuses ; qu'une exception ne peut être étendue au delà de ses termes, et prévaloir par voie d'induction sur une disposition générale et de droit commun ; qu'on ne saurait donc reconnaître au propriétaire ou possesseur la faculté non écrite dans l'article 2, de se servir de filets et autres engins formellement prohibés dans l'article 9, ayant pour sanction le texte pénal de l'article 12 qui s'y réfère et qui régit indistinctement tous les faits de chasse autres que ceux dont, en vertu dudit article 9, les préfets des départements sont autorisés à déterminer l'époque et à régler le mode; attendu que si on substituait à cette interprétation le système consacré par l'arrêt attaqué, il faudrait réputer licite l'usage des instruments de chasse dont la simple détention est qualifiée délit, et attribuer dans un cas au principe de l'inviolabilité du domicile des conséquences que dans un cas plus favorable la loi n'a point admises ; attendu qu'une telle contradiction doit être d'autant moins présumée, que le texte de l'article 2 ainsi appliqué réagirait contre la pensée de la loi et aurait un effet directement contraire au but qu'elle s'est proposée d'atteindre ; attendu, dès lors, qu'en renvoyant François Baud de la poursuite dirigée contre lui, à raison d'un fait de chasse à l'aide d'engins prohibés, l'arrêt de la cour royale de Besançon a violé les articles combinés de la loi du 3 mai 1844 ; par ces motifs, la Cour casse et annule. » (Arrêt du 26 avril 1845 ; Sirey, 45, 1, 395.)

— **QUESTION**. *Les appeaux, appelants ou chanterelles peuvent-ils être autorisés par les arrêtés des préfets comme procédés de chasse pour les oiseaux de passage ?* L'affirmative résulte de la discussion qui a eu lieu sur ce point à la Chambre des députés, et de cette déclaration de M. le garde des sceaux : « Les préfets, en faisant leurs arrêtés pour la chasse des oiseaux de passage, pourront prendre telles dispositions qu'ils voudront relativement au mode de cette chasse. » Mais il faut bien remarquer que la *caille* n'étant plus réputée oiseau de passage, l'emploi, pour la chasse de ce gibier, des appeaux, appelants et chanterelles, ne peut être autorisé par l'arrêté du préfet.

Ceux qui auront chassé pendant la nuit sur le terrain d'autrui et par l'un des moyens spécifiés au § 2, si les chasseurs étaient munis d'une arme apparente ou cachée. Cette disposition a surtout pour objet de réprimer le braconnage organisé qui tendait par toute la France à détruire le gibier ; mais il faut mettre dans tout son jour la rédaction de cette disposition. Le législateur a voulu punir, par le doublement de la peine, un délit qui se compose de plusieurs éléments : 1° le fait de chasse la nuit *sur le terrain d'autrui* ; 2° le fait de chasse par l'un des moyens spécifiés au § 2 ; 3° le fait par les chasseurs d'être *munis d'une arme apparente ou cachée*. Il est clair que la circonstance qu'on a chassé *sur le terrain d'autrui* s'aggrave de la circonstance qu'on a chassé *avec des filets et engins destructeurs* du gibier, et de cette autre circonstance qu'on a chassé pendant *la nuit*, toujours favorable pour voiler les expéditions du braconnage que l'on a surtout voulu punir, et enfin de cette circonstance plus grave encore que les chasseurs étaient *munis d'une arme apparente ou cachée*, parce que les armes dont les braconniers sont munis les rendent plus redoutables et peuvent occasionner même des meurtres. Ils n'ont, en effet prendre des armes que pour se défendre, puisqu' chassaient au moyen de filets et engins. En rapprochant la disposition que nous expliquons des autres dispositions de notre article, on voit que le doublement de l'amende n'est jamais prononcé pour ceux qui ont chassé sur leurs propriétés *en temps prohibé* pendant la nuit, avec des engins prohibés et des armes apparentes ou cachées; il faut nécessairement, pour que le doublement puisse être prononcé, que le fait de chasse, soit en temps prohibé, soit en temps non prohibé, ait eu lieu *sur le terrain d'autrui*, avec toutes les circonstances énumérées; hors cette circonstance constitutive, toutes les autres n'entraînent aucune aggravation. Voyez, pour savoir ce que la loi considère comme des armes, l'article 101 du Code pénal et nos observations sur cet article. L'ancienne loi ne prononçait aucune aggravation: quelle que fût la réunion des circonstances, une seule amende de 20 livres devait être prononcée. (Arrêt de la Cour de cassation du 18 mars 1837 ; Sir., 37, 1, 826.)—**QUESTION**. *Un des éléments qui constituent l'aggravation que punit notre article par le doublement de la peine, manque-t-il, si le propriétaire a consenti à la chasse sur son terrain ?* L'affirmative nous paraît devoir être admise. C'est le refus de consentement qui fait que le terrain d'autrui n'est pas, dans les délits de chasse, assimilé au terrain appartenant au chasseur; dès lors, dès que ce consentement a été obtenu, le délit de chasse n'existe plus à cet égard. Le doublement n'aura donc plus lieu, et les délinquants seront poursuivis comme s'ils avaient chassé, avec des modes que la loi punit, sur leur propre terrain.

Par les gardes champêtres ou forestiers des communes. Cette disposition consacre le principe écrit dans l'article 198 du Code pénal portant : « Hors les cas où la loi règle spécialement les peines encourues pour crimes ou délits commis par les fonctionnaires ou officiers publics, ceux d'entre eux qui auront participé à d'autres crimes ou délits qu'ils étaient chargés de surveiller ou de réprimer, seront punis comme il suit: s'il s'agit d'un délit de police correctionnelle, ils subiront toujours le *maximum* de la peine attachée à l'espèce de délit, etc. » — De ce que la loi spéciale n'applique cette disposition du droit commun qu'aux gardes champêtres et forestiers des communes, de l'État et des établissements publics, il faut conclure que les autres agents échappent à l'application de cet article.— **QUESTION**. *Les fonctionnaires qui se rendent coupables d'un délit de la nature de ceux dont la surveillance leur est confiée, ne sont-ils passibles du maximum de la peine applicable qu'autant que ce délit a eu lieu dans la cir-*

conscription où ils exercent leurs fonctions? La Cour suprême avait consacré l'affirmative sous l'empire de l'ancienne loi : « Attendu qu'aux termes de l'article 198, Code pénal, pour que le fonctionnaire public qui a commis un délit soit passible du *maximum* de la peine, il faut qu'il s'agisse d'un délit qu'il était chargé de surveiller ; attendu qu'un garde forestier n'est pas chargé de surveiller les délits qui se commettent hors de la circonscription de ses fonctions ; que si l'art. 16, Code instr. crim., charge les gardes champêtres et les gardes forestiers de rechercher les délits qui auront porté atteinte aux propriétés rurales et forestières, c'est, comme le porte cet article, chacun dans le territoire pour lequel ils auront été assermentés ; attendu, de plus, que, selon l'article 18, les gardes forestiers doivent remettre leurs procès-verbaux aux agents forestiers ; que, selon l'article 20, les gardes champêtres doivent remettre les leurs au procureur du roi, et que cette obligation des uns et des autres indique la différence de leurs attributions ; qu'il suit de là que le jugement attaqué, en refusant d'appliquer au délit de chasse commis par le garde général Doyen, hors du sol forestier, la disposition de l'article 198, Code pénal, loin de violer cet article, s'y est au contraire exactement conformé ; rejette, etc. » (Arrêt du 22 février 1840 ; Sir., t. 40, 1, 331.) La question s'étant de nouveau présentée depuis la publication de la loi de 1844, la cour de Rouen avait consacré la même doctrine : « Attendu, en droit, que si les dispositions du dernier paragraphe de l'article 12 de la loi du 3 mai 1844 paraissent prononcer d'une manière absolue et sans aucune distinction le maximum des peines déterminées par les articles 11 et 12 de cette loi, lorsque les délits auront été commis par les gardes champêtres ou forestiers de l'État, des communes ou des établissements publics, il résulte néanmoins des motifs qui ont déterminé cette aggravation de peine que le législateur n'a voulu, en prononçant cette peine d'une manière expresse, que lever toute incertitude sur le point de savoir si, dans le silence de la loi nouvelle, les dispositions générales de l'article 198, Code pénal, seraient de plein droit applicables à la loi spéciale sur la chasse ; attendu, d'ailleurs, que dans cette loi, comme dans le droit commun, l'aggravation de cette peine prononcée contre ces divers gardes ne l'a été que parce que la loi a justement voulu frapper d'une peine plus sévère les officiers publics qui commettraient les délits qu'ils sont chargés de surveiller ; attendu que, cette surveillance ne pouvant s'exercer que dans l'étendue du territoire confié à leur garde, il en résulte que le motif d'aggravation cesse entièrement par cela seul que le délit de chasse commis par eux ne l'a pas été sur le terrain soumis à leur surveillance ; attendu que cette volonté de la loi, formellement exprimée dans l'article 198, Code pénal, doit donc, par la force des choses, et par les motifs mêmes qui ont dicté le dernier paragraphe de l'article 12 de la loi de 1844, régir également cette disposition spéciale qui, en définitive, n'est rien autre chose que l'application à un cas particulier d'un principe de droit commun ; la cour juge que la qualité de J.-B. Schapmann, de garde d'un établissement public, n'a pu, dans les circonstances de la cause, déterminer l'aggravation de peine prononcée contre lui ; en conséquence, le décharge de la peine d'emprisonnement, et réduit à 100 francs l'amende de 200 francs prononcée contre lui. » Mais le ministère public s'étant pourvu contre cet arrêt, la Cour de cassation n'a pas persisté dans sa jurisprudence de 1840 : « Sur le moyen proposé, fondé sur la violation de l'article 12 de la loi du 3 mai dernier, en ce que l'arrêt attaqué aurait refusé de prononcer le maximum de la peine à raison des délits de chasse sans permis, sur le terrain d'autrui, et sans le consentement du propriétaire, en temps prohibé, et sur un terrain non dépouillé de ses fruits, dont J.-B. Schapmann, garde institué par l'administration des hospices de Rouen, était déclaré coupable par ledit arrêt ; attendu que l'article 7 de la loi du 3 mai dernier, portant qu'il ne peut être délivré de permis de chasse aux gardes champêtres, forestiers, des communes, de l'État ou des administrations publiques, leur interdit par là l'exercice de la chasse hors du territoire soumis à leur surveillance comme sur ce territoire même ; que cette interdiction de chasse prenant sa source dans la nature des fonctions de garde, il en résulte que les délits de chasse commis par ces gardes, en quelque lieu que ce soit, ont un double caractère de gravité, et ont dû motiver ainsi une répression plus sévère ; que la disposition de l'article 12 de ladite loi, qui veut que les peines déterminées par cet article, ainsi que par l'article 11, soient toujours portées au maximum lorsque le délit aura été commis par un garde, ne peut, par la précision et la généralité de ses termes, permettre ni interprétation ni distinction ; attendu qu'il suit de là qu'en subordonnant l'application du maximum de la peine prononcée par l'article 13 de ladite loi du 3 mai dernier, non-seulement à la qualité de *garde* d'un établissement public, que cette loi exige, et qui appartenait à J.-B. Schapmann, mais encore à la localité sur laquelle ce délit aurait été commis, condition que la loi n'impose pas, l'arrêt attaqué a tout à la fois faussement interprété et expressément violé ledit article 13 de la loi précitée; casse, etc. » (Arrêt du 4 octobre 1844; Sirey, 45, 1, 106.) — **QUESTION.** *Dans le cas de délit de chasse commis par les gardes champêtres ou forestiers, les juges doivent ils prononcer et le* maximum *de l'emprisonnement et le* maximum *de l'amende* ? La cour de Montpellier a consacré l'affirmative : « Considérant, quant à Mècle, qu'il est garde champêtre assermenté de la commune de Tausac; vu l'article 12 de la loi précitée, portant que ceux qui auront chassé en temps prohibé seront punis d'une amende de 50 à 200 francs, et pourront, en outre, l'être d'un emprisonnement de six jours à deux mois; vu la disposition finale du même article, portant que les peines déterminées par l'article 11 et par l'article 12 seront toujours portées au maximum lorsque les délits auront été commis par des gardes champêtres ou forestiers des communes, ainsi que par les gardes forestiers de l'État ou des établissements publics; considérant que, si, de la combinaison de cette disposition finale avec la disposition première du même article, il résulte qu'à l'égard des simples particuliers, les juges ont la faculté de prononcer ou non l'emprisonnement en même temps que l'amende, cette faculté n'existe pas à l'égard des gardes champêtres et forestiers; que, relativement à eux, il y a obligation de prononcer à la fois le maximum de l'amende et le maximum de l'emprisonnement; qu'en effet, ce ne serait pas appliquer le *maximum* des peines portées par l'article 12, ainsi que le veut le paragraphe final de cet article, que d'appliquer seulement le *maximum* de l'une des deux peines qu'il prononce; que par l'expression plurielle dont le législateur s'est servi dans cette disposition, il a suffisamment exprimé qu'il entendait qu'à l'égard des gardes il y eût toujours concours des deux peines, et non pas seulement faculté de cumul; considérant qu'il doit en être de l'interprétation de cette disposition comme des articles 2, 8 et 9 de la loi du 25 juin 1824; que l'article 2 de cette loi ayant ordonné que les vols spécifiés dans l'article 388, Code pénal de 1810, seraient jugés correctionnellement, et punis des peines déterminées par l'article 401 du même Code, il fut reconnu et décidé que ces expressions obligeaient les juges à prononcer toutes les peines portées par l'article 401, quoique, d'après cet article, la peine d'emprisonnement fût seule obligatoire dans les cas ordinaires, et que les autres peines qu'il prononce, savoir, l'amende, l'interdiction des droits civils et la mise sous la surveillance de la haute police, fussent facultatives; que les articles 8 et 9 de la même loi ayant autorisé, dans certains cas, à réduire les peines prononcées par les articles 384 et 386, n° 1, Code pénal, au maximum des peines correctionnelles déterminées par l'article 481, il fut pareillement décidé, par une jurisprudence constante, que les cours d'assises n'avaient pas dans ce cas la faculté de n'appliquer que le maximum de la peine d'emprisonnement prononcée obligatoirement par l'article 401, mais qu'elles devaient en même temps appliquer e maximum de l'amende, de l'interdiction des droits civils et de la mise en surveillance, peines purement facultatives dans les cas ordinaires; qu'il y a identité entre les termes du paragraphe final de l'article 12 de la loi du 3 mai 1844 et ceux des articles 2, 8 et 9 de la loi du 25 juin 1824, et que, par identité de motifs, il doit y avoir identité de décision; considérant, d'ailleurs, que le but évident de la loi du 3 mai 1844 a été d'aggraver sévèrement les peines prononcées par la législation antérieure contre les délits de chasse, qui, par la faiblesse de la répression, étaient devenus la source de graves désordres; que, sous l'empire de cette législation, et par application de l'article 198, Code pénal, les gardes champêtres coupables du délit de chasse dans le territoire confié à leur garde devaient être toujours, comme aujourd'hui, punis du maximum de l'amende; qu'à la vérité, l'amende était moins forte que sous la législation actuelle; mais que l'aggravation de peine, résultant de l'augmentation du taux de l'amende, n'aurait pas été envers les gardes en rapport avec les aggravations rigoureuses créées par la loi nouvelle contre les simples particuliers, si en maintenant contre eux, quant à l'amende, l'effet de l'article 198, Code pénal, la loi nouvelle n'y avait ajouté d'une manière impérieuse l'obligation de prononcer aussi le maximum de l'emprisonnement; qu'un garde champêtre ou forestier qui commet un délit qu'il est chargé de surveiller et de constater est toujours coupable au premier chef, et que la conséquence de ce genre de culpabilité doit être l'application rigoureuse et obligatoire des peines dans toute leur étendue;... condamne Mècle à une amende de 200 francs et à un emprisonnement de deux mois, etc. » (Arrêt du 1ᵉʳ juillet 1844; Sirey, 44, II, 381.) Bien que cet arrêt soit fortement motivé, il est vivement attaqué comme étant en désaccord avec le principe proclamé dans la discussion de la loi de 1844, que l'emprisonnement n'est jamais obligatoire. On cite même un arrêt de la cour de Paris du 9 juillet 1844, qui aurait, sans donner de motifs, il est vrai, jugé autrement que la cour de Montpellier.

17.

13. Celui qui aura chassé sur le terrain d'autrui, sans son consentement, *si ce terrain est attenant à une maison habitée ou servant à l'habitation, et s'il est entouré d'une clôture continue faisant obstacle à toute communication avec les héritages voisins, sera puni d'une amende de cinquante à trois cents francs*, et pourra l'être d'un emprisonnement de six jours à trois mois. —Si le délit a été commis pendant la nuit, le délinquant sera puni d'une amende de cent francs à mille francs, et pourra l'être d'un emprisonnement de trois mois à deux ans, *sans préjudice dans l'un et l'autre cas, s'il y a lieu, de plus fortes peines prononcées par le Code pénal.*

    ═══ *Si ce terrain est attenant à une maison habitée ou servant à l'habitation, et s'il est entouré d'une clôture continue faisant obstacle à toute communication avec les héritages voisins.* Lorsque le terrain est placé dans ces deux conditions que prévoit notre article, la dépendance d'une habitation et l'enceinte continue, c'est une véritable violation du domicile, que la disposition que nous expliquons réprime par des peines très-graves. Des rixes sont souvent le résultat de ce mépris du droit d'autrui, et il fallait les prévenir. Au reste, la peine serait encourue lors même que le chasseur serait entré par la porte ouverte : la loi n'exige pas qu'il y ait escalade ou effraction. Toutefois, il ne faut pas entendre notre article d'une manière tellement rigoureuse que les peines sévères qu'il prononce doivent toujours être appliquées. « Le but de l'article, disait M. le garde des sceaux à la Chambre des députés, est d'empêcher, autant que possible, qu'un chasseur audacieux, après avoir brisé des haies, après avoir escaladé des murs avec des armes, se trouve en présence du propriétaire, qui pourrait être alors exposé à de grandes violences ou à de graves dangers. Dans ce cas, il faut que le chasseur soit frappé d'une peine sévère; mais si le fait n'a pas été accompagné des circonstances aggravantes prévues par l'article, alors les tribunaux y pourvoiront ; ce ne sera pas la peine d'emprisonnement qui sera prononcée, ce sera une peine beaucoup plus légère, une simple amende. Vous laisserez donc aux juges une latitude suffisante. » L'article 2 de la loi du 30 avril

1790 portait seulement pour ce cas l'amende à 40 livres, et l'indemnité à 20 livres : le même art. 2 de la loi de 1790 ajoutait : « Sans entendre par l'assemblée nationale rien innover aux dispositions des autres lois qui protégent la sûreté des citoyens et de leurs propriétés, et qui défendent de violer les clôtures, et notamment celles des lieux qui forment leur domicile ou qui y sont attachés. » La loi nouvelle ne reproduit pas ces dispositions qui, en effet, étaient inutiles, puisqu'une loi spéciale n'abroge les lois générales qu'en ce qu'elles ont de contraire; mais pour compléter nos observations, nous croyons utile de faire connaître les principes qui se rattachent à la violation du domicile. Pour entendre cette disposition, il faut se reporter à plusieurs articles du Code pénal qui forme le droit actuel sur la matière, et faire les distinctions qui résultent de ces articles. D'abord, si une personne s'introduit pendant le jour, par une porte ouverte, ou même en l'ouvrant, parce qu'elle n'est pas fermée à clef, il n'y a aucune peine à appliquer, si ce n'est celle que la loi prononce pour la chasse indûment faite sur le terrain d'autrui, sans la permission du propriétaire, si c'est pour chasser qu'on s'y est introduit, et les dommages-intérêts résultant du préjudice que l'on a pu causer. Si ce n'est pas pour chasser qu'on pénètre comme nous venons de l'indiquer dans la propriété d'autrui, mais seulement par curiosité ou pour se promener, il n'y a lieu qu'à une action en dommages-intérêts devant les tribunaux civils, si quelque dommage a été causé aux productions existant sur la propriété; car les indemnités que prononçaient les art. 1er et 2 de la loi du 30 avril 1790, indépendamment des dommages-intérêts pour dégradations, n'avaient lieu qu'autant qu'on s'était introduit dans une propriété pour y chasser, et aucune loi ne prononce de peine applicable par les tribunaux correctionnels pour avoir pénétré sans menaces, sans violences et sans effraction, non-seulement dans les propriétés, mais même dans le domicile d'autrui. Si c'est *à l'aide de menaces ou de violences,* il faut encore distinguer : ou l'on s'est introduit par ces moyens coupables dans les propriétés ouvertes appartenant à quelqu'un, ou l'on s'est introduit dans son *domicile ;* dans le premier cas, il n'y aura d'autre peine à appliquer que celles prononcées par la loi pour les *violences,* c'est-à-dire des peines qui peuvent aller jusqu'à la réclusion lorsque la violence a produit une incapacité de travail personnel pendant plus de vingt jours (309 Code pénal); et lorsque la violence n'a occasionné aucune maladie ni incapacité de travail personnel, un emprisonnement de six jours à deux ans, et une amende de

16 francs à 200 francs, ou l'une de ces deux peines seulement (311 *ibid.*) Les *voies de fait* de la part de ceux qui voudraient s'introduire dans la propriété d'autrui seraient punies comme la violence ; car la violence ne diffère des voies de fait qu'en ce que la violence suppose de la résistance, ce que ne supposent pas nécessairement les voies de fait. Mais si c'est dans le *domicile* même du citoyen qu'on s'est introduit à l'aide de *menaces* ou de *violences,* alors la loi, pour ce fait, et afin d'imprimer profondément le respect du domicile, a prononcé une peine spéciale, celle d'un emprisonnement de six jours à trois mois, et d'une amende de 16 francs à 200 francs (article 184 Code pénal). Si c'étaient des fonctionnaires publics qui, en abusant de leurs fonctions, se fussent introduits dans le domicile d'un citoyen, le même article prononce une peine plus grave, celle de six jours à un an d'emprisonnement, et d'une amende de 16 francs à 200 francs ; mais qu'est-ce que la loi entend ici par domicile? Nous pensons que cette expression est employée par le législateur, dans le sens que lui donne l'art. 75 de la Constitution de l'an viii, c'est-à-dire dans le sens de *maison, demeure ;* ainsi, on ne doit considérer comme *domicile* dont la violation entraîne l'application de la peine prononcée par l'art. 184 du Code pénal, que l'habitation même et ses dépendances, c'est-à-dire les clos et parcs qui y sont adhérents. Enfin, si c'est en *détruisant des clôtures* qu'on s'est introduit dans les propriétés d'autrui pour y chasser ou autrement, la loi, dans ce cas, prononce un emprisonnement d'un mois à un an, et une amende égale au quart des restitutions (456 C. pén.). Le mot *clôture* doit s'entendre dans le sens que l'art. 396 et les articles suivants du Code pénal donnent à ce mot, c'est à-dire de toute espèce de matériaux environnant des terrains ou fermant des habitations. Si c'est *pendant le jour* que le bris de clôture, qui est une véritable effraction (393 C. pén.), a eu lieu, le meurtre commis pour le repousser peut être *excusable,* c'est-à-dire qu'on n'appliquera pas la peine du meurtre (304 C. pén.), mais seulement un emprisonnement d'un an à cinq ans (322, 326 *ibid.*). Si c'est *pendant la nuit* que le bris de clôture ou effraction a été repoussé de l'intérieur de la propriété, et qu'un homicide s'en soit suivi, il n'y a, dans ce cas, ni crime ni délit (329 *ib.*), et conséquemment aucune peine à appliquer. — Il résulte de tout ce qui précède que le propriétaire n'a pas d'une manière absolue, et sans distinction, le droit de faire sortir de ses propriétés le chasseur ou tout autre individu qui s'y est introduit : si la propriété n'est pas close, il n'a que

l'action en indemnité et en dommages-intérêts contre les chasseurs, et en dommages-intérêts seulement contre les autres particuliers, sans pouvoir employer la force pour les faire sortir; si les propriétés sont closes, et qu'elles servent d'habitation ou en dépendent, le propriétaire peut bien intimer l'ordre de sortir ou même employer la force, mais sans violence ni voie de fait; et dans le cas où il y aurait résistance telle qu'elle exigeât de la violence de la part du propriétaire et de ses domestiques, nous pensons qu'il serait plus sage, personne ne pouvant se faire justice à soi-même, de requérir la force publique, qui ne pourrait refuser de se transporter dans le domicile violé, et même d'arrêter le coupable, puisqu'il y aurait flagrant délit (41, 46, 106 C. instr. crimin., 32, loi du 28 germinal an VI); mais dans tous les cas, le propriétaire devrait se garder d'user d'injures, menaces, violences ou voies de fait; car il ne pourrait puiser dans sa qualité de propriétaire sa justification, et il s'exposerait à l'application des peines qui frappent ces diverses infractions. Enfin, s'il y a bris de clôture pendant le jour, nous avons vu que le meurtre commis pour le repousser n'affranchit que de la peine du meurtre, et non pas de toute espèce de peine; c'est seulement lorsque le meurtre est commis pour repousser l'effraction pendant la nuit qu'il n'y a ni crime ni délit. — *L'escalade* et *l'effraction* ne constituent une aggravation du crime qu'autant qu'il s'agit d'un vol (articles 381 et suivants, Code pénal). La chasse ne pouvant constituer par elle-même un vol, il en résulte que tout délit de chasse, quoique commis à l'aide *d'effraction* ou *d'escalade*, ne saurait emporter une peine plus grande en raison de ces circonstances : seulement, si pour pénétrer dans la propriété où il a chassé, le chasseur a détruit des clôtures, ce fait entraînera la peine édictée par l'art. 456 du C. pén.; et comme cette peine est d'un mois à un an, et conséquemment plus forte que celle que prononce la loi sur la chasse, c'est cette peine et non celle du délit de chasse qui devra, en conformité de l'art. 17, être appliquée, à moins que le délit de chasse, avec bris de clôture, n'ait été commis la *nuit* sur un terrain appartenant à autrui, attenant à une maison habitée, et entouré d'une clôture continue; car dans ce cas, la peine que prononce notre article étant celle de trois mois à deux ans, il est clair que c'est cette peine, comme étant la plus forte, qui devrait être prononcée. — **QUESTION.** *Si le fait de chasse dans le terrain enclos a été commis par une personne qui habite elle-même dans cet enclos, sans jouir du droit de chasse, y a-t-il lieu à l'application de* *notre article?* Non; car c'est la violation du domicile et les altercations que cette violation peut produire entre le propriétaire et le chasseur que notre loi veut atteindre; ce sont donc les peines des art. 11 ou 12, selon les circonstances, qu'il faudrait appliquer, et non celles édictées par notre article.

— **QUESTION**. *Le fait de s'emparer d'une pièce de gibier dans le terrain clos, comme le porte notre article, sans l'emploi d'un moyen de chasse, constitue-t-il un vol qui s'aggraverait des circonstances de l'escalade ou de l'effraction?* Nous pensons que la négative doit être admise : il suffit qu'on s'empare d'une pièce de gibier en liberté pour qu'il y ait chasse et non pas vol, peu importe l'emploi du moyen.

Sera puni d'une amende de cinquante à trois cents francs. Il est clair que l'amende et l'emprisonnement ne peuvent être doublés, lors même que le délit que notre article entend réprimer aurait été commis par un garde champêtre ou un garde forestier de la qualité exprimée dans l'article précédent: les dispositions de l'art. 12 ne peuvent, dans le silence du législateur, s'étendre à l'art. 13; et d'ailleurs, ces agents ne sont pas valablement préposés à la garde des récoltes et de la chasse dans les enclos attenant aux habitations, puisque la chasse y est permise en tout temps et sans permis de chasse.

Sans préjudice, dans l'un et l'autre cas, de plus fortes peines prononcées par le Code pénal. Ainsi, dans le premier cas, c'est-à-dire si l'on a chassé pendant le jour, sur le terrain d'autrui, tel que l'indique notre article, et que, pour y pénétrer, il y ait bris de clôture, nous avons vu à la note précédente que ce serait la peine prononcée par l'art. 456 du Code pénal, comme plus forte que celle que notre article prononce pour le délit de chasse (art. 17), qui devrait être appliquée. Si le chasseur s'est introduit dans la propriété close à l'aide de violence et de menace, les faits constitueront la violation du domicile que l'article 184, Code pénal, punit; mais dans ces divers cas l'emprisonnement ne sera plus, comme en matière de chasse, *facultatif.* Il est vrai que d'un autre côté les circonstances atténuantes pourront être admises en vertu de l'article 463 C. pén. puisque ce sera un autre fait que le fait de chasse qu'on réprimera.

14. Les peines déterminées par les trois articles qui précèdent pourront être portées au double si le délinquant *était en état de récidive, s'il était déguisé ou masqué, s'il a pris un faux nom.*

s'il a usé de violence envers les personnes, ou s'il a fait des menaces, sans préjudice, s'il y a lieu, *de plus fortes peines* prononcées par la loi. — Lorsqu'il y aura récidive *dans les cas prévus en l'article 11, la peine de l'emprisonnement de six jours à trois mois* pourra être appliquée si le délinquant n'a pas satisfait aux condamnations précédentes.

═ *Était en état de récidive.* Toutes les lois punissent la récidive qui suppose toujours une persistance coupable, une volonté plus perverse : les anciennes ordonnances que nous avons citées en notes dans l'introduction punissaient la récidive, en matière de chasse, de châtiments barbares qui allaient jusqu'à la peine capitale (art. 4 et 6, ordonn. de mars 1515) : l'art. 3 de la loi du 30 avril 1790 portait : « Chacune de ces différentes peines sera doublée en cas de récidive ; elle sera triplée s'il survient une troisième contravention, et la même progression sera suivie pour les contraventions ultérieures : le tout dans le courant de la même année seulement. » Cette disposition de la loi de 1790, qui triplait, quadruplait, etc., les peines, n'était plus en harmonie avec nos lois nouvelles qui se contentent toutes de les *doubler* (voir l'article 200 du Code forestier, et 69 du Code de la pêche fluviale); mais aussi, pour qu'on ne puisse pas se jouer des défenses de la loi, l'article que nous expliquons, par sa disposition finale, a autorisé les tribunaux, pour les infractions aux prescriptions de l'art. 11, à prononcer un emprisonnement de six jours à trois mois, si le délinquant n'a pas satisfait aux condamnations précédentes.

S'il était déguisé ou masqué, s'il a pris un faux nom. L'art. 7 de la loi du 30 avril 1790 porte : « Si les délinquants sont déguisés ou masqués, ou s'ils n'ont aucun domicile connu dans le royaume, ils seront arrêtés sur-le-champ, à la réquisition de la municipalité. »

S'il a pris un faux nom. Mais non s'il a refusé de dire son nom ; prendre un faux nom, c'est au moins un mensonge dans l'intention coupable d'égarer les agents chargés de la répression des délits ; mais le refus de dire son nom ne saurait jamais avoir les caractères d'un délit. Seulement, dans ce cas, le délinquant pourra, aux termes de l'art. 25, être conduit devant le maire ou devant le juge de paix, pour s'assurer de son individualité.

S'il a usé de violence envers les personnes ou s'il a fait des menaces. La loi punit, comme formant une aggravation de peine, les menaces d'une manière générale, et non pas seulement la menace de se servir de ses armes. — **QUESTION.** *Si ces violences et ces menaces étaient de la nature de celles que prévoient les art.* 276, 309, 310 *et* 311 *du Code pénal, devraient-elles constituer des crimes ou des délits distincts du fait de chasse ?* Sans nul doute ; et dans ce cas, la peine édictée par le Code pénal étant toujours supérieure à celle que notre loi prononce pour le fait de chasse, devrait seule, aux termes de l'art. 17, être prononcée. La violence dont parle notre article, et qui, jointe au fait de chasse, aggrave la peine, est sans doute la *violence légère* que l'art. 605, n° 8, du Code du 3 brumaire an IV punit comme simple *contravention.*

De plus fortes peines. C'est-à-dire les peines dont les articles 209 et 212 du Code pénal punissent la rébellion avec ou sans armes, et les peines prévues par les art. 276, 309, 310 et 311 précités.

Dans les cas prévus en l'art. 11. Ces cas sont la chasse sans permis de chasse, la chasse sur le terrain d'autrui, etc. Notre article renvoie ici seulement aux cas prévus par l'art. 11, pour attribuer aux tribunaux le droit de prononcer la peine d'emprisonnement, en cas de récidive, parce que le droit de prononcer cette peine étant donné aux tribunaux pour les cas prévus par les art. 12 et 13, il était inutile de renvoyer à ces articles. Cette disposition a surtout pour but d'atteindre les braconniers qui, au moyen de leur insolvabilité, que constaterait un certificat d'indigence, pourraient, sans la présente disposition, se livrer de nouveau à leur coupable industrie.

La peine de l'emprisonnement de six jours à trois mois. Cette disposition, qui s'occupe uniquement de récidive de la part d'un délinquant qui n'a pas satisfait aux condamnations précédemment prononcées contre lui, n'a pas voulu que ce fait fût régi, comme les autres condamnations pour faits de chasse, par les dispositions générales de la loi de 1832 sur la contrainte par corps. Cette loi veut que cinq jours après le commandement signifié aux condamnés, de payer les amendes, restitutions, dommages-intérêts et frais, la contrainte par corps puisse être exercée contre les débiteurs, sur la demande du receveur de l'enregistrement et des domaines et sur les réquisitions du procureur du roi (art. 33);

que les condamnés subissent l'effet de cette contrainte jusqu'à ce qu'ils aient payé le montant des condamnations ou fourni une caution admise dans les formes voulues (art. 34). Enfin, l'art. 35 porte : « Néanmoins, les condamnés qui justifieront de leur insolvabilité, suivant le mode prescrit par l'art. 420 du Code d'instruction criminelle, seront mis en liberté après avoir subi quinze jours de contrainte, lorsque l'amende et les autres condamnations pécuniaires n'excéderont pas 15 francs, un mois, lorsqu'elles s'élèveront de 15 à 50 francs, deux mois, lorsque l'amende et les autres condamnations s'élèveront de 50 à 100 francs, et quatre mois lorsqu'elles excéderont 100 francs. » Cette disposition, qui peut avoir pour effet, dans les condamnations pour délits de chasse qui souvent excèdent 100 francs, d'emporter contre le condamné même insolvable un emprisonnement de quatre mois, n'a pas empêché de placer dans l'article que nous expliquons la peine dont il s'agit ici : on invoquait, pour l'en faire exclure, cet art. 33 ; mais on a remarqué avec raison que la contrainte par corps, exercée en vertu de la loi de 1832, ne l'est pas à titre de condamnation, mais uniquement comme épreuve de la solvabilité des délinquants, et à la réquisition des agents du fisc : il en résulte que toutes les fois que les délinquants ne sont pas préalablement en prison, on n'exécute pas en général la loi de 1832, si les condamnés, sur le commandement qu'on doit leur signifier, justifient de leur insolvabilité. La peine dont il s'agit ici, qui, lorsqu'elle aura été prononcée par les tribunaux, sera toujours exécutée, n'est donc pas inutile ; mais ce droit étant *facultatif* pour les magistrats, il est clair que s'ils ne veulent pas appliquer l'emprisonnement, ils pourront, en cas de récidive, porter au *double,* comme l'indique le premier paragraphe de notre article, les peines prononcées par l'article 11.

15. Il y a récidive lorsque, *dans les douze mois* qui ont précédé l'infraction, le délinquant *a été condamné en vertu de la présente loi.*

═══ *Dans les douze mois.* L'article 3 de la loi de 1790 porte : *Dans le courant de la même année.* L'article 200 du Code forestier est rédigé à peu près dans les mêmes termes que notre article.

A été condamné en vertu de la présente loi. Si un délit de chasse commis le 1er octobre 1847 a été frappé d'une condamnation le 20 octobre, et qu'un second délit de chasse soit commis le 10 octobre 1848, il y aura lieu à prononcer la peine de la récidive, bien que de la date du premier délit au second, il se soit écoulé douze mois et dix jours ; car c'est la date de la *condamnation* qu'on prend pour constituer la récidive ; or, du 20 octobre 1847, au 10 octobre 1848, douze mois ne se sont pas écoulés. — **QUESTION**. *Si le délinquant a été amnistié ou gracié, la récidive est-elle encore applicable ?* La Cour de cassation a distingué entre la grâce et l'amnistie. Elle a jugé que l'amnistie a seule pour effet d'effacer entièrement le crime ou le délit : « Attendu que si l'effet des lettres de grâce est limité à la remise de tout ou partie des peines prononcées contre un ou plusieurs individus ; que si elles laissent subsister le délit, la culpabilité des graciés, et déclarent même la justice de la condamnation, il en est autrement de l'amnistie pleine et entière, qui porte avec elle l'abolition des délits qui en sont l'objet, des poursuites faites ou à faire, des condamnations qui auraient été ou pourraient être prononcées ; tellement que ces délits couverts du voile de la loi, par la puissance et la clémence royales, sont au regard des cours et des tribunaux, sauf le droit des tiers en réparation du dommage par action civile, comme s'ils n'avaient jamais été commis, etc. » (Arrêt du 11 juin 1825 ; Dall., ann. 1825, I, 395.) — Il est clair que c'est au ministère public qu'incombe l'obligation de prouver la récidive ; mais comment fera-t-il cette preuve ? Évidemment par la représentation de l'extrait du premier jugement qu'il se sera fait délivrer ; à moins que le premier jugement n'ait été rendu par la juridiction saisie de la nouvelle poursuite ; car dans ce cas cette juridiction ne pourrait se refuser a prononcer la peine de la récidive, sous prétexte que le ministère public ne rapporte pas l'extrait du premier jugement. » (Arrêt de la Cour de cassation du 3 février 1826 ; Dall., ann. 1826, I, 253.) — **QUESTION**. *Lorsque le jugement est susceptible d'appel ou de cassation, les douze mois ne courent-ils que de l'expiration de ces divers délais ?* L'affirmative nous semble résulter, comme principe général, de l'arrêt suivant, émané de la Cour suprême : « Attendu qu'aux termes des dispositions du chapitre 4 du livre 1er, Code pénal, pour qu'il y ait récidive, il faut d'abord que l'accusé ait déjà été condamné pour un crime ou un délit, et ensuite qu'il ait commis un second crime ou un délit nouveau, dans les cas déterminés par la loi ; qu'il résulte de ces dispositions que la condamnation prononcée pour le crime ou le délit qui a précédé le second crime doit avoir été définitive et légalement connue de l'auteur du second crime ou du crime postérieur, et, à cet effet, qu'il ait été mis en demeure pour la faire annuler, si elle a été rendue par défaut ; que la connaissance légale de la condamnation, en matière correctionnelle, ne peut résulter que de la notification prescrite par l'article 187, Code inst. crim. ; que l'acquiescement, en matière criminelle, ne se peut induire que d'un acte formel émané du condamné : que, dans l'espèce, aucun de ces éléments ne se rencontre, et qu'en faisant au demandeur l'application de l'article 58, Code pénal, et de l'article 12 de la loi du 25 juin 1824, lorsqu'il n'avait point eu de connaissance légale de la première condamnation avant que de commettre le crime pour lequel il était renvoyé devant la cour d'assises, et lorsque les faits, d'ailleurs insuffisants, desquels l'arrêt attaqué a induit son acquiescement, sont tous postérieurs à l'époque où il aurait commis le crime dont il était prévenu, la cour royale de Nancy a fait une fausse application de ces dispositions de la loi et violé l'article 3 de la loi du 25 juin 1824 : casse, etc. » (Arrêt du 6 mai 1826 ; Dall., ann. 1826, I, 360.)— **QUESTION**. *De quel jour courront les douze mois si le premier jugement a été attaqué par opposition, appel ou recours en cassation ?* Voici un arrêt de la Cour de cassation qui juge en principe général que l'arrêt est exécutoire du jour où l'arrêt de cassation est rendu : « Attendu que l'article 373, Code d'instruction criminelle, ne subordonne l'exécution des arrêts définitifs prononcés en matière correctionnelle qu'au seul cas du pourvoi en cassation ; attendu qu'aucune disposition de la loi n'oblige le ministère public de faire signifier au condamné l'arrêt de rejet, et que, du moment que cet arrêt est rendu, l'arrêt attaqué reprend toute sa force, etc. » (Arrêt du 31 mai 1834 ; Sirey, 34, 1, 562.) Cet arrêt doit servir de règle pour résoudre la difficulté. — **QUESTION**. *L'aveu du délinquant fera-t-il nécessairement preuve de la récidive ?* La Cour de cassation a consacré la négative : « Attendu que, si le ministère public articulait le fait d'une première condamnation pour crime, il ne produisait point l'extrait en forme d'un arrêt qui offrit la preuve judiciaire de cette condamnation ; attendu que si les inductions qu'il tirait, soit de l'aveu de l'accusé, soit du certificat du directeur de la maison de détention, pouvaient former des preuves morales, l'article 56 du Code pénal ne déterminait point quel caractère de force probante des preuves de ce genre devaient avoir pour constater le fait d'une première condamnation pour crime ; attendu que, dès lors, l'appréciation de ces preuves était abandonnée aux magistrats juges de l'accusation ; que, dans cet état des faits, la cour d'assises, en déclarant dans l'arrêt attaqué que l'aveu de l'accusé et le certificat du directeur de la maison de Melun lui paraissaient insuffisants pour établir le fait d'une condamnation pour crime, n'a point excédé les bornes de ses attributions, ni violé les dispositions de l'article 56 du Code pénal ; rejette. » (Arrêt du 11 septembre 1828; *Bull. crim.*, ann. 1828, p. 669.) — Il faut nécessairement que le premier délit soit un délit de chasse, puisque notre article veut que le délinquant ait été condamné *en vertu de la présente loi ;* mais quelle que soit la nature de ce délit, il suffit qu'il soit prévu par notre loi pour que la peine de la récidive soit prononcée, tandis que, sous l'empire de la loi du 30 avril 1790, on doutait si le délit ne devait pas être identique.

16. *Tout jugement de condamnation prononcera la confiscation des filets, engins et autres instruments de chasse.* Il ordonnera, en outre *la destruction des instruments de chasse prohibés. —Il prononcera également la confiscation des armes,* excepté dans le cas où le délit aura été commis par un individu *muni d'un permis de chasse* dans le temps où la chasse est autorisée. — Si les armes, filets, engins ou autres instruments de chasse *n'ont pas été saisis,* le délinquant sera condamné à les représenter ou à en payer la valeur, suivant la fixation qui en sera faite par le jugement, sans qu'elle puisse être au-dessous de 50 francs. —Les armes, engins, ou autres instruments de chasse, *abandonnés par les délinquants restés inconnus,* seront saisis et déposés au greffe du tribunal compétent. La confiscation, *et, s'il y a lieu, la destruction,* en seront ordonnées sur le vu du procès-verbal. — Dans tous les cas, la quotité des dommages-intérêts *est laissée à l'appréciation des tribunaux.*

══ *Tout jugement de condamnation prononcera la confiscation des filets, engins et autres instruments de chasse*. Il faut bien remarquer la généralité de cette disposition : la confiscation des engins et autres instruments de chasse même autorisés, dans le temps où la chasse est permise, seront confisqués si on s'en est servi en temps prohibé ; ainsi les bourses destinées à prendre le lapin doivent être confisqués, bien qu'elles ne soient pas des instruments prohibés ; car notre article n'a pas ajouté le mot *prohibé,* qu'il a soin d'employer au contraire lorsqu'il en ordonne la destruction , par la disposition finale. Les engins autorisés par les préfets pour la chasse des oiseaux de passage doivent également être confisqués si on s'en est servi autrement que ne le prescrivaient les arrêtés. Les furets n'étant pas des instruments de chasse, la confiscation n'en doit pas être prononcée. Le *gibier* ne doit pas non plus être *confisqué ;* car cette confiscation, qui était dans le projet, n'a pas passé dans l'article. La prétention des gardes de fouiller dans es carnassières pour saisir le gibier aurait le plus souvent amené des collisions déplorables. C'est seulement lorsqu'il y a vente ou transport du gibier que la confiscation est prononcée par l'article 4. D'ailleurs, le jugement intervenant toujours presque un mois après le fait de chasse, la confiscation du gibier eût été dérisoire. — La confiscation est prononcée soit que ces filets et instruments de chasse appartiennent ou non à celui qui en a fait usage : le propriétaire devait les détruire ; il ne devait ni les laisser prendre ni les prêter.— Les anciennes ordonnances voulaient aussi que les filets et engins confisqués fussent *ars* et brûlés publiquement (ordonnances de 1299, 1318 et 1601, art. 19).

La destruction des instruments de chasse prohibés. La loi ordonne la confiscation, comme nous le remarquons plus haut, des filets, engins et autres instruments de chasse dont on a fait usage en temps prohibé ou sans permis de chasse, que ces instruments fussent prohibés ou non ; mais elle n'ordonne la destruction que des instruments de chasse prohibés. — Un jugement de tribunal de Troyes, considérant comme un instrument de chasse prohibé un *chien lévrier,* dont l'emploi avait été défendu par arrêté du préfet, et faisant application des art. 11 et 16 de la loi du 3 mai 1844, ordonna que le chien lévrier, avec lequel le prévenu avait été trouvé chassant, serait *détruit* à la diligence de M. le procureur du roi, sinon condamne le prévenu à 50 francs pour la valeur d'icelui. Le procureur du roi ayant interjeté appel de ce jugement, la cour royale de Paris a jugé que l'article 16 de la loi du 3 mai 1844, bien qu'il prononce la destruction des instruments de chasse, même autres que les filets et engins , ne pouvait avoir en vue

18.

que des instruments de nature inanimée, et non des êtres animés; elle a réformé, en conséquence, le jugement de première instance. (Arrêt du 22 janvier 1846; *Gazette des tribunaux* du 23 janvier.)

Il prononcera également la confiscation des armes. L'article 5 de la loi du 30 avril 1790 ne prononçait que la confiscation des *armes*, tandis que la loi nouvelle ordonne aussi la confiscation des filets, engins et autres instruments de chasse. La différence vient de ce que la loi de 1790 ne prohibait pas l'emploi des filets et engins de chasse en tout temps (art. 15, loi du 30 avril 1790); aussi la question s'étant présentée devant la cour de Douai, elle fut résolue dans le sens que la confiscation n'était pas permise, nonobstant la disposition contraire de l'ordonnance de 1669, qui ne pouvait être invoquée parce qu'elle n'était applicable qu'aux faits de chasse dans les lieux réservés aux plaisirs du roi. (Arrêt du 17 septembre 1842; Sir. 43, II, 133.) L'article 5 de la loi de 1790, qui prescrivait la confiscation des armes, était ainsi conçu : « Dans tous les cas, les armes avec lesquelles la contravention aura été commise seront confisquées, sans néanmoins que les gardes puissent désarmer les chasseurs. » Cette dernière disposition se retrouve dans l'article 25 de la présente loi; et comme cet article ne parle que des armes, on doit en conclure qu'il est permis de s'emparer sur ceux qui les portent des filets, engins et instruments prohibés, et que le chasseur qui s'y opposerait se trouverait en état de rebellion.

Muni d'un permis de chasse. Ainsi, lors même qu'on a chassé sur le terrain d'autrui sans son consentement, pourvu que ce soit dans le temps où la chasse est autorisée. la confiscation du fusil n'est pas prononcée; la raison en est sans doute que le chasseur étant muni d'un permis de chasse, et la chasse étant autorisée, le délit ne peut consister comme en temps prohibé à faire usage de son fusil, mais seulement à chasser sur le terrain d'autrui ; et, d'un autre côté, le permis de chasse emportant le droit de port d'armes de chasse en temps non prohibé, il a été sous ce rapport satisfait à la loi. — **QUESTION.** *La confiscation du fusil avec lequel un individu est trouvé chassant sans permis de port d'armes, doit-elle être prononcée alors même que ce fusil est celui qui a été confié au délinquant comme garde national, et bien que cette arme soit la propriété de l'État?* La cour de Douai a consacré l'affirmative sous l'empire des anciennes lois sur la chasse. Les principes que consacre cet arrêt nous paraissent encore devoir être suivis aujourd'hui : « Vu l'art. 3 du décret du 4 mai 1812 ; attendu que la disposition de cet article est générale et absolue, et qu'admettre, comme l'ont fait les premiers juges, une exception pour le cas où le délinquant serait porteur d'une arme appartenant à l'Etat, c'est ajouter au texte de la loi, qui n'en parle pas, et supposer qu'une arme confiée pour un service public peut être impunément employée à commettre un délit ; réforme le jugement dont est appel, en ce qu'il n'a pas prononcé la confiscation du fusil dont Delplaque était porteur ; condamne le prévenu à rapporter ledit fusil au greffe du tribunal de Valenciennes, ou à en payer la valeur, fixée à 50 francs. » (Arrêt du 13 décembre 1834 ; Sirey, 35, II, 89.) Comme l'État ne peut pas être victime du méfait du garde national, celui-ci devra en rembourser le prix à la commune, qui, aux termes de l'article 25 de l'ordonnance du 24 octobre 1833, doit elle-même le rembourser à la caisse de l'administration des douanes. — **QUESTION**. *Lorsqu'on a déclaré la confiscation du fusil, le délinquant qui ne s'est pas laissé désarmer pourra-t-il déposer un autre fusil que celui qui a servi au délit?* Non ; si le garde a désigné assez bien le fusil pour que le tribunal se trouve à même de faire à son tour la désignation, de manière que le délinquant puisse être forcé de faire identiquement ce dépôt ou de payer la valeur réglée par le jugement ; autrement il déposera un fusil quelconque : car la nouvelle loi, pas plus que l'ancienne, n'exige que l'on dépose *identiquement* le même fusil : le législateur a voulu, à défaut d'une désignation complète, éviter les débats sur l'identité entre la personne chargée de recevoir le dépôt et le délinquant. — **QUESTION**. *Si contre la volonté et malgré la résistance du chasseur, on le désarmait, l'arme devrait-elle être restituée?* Non ; car l'arme une fois sous la main de la justice ne peut plus être rendue ; mais il résulte de là que la disposition que nous expliquons est à peu près sans aucune sanction ; car quelle peine appliquera-t-on au garde qui aura désarmé le chasseur, sans d'ailleurs se livrer à aucune voie de fait? — **QUESTION**. *Doit-on prononcer la confiscation de l'arme lorsqu'on a chassé la nuit?* L'affirmative paraît incontestable : en effet, soit qu'on ait chassé lorsque la chasse n'est pas ouverte, soit qu'on ait chassé la nuit, on a toujours fait usage de l'arme dans un moment où il n'était pas permis de s'en servir : aussi la loi emploie-t-elle les mots *le temps où la chasse est autorisée,* et non pas les mots *dans le temps non pro-*

hibé; or, la chasse n'est pas autorisée pendant la nuit : c'est, du reste, en ce sens qu'on s'est expliqué dans la discussion. — **QUESTION.** *Lorsqu'il y a contravention à un arrêté de préfet prohibant la chasse en temps de neige, le tribunal doit-il ordonner la confiscation du fusil ?* Le tribunal de Corbeil a consacré la négative : «En ce qui touche la confiscation du fusil dont le prévenu était porteur : Attendu qu'en appliquant au fait de chasse en temps prohibé et au fait de chasse en temps de neige des pénalités notablement différentes, la loi s'est refusée à placer ces deux délits sur la même ligne; qu'il faut conclure de là qu'en ordonnant la confiscation du fusil du chasseur même porteur d'un fusil de chasse, l'article 16 n'a entendu statuer que pour le cas le plus fréquent, c'est-à-dire pour le temps de la clôture de la chasse, et non pour le temps où l'exercice de la chasse est momentanément suspendu, quand la terre est couverte de neige; condamne le prévenu à 16 francs d'amende; dit qu'il n'y a lieu d'ordonner la confiscation du fusil dont le prévenu était porteur. » (Jugement du 27 décembre 1844; *Gazette des tribunaux* du 21 janv. 1845). Cette décision n'est pas en harmonie avec les considérations au moyen desquelles, comme nous venons de le voir, on voulait établir dans la discussion de la loi que la confiscation de l'arme devait être ordonnée dans tous les cas ; aussi la Cour de cassation a-t-elle consacré l'opinion contraire : «Vu les articles combinés 3, 9 et 16 de la loi du 3 mai 1844 ; attendu, en fait, qu'il est tenu pour constant par le jugement attaqué, qu'en contravention à un arrêté préfectoral du 7 novembre dernier, portant interdiction de chasser en temps de neige, le sieur Lavrard a été vu le 10 décembre suivant porteur d'un fusil et faisant acte de chasse dans le cas prévu par cet arrêté; qu'en le condamnant pour ce fait à une amende de 16 francs, le tribunal correctionnel de Tours, jugeant sur appel, a refusé de prononcer la confiscation du fusil, sur le fondement que cette mesure n'étant prescrite par la loi qu'autant que le délit aurait été commis dans le temps où la chasse n'est pas autorisée, il y avait lieu de la restreindre au cas d'une prohibition résultant d'un arrêté de clôture, cas auquel ne pouvait être assimilé celui d'une interdiction accidentelle limitée au temps de neige; attendu, en droit, que l'article 16 de la loi du 3 mai 1844, placé à la suite de diverses dispositions pénales concernant toutes les infractions sur la police de la chasse, établit une règle générale qui est le complément de ces dispositions qu'aux termes de son second paragraphe, tout jugement de condamnation doit prononcer la confiscation des armes; qu'il n'y a d'excepté que le cas où le fait sur lequel a porté ce jugement a été perpétré par un individu muni d'un permis dans le temps où la chasse est autorisée; attendu qu'on ne saurait comprendre dans cette exception le cas de contravention à un arrêté préfectoral qui interdit de chasser en temps de neige; que cet arrêté doit produire les mêmes effets, quant à la règle de la confiscation de l'arme et pendant la durée de la suspension momentanée qu'il a eu spécialement en vue, qu'un arrêté pris en vertu de l'article 3 de la loi précitée, et ayant pour objet la clôture générale de la chasse; que si les articles 11 et 12 de la même loi déterminent pour les deux cas des peines différentes, cette diversité ne met point obstacle à ce que la mesure de la confiscation de l'arme, qui est la peine commune de la résistance des contrevenants aux injonctions légales de l'autorité publique, leur soit indistinctement applicable; par ces motifs, la cour casse et annule, etc. » (Arrêt du 3 juil.1845.)—« Je ne ferai sur cet article qu'une seule observation, a dit M. le garde des sceaux dans sa circulaire. La peine de la confiscation qu'il prononce ne doit pas être une peine illusoire. Pour qu'elle soit efficace, il faut que les armes et les instruments du délit qui seront déposés au greffe par suite de la confiscation, ne soient pas des fusils hors de service, des instruments qui n'ont pas pu être employés à commettre le délit. Les agents chargés de verbaliser, en matière de chasse, devront être invités à désigner aussi exactement que possible les armes et les autres instruments dont les délinquants auront été trouvés porteurs, et vos substituts devront veiller à ce que les jugements qui auront ordonné la confiscation et le dépôt au greffe des objets décrits soient strictement exécutés. »

N'ont pas été saisis. Ces mots supposent que les armes peuvent être saisies quelquefois, bien qu'il ne soit pas permis de désarmer le chasseur; la saisie peut en effet avoir lieu si le chasseur consent à remettre son arme, ou bien s'il la jette pour prendre plus facilement la fuite, et que poursuivi par les gardes il soit arrêté, ceux-ci ne seront pas obligés de lui rendre son arme.

Abandonnés par les délinquants restés inconnus. Cette disposition qui autorise la confiscation dans ce cas des armes et engins n'existait pas dans l'ancienne loi; il résultait de là que les chasseurs, lorsque la prescription était accomplie, pouvaient venir réclamer au greffe, en prouvant qu'elle leur appartenait réellement, l'arme qu'ils avaient abandonnée. En effet la Cour de cassation avait jugé « en droit, que la confiscation de l'instrument du délit est l'accessoire de la peine dont la loi punit ceux qui s'en sont servis pour le commettre ; qu'elle ne peut donc pas être légalement prononcée, lorsque le prévenu de ce délit est resté inconnu ; d'où il suit qu'en l'ordonnant, dans l'espèce, le jugement en question a expressément violé tant ledit article 3 que les règles de la procédure criminelle ; casse. » (Arrêt du 21 juillet 1338 ; *Bulletin crim.*, ann. 1838.) Cette jurisprudence, que nous avons rappelée dans notre Code d'instruction criminelle sous l'art. 182 de ce Code comme existant encore, est devenue sans application depuis la loi de 1844 sur la chasse. — **QUESTION.** *Lorsque le tribunal correctionnel a annulé la citation directe donnée au prévenu, se trouve-t-il dessaisi et ne peut-il dès lors, sur le réquisitoire présenté à l'audience par le ministère public, prononcer la confiscation de l'instrument du délit ?* La Cour de cassation a consacré l'affirmative sous l'empire de l'ancienne législation sur la chasse, en ces termes : « Vu les articles 182 du Code d'instruction criminelle, et 3 du décret du 4 mai 1812, sur le moyen résultant de la violation du premier de ces articles, en ce que le jugement dénoncé a créé un mode de saisir les tribunaux correctionnels, qui n'est pas autorisé par cet article ; attendu qu'aux termes dudit article 182, la juridiction correctionnelle ne peut valablement statuer sur les délits qui sont de sa compétence qu'autant qu'elle s'en trouve saisie, soit par le renvoi qui lui en a été fait d'après les articles 130 et 160 du même Code, soit par la citation donnée directement au prévenu ; d'où il suit qu'en décidant, dans l'espèce, que les premiers juges, bien qu'ils eussent d'abord annulé la citation, avaient pu néanmoins ensuite, faisant droit au réquisitoire présenté à l'audience par le ministère public, prononcer la confiscation du fusil abandonné par l'inconnu, le jugement dénoncé a expressément violé cette disposition, etc. »(Arrêt précité du 21 juillet 1838 ; *Bull. crim.*, ann. 1838). Nous pensons que cette jurisprudence, que nous avons considérée comme étant encore en vigueur sous l'article 182 du Code d'instruction criminelle, ne doit plus être suivie depuis la publication de l'article 16 de la loi de 1844. Sans doute le tribunal en annulant la citation se trouve bien dessaisi, et si c'était comme jugeant en vertu de cette citation annulée qu'il prononçât la confiscation, il excéderait ses pouvoirs ; mais il juge dans ce cas sur le réquisitoire du procureur du roi qui le saisit en vertu de notre article de la question de confiscation.

Et, s'il y a lieu, la destruction. Il faut que le jugement soit définitif et passé en force de chose jugée, c'est-à-dire qu'il ne soit plus susceptible d'appel ni de pourvoi en cassation; ou que ces voies aient été épuisées, autrement la destruction causerait un dommage irréparable en définitive. La loi ne distingue pas, comme nous le remarquons plus haut, si ces instruments appartiennent à celui sur qui ils ont été saisis ou à un tiers. —Des mots *s'il y a lieu*, on doit conclure que l'on ne devra détruire que les instruments dont la détention est même un délit ; car quant aux armes qui peuvent être légitimement possédées, la destruction serait sans motif raisonnable. — Les armes dont il s'agit sont, au bout de six mois, remises par ordonnance du président, sur requête du receveur des domaines, à ce receveur pour être ensuite vendues. (Ordonnances des 22 février 1829, article 1er, et 9 juin 1830, articles 1er et 8). On excepte de cette vente les armes de guerre excédant la valeur de 6 francs, qui doivent être déposées par le préposé de la régie du domaine à la mairie du chef-lieu de l'arrondissement pour être envoyées aux arsenaux. (Ordonnance du 24 juillet 1824, article 8, et décision du ministre des finances du 20 septembre 1820.)

Est laissée à l'appréciation des tribunaux. Nous avons vu que l'art. 1er du décret du 30 avril 1790 fixait à 10 francs le *minimum* des dommages-intérêts que le juge ne pouvait se dispenser de prononcer : la loi nouvelle ne reproduit pas cette disposition, et de là peut résulter la question suivante. — QUESTION. *Lorsqu'il y a eu chasse sur le terrain d'autrui sans son consentement, une indemnité quelconque doit-elle être prononcée, bien qu'aucun dommage matériel n'ait été causé ?* Non ; car en abandonnant l'appréciation des dommages-intérêts aux tribunaux, le législateur suppose qu'un dommage a été causé ; il faut donc que le propriétaire établisse ce dommage. La simple violation du droit de propriété sera insuffisante pour entraîner une condamnation en dommages-intérêts. — L'art. 202 du Code forestier veut que dans tous les cas où il y a lieu d'adjuger des dommages-intérêts, ils ne puissent être inférieurs à l'amende simple. La loi sur la chasse n'a pas admis cette disposition, on a dit dans la discussion, pour la faire rejeter, qu'elle était mauvaise ; mais il faut bien remarquer qu'à la différence de la loi de 1790, cet article 202 n'ordonne pas d'adjuger des dommages-intérêts dans tous les cas, mais *s'il y a lieu*, c'est-à-dire s'il y a dommage ; seulement, pour éviter souvent les expertises ou autres procédures, la loi forestière fixe elle-même la somme à laquelle ils ne pourront être inférieurs.

17. En cas de conviction de plusieurs délits prévus par la présente loi, par le Code pénal ordinaire ou par les lois spéciales, *la peine la plus forte sera seule prononcée.*—Les peines encourues pour des faits postérieurs à la déclaration du procès-verbal de contravention *pourront être cumulées,* s'il y a lieu, sans préjudice des peines de la récidive.

══ *La peine la plus forte sera seule prononcée.* C'est l'application à la matière spéciale de la chasse, de l'article 365 du Code d'instruction, portant : « En cas de conviction de plusieurs crimes ou délits, la peine la plus forte sera seule prononcée. C'est ce qu'on nomme le *non-cumul* des peines; ainsi, par exemple, si en chassant sans permis de chasse, un individu exerce des violences contre le garde champêtre, la loi pénale punissant ce fait d'un emprisonnement d'un mois à six mois (article 230 du Code pénal), on appliquera au délinquant la peine prononcée par le Code pénal, et celle de 16 francs à 100 francs d'amende n'y sera pas ajoutée pour le délit de chasse sans permis. Cette disposition n'est pas précisément introductive d'un droit nouveau; après avoir été quelque temps incertaine, la jurisprudence, d'après les dispositions générales de l'article 365 du Code d'instruction, s'était établie en ce sens. » (Arrêts de la Cour de cassation des 17 mai, 2 juin 1838 et 25 juillet 1839; Sirey, 39, 1, 55, 964; de la cour de Poitiers du 20 mai 1843 ; Sirey, 43, 11, 526). — Il n'est pas nécessaire pour que les délits ne puissent se cumuler qu'ils aient été commis en même temps, il suffit qu'il y ait conviction de plusieurs délits, quoique commis en différents temps; en d'autres termes, qu'ils aient été commis et l'objet d'un débat. —Notre article ne parle que des *délits ;* mais il est clair que le non-cumul existerait à plus forte raison s'il s'agissait d'un *crime* poursuivi en même temps qu'un *délit de chasse.* Voyez, au reste, nos observations sur les art. 365 et 379 , Code d'instr. crim. — **QUESTION**. *Si un délinquant est poursuivi tout à la fois pour un délit puni d'une amende avec confiscation, tel que le fait de chasse sans permis (16 à 100 fr. d'amende) et pour un autre délit frappé d'une amende plus forte, mais sans confiscation, tel que celui qui résulte de l'emploi de drogues propres à enivrer le gibier (100 à 500 fr. d'amende), la confiscation devra-t-elle être* *prononcée en même temps que cette dernière amende qui sera seule appliquée?* Pour la négative, on dit que l'amende la plus forte à laquelle la confiscation n'est pas attachée comme peine accessoire étant prononcée, c'est uniquement le texte de la loi qui édicte cette amende qu'on doit appliquer; par suite, le texte qui prononce l'amende la moins forte, mais avec la peine accessoire de la confiscation, n'entre plus pour rien dans la décision; or, ce serait l'appliquer indirectement que de le scinder pour en faire sortir la confiscation et l'ordonner en même temps que la peine la plus forte. Dans l'autre opinion, qui nous paraît plus conforme aux vrais principes, on dit que nonobstant l'application de la peine la plus forte, on ne fait pas tellement abstraction de l'autre peine qu'elle ne doive plus être d'aucune considération. Loin de là, on constate par le jugement les deux délits et les deux peines encourues; si par une indulgence de la loi une seule peine est prononcée, la culpabilité des prévenus n'est pas moins constante sous le double rapport qui a fait l'objet de l'accusation; il n'y a donc rien d'injuste à cumuler la peine accessoire de l'un des délits avec la peine principale de l'autre. C'est ainsi que la cour de Poitiers a jugé que l'on avait dû prononcer la confiscation du fusil dans une action de chasse dirigée contre un chasseur en même temps qu'une action pour coups et blessure : « Attendu, porte l'arrêt de cette cour, que le moins grave de ces délits, celui contre lequel la loi prononce la peine la moins sévère, est le délit de chasse sur le terrain d'autrui sans le consentement du propriétaire ; que l'article 5 de la loi du 30 avril 1790 prononce la confiscation du fusil avec lequel il a été commis; que les dispositions de l'article 365, Code inst. crim., sainement interprétées, ne forment pas obstacle à ce que la confiscation établie dans l'intérêt général, en vue du caractère propre au délit de chasse, soit prononcée cumulativement avec la peine principale la plus forte, puisque le but du législateur ne serait pas atteint, si celui contre lequel il a prescrit cette mesure pouvait y échapper par cela qu'outre le délit spécial qui la rend nécessaire, il en aurait commis un autre plus grave, etc. » (Arrêt du 20 mai 1843 ; Dall., ann. 1843, II, 168). Il faut bien remarquer que la confiscation n'est pas une peine proprement dite, mais l'accessoire de la peine; aussi la confiscation de tous les instruments qui ont servi à commettre les délits est-elle toujours prononcée en même temps que la peine la plus forte, sans qu'il y ait *cumul* de peines dans ce cas; c'est d'ailleurs ce qu'ont jugé aussi, sous l'empire de l'ancienne loi, les deux arrêts plus haut cités de la Cour de cassation en date des 17 mai et 2 juin 1838 ; un autre arrêt du 23 septembre 1837 (Sirey, 37, 1, 1034), et enfin l'arrêt précité de la cour de Poitiers du 20 mai 1843. — **Question**. *Doit-il y avoir autant de confiscations d'armes prononcées qu'il y a eu de délits commis, s'il n'est pas établi que les délits ont été commis avec les mêmes armes ?* La cour de Nancy a consacré l'affirmative sous l'empire de l'ancienne loi : « Attendu qu'Auguste-Joseph Capitaine s'est rendu coupable de deux délits de chasse, commis à plusieurs jours d'intervalle ; que l'article 5 de la loi du 30 avril 1790, qui prononce la confiscation du fusil avec lequel la contravention a été commise, doit recevoir son application à raison de chaque contravention ; que cette mesure fait partie intégrante de la disposition pénale, et ne peut en être separée sans porter atteinte à l'autorité de la loi ;... ordonne la confiscation du fusil, etc. » (Arrêt du 15 janvier 1840 ; Dall., ann. 1840, II, 101). On peut opposer à cette décision le principe du non-cumul des peines que proclame en matière de chasse l'article 17 que nous expliquons ; dans tous les cas, et en admettant le système de la cour de Nancy, il est clair que si c'est avec le même fusil que les faits successifs ont eu lieu, la confiscation prononcée pour le second délit ne pourra plus consister que dans la valeur du fusil appréciée en argent, conformément à la deuxième disposition de notre article. — **Question** *Lorsque la loi prononce pour un délit un ou deux jours d'emprisonnement, et pour un autre délit une amende de cent francs, quelle est la peine la plus forte ?* L'emprisonnement ; car il faut, pour apprécier l'intensité de la peine, se reporter à la gradation indiquée par la loi elle-même ; or, l'amende vient immédiatement après l'emprisonnement (art. 9, Code pénal). Sans doute, pour une personne pauvre, l'emprisonnement est moins dur qu'une forte amende, mais il faut considérer les peines en elles-mêmes, et non pas dans leurs rapports avec la position sociale des délinquants ; mais cette disposition, qui prohibe en principe général le cumul des peines, ne peut pas être invoquée lorsqu'un meurtre aura eu pour objet, soit de préparer, faciliter ou exécuter le délit de chasse, soit de favoriser la fuite ou d'assurer l'impunité des auteurs ou complices de ce délit. C'est ce qu'il faut conclure des termes de l'article 304, Code pénal, 2e paragraphe, et c'est aussi ce qu'a jugé la Cour de cassation par son arrêt cité sous ledit article 304, C. pén., et qui décide que le réclamant ayant été déclaré convaincu d'un fait de chasse en temps prohibé et sans permis de port d'armes, au moment où il commettait le meurtre déclaré constant, était passible de la peine déterminée par la disposition de l'article 304, Code pénal.» (Arrêt du 21 mars 1822; Dal., Jur. gén., v° Chasse, p. 434.)

Pourront être cumulés. Cette disposition est une sorte d'exception au principe posé dans le 1er paragraphe. En effet, il suffit en principe que la conviction des juges se soit formée sur des délits commis avant le jugement pour que le cumul soit interdit. Les auteurs de la présente loi, pour arriver à une répression plus efficace, ont autorisé les juges à *cumuler* les peines des faits *postérieurs au procès-verbal de contravention;* on n'a pas voulu qu'un chasseur, atteint déjà par un procès-verbal de contravention, et sachant qu'il ne peut échapper à la peine, s'in demnisât en multipliant les contraventions pendant le temps, quelquefois assez long, qui s'écoule avant que les tribunaux puissent statuer. « Sans cette dérogation, a dit M. le garde des sceaux, le braconnier contre lequel un procès-verbal aurait été rédigé pourrait, dans l'intervalle du premier délit constaté jusqu'au jour du jugement, en commettre impunément plusieurs autres. C'est ce qu'a voulu prévenir l'article 17. » — Du mot *déclaration,* qui signifie ici l'acte par lequel on fait connaître même verbalement au délinquant le procès-verbal rédigé contre lui, on doit conclure que s'il n'y a pas eu de déclaration, l'exception n'est pas applicable, et les délits commis postérieurement au procès-verbal non déclaré au délinquant ne pourront être cumulés. A défaut de *déclaration,* il est clair que la citation afin de comparaître sur l'action intentée contre le délinquant l'avertira suffisamment, et que par suite, s'il commet un nouveau délit depuis cette citation, la présente disposition lui sera applicable aussi bien que s'il y avait eu déclaration. — **QUESTION.** *Si postérieurement à la déclaration d'un premier délit, on commettait deux autres délits de chasse, ces deux derniers devraient-ils du moins n'être frappés que de la peine la plus forte, prononcée contre l'un de ces délits?* Sans nul doute, le premier délit se trouvant expié par la peine encourue, le délinquant, relativement aux nouveaux délits pour lesquels il est poursuivi, se trouve protégé par la première disposition de notre article.

18. En cas de condamnation pour délits prévus par la présente loi, les tribunaux pourront priver le délinquant du droit d'obtenir *un permis de chasse pour un temps qui n'excédera pas cinq ans.*

*== Un permis de chasse pour un temps qui n'excé-
dera pas cinq ans.* Cette disposition, prise en haine des braconniers, est tout à fait nouvelle et très-rigoureuse ; mais il
faut bien remarquer que ce droit accordé aux tribunaux est
facultatif et qu'ils n'en useront que pour des causes graves :
c'est ainsi qu'on l'a compris dans la discussion. Il est clair que
cette peine se cumule

19. La gratification mentionnée en l'article 10
sera prélevée sur le produit des amendes. — *Le
surplus desdites amendes sera attribué aux communes sur le territoire desquelles les infractions
auront été commises.*

*== Aux communes sur le territoire desquelles les in-
fractions auront été commises.* Ainsi, le produit des
amendes ne formera plus, comme le voulait autrefois l'art. 6
de l'ordonnance du 25 décembre 1823, un fonds commun applicable d'abord aux frais de poursuites et de greffe, au service
des enfants trouvés et ensuite aux communes les plus nécessi-
teuses. — «D'après les articles 10 et 19, qui se lient l'un à
l'autre, a dit M. le garde des sceaux, et que, par ce motif,
je n'ai pas séparés dans les observations auxquelles ils donnent
lieu, les gratifications qui seront accordées aux gardes et gendarmes rédacteurs des procès-verbaux seront déterminées
par des ordonnances royales et prélevées sur le produit des
amendes. La loi a voulu assurer le payement de ces gratifications en attribuant aux gardes et gendarmes un prélèvement sur le produit des amendes qui auront été prononcées.»

20. *L'article 463 du Code pénal* ne sera pas
applicable aux délits prévus par la présente loi.

== L'article 463 du Code pénal. Cet article porte: «Dans
tous les cas où la peine de l'emprisonnement et celle de l'amende
sont prononcées par le Code pénal, si les circonstances paraissent atténuantes, les tribunaux correctionnels sont autorisés,
même en cas de récidive, à réduire l'emprisonnement même
au-dessous de six jours, et l'amende même au-dessous de
16 fr. : ils pourront aussi prononcer séparément l'une ou l'au-

tre de ces peines, et même substituer l'amende à l'emprisonnement, sans que dans aucun cas elle puisse être au-dessous des peines de simple police. » Pour enlever aux condamnations en matière de délits de chasse le bénéfice de cet article, on s'est fondé particulièrement sur cette circonstance que les peines édictées pour les délits de chasse étant toujours susceptibles de maximum et de minimum, les juges en appliquant, selon les circonstances, le maximum seulement, pourront suivre les inspirations de l'humanité; d'un autre côté, la peine de l'emprisonnement pour délits de chasse étant toujours facultative, les juges pourront se dispenser de la prononcer lorsqu'elle leur paraîtra trop rigoureuse. Enfin on a remarqué que ce qui motive surtout l'introduction des circonstances atténuantes est l'intention plus ou moins coupable en raison de laquelle la peine doit être modifiée; or, a-t-on dit, dans les délits de chasse, c'est le fait illicite de chasse que l'on punit sans se préoccuper de la question intentionnelle. On a répondu avec raison, ce nous semble, à toutes ces considérations, d'abord que le minimum des peines édictées par la loi nouvelle est presque toujours supérieure à la somme au-dessous de laquelle l'article 463 veut qu'on puisse abaisser l'amende, ensuite qu'encore bien que l'intention soit prise en considération pour l'application des circonstances atténuantes et que cette intention n'entrât pas comme élément constitutif du délit de chasse, ce qu'il est permis de nier, l'âge du délinquant, les conséquences souvent très-minimes du fait peuvent solliciter l'application d'une amende inférieure au minimum des diverses peines. Nous devons cependant remarquer que l'article 203 du Code forestier renferme une disposition semblable, et que dans quelques autres matières, telles que les douanes, l'application de l'article 463 a également été écartée. — Mais si l'article 463 n'est pas applicable aux délits de chasse, il semble qu'on doit du moins distinguer si le prévenu, à raison de son âge, peut être supposé avoir agi *sans discernement*. Nous allons sur ce point faire connaître la jurisprudence. — **QUESTION.** *L'article 66, Code pénal, qui permet d'acquitter un prévenu âgé de moins de seize ans, lorsqu'il a agi sans discernement, est-il applicable au délit de chasse?* La Cour de cassation consacrait la négative avant la loi du 3 mai 1844 : « Attendu que l'arrêt attaqué reconnaît et déclare que Labesse s'est rendu coupable du délit de chasse en temps prohibé et sans permis de port d'armes; que ce double délit est prévu et puni par les articles 1er et suivants de la loi du 30 avril 1790, et par les articles 1er et 3 du décret du 4 mai 1812, lesquels ne mentionnent aucune exception à l'application de la peine en raison de l'âge du délinquant ou de son défaut de discernement; attendu que, d'après l'article 484, Code pénal, les dispositions de ce Code ne sont pas applicables aux matières qui ne sont pas réglées par lui, et qui sont régies par des lois et des règlements particuliers; qu'ainsi, en renvoyant de la plainte Labesse, auteur du délit, sur le motif que, n'étant âgé que de treize ans, il a agi sans discernement, et en déchargeant, en conséquence, Labesse père, des suites de la responsabilité civile à l'égard de son fils, l'arrêt attaqué a faussement appliqué l'article 66, Code pénal, et violé les articles précités de la loi de 1790 et du décret de 1812; casse, etc. » (Arrêt du 11 août 1836; Sirey, 37, 1, 364.) Voyez dans le même sens un arrêt du 5 juillet 1839 (Sirey, 40, 1, 189). Cette jurisprudence très-rigoureuse aujourd'hui où les peines sont plus sévères pour les délits de chasse, n'a pas été maintenue par la Cour de cassation : « Attendu, porte un de ses arrêts, que les articles 66 et suivants du Code pénal, et notamment l'article 69 dudit Code, renferment des principes généraux et absolus, applicables à tous les faits qualifiés crimes ou délits par la législation pénale; qu'ainsi le jugement attaqué en modérant, en vertu de l'article 69 précité, la peine encourue pour délit de chasse par François Bourthoumieux, mineur âgé de moins de seize ans, loin de violer la loi, en a fait au contraire une saine application; rejette, etc. » (Arrêt du 3 janvier 1845; Dall., ann. 1845, 1, 79.) — **QUESTION**. *Si un individu qui se serait rendu coupable de vol commettait ensuite un délit de chasse, le juge pourrait-il, en lui faisant, comme le veut l'article 17, application de la peine la plus forte, c'est-à-dire de celle que prononce l'article 401, admettre des circonstances atténuantes ?* Cette question n'est pas sans difficulté. Pour l'affirmative, on dit qu'aux termes de l'article 17 de la présente loi, c'est la peine la plus forte, c'est-à-dire, dans l'espèce, celle qui est édictée pour le vol par l'article 401 du Code pénal, qui doit être prononcée; or, peut-on, en faisant application de cet article du droit commun, en séparer l'article 463 qui le modifie. Si, par suite de la disposition de l'article 463, la peine peut se trouver réduite à un emprisonnement même au-dessous de six jours et à une amende même inférieure à 16 fr., c'est là une conséquence de la disposition de la loi qui veut que l'on fasse au double délit application de l'article 401 du Code pénal; d'ailleurs cette conséquence est toujours moins injuste que si, dans le système contraire, appliquant nécessairement l'article 401 sans pouvoir le modifier par l'article 463, on était obligé de prononcer au moins la peine d'un an d'emprisonnement, parce qu'un délit de chasse s'est trouvé joint au délit de vol. Dans l'opinion contraire que nous croyons mieux fondée, on répond qu'il est possible de juger l'espèce dont il s'agit sans être ni inconséquent ni injuste : sans être inconséquent, car on le serait si, parce que le délit de chasse est aggravé du délit de vol, on pouvait ne punir, par l'application de l'article 463, que d'une peine moins forte que si le délit de chasse était isolé ; sans être injuste, car s'il y a toujours nécessité que la peine du délit de chasse soit prononcée sans qu'on puisse faire application de l'article 463, la même nécessité n'existe pas quant au délit de vol ; les juges pourront donc faire l'application de l'article 463 à ce délit, mais alors la peine la plus forte sera celle du délit de chasse, dans laquelle se confondra celle du vol. — Voyez, sous l'article 12, notre discussion sur la question de savoir si les infractions en matière de chasse peuvent être excusées en raison *de la bonne foi des prévenus ;* nous y établissons que si l'affirmative peut être admise, ce n'est que par un argument tiré du présent article.

SECTION III.

De la poursuite et du jugement.

═ On entend par *poursuite* l'ensemble des actes à l'aide desquels on constate les délits qui ont pour objet de traduire les délinquants devant les tribunaux chargés de les réprimer. Cette poursuite est exercée par des fonctionnaires différents ou même par les particuliers seuls, selon que les propriétés dans lesquelles les délits de chasse sont commis appartiennent à l'État, aux communes ou aux particuliers, et aussi selon que le fait de chasse a eu lieu en temps prohibé ou non.

21. Les délits prévus par la présente loi seront prouvés, *soit par procès-verbaux ou rapports, soit par témoins,* à défaut de rapports et procès-verbaux, ou à leur appui.

═*Soit par procès-verbaux ou rapports, soit par témoins.* Ainsi, ce n'est pas en appliquant une preuve à défaut de l'autre que les délits seront constatés, par exemple, la preuve par témoins à défaut de procès-verbaux , mais en appliquant indifféremment l'une ou l'autre , ou même plusieurs preuves concurremment. Un *procès-verbal est le récit exact et par écrit de ce dont un fonctionnaire a été témoin, de ce qu'il a fait ou de ce qui lui a été déclaré.* L'article 11, § 3, du Code d'instr. crim. veut que l'on consigne dans les procès-verbaux rédigés pour constater les contraventions de police, « la nature et les circonstances des contraventions, le temps et le lieu où elles auront été commises, les preuves ou indices à la charge de ceux qui en seront présumés coupables ; » mais il est de jurisprudence : 1° que *l'omission,* dans un procès-verbal de contravention , de quelques-unes des circonstances qui doivent y être énoncées, conformément à la disposition du § 3 de l'article 11 du Code d'instruction criminelle, *n'entraîne pas la nullité* de ce procès-verbal. (Arrêt du 9 février 1821 ; *Bulletin criminel,* année 1821, p. 48); et 2° qu'il *n'est pas nécessaire* que les procès-verbaux soient *rédigés en présence des contrevenants,* les articles 11 et 154 du Code d'instruction, ni d'autres dispositions de lois n'exigeant que les procès-verbaux , à l'effet de constater les contraventions de police, soient faits en présence et avec l'assistance des contrevenants, et cette formalité n'étant exigée que dans certains cas particuliers , par des lois spéciales en matière de douanes ou d'impositions indirectes. (Arrêts du 11 nov. 1826 ; Sirey, 27, I, 527, et du 15 oct. 1829 ; Sir., 30, I, 40.) — Sous l'empire de la loi du 30 avril 1790, il fallait, aux termes de l'art. 11 de cette loi, *deux témoins* au moins pour établir la preuve d'un délit de chasse. La publication du Code d'instr. crim. fit soulever la question de savoir si cette disposition spéciale avait été abrogée par les art. 154 et 189 de ce Code ? La Cour de cassation, à qui cette question fut soumise, consacra l'affirmative par plusieurs arrêts, un du 13 novembre 1834, rapporté sous l'article 154 du Code d'inst. crim., et un autre ainsi conçu : « Attendu que les dispositions des articles 154 et 189 , Code instr. crim., relatives à la nature des preuves auxquelles peuvent recourir les tribunaux de police et de police correctionnelle, sont générales et absolues , et dérogent explicitement aux dispositions contraires relatives à la procédure criminelle en général, qui pourraient se rencontrer dans des lois antérieures ; et attendu que, d'après ces articles, aucun nombre déterminé de témoins n'est requis pour constituer la preuve légale ; attendu, de plus, que l'ensemble de la législation criminelle est formellement opposée au maintien de l'ancien principe (encore en vigueur en 1790) d'après lequel un certain nombre de témoins était requis pour constituer cette preuve légale; casse. » (Arrêt du 7 février 1835; Sirey, 35, 1, 564.) C'est cette jurisprudence que notre article érige en loi par la disposition générale que nous expliquons, et qui reproduit la première partie de l'article 154, Code inst. crim. — Il résulte de cette reproduction que les nombreuses décisions admises par la jurisprudence, et que nous avons signalées sous ledit article 154 et sous les articles suivants du Code d'inst., s'appliquent aux procès-verbaux dont s'occupe le présent article : ainsi, il faut tenir pour constant, 1º que le procès-verbal d'un officier de police judiciaire est valable, bien qu'il n'énonce pas qu'au moment de la constatation du fait l'officier de police *était revêtu des insignes* de sa fonction (arrêt du 14 février 1840; *Bulletin crim.*, ann. 1840); 2º que les procès-verbaux ne font foi que des faits matériels, que *les agents peuvent attester propriis sensibus,* ou par les moyens propres à en vérifier l'exactitude (arrêt du 29 janvier 1825; Sir., 25, 1, 281); par suite, les tribunaux peuvent refuser d'ajouter foi à un procès-verbal dressé sur la simple déclaration d'un tiers par le commissaire de police qui ne constate pas avoir acquis par lui-même la connaissance du fait (arrêt du 2 janvier 1830; Sir., 30, 1, 149); 3º qu'en cas d'irrégularité du procès-verbal d'un garde champêtre, *ce fonctionnaire et le maire* qui a reçu l'affirmation du procès-verbal *peuvent être entendus* pour prouver la contravention (arrêt du 17 avril 1823; Sirey, 23, 1, 283); 4º que les nullités étant d'ordre public en matière criminelle, elles ne peuvent être couvertes par le silence des parties, et que par suite, un tribunal peut prononcer *d'office la nullité d'un procès-verbal,* c'est-à-dire *bien qu'elle ne soit pas demandée* par le prévenu (arrêt du 5 mars 1835; Dall., ann. 1835, 1, 298); 5º que le ministère public peut faire entendre des témoins pour suppléer des procès-verbaux déclarés nuls (même arrêt du 5 mars 1835); 6º que la répression des contraventions est indépendante de l'existence ou de la validité des rapports ou procès-verbaux destinés à les constater, lorsque la preuve des faits est autrement établie, et que *les aveux des prévenus* font preuve contre eux, en cas de nullité ou d'irrégularité d'un procès-verbal (arrêt du 5 février 1825; Sir., 25, 1. 336, et du 13 septembre 1839; *Bulletin crim.*, ann. 1839); 7º qu'aux termes de l'article 16 du Code d'instr. crim. les procès-verbaux des gardes champêtres et ceux des gardes forestiers ayant pour objet de constater la nature, les circonstances, le temps, le lieu des délits et des contraventions, ainsi que les preuves et les indices qu'ils auront pu en recueillir, *les aveux et décla-*

rations *des parties intéressées entrent nécessairement dans les éléments de preuves* que ces gardes sont chargés de recueillir et de constater ; il résulte de là qu'un aveu *constaté dans un procès-verbal* dressé par un garde forestier ou champêtre doit faire foi, si la preuve qui en ressort n'est pas détruite par une preuve contraire, soit écrite, soit testimoniale (arrêt de la Cour de cassation du 16 avril 1835 ; Sir., 35, 1, 847) ; 8° qu'un tribunal ne peut baser sa décision *sur la connaissance personnelle* qu'il a prise des lieux, en l'absence des parties et sans l'observation des formalités prescrites par l'article 41 du Code de procédure (arrêts du 13 novembre 1834 ; Sirey, 35, 1, 192, et du 9 août 1838 ; Sirey, 39, 1, 388) ; 9° qu'une contravention ne peut pas être établie *par le témoignage oral du magistrat* remplissant les fonctions du ministere public, la qualité de témoin à l'audience étant incompatible avec les fonctions du ministère public (arrêt du 27 mai 1841 ; Dall , ann. 1841, 1, 401) ; 10° que les gardes champêtres ne sont pas obligés d'*énoncer leur demeure* dans le procès-verbal, aucune loi ne leur imposant cette obligation à peine de nullité, et que leur demeure est suffisamment connue et constatée par la déclaration de leur qualité de garde champêtre du lieu où ils verbalisent. (Arrêt du 27 juin 1812, ch. crim. Sirey, t. 13, 1, 64.) Le même arrêt décide, conformément aux principes généraux, que le garde champêtre ne peut être condamné aux frais du procès à raison de la nullité de son procès-verbal ; 11° qu'il n'est pas nécessaire à peine de nullité que le procès-verbal *mentionne l'heure* à laquelle a été commis le délit, par le motif que l'article 16 du Code d'instr. crim., en exigeant, en termes généraux, que les procès-verbaux constatent les circonstances, le temps, le lieu des délits et des contraventions, n'a nullement étendu ses prescriptions à ce point que, sous peine de nullité, la mention de l'heure où auraient été commis les délits doive se trouver dans les procès-verbaux des gardes (arrêt du 9 janvier 1835 ; Dall., ann. 1835, 1, 141) ; 12° *qu'il suffit* à la validité du procès-verbal *qu'il contienne les énonciations prescrites par l'article* 16 du Code d'instr. crim. (Arrêt du 8 janvier 1835 ; Dall., ann. 1835, 1, 103.) Cet article 16 est ainsi conçu : « Les gardes champêtres et forestiers dresseront des procès-verbaux à l'effet de constater la nature, les circonstances, les temps, le lieu des délits et des contraventions, ainsi que les preuves et les indices qu'ils auront pu en recueillir. Ils suivront les choses enlevées dans les lieux où elles auront été transportées et les mettront en séquestre : ils ne pourront néanmoins s'introduire dans les maisons, ateliers, bâtiments, cours adjacentes et enclos, si ce n'est en présence soit du juge de paix, soit de son suppléant, soit du commissaire de police, soit du maire du lieu, soit de son adjoint, et le procès-verbal qui devra en être dressé sera signé par celui en présence duquel il aura été fait, etc. » — La loi qui dispose ici que la constatation des délits de chasse pourra se faire *par témoins*, ne s'occupe pas des formalités relatives à l'audition des témoins. Elle s'en réfère évidemment sur ce point au Code d'instruction criminelle, qui, par son article 189, rend applicables à la preuve des délits correctionnels les dispositions des articles 154, 155, 156, 157, 158, 159, 160 et 161 du même Code : ces articles sont ainsi conçus : Art. 154. « Les contraventions seront prouvées, soit par procès-verbaux ou rapports, soit par témoins à défaut de rapports et procès-verbaux, ou à leur appui. Nul ne sera admis, à peine de nullité, à faire preuve par témoins outre ou contre le contenu aux procès-verbaux ou rapports des officiers de police ayant reçu de la loi le pouvoir de constater les délits ou les contraventions, jusqu'à inscription de faux. Quant aux procès-verbaux et rapports faits par les agents, préposés ou officiers auxquels la loi n'a pas accordé le droit d'en être crus jusqu'à inscription de faux, ils pourront être débattus par des preuves contraires, soit écrites, soit testimoniales, si le tribunal juge à propos de les admettre. » — 155. « Les témoins feront à l'audience, sous peine de nullité, le serment de dire toute la vérité, rien que la vérité ; et le greffier en tiendra note, ainsi que de leurs noms, prénoms, âge, profession et demeure, et de leurs principales déclarations. » — 156. « Les ascendants ou descendants de la personne prévenue, ses frères et sœurs ou alliés en pareil degré, la femme ou son mari, même après le divorce prononcé, ne seront ni appelés ni reçus en témoignage ; sans néanmoins que l'audition des personnes ci-dessus désignées puisse opérer une nullité, lorsque, soit le ministère public, soit la partie civile, soit le prévenu, ne se sont pas opposés à ce qu'elles soient entendues. » — 157. « Les témoins qui ne satisferont pas à la citation pourront y être contraints par le tribunal, qui à cet effet, et sur le réquisitoire du ministère public, prononcera, dans la même audience, sur le premier défaut, l'amende, et, en cas d'un second défaut, la contrainte par corps. » — 158. « Le témoin ainsi condamné à l'amende sur le premier défaut, et qui, sur la seconde citation, produira, devant le tribunal, des excuses légitimes, pourra, sur les conclusions du ministère public, être déchargé de l'amende. Si le témoin n'est pas cité de nouveau, il pourra volontairement comparaître par lui, ou par un fondé de procuration spéciale, à l'audience suivante, pour présenter ses excuses, et obtenir, s'il y a lieu, décharge de l'amende. » — 159. « Si le fait ne présente ni délit ni contravention de police, le tribunal annulera la citation et tout ce qui aura suivi, et statuera par le même jugement sur les demandes en dommages-intérêts. » — 160. « Si le fait est un délit qui emporte une peine correctionnelle ou plus grave, le tribunal renverra les parties devant le procureur du roi. » — 161. « Si le prévenu est convaincu de contravention de police, le tribunal prononcera la peine, et statuera par le même jugement sur les demandes en restitution et en dommages-intérêts. » (**MODÈLES** des procès-verbaux ou rapports, form. n° 2.)

22. Les procès-verbaux *des maires et adjoints, commissaires de police*, officier, maréchal des logis ou brigadier de gendarmerie, *gendarmes, gardes forestiers, garde-pêche, gardes champêtres, ou gardes assermentés des particuliers, feront foi jusqu'à preuve contraire.*

━━ *Des maires et adjoints, commissaires de police*, etc. — **QUESTION**. *Le présent article est-il limitatif : en d'autres termes, le droit de dresser des procès-verbaux de chasse est-il restreint aux fonctionnaires compris dans notre article ?* La jurisprudence déclarait applicables aux délits de chasse les modes de constatation introduits par le Code d'instruction criminelle : il en résultait que tous les magistrats auxquels ce Code attribue la recherche des crimes et délits avaient qualité pour faire cette constatation : ainsi, aux termes de l'article 9 dudit Code, les procureurs du roi, leurs substituts, les juges de paix, les juges d'instruction, les préfets de département et le préfet de police avaient tous qualité pour dresser les actes qui avaient cette constatation pour objet : le soin qu'a pris le législateur, dans l'article que nous expliquons, d'énumérer les fonctionnaires auxquels il attribue cette qualité, semble exclure les autres fonctionnaires dont parle le Code d'instruction. On peut dire, pour justifier cette innovation, que la constatation des délits de chasse n'est pas d'une importance telle qu'on dût la placer dans les attributions des magistrats chargés de les poursuivre, et auxquels d'ailleurs des devoirs déjà si graves sont confiés. Jamais, sans doute, on n'a vu un préfet de département constater un délit de chasse; cependant l'opinion contraire nous paraît mieux fondée. En principe, lorsqu'une règle du droit commun est écrite dans la loi générale, il faut, pour que cette règle cesse d'avoir effet, que l'intention du législateur d'y faire exception soit bien constante; or, cette intention existe-t-elle dans l'article que nous expliquons? le législateur déclare-t-il que les procès-verbaux qui doivent constater les délits de chasse ne pourront être reçus que par les fonctionnaires qu'il énumère? Nullement: il tranche une difficulté qui s'était élevée entre les partisans de l'opinion qui voulait donner une grande force à ces procès-verbaux, et les partisans de celle qui ne voulait pas mettre à la disposition des fonctionnaires chargés le plus souvent de constater les délits de chasse, le sort des citoyens. Les uns voulaient que les procès-verbaux fissent foi jusqu'à inscription de faux; les autres, qu'ils ne fissent foi que jusqu'à preuve du contraire: c'est ce sentiment que consacre l'article, et c'est tout ce qu'il a voulu dire et uniquement ce qu'il dit. Si on n'admettait pas cette opinion, il faudrait aller jusqu'à dire que le juge d'instruction, ou le magistrat qu'il délègue, lorsqu'il pénètre dans le domicile des citoyens pour la recherche des filets ou engins prohibés, ne peut dresser un procès-verbal faisant légalement foi de la saisie qu'il fait desdits filets et engins. — Voici le motif donné lors de la présentation du projet de loi pour justifier la disposition qui admet les maires et adjoints ainsi que les commissaires de police à verbaliser pour délits de chasse : « Les dispositions du projet qui mettent au nombre des délits la vente et le colportage du gibier en temps prohibé et le seul fait d'être trouvé porteur, hors de son domicile, de nappes, filets et autres instruments défendus, nécessitaient l'intervention des fonctionnaires chargés plus spécialement de la police des villes. C'est principalement pour ce motif que les maires, adjoints et les commissaires de police figurent dans le projet de loi. » Mais il est clair que leur droit de verbaliser est absolu et ne se réduit pas à la police des villes et des campagnes. — L'article 11 du Code d'inst. crim. porte : « Les commissaires de police, et dans les communes où il n'y en a point, les maires, au défaut de ceux-ci les adjoints de maire, rechercheront les contraventions de police, même celles qui sont sous la surveillance spéciale des gardes forestiers et champêtres, à l'égard desquels ils auront concurrence et même prévention. Ils recevront les rapports, dénonciations et plaintes qui seront relatifs aux contraventions de police, etc. » L'article 22, que nous expliquons, n'est pas rédigé dans les termes de cet article.

20

Ainsi d'abord l'article 22, loin d'appeler les maires à constater les délits de chasse seulement dans les communes où il n'existe pas de commissaires de police, les appelle *en première ligne :* il en résulte que ceux-ci peuvent verbaliser même dans les communes où il y a des commissaires de police. Au reste, ce droit, même lorsqu'il ne s'agit pas d'un fait de chasse, leur a été positivement reconnu par la Cour de cassation, en conformité de l'article 10 de la loi du 18 juillet 1837, sur l'administration municipale, qui investit sans réserve les maires de la police municipale. (Arrêt du 6 septembre 1838; Sir., 39, 1, 125; cité sous l'article 11 du Code d'instr. crim.) Il faut remarquer ensuite que l'article 22 de la loi que nous expliquons n'appelle pas, comme l'article 11 du Code d'instr. crim., au défaut de maires, les adjoints : notre article dit les procès-verbaux *des maires et adjoints ;* il résulte de là qu'un adjoint peut constater un délit de chasse, que le maire soit présent ou qu'il soit absent. Enfin, notre article ne dispose pas, comme l'article 11 du Code d'instr. crim., que le commissaire de police, ou le maire, ou l'adjoint, pour la recherche des délits de chasse, auront concurrence et *même prévention* à l'égard des gardes forestiers et champêtres ; il faut en conclure que tous les fonctionnaires indiqués dans l'article que nous expliquons, étant ici appelés au même titre à la recherche et à la constatation des délits de chasse, l'un de ces fonctionnaires ne sera pas obligé d'abandonner à celui qui surviendra la suite de la recherche ou de la constatation. — Le Code forestier, art. 165, veut que les gardes forestiers *écrivent eux-mêmes leurs procès-verbaux,* ou du moins, en cas d'empêchement, qu'ils les signent, ainsi que l'affirmation : aucune loi n'exigeant que *les gardes champêtres sachent écrire ou même signer,* il est constant que les procès-verbaux reçus sur leur déclaration, par les fonctionnaires compétents, sont valables, bien qu'ils ne soient pas signés par les gardes, non plus que l'affirmation. Le même article 11 du Code d'instr. porte : « Ces fonctionnaires recevront les rapports, dénonciations et plaintes qui seront relatifs aux contraventions de police, etc. » Ce sont évidemment ces fonctionnaires qui sont compétents pour recevoir les rapports et procès-verbaux dont il s'agit, lorsque les gardes champêtres ne savent pas écrire ou en sont empêchés. —Les rapports et procès-verbaux de ces mêmes gardes peuvent aussi être reçus par *les juges de paix et leurs suppléants.* C'est ce que la Cour de cassation a positivement reconnu, en ces termes : « Vu l'art. 441, Code instr. crim., le présent réquisitoire et l'ordre formel de M. le garde des sceaux qui s'y trouve énoncé ; vu pareillement l'art. 1er de la loi des 27 déc. 1790-5 janv. 1791, l'art. 6, sect. vii, tit. 1er de la loi des 28 sept., 6 oct. 1791, les §§ 1er et 2 de l'art. 11, C. instr. crim. ; attendu, en droit, que les deux premières lois ci-dessus visées confèrent formellement aux juges de paix, à leurs suppléants et à leurs greffiers, l'attribution de recevoir, de rédiger et d'écrire en forme de procès-verbal les rapports que les gardes champêtres, qui sont incapables ou dans l'impossibilité de dresser eux-mêmes cet acte, peuvent leur faire des contraventions par eux constatées dans l'exercice de leurs fonctions ; que l'art. 11, Cod. instr. crim., n'a nullement abrogé la disposition de ces lois en chargeant aussi du même travail les commissaires de police, les maires et les adjoints de maires ; qu'en plaçant dans la juridiction des tribunaux de simple police la répression des contraventions dont ces gardes ont reconnu l'existence, l'article 139 du même Code n'a point dérogé non plus à la législation antérieure ; que celle-ci ne présente d'ailleurs aucune inconciliabilité avec lui, puisque le soin d'écrire la déclaration du garde ne saurait en rien gêner la liberté et l'indépendance du juge dans l'appréciation des faits qui ont été rapportés ; qu'il résulte donc de la combinaison des trois articles précités que les rapports des gardes champêtres qui ne savent ou ne peuvent dresser personnellement leurs procès-verbaux, doivent être reçus, rédigés et écrits soit par les juges de paix, leurs suppléants ou leurs greffiers, soit par les commissaires de police, les maires ou les adjoints des maires ; et attendu que les procès-verbaux dont il s'agit dans l'espèce avaient été écrits, l'un par le greffier et l'autre par un suppléant de justice de paix ; qu'ils étaient, dès lors, réguliers en la forme, et susceptibles de faire foi des faits y relatés, tant que les prévenus ne les auraient pas débattus par la preuve que l'article 154 du Code d'instruction criminelle autorise ; qu'en décidant le contraire, sur le motif qu'ils auraient dû être écrits exclusivement par un commissaire de police, par le maire ou par l'adjoint du maire, et que, s'il n'en était pas ainsi, le jugement du tribunal de simple police ne serait point libre, les décisions dénoncées ont faussement interprété ledit article 139, et commis, par suite, une violation expresse tant des lois susdatées que de l'article 11 du Code d'instruction criminelle ; casse, etc. » (Arrêt du 10 février 1843 ; Sirey, 43, 1, 535.) — **QUESTION.** *Le procès-verbal d'un garde champêtre reçu par un secrétaire de mairie, et signé par le maire, est-il régulier ?* La Cour de cassation a consacré l'affirmative : « Vu l'article 408 du Code d'instruction criminelle ; vu également l'article 6, section VII, titre II du Code rural du 6 octobre 1791, l'article 11 de la loi du 28 floréal an X, duquel il résulte que les maires, et à défaut de maires, leurs adjoints, peuvent, comme le juge de paix et ses suppléants, recevoir l'affirmation des gardes champêtres par rapport aux délits commis dans leurs communes; que, dès lors, ces officiers publics ont caractère pour recevoir les déclarations des gardes champêtres, comme ils reçoivent leur affirmation : vu l'article 16 du Code d'instr. crim.; vu, enfin, l'article 11 du même Code, portant que les maires, dans les communes où il n'y a point de commissaires de police, rechercheront les contraventions de police, même celles qui sont sous la surveillance des gardes forestiers et champêtres, et recevront les rapports relatifs aux contraventions de police; attendu, en droit, que si des dispositions combinées dudit Code d'instruction criminelle, et des lois sus-datées, il résulte que les gardes champêtres, autorisés à faire devant l'autorité compétente de simples déclarations relatives aux délits ruraux qu'ils ont reconnus, ne peuvent, sans manquer à des formes essentielles, faire rédiger ces déclarations par des inconnus ou par des hommes n'ayant aucun caractère public, ils sont à l'abri de tout reproche lorsque, ne pouvant écrire eux-mêmes leurs rapports, ils se sont adressés à l'un des fonctionnaires publics désignés par la loi pour les recevoir, et que celui-ci, les ayant reçus et constatés dans l'ordre de ses fonctions, on ne peut arbitrairement prononcer contre de pareils actes une nullité qui n'est pas dans la loi; qu'en effet, et d'après la loi constitutive des municipalités et les règlements relatifs à leur organisation actuelle, le secrétaire d'un maire est un agent du gouvernement, donné au maire et à ses adjoints pour les aider dans la confection matérielle des actes que ces officiers sont chargés de rédiger, et auxquels ils impriment par leur signature le caractère d'authenticité; que si la loi du 28 pluviôse an VIII n'a point recréé les secrétaires des adminis-trations municipales, ni donné de signature publique à aucun des employés des mairies actuelles, et s'il en résulte que ces employés ne peuvent, par leur signature, rendre authentique aucun acte, aucune expédition, aucun extrait des actes de l'état civil, ou de tout autre acte de l'autorité municipale, on ne saurait en conclure que, dans les actes dont le maire est chargé par la loi, il ne puisse au besoin employer le savoir manuel du secrétaire de la mairie, écrivant en sa présence, d'après ses ordres, l'acte qu'il ne peut écrire lui-même, et qu'il légalise par sa signature. » (Arrêt du 19 mars 1830, ch. crim.; Dall., ann. 1830, 1, 173.) — QUESTION. *Le procès-*

verbal écrit de la main du maire, qui a signé seulement à la suite de l'affirmation, écrite également de sa main, est-il valable? La Cour de cassation a adopté l'affirmative : « Attendu, en fait, que le 30 juillet dernier le garde champêtre de la commune de Sornay s'est présenté devant le maire de ladite commune, pour y faire sa déclaration et son rapport contre Pierre Geoffroy, Pierre-Marie Geoffroy, Nicolas Plissonnier et Claude Mathy, comme ayant, en contravention à un règlement arrêté par le conseil municipal de Sornay et approuvé par le préfet, fait champoyer sur la prairie de Graudnod, susdite commune, plus de têtes de bétail qu'ils ne devaient y conduire, en raison de la quotité de terrain en pré possédée par le propriétaire de leur ferme ; que le maire de Sornay a dressé procès-verbal de cette déclaration du garde champêtre, et reçu en même temps son affirmation ; que l'affirmation du rapport, et le rapport même, écrits de la main du maire, sur le même feuillet, dans le même moment, et avec une corrélation évidente de l'une à l'autre, ne forment dans leur ensemble, et d'après les expressions qu'ils renferment, qu'un seul et même corps d'acte, quoique divisé en deux parties, et un seul procès-verbal terminé par la signature du maire et du garde rapporteur ; que, dès lors, la contravention objet des poursuites était régulièrement constatée, et qu'ainsi les prévenus devaient être condamnés aux peines prononcées par la loi ; que, d'ailleurs, et en supposant que le procès-verbal pût être regardé comme irrégulier, la preuve de la contravention résultait suffisamment de l'aveu des prévenus ; que cependant le tribunal de simple police de Louhans a cru devoir annuler, comme n'étant pas signé par le maire, un procès-verbal qui, par son enchaînement et sa contexture, forme un seul et même acte avec l'affirmation revêtue de la signature de cet officier public, et que, sans avoir égard aux aveux judiciaires des prévenus, le même tribunal les a renvoyés des poursuites, sous le prétexte de l'indivisibilité de ces aveux et d'un prétendu défaut d'intention, quand le fait matériel de la contravention était entièrement reconnu, et quand leur exception n'était appuyée que sur l'allégation vague d'un droit dont ils n'avaient pas, dans le délai prescrit, justifié devant le tribunal compétent ; que, sous ce double rapport, le tribunal dont le jugement est attaqué s'est écarté des règles de sa compétence et a commis un excès de pouvoir en créant une nullité qui n'est pas dans la loi ; qu'en rejetant la preuve résultant des aveux judiciaires sur le fait d'une contravention que rien ne pouvait légitimer, et en renvoyant les prévenus des poursuites, il a violé la loi du 6 octobre 1791 et le règlement dont il avait à faire l'application ; casse, etc. » (Arrêt du 5 février 1825 ch. crim.; Sirey, t. 25, 1, 336). La partie de cet arrêt qui juge que l'aveu des prévenus fait preuve de la contravention est conforme à la doctrine consacrée par l'arrêt du 16 avril 1835, rapporté sous l'article 16 du Code d'instruction criminelle. — Par suite du principe que les procès-verbaux ne font foi que des faits matériels que les fonctionnaires ont constatés par eux-mêmes, principe consacré par l'arrêt de la Cour de cassation du 29 janvier 1825, cité sous l'article précédent, la même Cour a jugé que le procès-verbal d'un commissaire de police dressé sur la déclaration des agents de police, sans vérification des faits, par ce magistrat, ne peut faire foi en l'absence de toute autre preuve. (Arrêt du 30 juin 1838; Sirey, 39, 1, 239.)

Gendarmes. L'attribution donnée aux officiers de gendarmerie pour la constatation des délits de chasse est écrite dans l'article 9 du Code d'instruction criminelle, portant : « La police judiciaire sera exercée sous l'autorité des cours royales, et suivant les distinctions qui vont être établies par les gardes champêtres et les gardes forestiers, par les commissaires de police, par les officiers de gendarmerie, etc. » La même attribution est donnée à toute la *gendarmerie* par l'article 179, §§ 15 et 16 de l'ordonnance du 20 octobre 1820, portant : « Les fonctions habituelles et ordinaires de a gendarmerie sont de saisir les dévastateurs des bois, des récoltes, les chasseurs masqués, lorsqu'ils seraient pris sur le fait ; de dresser des procès-verbaux contre tous individus en contravention aux lois et règlements sur la chasse. » — QUESTION. *A la différence des procès-verbaux des gardes champêtres et des gardes forestiers qui ne peuvent rechercher les délits que dans le territoire pour lequel ils ont été assermentés, les gendarmes peuvent-ils les constater dans toute l'étendue de la France ?* Pour la négative, on peut argumenter de deux arrêts en date du 8 novembre 1838 et du 30 septembre 1843, rapportés sous l'art. 154 du Code d'instr. crim., lesquels supposent que les gendarmes ne peuvent constater les contraventions que dans la *circonscription de leur brigade respective.* On peut ajouter que la circonscription de la brigade est, pour les gendarmes, ce que le corps est pour les soldats ordinaires ; que c'est dans leur brigade qu'ils correspondent avec leurs chefs et qu'ils obéissent à leurs ordres ; que, hors de leur brigade, ils peuvent être assimilés aux militaires hors de leurs corps qui perdent en quelque sorte leur caractère militaire ; mais l'opinion contraire est généralement admise, parce que les gendarmes sont institués, par l'ordonnance du 29 octobre 1840, pour assurer *dans toute l'étendue du royaume* le maintien de l'ordre et l'exécution des lois. C'est le serment qui leur confère particulièrement le droit de rechercher les contraventions; or, à la différence des gardes champêtres qui seraient obligés de renouveler leur serment s'ils changeaient de résidence, les gendarmes ne sont pas astreints, dans le même cas, à renouveler le leur; enfin, la division des brigades dans chaque canton ne constitue qu'une distribution de service et ne peut porter atteinte à leurs attributions. — La garde municipale de Paris est assimilée à la gendarmerie. (Arrêt de la Cour de cassation du 12 juillet 1838; *Bulletin crim.*, ann. 1838.)

Gardes forestiers. Il faut distinguer, quant à la nomination de ces gardes, entre les gardes forestiers de l'État, de la couronne, des communes et établissements publics et les gardes des particuliers : les premiers sont nommés par le directeur général des forêts (art 1er du Code forest., et 12 de l'ordonnance d'exécution du Code forestier, du 1er août 1827); les gardes forestiers des particuliers sont nommés par les propriétaires, qui sont obligés de les faire agréer par le sous-préfet de l'arrondissement, sauf le recours au préfet en cas de refus (art. 117, C. forest., art. 150 de l'ordonnance d'exécution). Mais les gardes forestiers des particuliers ne peuvent, comme les gardes forestiers de l'administration forestière, exercer leurs fonctions qu'après avoir prêté serment devant le tribunal de première instance de leur résidence (art. 5 et 117 du Code forestier). — L'article 3 du Code forestier porte : « Nul ne peut exercer un emploi forestier, s'il n'est âgé de vingt-cinq ans. » Cet article est placé sous le titre de l'*administration forestière,* qui ne comprend que les gardes de l'État, de la couronne, des communes et des établissements publics (art. 1); et cette disposition n'étant pas reproduite dans l'art. 117 du même Code, relatif aux gardes particuliers, il semble qu'on pourrait conclure de là que ces derniers peuvent être choisis avant l'âge de vingt-cinq ans, et qu'il suffit qu'ils soient majeurs de vingt et un ans. Telle ne nous paraît pas devoir être cependant l'intention du législateur : et d'abord, quoique placé sous le titre de l'administration forestière, l'art. 3 précité est conçu en termes si généraux qu'il comprend tous agents ou préposés remplissant un *emploi forestier,* et par suite les gardes particuliers; d'un autre côté, l'âge de vingt-cinq ans est aussi celui qu'exige l'article 5, sect. VII, de la loi du 6 octobre 1791 pour les gardes champêtres, sans distinguer entre les gardes champêtres des communes et ceux des particuliers ; et les gardes forestiers des particuliers étaient, en général, assimilés aux gardes champêtres ; enfin, les gardes particuliers exerçant comme les gardes de l'État, des communes et des établissements publics, les fonctions d'officiers de police judiciaire (art. 9, C. d'inst. crim.), la garantie d'âge que l'on exige de ceux-ci doit aussi exister à l'égard des autres. — Il s'agit, dans la partie de l'article que nous expliquons, des gardes forestiers de l'administration forestière, c'est-à-dire de l'État, de la couronne, des communes et des établissements publics ; car, plus loin, la loi parle des *gardes* assermentés des particuliers. En rapprochant cette disposition des articles 176 et 188 du Code forestier, on en voit résulter une grande différence. En effet, les procès-verbaux des gardes forestiers de l'*administration forestière* font foi pour la constatation des délits forestiers jusqu'à inscription de faux, tandis que les procès-verbaux des gardes particuliers ne font foi, aux termes de l'article 188, que jusqu'à preuve contraire ; or, ces gardes ayant qualité pour constater dans les bois soumis à leur surveillance les délits de chasse, on en avait conclu que les procès-verbaux, non des gardes particuliers, mais du moins de ceux de l'administration, lorsqu'ils avaient ces délits pour objet, faisaient également foi jusqu'à inscription de faux ; car ces procès-verbaux puisaient leurs forces dans les règles qui concernent leurs attributions, telles que celles des 9 septembre 1791 et 5 vendémiaire an v, et particulièrement dans les articles 176 et suivants du Code forestier. Voyez en ce sens les arrêts des 20 janvier 1816 et 15 juillet 1823 (Dal., Jurisp. gén., v° Chasse, p. 436 et 437). On a dénié ce point dans la discussion de notre article à la Chambre des députés, mais nous croyons que c'est à tort. Quoi qu'il en soit, le législateur de 1844, pour placer tous les fonctionnaires chargés de la constatation des délits de chasse sur la même ligne et éviter des anomalies, a dérogé à cette jurisprudence, de sorte que les gardes forestiers de l'administration rédigent, comme ceux des particuliers et tous les autres fonctionnaires, des procès-verbaux qui, en matière de délits de chasse, ne font foi que jusqu'à preuve contraire.

Garde-pêche. L'article 53 de la loi du 29 avril 1829, sur la pêche fluviale, veut que les procès-verbaux dressés et signés par deux agents ou garde-pêche fassent preuve jusqu'à inscription de faux. Ces gardes ont également qualité pour constater les délits de chasse, mais leurs procès-verbaux ne font foi, dans ce cas, que jusqu'à preuve contraire ; d'un autre côté, ils sont valables, quoique rédigés par un seul garde-pêche, comme ils le sont, rédigés par un seul garde forestier, un seul gendarme, etc.; car, ainsi que nous l'avons déjà remarqué, la loi n'exige pas plus le concours de plusieurs agents pour la rédaction des procès verbaux constatant les délits de chasse, que pour les procès-verbaux des autres délits

Gardes champêtres. L'institution des gardes champêtres a son principe, depuis 1789, dans les articles 8 et 9 de la loi du 30 avril 1790, qui veulent que les délits de chasse soient jugés d'après le rapport des gardes messiers, baugards et gardes champêtres (art. 8), et qu'à cet effet, le conseil général de chaque commune établisse un ou plusieurs gardes messiers, baugards ou gardes champêtres qui seront reçus et assermentés par la municipalité (art. 9). La loi du 6 octobre 1791, sur la police rurale, reproduisit ces dispositions : l'art. 1er, sect. VII, de cette loi porte : « Pour assurer les propriétés et conserver les récoltes, il pourra être établi des gardes champêtres dans les municipalités, sous la juridiction des juges de paix et sous la surveillance des officiers municipaux. Ils seront nommés par le conseil général de la commune et ne pourront être changés ou destitués que dans la même forme; » l'art. 2, même section, dispose : « Plusieurs municipalités pourront choisir et payer le même garde champêtre, et une municipalité pourra en avoir plusieurs; dans les municipalités où il y a des gardes établis pour la conservation des bois, ils peuvent remplir les deux fonctions. » « Les gardes champêtres seront âgés au moins de vingt-cinq ans; ils seront reconnus pour gens de bonnes mœurs, etc. » (Art. 5, sect. VII, même loi.) L'article 3 de la même loi s'occupe de la manière dont il doit être pourvu à leur traitement. La loi du 20 messidor an III vint faire une obligation pour les communes de ce qui n'était auparavant qu'une faculté. « *Il sera établi immédiatement,* portent les art. 1er et 2 de cette loi, après la promulgation du présent décret, des gardes champêtres dans toutes les communes rurales de la république; les gardes déjà nommés dans celles où il y en a pourront être réélus d'après le mode suivant, etc. Il y aura au moins un garde par commune, et la municipalité jugera de la nécessité d'y en établir davantage. » « Les gardes champêtres ne pourront être choisis que parmi les citoyens dont la probité, le zèle et le patriotisme seront généralement reconnus; ils seront nommés par l'administration du district, sur la présentation des conseils généraux des communes; leur traitement sera aussi fixé par le district, d'après l'avis du conseil général, et réparti au marc la livre de l'imposition foncière. » L'article 4 de la même loi dispose que « tout propriétaire aura le droit d'avoir pour ses domaines un garde champêtre; il sera tenu de le faire agréer par le conseil général de la commune (aujourd'hui le conseil municipal) et confirmer par le district : ce droit ne pourra l'exempter néanmoins de contribuer au traitement du garde de la commune. » Un décret du 23 fructidor an XIII règle le mode de procéder pour la formation de leur traitement. Enfin l'article 1er d'une ordonnance du 29 nov. 1820 dispose que « le choix des gardes champêtres sera fait par les maires et sera approuvé par les conseils municipaux ; le sous-préfet de l'arrondissement leur délivrera une commission »; et l'art. 2 de la même ordonnance porte : « Le changement ou la destitution des gardes champêtres ne pourra être prononcé que par le sous-préfet, sur l'avis du maire et du conseil municipal du lieu ; le sous-préfet soumettra son arrêté à l'approbation du préfet. » — **QUESTION.** *Les gardes champêtres des particuliers ont-ils caractère pour constater les délits commis sur les propriétés confiées à leur garde, s'ils n'ont pas été agréés par le conseil municipal, mais seulement par le sous-préfet ?* La Cour suprême avait d'abord adopté la négative : «Considérant, porte son arrêt, qu'aux termes de l'art. 4 de la loi précitée, les gardes champêtres des particuliers doivent, pour avoir caractère d'officier judiciaire, et faire, en cette qualité, des rapports et des procès-verbaux des délits qui se commettent sur les propriétés rurales confiées à leur garde, être agréés par le conseil municipal de la commune, et confirmés par le sous-préfet; que, dans l'espèce, Claude Boulé, nommé garde par le sieur Allix, pour la surveillance de ses propriétés rurales, n'avait point été agréé par le conseil municipal de la commune, et qu'ainsi il n'avait point de caractère pour rapporter procès-verbal du prétendu délit de pâturage commis par Jacques fils, sur une pièce de terre chargée de sainfoin, appartenant audit sieur Allix, etc. » (Arrêt du 21 août 1821, ch. crim.; Sirey, 24, 1, 75.) Mais la même Cour a plus tard admis l'opinion contraire : « Vu l'article 4 de la loi du 8 juillet 1795 (20 messidor an III), et vu l'article 40 de la loi du 3 brumaire an IV (Code des délits et des peines), qui, après avoir confirmé le droit de tout propriétaire d'avoir, pour la conservation de ses propriétés, un garde champêtre particulier, ajoute : «Il sera tenu de le faire agréer par l'administration municipale ;» vu l'article 9 de la loi du 17 février 1800 (28 pluviôse an VIII); vu enfin les articles 1er et 2 de l'ordonnance du roi du 29 novembre 1820; attendu que si, par la loi du 3 brumaire an IV, les particuliers qui usaient du droit de nommer des gardes champêtres pour la conservation de leurs propriétés étaient tenus de les faire agréer par l'administration municipale, cette attribution, faite aux administrations municipales, a été transférée, par l'article 9 de la loi du 17 février 1800, aux sous-préfets créés par ladite loi; attendu que les gardes champêtres et forestiers des particuliers, ainsi nommés et agréés, avaient les mêmes droits et les mêmes attributions que les gardes des communes, après avoir prêté le serment prescrit par l'article 5, section VII, de la loi du 6 octobre 1791 ; que, comme eux, ils étaient agents de la force publique et officiers de police judiciaire ; attendu que l'ordonnance royale du 20 nov. 1820 n'est point applicable aux gardes particuliers, mais seulement aux gardes des communes nommés par les maires, etc. » (Arrêt du 8 avril 1826, ch. crim.; Dall., ann. 1826, 1, 341.) Voyez dans le même sens un arrêt de la cour de Bourges, du 31 juillet 1829 (Dall., ann. 1830, 1, 150).— Un fermier peut avoir un garde champêtre. (Arrêt du 27 brumaire an XI, Répertoire de M. Favard, v° Garde champêtre, p. 593.) Il est hors de doute que les hospices et les établissements publics peuvent également en avoir. Maintenant et quant aux questions que peuvent faire naître ces diverses dispositions, nous ne pouvons que renvoyer à nos explications, section VII, des gardes champêtres, dans notre Code rural expliqué. Mais ce qu'il n'est pas sans importance de rappeler ici, c'est, 1° que pour que les gardes champêtres puissent verbaliser, il faut non-seulement qu'ils aient *prêté le serment de veiller à la conservation des propriétés* exigé par le Code rural, mais encore en leur qualité d'officiers de police judiciaire *le serment politique imposé à tout fonctionnaire par la loi du 30 avril* 1830. Le *tribunal de première instance est compétent pour recevoir en même temps le double serment :* le procès-verbal qu'il rédige lorsqu'il est constant qu'il n'a prêté qu'un serment ne peut faire foi en justice. (Arrêt de la Cour de cassation du 10 juin 1843 ; Sirey, 43, 1, 600.) 2° Qu'aux termes de l'article 16 du Code d'instr., ils ne peuvent exercer leurs fonctions que *chacun dans le territoire pour lequel ils auront été assermentés.* Hors de ce territoire, ils n'ont plus le caractère d'officiers de police judiciaire ; ils ne sont plus que de simples citoyens, sans mission et sans pouvoir, et, par suite, les procès-verbaux qu'ils rédigent hors de ce territoire sont frappés de nullité. (Arrêt de la Cour de cassation du 4 mars 1828, ch. civ.; Dall., ann. 1828, 1, 159.) Mais ce territoire est ordinairement plus étendu que les propriétés rurales ou forestières à la garde desquelles ils sont préposés. Alors ils doivent particulièrement faire porter leur surveillance sur ces propriétés, mais ils n'en ont pas moins caractère pour exercer leurs fonctions dans tout le territoire. 3° Qu'aux termes encore du même article 16, ils ne peuvent rechercher que les délits et les contraventions de police *qui auront porté atteinte aux propriétés rurales et forestières.* Ainsi leur compétence se borne, à moins qu'il ne s'agisse de flagrant délit, à la recherche de ces contraventions spéciales : ils ne pourraient donc, sans excès de pouvoir, rechercher et constater des délits d'une autre nature ; de telle sorte qu'un jugement qui condamnerait un particulier à une amende pour une contravention étrangère à la police rurale et forestière, d'après un procès-verbal dressé néanmoins par un garde champêtre ou forestier, devrait être cassé, si toutefois il ne reposait pas sur d'autres preuves, par exemple sur des dépositions de témoins appelés par le ministère public ; et telle est, en effet, la jurisprudence de la Cour suprême. (Arr. du 13 fév. 1819, ch. crim. ; Dall., ann. 1819, 1, 287.)—L'article 16 du Code d'instr. crim. dispose encore que « les gardes champêtres ne pourront s'introduire dans les maisons, ateliers, bâtiments, cours adjacentes et enclos, si ce n'est en présence soit du juge de paix, soit de son suppléant, soit du commissaire de police, soit du maire du lieu, soit de son adjoint ; et le procès-verbal qui devra en être dressé sera signé par celui en présence duquel il aura été fait. » La chasse dans les enclos pouvant, dans certains cas, constituer un délit, les gardes doivent, pour y pénétrer, se conformer aux dispositions qui précèdent, introduites pour prévenir des visites vexatoires et intempestives, ainsi que pour protéger la sûreté individuelle et domiciliaire ; l'inobservation de ces prescriptions par le garde peut faire naître la question suivante.

— **QUESTION.** *Le procès-verbal dressé par un garde qui aurait pénétré dans une habitation, sans être assisté, comme l'exige la loi, serait-il nul ?* Non ; car cette nullité n'est pas prononcée par la loi ; seulement le garde qui, en s'introduisant sans opposition, d'ailleurs, du maître de la maison, ne remplirait pas la formalité dont il s'agit, compromettrait sa responsabilité. (Arrêt du 22 janv. 1829 ; Dall., ann. 1829, 1, 116.) Mais le procès-verbal ne pourrait faire preuve si le garde s'était introduit seul, malgré l'opposition ou en l'absence du prétendu délinquant ; car si le procès-verbal est valable lorsqu'il n'y a pas d'opposition, c'est parce que le particulier qui n'exige pas l'exécution d'une formalité prescrite en sa faveur est censé y renoncer ; or, cette raison n'existe plus lorsqu'il l'exige. (Arrêts de la Cour de cassation du 10 avril 1823, ch. crim. ; Sirey, t. 23, 1, 276, et du 12 juin 1829 ; Sirey, t. 30, 1, 355.) — La Cour de cassation a même jugé que cette disposition n'était pas obligatoire *pour les gendarmes* constatant des contraventions aux réglements *sur l'échenillage*. (Arrêt du 19 juillet 1838 ; Sir., 39, 1, 126.) — Il est de jurisprudence que le procès-verbal du garde n'en serait pas moins valable, lors même que le garde se serait fait accompagner d'un officier municipal de la commune voisine : la raison en est que la disposition de la loi renfermant simplement une mesure de police introduite pour protéger la sûreté du domicile, l'inobservation de la loi dans ce cas n'influe en rien sur la constatation du délit. (Arrêt de la Cour suprême du 21 mars 1807 ; Sir., t. 7, II, 1142). Le procès-verbal est, par la même raison, valable, bien qu'il n'ait pas été signé par un officier municipal. (Arrêt de la même Cour du 5 mars 1807 ; Sir., 7, II, 1144.) — Indépendamment des gardes champêtres, on institue souvent dans les communes, sous le nom de gardes *messiers* et gardes *vignes*, à l'époque de la moisson et des vendanges, des gardes adjoints assermentés pour aider les gardes dans une surveillance devenue plus nécessaire à ces époques ; leurs pouvoirs, qui sont d'ailleurs ceux des gardes champêtres, expirent lorsque la récolte ou la vendange est faite. — **QUESTION**. *Les gardes champêtres peuvent-ils valablement verbaliser contre leurs parents ?* La Cour de cassation a adopté l'affirmative : « Considérant que, d'après les articles précités (art. 10 de la loi du 30 avril 1790, 6 de la loi du 6 octobre 1791, 16 et 154 du Code d'instr. crim.), les procès-verbaux dressés par les gardes champêtres, pour la constatation des délits dont la surveillance et la recherche leur sont confiées, font foi jusqu'à preuve contraire ; que, les dispositions générales desdits articles n'étant modifiées par aucune loi, il s'ensuit que les procès-verbaux des gardes doivent avoir le même degré de foi, soit qu'ils aient été dressés contre les parents ou alliés des gardes, soit contre tout autre individu ; que les articles 156 et 322 du Code d'inst. crim., qui défendent d'entendre en témoignage les parents ou alliés des prévenus et accusés devant les tribunaux de police et cours d'assises, n'ont aucune application aux gardes champêtres qui, en leur qualité d'officiers de police judiciaire, dressent des procès-verbaux conformément aux devoirs que la loi leur impose ; casse, etc. » (Arrêt du 7 novembre 1817 ; Sirey, t. 18, 1. 168.) — Il est clair que le même principe est applicable aux procès-verbaux rédigés par les autres fonctionnaires chargés avec les gardes champêtres de la constatation des délits de chasse ; aussi la Cour de cassation a-t-elle jugé que le procès-verbal d'un commissaire de police n'est pas frappé de nullité, parce que le prévenu est parent de ce fonctionnaire. (Arrêt du 5 nov. 1808 ; Sir. 17, 1, 322.)

Ou gardes assermentés des particuliers. Il s'agit ici des gardes forestiers des particuliers (art. 117, C. forest.), qui ont, comme les gendarmes et les gardes champêtres, qualité pour constater les délits de chasse dans les bois soumis à leur surveillance. Nous avons déjà vu que la loi donne la même force aux procès-verbaux rédigés par les gardes des particuliers qu'aux procès-verbaux des gardes forestiers de l'administration et des communes, ou établissements publics, en d'autres termes, que les procès-verbaux des uns et des autres ne font foi que jusqu'à preuve contraire.

Feront foi jusqu'à preuve contraire. Le projet soumis aux Chambres voulait que les procès-verbaux fissent foi *jusqu'à inscription de faux.* « Pour donner plus de force et d'efficacité à la constatation des délits de chasse qui se commettent, pour la plupart, dans des lieux isolés et éloignés des habitations, disait le garde des sceaux dans l'exposé des motifs, le projet dispose que les procès-verbaux écrits et signés, soit par un maire ou son adjoint, soit par un commissaire de police, soit par un officier ou maréchal des logis de la gendarmerie, soit par un agent supérieur de l'administration des eaux et forêts, et les procès-verbaux signés par deux préposés de cette administration ou par deux gendarmes, et écrits par l'un deux, feront foi jusqu'à inscription de faux. » Cette innovation n'a pas été admise par les Chambres ; la loi nouvelle veut que les procès-verbaux, sans aucune distinction des fonctionnaires qui les rédigent, ne fassent jamais foi que jusqu'à la preuve contraire, c'est-à-dire que les parties conservent la faculté de débattre le procès-verbal par des preuves, soit écrites, soit testimoniales, que le tribunal jugera admissibles. On n'a pas voulu laisser les citoyens désarmés contre des procès-verbaux qu'ils n'auraient jamais pu faire tomber que par la voie difficile et dispendieuse de l'inscription de faux : on a dû craindre les mésintelligences, les haines, les petites passions dont il n'est pas toujours aisé aux fonctionnaires publics de se défendre dans les petites localités. — Bien que les procès-verbaux des fonctionnaires énumérés dans notre article ne fassent foi que jusqu'à preuve contraire, ces procès-verbaux doivent cependant entraîner une condamnation toutes les fois que le prévenu ne les a pas détruits par d'autres preuves contraires : c'est ce qui est consacré par une jurisprudence constante et particulièrement par l'arrêt suivant. — **QUESTION.** *Les procès-verbaux des gardes champêtres dressés pour constater les délits de chasse devant faire foi jusqu'à preuve contraire, un tribunal correctionnel peut-il, lorsque au-*

cune preuve contraire n'a été administrée ni même offerte, déclarer qu'un fait de chasse, établi par procès-verbal d'un garde champêtre, n'est pas suffisamment prouvé, et renvoyer, en conséquence, le délinquant des poursuites du ministère public? La Cour de cassation a établi la négative par l'arrêt suivant : « Vu l'article 1er de la loi du 30 avril 1790, qui défend à toute personne, même au propriétaire, et en quelque temps que ce soit, de chasser sur les terres ouvertes qui ne seraient pas entièrement dépouillées de leur récolte, sous peine d'une amende de 20 fr. ; vu l'article 10 de la même loi, et l'article 154, Code instr. crim., d'après lesquels les procès-verbaux dressés par les gardes, pour constater les délits de chasse, doivent faire foi en justice jusqu'à preuve contraire; considérant que, par un procès-verbal régulier, dressé par le garde champêtre de la commune de Hulluch, le 5 octobre 1825, il a été constaté que, le même jour, Jean-Baptiste Couturier, muni d'armes de chasse, a chassé sur un champ planté de colzas, en y laissant entrer les chiens dont il était accompagné; que non-seulement aucune preuve contraire de ce fait n'a été administrée ni même offerte, mais que le jugement dénoncé, rendu par le tribunal de Saint-Omer, constate que l'existence dudit fait de chasse a été formellement reconnue par ledit prévenu; que, dans ces circonstances, le tribunal de Saint-Omer devait tenir pour constant le fait de chasse imputé au prévenu, et le condamner, en conséquence, à l'amende prescrite par la loi ; d'où il suit qu'en déclarant que le fait de chasse dont il s'agissait n'était pas suffisamment prouvé, et en renvoyant, par suite, le prévenu Couturier de l'action du ministère public, le tribunal correctionnel de Saint-Omer a violé les dispositions précitées de la loi du 30 avril 1790 et du Code d'inst. crim. ; casse, etc. » (Arrêt du 26 janvier 1826, ch. cr.; Dall., ann. 1826. 1, p. 200.) Voyez dans le même sens un arrêt de la même Cour, en date du 30 juillet 1825 (Sirey, 25, 1, 366), rapporté sous l'article 154 du Code d'inst. crim. — Nous avons, sous l'article 154 du Code d'inst. crim., rapporté des décisions de la Cour suprême qui jugent que lorsque les preuves contraires invoquées sont de nature à enlever aux faits poursuivis leur caractère de contravention, les juges ne peuvent prononcer condamnation contre le prévenu sans l'avoir admis préalablement à faire les preuves qu'il invoque (arrêt du 14 novembre 1840; Sirey, 41, 1, 531), et d'un autre côté, qu'un procès-verbal régulier ne peut être combattu par des dépositions de témoins qui n'ont pas prêté serment. (Arrêts du 21 février 1822; Dall., 1822, 1, 232,

16 décembre 1826 ; Dall., 1827, 1, 360; 20 janvier 1828 ; Dall.; 1828, 1, 285.) La même Cour a jugé qu'un juge de police ne peut entendre un témoin sans prestation de serment, à titre de *simple renseignement*, ce droit n'appartenant qu'aux présidents des cours d'assises (art. 269, C. instr. crim.). (Arrêts des 5 octobre 1838 et 25 avril 1840; *Bulletin criminel*, ann. 1838 et 1840.) — C'est au procureur du roi de l'arrondissement que doivent être envoyés les procès-verbaux constatant les délits de chasse quels qu'ils soient : tel est le vœu des articles 20, 22, 29 du Code d'inst. crim. — Voyez, dans l'APPENDICE, les *dispositions pénales* qui, d'un côté, répriment plus sévèrement *les attentats portés au caractère ou à la personne des gardes ou autres agents de l'autorité publique*, que les attentats de même nature dont peuvent être victimes les autres citoyens ; et qui, d'un autre côté, répriment plus sévèrement aussi *les délits commis par ces fonctionnaires quant aux choses placées sous leur garde ou surveillance*, que les délits de même nature commis par les autres citoyens; voyez enfin, au même lieu, quant aux crimes de *concussion* et de *corruption* dont ces fonctionnaires peuvent se rendre coupables, les dispositions qui prévoient ces crimes et les explications importantes qui les accompagnent, ainsi que l'état de la jurisprudence sur ces divers points.

23. *Les procès-verbaux des employés des contributions indirectes et des octrois feront également foi jusqu'à preuve contraire*, lorsque *dans les limites de leurs attributions respectives*, ces agents rechercheront et constateront les délits prévus *par le paragraphe* 1ᵉʳ *de l'article 4.*

== *Les procès-verbaux des employés des contributions indirectes et des octrois feront également foi jusqu'à preuve contraire.* Cette disposition, qui, pour la première fois, attribue la constatation d'un délit de chasse aux employés des contributions indirectes et des octrois, était la conséquence naturelle de la prohibition introduite par le § 1ᵉʳ de l'article 4, dans l'intérêt de la conservation du gibier, de la vente, achat, transport et colportage du gibier : comme les employés des contributions dans l'exercice de leurs fonctions font naturellement des recherches chez les aubergistes et autres établissements publics, et que, d'un autre côté, les employés des octrois ont qualité pour faire ouvrir tout ce qui se présente aux barrières, il était tout simple de donner aux uns et aux autres mission pour la constatation du délit dont il s'agit. — **QUESTION.** *Les employés des contributions indirectes ou des octrois ont-ils droit de faire des recherches exprès pour reconnaître et constater l'existence du gibier ?* Il semble résulter de la discussion de la loi aux Chambres que les agents dont il s'agit n'ont le droit de constater l'existence du gibier chez les aubergistes, ou le transport, que lorsque, dans l'exercice de leurs fonctions, ils viennent à les rencontrer ; et les termes dans lesquels est rédigée sur ce point la circulaire du ministre de la justice semblent appuyer cette opinion : « Les motifs de cette disposition (l'article 23) sont « évidents. Les infractions dont il s'agit ici ne pourront presque jamais être constatées par les gardes et les gendarmes, appelés, par la nature de leurs fonctions, à rechercher plutôt les délits de chasse proprements dits qui se commettent au milieu des champs ; mais les préposés de l'octroi, placés à l'entrée des villes pour surveiller les objets qu'on veut y introduire, les employés des contributions indirectes, obligés, par état, de visiter les auberges et les lieux ouverts au public, pourront, *tout en remplissant leur mission*, constater sans peine le transport et la vente illicite du gibier. » Nous ne pensons pas cependant qu'on puisse apporter cette restriction à la disposition que nous expliquons. C'est tout à la fois le droit de *rechercher* et de constater les délits dont il s'agit, que la loi confère aux agents des contributions indirectes et de l'octroi : or, cette recherche, ils peuvent la faire par tous les moyens que la loi leur donne lorsqu'ils exercent leurs fonctions aux barrières ou chez les aubergistes ; cette recherche est donc une attribution nouvelle, un devoir qu'ils doivent remplir avec la même plénitude que leurs autres attributions. —**QUESTION.** *Les gendarmes qui ont le droit sur les routes de constater l'infraction à la défense de colporter le gibier, pourraient-ils faire ouvrir une carnassière pour constater si elle ne renferme pas du gibier ?* Non ; car il n'entre pas dans leurs attributions d'inspecter et faire ouvrir les malles et paniers des voyageurs : ce serait là une action vexatoire qu'on ne pourrait pas tolérer et qui pourrait amener de fâcheuses collisions. C'est aussi ce qu'on a paru reconnaître dans la discussion, à la Chambre des pairs, de l'article que nous expliquons. — La loi de 1844 ne s'expliquant pas dans notre article sur l'autorité et la forme de ces procès-verbaux, il est clair qu'ils sont, sous ce double rapport, régis,

21.

non par la loi sur la chasse, mais par le droit spécial relatif aux octrois ou aux contributions indirectes; ainsi, par exemple, les procès-verbaux des employés des contributions indirectes, à la différence de ceux des employés de l'octroi et des agents dont s'occupe la présente loi, doivent être dressés et signés par deux employés au moins. (Art. 84, loi du 5 ventôse an XII.)

Dans les limites de leurs attributions respectives. Cette disposition est importante à remarquer, parce quelle circonscrit les agents dans le cercle de leurs attributions : ainsi, les préposés de l'octroi ne peuvent pas faire des recherches chez les aubergistes, et les préposés des contributions indirectes faire ouvrir, aux barrières ou ailleurs, les voitures et les paquets; l'esprit de cette disposition s'étend aussi aux agents, autres que ceux dont il s'agit dans notre article, chargés par les dispositions qui précèdent de constater les délits de chasse. Ainsi, les gardes champêtres et les gardes forestiers, préposés à la garde des champs et des forêts, ne peuvent remplir les fonctions attribuées aux agents des contributions indirectes et de l'octroi : les gendarmes le peuvent dans les villes qui rentrent dans leur circonscription. Enfin, si des villes se sont rachetées de l'exercice moyennant le payement d'un droit, ces mêmes fonctionnaires ne pourront dresser les procès-verbaux dont nous parlons, puisque dans ce cas ils sont sans droit et sans qualité pour pénétrer dans les lieux dont il s'agit.

Par le § 1er de l'article 4. Ce paragraphe porte : « Dans chaque département, il est interdit de mettre en vente, d'acheter, de transporter et de colporter du gibier pendant le temps où la chasse n'y est pas permise. » Ce sont là évidemment les seuls délits de chasse que puissent rechercher et constater les agents des contributions indirectes et de l'octroi.

24. *Dans les vingt-quatre heures du délit, les procès-verbaux des gardes seront, à peine de nullité, affirmés par les rédacteurs devant le juge de paix ou l'un de ses suppléants, ou devant le maire ou l'adjoint, soit de la commune de leur résidence, soit de celle où le délit aura été commis.*

=== *Dans les vingt-quatre heures du délit, les procès-verbaux des gardes seront, à peine de nullité, affirmés.* L'affirmation est la déclaration en justice, et sur la foi du serment, des faits consignés dans les procès-verbaux. Aux termes de l'article 10 de la loi du 30 avril 1790 , les rapports des gardes champêtres seront affirmés entre les mains d'un officier municipal, dans les *vingt-quatre heures* du délit qui en sera l'objet. » L'article 6, titre 1er, loi du 6 octobre 1791, porte : « Les gardes champêtres feront, affirmeront et déposeront leurs rapports devant le juge de paix de leur canton , ou l'un de ses assesseurs (aujourd'hui leurs suppléants), ou feront devant l'un ou l'autre leurs déclarations. Leurs rapports, ainsi que leurs déclarations... feront foi en justice pour tous les délits mentionnés dans la police rurale, sauf la preuve contraire. » Aux termes de l'article 11 de la loi du 28 floréal an X, les gardes champêtres peuvent aussi affirmer leurs procès-verbaux et faire leurs déclarations devant les maires ou leurs adjoints. — L'affirmation doit contenir les formalités essentielles à la validité des actes, telle que l'énonciation de la date des jour, mois et an : elle doit contenir aussi mention de la présentation du procès-verbal par le garde, et indication si c'est lui qui l'a écrit ou non , avec la déclaration qu'il contient vérité : l'officier qui reçoit l'affirmation en donne acte. — L'ancienne loi sur la chasse n'exigeait pas cette affirmation ; mais elle était exigée, comme nous venons de le dire, pour les gardes champêtres par la loi spéciale de leur institution, et pour les *gardes forestiers* et les *garde-pêche* par l'article 165 du Code forestier, par l'article 44 de la loi du 29 avril 1829, sur la pêche fluviale. La loi nouvelle sur la chasse ne pouvait pas omettre de comprendre dans une disposition générale, une formalité qu'exigeaient déjà les lois spéciales. — L'article que nous expliquons exigeant, à peine de nullité, que l'affirmation des procès-verbaux soit faite *dans les vingt-quatre heures du délit,* il est clair que ces procès-verbaux doivent nécessairement être rédigés avant l'expiration des vingt-quatre heures du délit : l'article 7 du titre IV de la loi du 29 septembre 1791, sur l'administration forestière, portait : « Les gardes *signeront* leurs procès-verbaux, et les affirmeront *dans les vingt-quatre heures* par-devant le juge de paix, etc. » Sous l'empire de cette loi, la Cour de cassation jugeait « qu'aux termes de cet article, l'affirmation des procès-verbaux des gardes étant prescrite comme une formalité qui doit *suivre la signature* de ces actes. le délai de vingt-quatre heures fixé par la loi pour l'affirmation ne pouvait courir du moment de la reconnaissance même du délit, mais du moment où toutes les opérations nécessaires pour sa constatation sont terminées, du moment, enfin, de la clôture et de la signature desdits procès-verbaux....; que si la disposition du dit article 7 était autrement entendue, elle deviendrait souvent inexécutable, lorsque, par la nature et les circonstances du délit, les gardes rapporteurs se trouveraient dans l'obligation de se porter sur différents points pour en suivre les traces et en découvrir les auteurs ou les complices, etc. » (Arrêts du 7 mars 1823 et du 21 avril 1827; *Bullet. crim.*, ann. 1823 et 1827.) L'article 165 du Code forestier et l'art. 44 du Code de la pêche, précités, ont été rédigés dans les mêmes termes; ils veulent que les gardes « affirment leurs procès-verbaux au plus tard *le lendemain de leur clôture.* » On peut se demander pourquoi le législateur de 1844 n'a pas emprunté aux articles dont il s'agit cette disposition, et a restreint l'affirmation dans les étroites limites *des vingt-quatres heures du délit.* La raison en est sans doute dans la différence qui existe entre les délits de chasse et les délits forestiers ou de pêche; ceux-ci ne peuvent toujours se constater instantanément et, comme l'a dit la Cour de cassation, il y a souvent obligation pour les gardes « de se porter sur différents points pour en suivre les traces et en découvrir les auteurs ou les complices; » le fait de chasse, au contraire, ne suppose pas la même nécessité. Le chasseur, pour qu'un procès-verbal puisse être dressé, doit être en général pris chassant, et conséquemment vingt-quatre heures suffisent pour constater le délit et l'affirmer. Quoi qu'il en soit, il résulte de ces rédactions différentes que si, quant aux procès-verbaux des gardes champêtres, la nouvelle loi est en harmonie sur ce point avec l'ancienne, elle n'y est pas quant aux gardes forestiers et garde-pêche qui seront tenus de faire leur affirmation quant aux délits forestiers et de pêche *le lendemain de la clôture* de leurs procès-verbaux (art. 165, Code forestier, et 44, loi sur la pêche), tandis qu'ils devront faire leur affirmation quant aux délits de chasse *dans les vingt-quatre heures du délit.* Peut-être eût-il mieux valu soumettre tous les gardes au même délai fixé déjà par les lois forestière et de la pêche, c'est-à-dire donner le *lendemain* de la *clôture* du procès-verbal pour l'affirmation de tous les procès-verbaux. Il résulte de cette différence de rédaction qu'un procès-verbal de délit de chasse sera frappé de nullité, bien qu'affirmé le lendemain du délit, s'il l'a été après l'expiration des vingt-quatre heures, depuis sa date fixée avec indication de l'heure dans le procès-verbal. C'est ce qu'a jugé la Cour de cassation : « Attendu que, ne s'agissant point, dans l'espèce, d'un délai fixé par la loi à un nombre de jours déterminé, à l'égard duquel il est vrai que la computation doit se faire *de die ad diem*, et non *de hora ad horam*, mais seulement d'un délai préfix de vingt-quatre heures, dans l'espace desquelles l'article 7 du titre IV de la loi du 29 septembre 1790 a voulu que les gardes forestiers affirment leurs procès-verbaux, la cour de justice criminelle du département de la Haute-Saône s'est littéralement conformée à la loi, en déclarant nul un procès-verbal affirmé le lendemain de sa rédaction, mais après l'expiration de vingt-quatre heures, depuis sa date fixée, soit par la mention de l'heure que le garde forestier a indiquée dans le procès-verbal, soit par la mention de l'heure de l'affirmation faite par l'officier public qui a reçu cette affirmation; rejette, etc.» (Arrêt du 5 janvier 1809, ch. crim.; Sirey, t. 9, 1, 131). Mais la loi n'exigeant pas que l'heure de l'affirmation soit constatée dans le procès-verbal, cette indication n'est pas nécessaire, pourvu qu'il soit, du reste, constant que l'affirmation a été faite dans les vingt-quatre heures; et il est de jurisprudence qu'il y a présomption légale de l'accomplissement de cette formalité, lorsque le procès-verbal attestant qu'il a été rédigé tel jour, l'affirmation est indiquée comme ayant été faite le jour suivant. — En prononçant pour le défaut d'affirmation, dans le délai, *la nullité* du procès-verbal, notre article a érigé en loi un point de jurisprudence constant : le motif de cette disposition se trouve établi dans l'arrêt suivant émané de la Cour suprême : «Attendu qu'aux termes des lois de la matière, les procès-verbaux des gardes champêtres doivent être affirmés devant le fonctionnaire public qu'elles ont déterminé; que l'affirmation de procès-verbaux de ces gardes est une formalité substantielle qui tient lieu du serment, sous la sanction duquel les lois p'acent la déclaration de tous les témoins entendus dans les cours et tribunaux; qu'à défaut d'accomplissement de cette formalité, les procès-verbaux dont il s'agit ne sauraient fournir une preuve légale des faits qu'ils énoncent; attendu que, dans l'espèce, le procès-verbal du garde champêtre de la commune de Jonquières, n'ayant pas été affirmé, et aucun témoin n'ayant été produit par le ministère public, il n'existe pas de preuve des faits imputés aux prévenus; qu'en refusant de les condamner, et en les renvoyant de l'action qui leur était intentée, le tribunal de police d'Orange n'a donc violé aucune loi, et qu'il a fait une juste application de l'article 159 du Code d'instruction criminelle; rejette, etc.» (Arrêt du 10 décembre 1821, ch. crim.; Sirey, t. 25, 1, 232.) — La loi ne parle que de l'affirmation des procès-verbaux des *gardes*. C'est qu'en effet l'article 166 du Code forestier dispense de la formalité de l'affirmation les procès-verbaux dressés par les agents forestiers, les gardes généraux et les gardes à cheval. L'article 45 de la loi sur la pêche fluviale contient la même dispense, soit que ces fonctionnaires aient rédigé leurs procès-verbaux isolément ou avec le concours des garde - pêche royaux et des gardes champêtres. Quant aux *gendarmes*, on n'a pas cru devoir exiger pour leurs procès-verbaux la formalité de l'affirmation à laquelle aucune loi ne les astreint.

Par les rédacteurs. — **QUESTION**. *L'affirmation doit-elle, à peine de nullité, être signée par les fonctionnaires qui ont rédigé les procès-verbaux ?* La Cour suprême a décidé que la nullité est encourue pour omission de la signature de l'affirmation, quant aux procès-verbaux des gardes forestiers : « Attendu que l'affirmation d'un procès-verbal par le garde forestier qui l'a rédigé est un acte qui, selon les règles générales, doit être, pour sa validité, signé par celui qui le fait dresser ; que cette formalité étant substantielle, son inobservation entraîne la nullité de l'affirmation, et, par suite, celle du procès-verbal ; qu'en le jugeant ainsi, et en déclarant que, par le procès-verbal rejeté, il n'existait pas de preuve suffisante du délit reproché aux prévenus, l'arrêt attaqué n'a violé aucune loi ; rejette, etc. » (Arrêt du 1er avril 1830, ch. crim., Sirey, t. 30, I, 319.) Nous pensons qu'il faudrait juger de même s'il s'agissait de l'affirmation d'un procès-verbal rédigé par le garde champêtre lui-même ; car, puisqu'il sait écrire et signer, il n'y a pas de motif pour l'affranchir, quant à l'affirmation, des règles qui veulent en général, comme le dit la Cour suprême, que l'affirmation soit signée par les fonctionnaires qui la font. Mais il devrait en être autrement si l'affirmation était faite par des gardes champêtres qui, ne sachant pas même signer, ont fait leur déclaration devant un fonctionnaire public, comme notre article les y autorise. La mention que ce fonctionnaire fait du défaut de signature de l'affirmation par le garde champêtre, parce qu'il ne sait ni écrire ni signer, remplit suffisamment le vœu de la loi. Cette mention, au contraire, serait insuffisante à l'égard de l'affirmation du procès-verbal d'un garde forestier, parce que l'article 165 du Code forestier veut que les gardes forestiers sachent au moins *signer*, tandis qu'aucune loi n'exige que les gardes champêtres le sachent.

Devant le juge de paix ou l'un de ses suppléants, ou devant le maire ou l'adjoint. — **QUESTION**. *Lorsque l'adjoint du maire reçoit l'affirmation à défaut de celui-ci, doit-il nécessairement faire mention de l'absence ou empêchement du maire ?* La Cour de cassation a consacré la négative, par le motif que « l'adjoint qui reçoit l'affirmation d'un procès-verbal étant présumé n'avoir agi que dans la mesure du pouvoir qu'il tient de la loi, il n'est pas nécessaire qu'il mentionne l'absence ou l'empêchement du maire. » (Arrêt du 31 janvier 1823 ; *Bulletin crim.*, ann. 1823.) Cette jurisprudence devrait évidemment être suivie en cas d'absence du juge de paix, quant à l'affirmation reçue par un de ses suppléants ; mais la même cour a jugé qu'en l'absence du maire ou de l'adjoint, l'affirmation ne peut avoir lieu devant un *membre du conseil municipal,* à moins que ce membre n'eût été expressément délégué pour exercer les fonctions du maire ou de l'adjoint. (Arrêt du 17 novembre 1808; Sirey, 20, 1, 457, et loi du 21 mars 1831, art. 5.) Si le magistrat qui a qualité pour recevoir l'affirmation avait rédigé le procès-verbal sur le rapport du garde, il pourrait aussi recevoir l'affirmation ; c'est du moins ce qu'a jugé un arrêt de la Cour de cassation du 28 août 1825 (*Bulletin,* 1825, n° 1560).

Soit de celle où le délit aura été commis. L'article 11 de la loi du 28 floréal an X, n'accordait aux suppléants des juges de paix le droit de recevoir l'affirmation que pour les délits commis dans le territoire de la commune où ils résideront. Il est clair que notre article ne reproduisant point cette distinction, un suppléant du juge de paix peut, en l'absence ou en cas d'empêchement de celui-ci, recevoir l'affirmation, lors même qu'il ne serait pas le suppléant du juge de paix dans le territoire duquel le délit a été commis, s'il était d'ailleurs le suppléant du juge de paix de la résidence du garde.

— **QUESTION.** *Le défaut d'enregistrement du procès-verbal constatant un délit de chasse peut-il autoriser les juges à prononcer le renvoi de l'auteur de la contravention ?* La question ne peut se présenter quant aux délits forestiers, car l'article 170 du Code forestier porte : « Les procès-verbaux seront, *sous peine de nullité,* enregistrés dans les quatre jours qui suivent celui de l'affirmation ou celui de la clôture du procès-verbal s'il n'est pas sujet à l'affirmation. » Mais la loi spéciale pour les délits de chasse, et particulièrement l'article que nous expliquons, n'attache pas les peines de nullité au défaut d'enregistrement des procès-verbaux : il résulte de là qu'il faut suivre encore aujourd'hui la jurisprudence de la Cour de cassation qui, sur cette question, a interprété l'article 34 de la loi du 22 frimaire an VII, portant que les actes seront enregistrés dans le délai fixé à peine de nullité des actes, en ce sens qu'il ne peut être invoqué qu'autant qu'il s'agit de jugements à rendre en faveur des particuliers, mais non lorsqu'il s'agit d'actes qui intéressent l'ordre et la vindicte public. Voici le texte de l'arrêt qui consacre cette distinction : « Vu les articles 34 et 47 de la loi du 22 frimaire an VII ; considérant que l'enregistrement d'un acte est étranger à sa substance ; qu'il n'en est qu'une formalité intrinsèque ; que son omission ne peut donc rendre l'acte nul, si ce n'est dans le cas où la loi y aurait formellement attaché cette peine ; considérant que, si l'art. 34 de la loi précitée du 22 frimaire an VII, a prononcé d'une manière générale la nullité des exploits et procès-verbaux non enregistrés dans le délai prescrit, cette disposition générale a été nécessairement restreinte par l'article 47 de la même loi, qui ne défend de rendre jugement sur des actes non enregistrés que lorsque le jugement serait rendu en faveur des particuliers ; que, par cette restriction, la loi a évidemment voulu conserver leur force aux actes qui intéressent l'ordre et la vindicte publics, et ne pas subordonner leur effet aux intérêts pécuniaires du fisc, sauf le recouvrement de ses droits à la charge de qui il appartient ; qu'il s'ensuit, par une conséquence ultérieure, que les tribunaux saisis de la poursuite d'un délit constaté par un procès-verbal ne peuvent refuser ni surseoir à y faire droit, sous le prétexte que cet acte n'aurait point été soumis à l'enregistrement. » (Arrêt du 23 février 1827, ch. crim.; Sirey, t. 27, I, 151.) Voici un autre arrêt dans le même sens : « Vu le troisième alinéa de l'article 153 du Code d'instruction criminelle, qui est ainsi conçu : « Les procès-verbaux, s'il y en a, seront lus par le greffier; » l'article 154 du même Code; vu aussi le § 3 de l'article 70 de la loi du 22 frimaire an VII, qui classe parmi les actes à enregistrer en débet les procès-verbaux des commissaires de police; l'article 37 de la même loi, qui dispose « qu'il est défendu aux juges de rendre aucun jugement en faveur des particuliers sur des actes non enregistrés, à peine d'être personnellement responsables des droits...; » attendu que si le procès-verbal dressé par le sieur Courteille, commissaire de police, n'avait pas encore été présenté à l'enregistrement en débet lors de l'audience du tribunal de police, ce défaut d'enregistrement ne le frappait point de nullité, et ne lui ôtait pas la force de preuve que lui accordait l'article 154 du Code d'instruction criminelle ci-dessus transcrit ; que l'article 37 de la loi du 22 frimaire an VII, en défendant aux juges de rendre aucun jugement sur des actes non enregistrés, restreint sa prohibition aux jugements qui pourraient être rendus en faveur des particuliers ; que, d'ailleurs, de cet article il ne résulterait pas que les prévenus pussent être renvoyés d'une manière absolue et définitive des poursuites de la partie publique, sur le motif que ces poursuites seraient fondées sur un procès-verbal d'officier de police judiciaire qui n'aurait pas encore été soumis à l'enregistrement; que le renvoi ne pouvait être légitimement prononcé, dans ce cas, que provisoirement, et jusque après que la formalité de l'enregistrement aurait été remplie; casse, etc. » (Arrêt du 5 mars 1819; Ch. crim.; Dall., ann. 1819, 1, 281.) Il est de principe que si le procès-verbal doit être enregistré dans le délai, à peine de nullité, sauf la distinction faite dans les arrêts qui précèdent, il n'est pas nécessaire que l'affirmation le soit. Voyez, à l'appui de cette opinion, un arrêt de la Cour suprême du 2 août 1832, cité sous l'article 170 du Code forestier. — Il suffit que les procès-verbaux soient visés pour timbre. (Article 70 de la loi du 13 frimaire an VII.)

25. Les délinquants *ne pourront être saisis ni désarmés; néanmoins, s'ils sont déguisés ou masqués, s'ils refusent de faire connaître leurs noms, ou s'ils n'ont pas de domicile connu, ils seront conduits immédiatement devant le maire ou le juge de paix, lequel s'assurera de leur individualité.*

═ *Ne pourront être saisis ni désarmés.* Cette voie de fait est interdite aux gardes, à cause des accidents qui pourraient en résulter. Les termes absolus dans lesquels la loi est conçue doivent empêcher les gardes de faire aux chasseurs une proposition inutile à cet égard. Ils doivent se borner à dresser procès-verbal et à déclarer au chasseur qu'ils font la saisie de son arme entre ses mains, et qu'ils l'en établissent le dépositaire pour la représenter quand il en aura été ainsi ordonné. Cette disposition n'est pas nouvelle : elle formait l'article 5 de la loi du 30 avril 1790, qui portait : « Dans tous les cas, les armes avec lesquelles la contravention aura été commise seront confisquées, sans néanmoins que les gardes puissent désarmer les chasseurs. »—Le conseil d'État a plusieurs fois autorisé la mise en jugement des gardes prévenus d'avoir désarmé des chasseurs avec violence. (Ordonnance du 23 janvier 1820; Sirey, 20, II, 303.)

Néanmoins, s'ils sont déguisés ou masqués, s'ils refusent

de faire connaître leurs noms, ou s'ils n'ont pas de domicile connu, ils seront conduits immédiatement devant le maire. L'article 7 de la loi du 30 avril 1790 portait : « Si les délinquants sont déguisés ou masqués, ou s'ils n'ont aucun domicile connu dans le royaume, ils seront arrêtés sur-le-champ, à la réquisition de la municipalité. » Cette nécessité *de la réquisition du maire* pour avoir le droit d'arrêter des individus suspects de vouloir faire le mal, et qui se déroberaient pendant que le garde irait chercher chez le maire le réquisitoire exigé pour les poursuites, ne pouvait être maintenue : on l'a remplacée par l'obligation imposée aux agents qui les saisissent de les conduire immédiatement devant le maire ou le juge de paix, mesure que les lois nouvelles ont introduite tout à la fois en matière de flagrant délit dans l'intérêt de la sécurité publique et de la liberté individuelle. — La loi nouvelle diffère encore de l'ancienne en ce qu'elle autorise les fonctionnaires à conduire les délinquants devant le maire, *s'ils refusent de faire connaître leur nom.* Il devrait en être de même sans doute si le délinquant prenait un nom que le garde saurait être *faux,* c'est-à-dire appartenir à une personne que connaîtrait le garde.

— **QUESTION.** *Dans les divers cas où notre article autorise les gardes à conduire le délinquant devant le maire, peut-on désarmer le chasseur?* Bien que l'affirmative semble résulter de la manière dont M. le garde des sceaux s'est exprimé dans l'exposé des motifs, la négative nous paraît certaine. D'abord la loi n'autorise exceptionnellement qu'à *conduire* le délinquant devant le maire; ensuite le motif pour lequel le législateur n'a pas voulu qu'on pût désarmer le chasseur continue de subsister : celui qui est disposé à se laisser conduire devant le maire pour s'expliquer ne le sera pas pour se laisser désarmer, et la collision qu'on a voulu éviter naîtra avec tous ses inconvénients. Cependant s'il y avait résistance de la part du chasseur, non pas à son désarmement, que l'on n'aurait pas provoqué, mais même à se laisser conduire devant le maire ou le juge de paix, et si cette résistance prenait les caractères de la *rébellion,* le désarmement pourrait s'opérer; car ce ne serait plus un simple coupable de délit de chasse qu'on désarmerait, mais le chasseur qui se rend coupable d'un délit d'une autre nature et plus grave. — Il y a encore un cas où les chasseurs masqués ou inconnus peuvent être désarmés : c'est celui où le chasseur se trouve être un vagabond. (Loi du 14 août 1789.) — On a prétendu que la disposition que nous expliquons, en défendant de *saisir* les délinquants, s'oppose à l'arrestation de ceux qui sont déguisés ou masqués, qui refusent de faire connaître leur nom ou qui n'ont pas de domicile connu ; et qu'elle autorise seulement les gardes à *sommer* les délinquants de venir devant le maire ; mais tel n'est pas évidemment le sens de cette disposition : le mot *conduire* suppose que le garde peut mettre la main sur le délinquant : c'est donc une véritable *arrestation* que permet notre article dans les divers cas qui forment ici exception à la défense générale de saisir les délinquants, lesquels peuvent d'ailleurs être, dans ce cas, assimilés aux vagabonds qu'on peut arrêter. L'article 163 du Code forestier, qui renferme une disposition analogue, peut encore servir à fixer le sens de notre article : il porte : « Les gardes *arrêteront* et *conduiront* devant le juge de paix ou devant le maire tout individu qu'ils auraient surpris en flagrant délit. » La loi de 1790 permettait aussi l'arrestation dans ces divers cas ; mais elle était plus libérale que la nouvelle loi, car elle exigeait la réquisition de la municipalité. Il ne faut pas perdre de vue que le principe est le respect à la liberté individuelle. Les gardes doivent donc, dans les divers cas d'exception que notre article introduit au principe, user d'une grande modération et s'abstenir de toutes formes acerbes ou vexatoires. — **QUESTION**. *Les gardes pourraient-ils conduire à leur choix le délinquant soit devant le maire de la commune du délit, soit devant le juge de paix résidant dans une commune plus éloignée ?* Évidemment, non. La liberté des citoyens est trop précieuse pour qu'on ne les conduise pas devant le magistrat de la commune du délit, c'est-à-dire devant le maire ; en effet, il existe un maire par chaque commune, tandis qu'il n'existe qu'un juge de paix par canton. Ce n'est donc qu'autant que le juge de paix réside dans la commune du délit, ou se trouve accidentellement sur les lieux, qu'on doit conduire le prévenu devant lui.—Nous examinons, sous l'art. 41 du Code d'instr. crim. expliqué, les diverses questions relatives à la résistance qu'on peut opposer aux fonctionnaires publics agissant illégalement ; nous devons dire ici que jusqu'à présent la jurisprudence paraît avoir admis que si les gardes n'ont le droit de rechercher ni de saisir sur les délinquants les instruments de délits, cependant la résistance avec violence et voies de fait qu'on opposerait pour se soustraire aux recherches illégales des agents n'en constituerait pas moins le délit de rébellion ; on semble en effet avoir posé ce principe que les citoyens n'étant pas juges de la légalité des actes d'un agent de l'autorité qui agit dans l'exercice de ses fonctions, ils doivent se soumettre et obéir à cet agent, sauf à eux, s'ils croient qu'il y ait abus de pouvoir, à porter leurs plaintes devant l'autorité compétente. Voyez un arrêt de cassation du 26 février 1829 (*Gazette des tribunaux* de la même année). Cependant la solution de la question suivante paraît contraire à cette doctrine. — **QUESTION**. *Si des gardes arrêtaient les chasseurs dont il s'agit ici pour les conduire tout autre part que devant le maire, la résistance que ceux-ci opposeraient, même avec violence et menaces, est-elle passible d'une peine ?* La Cour de cassation a consacré la négative dans une matière analogue; c'est-à-dire dans le cas prévu par l'article 163 du Code forestier : la doctrine de cet arrêt nous paraît applicable à la question plus haut posée. Voici en quels termes la Cour a statué : « Attendu que si l'article 163, Code forestier, autorise les gardes à arrêter tout inconnu surpris par eux en flagrant délit, c'est seulement pour le conduire devant le maire ou devant le juge de paix ; attendu qu'il ne résulte pas du procès-verbal rédigé par les gardes, ni de la plainte portée par eux devant le maire, qu'ils aient entrepris de conduire le délinquant, qu'ils avaient surpris armé d'une serpe dans une forêt, devant un des fonctionnaires désignés par la loi ; mais qu'ils ont voulu, en l'arrêtant, se faire conduire par lui vers le lieu où il avouait avoir coupé du bois mort, ce à quoi il s'est refusé avec violence et avec menaces ; attendu que, dès lors, les gardes n'agissaient pas pour l'exécution de la loi, mais en dehors des conditions et des règles de la loi, et qu'en décidant que l'article 209, Code pénal, n'était pas applicable au fait ainsi établi et reconnu, la cour royale de Douai n'a violé aucune loi ; rejette, etc. » (Arrêt du 7 avril 1837 ; Sirey, 38, 1, 641.) Voyez aussi, à *l'appendice*, nos observations sur la *rébellion* dont les chasseurs peuvent se rendre coupables envers les gardes.

Lequel s'assurera de leur individualité. C'est uniquement pour que le magistrat municipal puisse s'assurer de *l'individualité* du délinquant qu'il est conduit devant lui ; une fois cette individualité reconnue, il doit être rendu à la liberté ; car la loi n'admet pas en matière de chasse de détention préventive. Si le maire retenait le délinquant au delà du temps nécessaire pour reconnaître l'individualité, il se rendrait coupable de détention arbitraire, et par suite il s'exposerait aux peines édictées par les articles 341, 342 et 343 du Code pénal, lesquelles peines pourront aller jusqu'à celle des travaux forcés. — **QUESTION**. *Si le maire ne peut parvenir à reconnaître l'individualité, peut-il retenir le délinquant ?* Non, car ce droit ne lui appartient pas ; et il doit le faire conduire devant le magistrat supérieur qui a qualité pour forcer les citoyens à se faire connaître et à justifier qu'ils ne sont pas des gens sans aveu, c'est-à-dire devant le procureur du roi.

26. Tous les délits prévus par la présente loi *seront poursuivis d'office par le ministère public*, sans préjudice du droit conféré *aux parties lésées, par l'article* 182 *du Code d'instruction criminelle.* — Néanmoins, dans le cas de chasse *sur le terrain d'autrui sans le consentement du propriétaire*, la poursuite d'office ne pourra être exercée par le ministère public, *sans une plainte de la partie intéressée*, qu'autant que le délit aura été commis *dans un terrain clos, suivant les termes de l'article* 2, et attenant à une habitation, *ou sur des terres non encore dépouillées de leurs fruits.*

══ *Seront poursuivis.* Aux termes des articles 23, 63, 128, 129, 130 du Code d'instruction criminelle, les poursuites en matière de délits peuvent être dirigées soit devant le tribunal correctionnel du lieu où le délit a été commis, ou devant celui de la résidence du prévenu, ou enfin celui où le prévenu pourra être trouvé. En principe, c'est le tribunal qui a été saisi le premier qui doit conserver la connaissance du délit ; et il ne pourrait, sans violer les règles de la compétence, renvoyer le prévenu devant un autre tribunal sous prétexte, par exemple, que ce tribunal serait plus apte à juger l'affaire. (Arrêt de la Cour de cassation du 20 septembre 1833 ; Sirey, 35, 1, 150.) Il est clair qu'en matière de chasse la poursuite aura presque toujours lieu devant le *tribunal de police correctionnelle* (art. 179, Code d'instr. crim.) de l'arrondissement dans lequel le délit aura été commis. — Il y a cependant des exceptions à ce principe qui veut qu'on saisisse du délit de chasse le tribunal correctionnel, et, d'un autre côté, il existe quelquefois des formalités à remplir avant de donner la citation. Ces exceptions et ces formalités préalables vont faire l'objet des questions suivantes : — **QUESTION.** *Devant quelle juridiction seront poursuivis les magistrats ou les officiers de police judiciaire coupables de délits de chasse ?*

Cette question se résout par les principes posés dans les articles 479, 481, 482 et 483 du Code d'instruction criminelle. L'article 479 est ainsi conçu : « Lorsqu'un juge de paix, un « membre du tribunal correctionnel ou de première instance, « ou un officier chargé du ministère public près l'un de ces « tribunaux, sera prévenu d'avoir commis, hors de ses fonc- « tions, un délit emportant une peine correctionnelle, le pro- « cureur général près la cour royale le fera citer devant cette « cour, qui prononcera sans qu'il puisse y avoir appel. » Le délit de chasse emportant une peine correctionnelle, il est clair que cet article est applicable aux magistrats dont il parle qui commettraient un délit de chasse; mais comme cette disposition, introduite dans l'intérêt de la dignité de la magistrature, est exorbitante du droit commun, il n'est pas possible de l'étendre à d'autres magistrats que ceux énumérés dans le présent article, ou qu'une disposition légale y ajouterait. Ainsi, elle ne pourrait s'étendre aux *juges de commerce*, aux *maires*, aux *prud'hommes*; mais l'art. 10 de la loi du 20 avril 1810 a appliqué la présente disposition aux officiers de la Légion d'honneur, aux généraux commandant une division ou un département, aux archevêques, évêques, présidents de consistoires, aux membres de la Cour de cassation, de celle des comptes, aux préfets. Les articles 158 et suiv. du décret du 15 novembre 1811 autorisent aussi les cours royales à appliquer cette disposition, si elles le jugent convenable, aux membres de l'Université et aux étudiants prévenus de crimes ou délits. Enfin, il est également incontestable que, par suite du principe qui veut que cette disposition soit restreinte aux magistrats qui s'y trouvent énoncés, *les officiers de police judiciaire*, autres que les juges de paix et les procureurs du roi et leurs substituts (article 9, Code d'instr. crim.) qui commettraient un délit de chasse *hors de leurs fonctions*, ne peuvent jouir du privilège consacré par notre article, puisque l'article 479, à la différence de l'article 483, ne parle pas de ces officiers ; tels seraient les commissaires de police et les maires. Il faut en dire autant des gardes champêtres et forestiers qui commettraient un délit de chasse hors de l'exercice de leurs fonctions, par exemple dans un territoire qui n'est pas soumis à leur garde ; mais nous verrons tout à l'heure que d'autres principes les régissent lorsqu'ils commettent un délit de chasse *dans l'exercice de leurs fonctions*, c'est-à-dire sur le territoire dont ils ont la surveillance. Ce qu'il importe encore de remarquer ici, c'est que la jurisprudence assimile aux juges de paix et aux membres des tribunaux de première instance pour jouir, en cette qualité, du bénéfice de l'article 479, 1° les suppléants des juges de paix (arrêt du 2 mars 1844 ; Sirey, 44, 1, 718) ; 2° les suppléants des juges de première instance (arrêts du 20 mai 1826 ; Sirey, 27, 1, 164, et du 13 janvier 1843 ; Sirey, 43, 1, 357) ; 3° les greffiers des tribunaux de première instance, parce qu'ils doivent être considérés comme *membres* du tribunal, puisqu'un tribunal n'est constitué que par la présence du greffier. (Arrêt du 21 novembre 1842 de la cour de Montpellier ; Sirey, 42, II, 140 ; jugement du tribunal de Tours du 3 avril 1846, rapporté dans le journal *le Droit* du 21 avril 1846.) Il faut même décider de même, à notre avis, à l'égard des *commis greffiers,* qui sont aux greffiers en chef ce que les juges suppléants sont aux juges en titre. On peut même invoquer, en faveur de cette décision, des arrêts de la Cour de cassation qui ont jugé que les commis greffiers, en leur qualité de *membres des cours et tribunaux* près desquels ils sont assermentés, sont dispensés du service de la garde nationale. (Arrêts du 31 juillet et 4 novembre 1841 ; Sirey, 41, 1, 890 ; 42, 1, 989.) La question offre plus de difficultés quant aux greffiers des juges de paix, parce que l'article 479 ne parle que des juges de paix et non des membres du tribunal de paix. Il ne nous semble pas possible de suppléer à ce silence de la loi. — Il faut encore remarquer que si le délit de chasse a été commis par un des magistrats énoncés dans l'article 479 sur la propriété d'autrui sans son consentement, le propriétaire lésé ne pourra citer directement le prévenu devant la cour royale ; il ne peut que le dénoncer au procureur général à qui seul ce droit appartient. La raison en est que la dignité de la magistrature et conséquemment l'ordre public ne veulent pas que le magistrat puisse être poursuivi par un simple particulier, et livré ainsi à des ressentiments plus ou moins injustes. (Arrêts de la Cour de cassation du 6 octobre 1837 ; Sirey, 38, 1, 80 ; de la cour de Rouen du 28 août 1843 ; Sirey, 44, II, 308.) — Il est encore de jurisprudence que pour apprécier la prévention, soit sous le rapport de la compétence, soit sous celui de la pénalité originelle, il faut se reporter au moment où le délit a été commis : ainsi, bien qu'un magistrat, prévenu d'un délit de chasse, eût cessé ses fonctions avant toutes poursuites, il n'en serait pas moins justiciable de la cour royale, et non du tribunal correctionnel. (Arrêts du 14 janvier 1832 ; Sirey, 32, 1, 258, et du 13 janvier 1843 ; Sirey, 43, 1, 357.) — Aux termes de l'article 4 du décret du 6 juillet 1810, c'est la chambre civile présidée par le premier président qui doit statuer sur les préventions dont s'occupe l'article 479 du Code d'instruction criminelle.— L'article 481 du même Code d'instruction criminelle s'occupe de magistrats placés plus haut dans la hiérarchie judiciaire; il porte: « Si c'est un membre de cour royale ou un officier exerçant « près d'elle le ministère public, qui soit prévenu d'avoir commis un délit ou un crime hors de ses fonctions, l'officier qui « aura reçu les dénonciations ou les plaintes sera tenu d'en en- « voyer de suite des copies au grand juge ministre de la jus- « tice, sans aucun retard de l'instruction, qui sera continuée « comme il est précédemment réglé, et il adressera pareillement « au grand juge une copie des pièces. » La magistrature élevée que remplissent ces fonctionnaires exige l'intervention du ministre de la justice et de la Cour de cassation dans la répression des délits qu'ils commettent. L'article 482 est en effet conçu en ces termes: « Le grand juge transmettra les pièces à la Cour « de cassation qui renverra l'affaire, *s'il y a lieu*, soit à *un tri-* «*bunal de police correctionnelle,* soit à un juge d'instruc- « tion, pris l'un et l'autre hors du ressort de la cour à laquelle « appartient le membre inculpé. S'il s'agit de prononcer la mise « en accusation, le renvoi sera fait à une autre cour royale. » Il y a sur cet article deux observations importantes à faire. La première, c'est que la Cour de cassation peut, si cela lui convient, arrêter les poursuites si elle juge *qu'il n'y a pas lieu* de les continuer; elle remplit dans ce cas les fonctions d'une chambre d'accusation qui peut aussi déclarer qu'il n'y a pas lieu à suivre. Elle connaît de l'affaire en la chambre du conseil, sur le rapport d'un de ses membres, et les conclusions du procureur général. La seconde observation, c'est que l'article 10 de la loi du 10 avril 1810 a modifié le présent article en ce que ce n'est pas devant un tribunal de police correctionnelle que la Cour suprême doit, s'il y a lieu, en matière de délit, renvoyer le membre de la cour royale prévenu, mais *à une cour royale,* qui prononcera sans appel, conformément à l'art. 479. (Arrêts des 2 mai 1818; Sirey, 19, 1, 20, et 26 avril 1820; Sirey, 21, 1, 281.) Il est hors de doute que la forme de procéder contre un juge de cour royale prévenu d'un crime doit être suivie telle qu'elle est tracée par les articles 481 et 482 du Code d'instruction criminelle, soit que le crime ou le délit ait été commis dans le ressort de la cour dont le prévenu est membre, soit qu'il ait été commis dans le ressort d'une autre cour; dans tous les cas, il faut que la Cour de cassation déclare s'il y a lieu à la poursuite criminelle. (Arrêts de la Cour de cassation des 2 juin 1814; Sirey, 14, 1, 334, et 26 avril 1840.) — Il nous reste à envisager la question en ce qui concerne les délits de chasse commis par les magistrats ou les officiers de police judiciaire, dans l'exercice de leurs fonctions; le cas est prévu en ces termes par l'article 483 du Code d'instruction criminelle. « Lorsqu'un juge de paix ou de police, ou un juge «faisant partie d'un tribunal de commerce, un officier de police «judiciaire, un membre de tribunal correctionnel ou de pre«mière instance, ou un officier chargé du ministère public près «l'un de ces juges ou tribunaux, sera prévenu d'avoir commis, «dans l'exercice de ses fonctions, un délit emportant une peine «correctionnelle, ce délit sera poursuivi et jugé comme il est «dit à l'article 479. » Et d'abord, il faut remarquer, quant aux délits de chasse, les seuls dont nous ayons à nous occuper ici, que cette disposition ne saurait s'appliquer aux membres d'un tribunal de commerce, d'un tribunal correctionnel ou de première instance; car ces magistrats ne peuvent commettre le délit de chasse dans l'exercice de leurs fonctions : les membres des tribunaux correctionnels et de première instance n'en jouiront pas moins du privilége prescrit dans l'article 479; mais ce sera en vertu de l'article 479 lui-même et non en vertu du présent article. Pour les juges de commerce, ils n'en jouiront jamais quant aux délits de chasse; car nous avons vu qu'ils n'étaient pas compris dans l'article 479 qui est restrictif; et nous venons de remarquer qu'ils ne peuvent invoquer la présente disposition puisque les fonctions d'un juge de commerce n'ont aucun trait à la chasse. Mais les juges de paix peuvent être poursuivis indifféremment en vertu de l'article 479, s'ils ont commis le délit de chasse hors de l'exercice de leurs fonctions, ou en vertu du présent article, s'ils ont commis ce délit, non pas en leur qualité de juge de paix tenant le tribunal de simple police puisqu'ils ne peuvent commettre un délit de chasse pendant qu'il exercent cette nature de fonctions, mais en leur qualité de juge de paix exerçant les fonctions d'officier de police judiciaire. (Art. 9, Code d'instr. crim.) Quant aux maires qui tiennent aussi quelquefois le tribunal de simple police, comme ils ne peuvent commettre un délit de chasse dans l'exercice de ces fonctions, et que, d'un autre côté, ils ne sont pas compris dans l'article 479, il est clair qu'ils ne peuvent jouir du bénéfice d'être poursuivis seulement devant une cour royale pour un délit de chasse, qu'autant qu'ils l'ont commis en leur qualité de maire, exerçant les fonctions d'officier de police judiciaire et dans l'exercice de ces fonctions. (Art. 9, Code d'instruction criminelle et 22 de la présente loi.) Quant à tous les autres *officiers de police judiciaire* énumérés dans le même art. 9 du Code d'instruction criminelle, il est évident que, ne pouvant invoquer le privilége de l'article 479 pour les délits commis hors de leurs fonctions, mais pouvant commettre le délit de chasse dans l'exercice de leurs fonctions, ce sera dans ce cas, en vertu dudit article 479 qu'ils seront poursuivis devant la cour royale. — Non-seulement les *gardes forestiers et champêtres de l'administration ou des communes;* mais encore *les gardes forestiers* et les *gardes champêtres assermentés des particuliers* jouissent, en leur qualité d'*officiers de police judiciaire,* du bénéfice de l'article 479 pour les délits de chasse qu'ils commettent dans l'exercice de leurs fonctions : c'est ce qu'a jugé expressément la Cour suprême pour les délits en général : « Attendu qu'aux termes des articles 479 et 483, Code d'instruction criminelle, tout officier de police judiciaire prévenu d'avoir commis, dans l'exercice de ses fonctions, un délit emportant une peine correctionnelle, doit être cité à la requête du procureur général devant la cour royale, qui prononce en dernier ressort ; attendu que Joseph Lacroix, garde particulier assermenté des bois du sieur Duchamp, se trouve, en ladite qualité, classé par l'article 9, Code d'instruction criminelle, au nombre des officiers chargés de l'exercice de la police judiciaire dans les propriétés confiées à sa garde; que ledit Lacroix est inculpé d'avoir, le 19 juillet, étant en surveillance dans la forêt de Noiremont, dont la garde lui était confiée, volontairement porté des coups à Marie-Louise Royer, délit prévu par l'article 311, Code pénal; sans s'arrêter à l'ordonnance de la chambre du conseil du tribunal de première instance d'Épinal, du 27 août 1840, portant renvoi dudit Lacroix devant le tribunal de police correctionnelle, laquelle est et demeure comme non avenue, renvoie ledit Lacroix en l'état où il se trouve, et les pièces du procès, devant la première chambre de la cour royale de Nancy, pour y être jugé conformément à la loi. (Arrêt du 6 novembre 1840; Sirey, t. 41, 1, 353.) Une autre décision dans le même sens, mais spéciale à un fait de chasse, est intervenue sur la question suivante : — **QUESTION.** *Le garde particulier qui est trouvé chassant sans permis de port d'armes sur les bois confiés à sa garde, doit-il être considéré comme commettant le délit dans l'exercice de ses fonctions, alors même qu'il est constant qu'il chassait de l'ordre et dans l'intérêt du propriétaire; et par suite doit-il être traduit devant la cour royale, pour y être jugé dans la forme prescrite par les articles 483 et 479 du Code d'instruction criminelle?* La Cour de cassation a consacré l'affirmative : « Vu les articles 9, 16, 479 et 483 du

Code d'instruction criminelle; attendu que l'article 16 du Code d'instruction criminelle est général et absolu, et qu'en déclarant que les gardes champêtres et forestiers sont officiers de police judiciaire, il ne fait aucune distinction entre les gardes des communes et ceux des établissements publics ou des particuliers; attendu qu'il est constant et reconnu au procès que Gillet était garde particulier des propriétés sur lesquelles il aurait été trouvé chassant sans permis de port d'armes, et qu'il chassait d'après l'ordre et dans l'intérêt du propriétaire; attendu que, dans ce moment, Gillet était dans l'exercice de ses fonctions, puisqu'il se trouvait sur les propriétés confiées à sa garde; que ses fonctions, en effet, consistaient uniquement à parcourir les propriétés, pour reconnaître et constater les délits qui pourraient s'y commettre; que la circonstance qu'il était en chasse ne mettait aucun obstacle à la surveillance, à l'inspection qu'il devait exercer sur le terrain même sur lequel il chassait; que si, en chassant, il avait rencontré un délinquant, il aurait sans nul doute pu et dû constater le délit; attendu, dès lors, qu'en chassant sans permis de port d'armes sur le territoire dont la surveillance lui était confiée, et commettant ainsi un des délits qu'il était chargé de constater sur ce même territoire, Gillet, officier de police judiciaire, a commis un délit dans l'exercice de ses fonctions; que, dès lors, il devait être renvoyé devant la cour royale, aux termes des art. 479 et 483, C. d'instr. crim.; casse, etc. » (Arrêt du 5 août 1841; Sirey, 41, 1, 799). Voyez encore en ce sens un arrêt de la même cour du 5 mars 1846. On combat cette jurisprudence en remarquant que le garde qui commet un fait de chasse ne remplit pas un acte de sa fonction; car sa fonction est de surveiller et non de chasser; et il ne commet pas le fait dans l'exercice de ses devoirs; car lorsqu'il chasse, il manque au contraire à ses devoirs. Il suffit, au reste, qu'il y ait délit; peu importe l'intention plus ou moins criminelle : ainsi, par exemple, la Cour suprême, par arrêt du 16 février 1821, cité sous l'article 66 du Code rural, a jugé qu'un garde forestier de l'administration, d'une commune ou d'un particulier, qui, en parcourant les forêts confiées à sa surveillance, blesse quelqu'un par imprudence, commet un délit qui doit être jugé conformément *à l'article* 479, c'est-à-dire, par *la cour royale* du ressort. La même cour a été plus loin; car elle a jugé à l'égard seulement des gardes forestiers, il est vrai, et par application de certains principes du Code forestier, que ces fonctionnaires devaient jouir du bénéfice de l'article 479, Code d'instruction criminelle, même pour les *contraventions* commises dans l'exercice de leurs fonctions, bien que les articles 479 et 483 ne parlent que des *délits*. Voyez un arrêt du 9 avril 1842, rapporté sous l'article 483 du Code d'instruction criminelle. (Sirey, 42, 1, 801.) Il y a cependant une différence entre les gardes forestiers de l'administration et ceux des particuliers, quant aux poursuites dirigées contre eux pour délits commis par eux dans l'exercice de leurs fonctions; cette différence consiste, en ce que les gardes de l'administration ne peuvent être poursuivis, même devant la cour royale, sans l'autorisation préalable du gouvernement, en conformité de l'article 75 de la loi du 22 frimaire en VIII, disposition qui est encore en pleine vigueur. (Ordonnance du 21 sept. 1825 ; ordonnance d'exécution du Code forestier, article 39) et en conformité du décret du 28 pluviôse an XI. La raison en est qu'ils agissent tout à la fois en qualité de préposés de l'administration forestière et d'officiers de police judiciaire, et que la garantie de l'autorisation préalable du gouvernement existe moins dans l'intérêt des agents eux-mêmes que dans celui de la subordination nécessaire à l'exercice de l'autorité pour le maintien de la séparation des pouvoirs administratifs et judiciaires. C'est ce que juge formellement un arrêt de la Cour de cassation du 8 février 1838, rapporté plus bas. Mais les gardes champêtres et forestiers des particuliers, ainsi que les gardes champêtres des communes, ne jouissent pas du même privilége. (Arrêt du conseil d'État du 18 juin 1823; Macarel, *Recueil des arrêts du conseil,* t. 5, p. 455 ; arrêt de la Cour de cassation du 4 juin 1812; Sirey, 17, 1, 323.) Ils ne jouissent que de la garantie que leur offre, comme nous venons de le voir, la juridiction spéciale de la cour royale conformément aux articles 479, 483 et suivants du Code d'instruction criminelle. — **QUESTION.** *Est-ce au procureur du roi qu'appartient exclusivement le droit de poursuivre les gardes champêtres à l'égard des crimes et délits qu'ils peuvent commettre ?* La Cour de cassation a établi l'affirmative : « Attendu que les gardes champêtres sont officiers de police judiciaire, et, comme tels, soumis à la surveillance des procureurs impériaux ; et que c'est conséquemment à ces magistrats qu'appartient exclusivement le droit de les poursuivre, à raison des crimes, des délits ou des fautes qu'ils peuvent commettre dans l'exercice de leurs fonctions; attendu que les contraventions de police simple, dont la connaissance est attribuée aux juges de paix, sont les faits qui donnent lieu, soit à 15 francs d'amende ou au-dessous, soit à cinq jours d'emprisonnement ou au-dessous, et que, dans aucune des trois classes de faits mentionnés au Code pénal de 1810, comme formant des contraventions de police, il n'est question de ceux des gardes champêtres considérés dans l'exercice de leurs fonctions; que de là il s'ensuit que, si la conduite du garde champêtre Leroy, dans l'espèce, était susceptible d'une correction légale, le maire de Dammartin devait, au lieu de prendre des conclusions contre lui devant le tribúnal de police, le dénoncer au procureur impérial du ressort, et qu'en le condamnant aux dépens, parce qu'il n'a verbalisé contre Patria que pour obéir à L'Hoste son maître, ce tribunal a manifestement excédé les bornes de sa compétence; casse, dans l'intérêt de la loi, la disposition du jugement du tribunal de police de Dammartin du 2 mai dernier, qui condamne Leroy aux dépens. » (Arrêt du 4 octobre 1811; Ch. crim.; Sirey, 12, 1, 159. Voyez, dans le même sens, un arrêt de la même Cour du 17 septembre 1819 (Sirey, 20, 1, 82). — **QUESTION**. *Au cas d'un délit de chasse commis par un magistrat ou un officier de police judiciaire hors de l'exercice ou dans l'exercice de leurs fonctions, ces fonctionnaires attirent-ils devant la juridiction privilégiée de la cour royale ceux qui ont commis avec eux le même délit?* La solution de cette question dépend de celle qui consiste à savoir si la complicité existe en matière de délit de chasse. En effet, si la complicité existe, les co-prévenus doivent être également jugés par la juridiction privilégiée comme l'a plusieurs fois décidé la Cour de cassation et notamment dans l'arrêt précité du 13 janvier 1843, en ces termes : « Attendu que l'indivisibilité des procédures est également un principe du droit criminel; qu'en effet, lorsque l'un des prévenus est justiciable d'une juridiction privilégiée, il y attire avec lui ses coprévenus. » (Sirey, 43, 1, 357.) Mais nous avons sous l'article 12 examiné la question de savoir s'il peut y avoir complicité en matière de délit de chasse, et bien qu'un arrêt de la Cour de cassation du 6 décembre 1839 (Sirey, 40, 1, 77), que nous avons transcrit sous cet article 12, ait consacré l'affirmative sous l'empire de la même loi, nous avons fait valoir plusieurs considérations en faveur de la négative. La cour royale de Paris semble avoir adopté également la négative par la décision suivante : « En ce qui touche Aubron : considérant qu'un délit de chasse sans permis est essentiellement personnel, et qu'il ne peut être commis conjointement par plusieurs personnes; que, par conséquent, il ne peut entraîner de condamnations solidaires; que, dès lors, Aubron, qui n'est ni garde particulier ni garde champêtre, était justiciable des tribunaux ordinaires ; « En ce qui touche Prieur et Coffinet : considérant qu'il résulte de l'instruction et des débats qu'ils ont été trouvés chassant sans permis, mais que ce délit leur étant personnel, il ne peut y avoir de solidarité entre eux pour les condamnations qu'ils ont encourues ; renvoie Aubron devant les juges compétents ; condamne Coffinet à 100 francs d'amende, Prieur à 50 francs, et chacun en ce qui le concerne aux frais du procès. » (Arrêt du 24 octobre 1844. *Gazette des tribunaux* du 25 octobre.) — **QUESTION.** *Un militaire même à son corps ne peut-il être poursuivi pour fait de chasse que devant les tribunaux correctionnels ?* Un avis du conseil d'État du 4 janvier 1806 résout affirmativement cette question. Il est ainsi conçu : « Le conseil d'État qui, d'après le renvoi de S. M., a entendu le rapport de la section de législation sur celui du ministre de la police générale, tendant à modifier, relativement aux délits pour faits de chasse, l'avis du 17 fructidor an XII, qui déclare que les délits communs commis par des militaires en garnison ou présents à leurs corps sont de la compétence des tribunaux militaires ; EST D'AVIS que les contraventions et délits pour faits de chasse, intéressant les règles de la police générale et la conservation des forêts, la répression n'en peut appartenir aux tribunaux militaires, même à l'égard des militaires ; que l'avis approuvé par S. M. le 7 fructidor an XII, ne s'applique point à un tel cas, et que si de pareils délits n'étaient pas prévenus dans les garnisons, par la bonne discipline des corps et par les exemples des chefs, la poursuite en appartiendra, conformément au droit commun, aux tribunaux correctionnels. » — **QUESTION.** *Les pairs de France jouissent-ils, quant aux délits de chasse, de priviléges particuliers ?* L'affirmative paraît constante ; comme c'est par la Chambre des pairs elle-même qu'ils doivent être jugés *en matière criminelle,* aux termes de l'article 29 de la Charte, il paraît certain que les délits de chasse commis par eux devraient être jugés par la Chambre des pairs, car on est généralement d'accord que les expressions *matière criminelle* doivent s'entendre des *crimes* et des *délits ;* et l'on ne pourrait soutenir que le délit de chasse échappe à cette juridiction extraordinaire qu'en prétendant, par induction des principes émis dans l'arrêt de la Cour de cassation, rapporté sous l'article 12 que les délits de chasse doivent être assimilés aux *contraventions,* qui, comme nous l'avons remarqué sous l'article 29 de la Charte, restent soumises à la juridiction ordinaire ; mais nous avons établi, en discutant la question sous laquelle nous rapportons ledit arrêt du 12 avril 1845, que les faits de chasse défendus par la loi ont réellement les caractères de délits ; voyez, au reste, nos observations sur l'article 29 de la Charte et sur l'article 91 du Code d'instruction criminelle. Mais ici se présente une autre question d'un grand intérêt : — **QUESTION**. *Le pair de France cité pour un délit de chasse devant la juridiction ordinaire, doit-il être renvoyé d'office devant la Chambre des pairs ?* L'affirmative semble résulter du texte de l'art. 29 de la Charte : *ne peut être jugé que par elle en matière criminelle ;* mais si on recherche les motifs pour lesquels la jurisprudence exceptionnelle des pairs a été établie, on pourra soutenir avec avantage l'opinion contraire. En effet, c'est, d'un côté, dans l'intérêt public, afin de ne pas arracher trop facilement un pair de France à ses hautes fonctions, que la disposition a été portée ; c'est aussi dans l'intérêt de cette haute dignité elle-même qu'une condamnation, dictée peut-être par d'injustes passions ou des ressentiments politiques, pourrait compromettre ; mais n'est-il pas évident que des condamnations pour délits de chasse, qui ne consistent presque jamais qu'en amendes, ne peuvent ni blesser la dignité de la pairie, ni enlever un pair à ses fonctions : d'autant mieux que si l'emprisonnement était prononcé, le jugement, aux termes de la première disposition de l'article 29 de la Charte, ne pourrait jamais être exécuté, sous ce rapport, que de l'autorisation de la chambre ? — **QUESTION**. *Les députés peuvent-ils être poursuivis pour délits de chasse sans observer certaines formalités préalables ?* La négative est encore incontestable. Les députés, à la différence des pairs de France, ne jouissent pas du privilége d'être jugés par la Chambre des députés, mais aux termes de l'article 44 de la Charte, ils ne peuvent, pendant la durée de la session, être poursuivis ni arrêtés en matière criminelle, qu'après que la chambre a permis la poursuite. Ainsi, ils restent justiciables des tribunaux ordinaires, et c'est seulement pendant la session qu'ils jouissent du bénéfice d'échapper à toute poursuite que n'aurait pas autorisée la Chambre des députés. On conçoit que le ministère public, saisi d'une plainte de délit de chasse contre un député, attendra presque toujours la fin de la session, afin de pouvoir poursuivre sans qu'il soit besoin de faire perdre le temps de la Chambre à délibérer sur l'autorisation qui doit émaner d'elle. — **QUESTION**. *Les ministres et les conseillers d'État peuvent-ils être poursuivis pour délits de chasse sans l'autorisation du conseil d'État ?* D'abord, quant aux ministres qui sont pairs de France ou députés, ils jouissent des priviléges que nous venons d'indiquer ; mais les ministres qui ne sont ni pairs de France, ni députés, ou ceux qui, étant députés, seraient poursuivis après la session, jouissent encore d'un autre privilége, qu'ils puisent, comme les conseillers d'Etat, dans certaines dispositions de l'acte constitutionnel du 22 frimaire an VIII. L'article 79 de cet acte porte : « Les délits personnels emportant peine afflictive ou infamante, commis par un membre soit du sénat, soit du tribunat, soit du corps législatif, soit du conseil d'Etat, sont poursuivis devant les tribunaux ordinaires, après qu'une délibération du corps auquel le prévenu appartient a autorisé cette poursuite. » L'art. 71 : « Les ministres prévenus de délits privés emportant peine afflictive ou infamante sont considérés comme membres du conseil d'Etat. » Ces expressions *peine afflictive*, que ces articles distinguent de la peine infamante, nous semblent comprendre les peines d'emprisonnement qui, sans être infamantes, ont réellement un caractère afflictif ; et conséquemment, lorsque la nature du délit de chasse sera telle que la peine de l'emprisonnement pourra être prononcée, nous pensons que l'autorisation du conseil d'Etat sera nécessaire pour que l'on puisse poursuivre les ministres et les conseillers d'Etat.— **QUESTION**. *Les agents du gouvernement coupables de délits de chasse peuvent-ils être poursuivis sans une autorisation du conseil d'Etat, aux termes de l'article 75 de l'acte constitutionnel de l'an VIII?* Il faut d'abord distinguer si ces agents exercent des fonctions étrangères à la chasse, ou si, lorsqu'ils ont commis le délit, ils exerçaient des fonctions qui se rattachent à la répression des délits de chasse. Dans le premier cas, ils peuvent être poursuivis sans l'autorisation du conseil d'État ; en effet, l'article 75 de l'acte constitutionnel du 22 frimaire an VIII est ainsi conçu : « Les agents du gouvernement, autres que les ministres, ne peuvent être poursuivis *pour des faits relatifs à leurs fonctions* qu'en vertu d'une décision du conseil d'Etat ; en ce cas, la poursuite a lieu devant les tribunaux ordinaires. » Il est clair que ce serait étendre cette disposition que de l'appliquer à des agents du gouvernement pour des faits qui ne seraient pas *relatifs à leurs fonctions*. Voyez sous l'article 91 du Code d'instr. crim. des arrêts de la Cour de Toulouse du 4 août 1841 (Dall., ann. 1842, II, 91) ; de la Cour de cassation du 17 août 1837 (Sir., 38, 1, 92) : ces arrêts établissent cette distinction. Mais dans le second cas, la difficulté est plus grande ; car les agents du gouvernement, quant à la répression des délits de chasse, étant, en général, des officiers de police judicaire qui, à ce titre, jouissent de la garantie d'une juridiction spéciale, c'est-à-dire celle de la cour royale, que l'article 483 du Code d'instr. crim. accorde aux officiers de police judiciaire, on aurait pu penser qu'ils n'avaient pas droit à réclamer le bénéfice de l'article 75 de l'acte de l'an VIII précité; mais, ainsi que nous l'avons déjà remarqué plus haut, le contraire a été jugé par l'arrêt rapporté sous la question suivante par les motifs qui y sont déduits. — **QUESTION.** *Les gardes forestiers qui, dans les faits qui leur sont imputés, ont agi tout à la fois en qualité de préposés de l'administration forestière et d'officiers de police judiciaire, peuvent-ils être poursuivis devant la cour royale sans autorisation préalable du gouvernement?* La Cour de cassation a consacré la négative : « Attendu que les gardes forestiers, chargés de veiller à la conservation des forêts et de dresser des procès-verbaux contre les délinquants, sont en même temps officiers de police judiciaire et préposés de l'administration forestière aux ordres de laquelle ils demeurent soumis; que si, pour les délits qu'ils commettent en cette double qualité dans l'exercice de leurs fonctions, ils ont, comme officiers de police judiciaire, droit à la garantie qui résulte des articles 479, 483 et 484, Code instr. crim., relativement à la forme des poursuites et de l'instruction, ils ne sont pas pour cela privés de la garantie de l'autorisation préalable que l'art. 75 de la loi du 22 frimaire an VIII et le décret du 28 pluviôse an II ont établie pour les agents du gouvernement; que cette garantie existe moins dans l'intérêt des agents eux-mêmes que dans celui de la subordination nécessaire à l'exercice de l'autorité, et pour le maintien de la séparation des pouvoirs administratifs et judiciaires; attendu que les crimes ou délits de concussion et de corruption imputés aux gardes Vignes et Dufflard-Laroche, auraient été commis par eux dans l'exercice de leurs fonctions non-seulement d'officiers de police judiciaire, mais aussi de préposés de l'administration forestière; que, dès lors, avant de les mettre en jugement, l'autorisation devait être donnée par le chef de cette administration, conformément à l'art. 30 de l'ordonnance du roi du 1er août 1827; qu'en le jugeant ainsi, et en déclarant qu'en l'état il n'y avait lieu de statuer sur les réquisitions du procureur général, la chambre d'accusation de la cour royale d'Agen n'a violé aucune loi et s'est conformée aux dispositions ci-dessus rappelées; rejette, etc. (Arrêt du 8 février 1838; Ch. crim.; Sirey, 39, I, 815.) Voyez, dans le même sens, un arrêt de la même cour du 21 décembre 1824. (Sirey, 25, 1, 233.)—Les faits illicites de chasse, étant punis de peines qui excèdent 15 fr., sont de véritables *délits*; mais, lors même qu'ils ne constitueraient que de simples *contraventions*, la disposition de l'article 75 de la loi du 22 frimaire an VIII serait encore applicable; car les expressions générales dans lesquelles est conçu cet article embrassent les contraventions comme les délits. C'est ce qu'a jugé un arrêt de la Cour de cassation du 16 décembre 1843 (*Bull. crim.*, ann. 1843), rapporté sous l'art. 91 du Code d'instr. crim. Le même principe a été consacré par la cour de Toulouse dans une espèce où il s'agissait d'un commissaire de police poursuivi pour crimes ou délits commis dans l'exercice de ses fonctions d'agent du gouvernement et de magistrat de l'ordre administratif, bien que ces fonctionnaires soient aussi magistrats de l'ordre judiciaire. (Arrêt précité du 4 août 1841; Dall., année 1842, 11, 91.) Il a été également consacré par la Cour de cassation, dans une espèce où un maire avait, dans une affaire d'alignement, opéré comme délégué de l'autorité administrative. (Arrêt du 17 août 1837; Sir., 38, 1, 92.) Ces arrêts, que nous ne citons ici que pour établir le principe général en cette matière, sont rapportés *in extenso* sous l'art. 91 du C. d'instr. crim. expliqué. — **QUESTION**. *Un ministre du culte qui se rendrait coupable d'un délit de chasse pourrait-il être poursuivi en justice sans l'autorisation du conseil d'État ?* L'affirmative est certaine et résulte de la jurisprudence de la Cour suprême : «Considérant que les agents du gouvernement dont parle l'art. 75 de la constitution de l'an VIII sont ceux qui, dépositaires d'une partie de son autorité, agissent directement en son nom, et font partie de la puissance publique; considérant que les ministres des cultes ne sont pas dépositaires de la puissance publique; qu'ils n'agissent pas au nom du prince, et ne sont pas ses agents directs; considérant que si les ministres du culte sont salariés par le gouvernement, et obligés à prêter serment, aux termes des articles 6 et 7 du Concordat de 1802, ils sont, sous ce rapport, dans une situation semblable à celle de plusieurs classes de citoyens qui n'ont jamais été compris au nombre des fonctionnaires publics; qu'ainsi l'article 75 de la constitution de l'an VIII ne leur est point applicable; que la loi du 18 germinal an VI, sur les appels comme d'abus ne comprend pas le cas de poursuites du ministère public qui, pour agir, n'a nul besoin d'autorisation spéciale. (Arrêts des 23 juin et 9 sept. 1831; Sirey, 31, 1, 264 et 353, et du 25 nov. 1831; Sirey, 32, 1, 306.)

D'office par le ministère public. Cette disposition a son

principe dans les articles 1 et 2 du Code d'instr. crim., qui s'occupent de l'*action publique* et de l'*action civile*. Tout crime ou tout délit, en même temps qu'il lèse le citoyen contre lequel il est commis, dans sa personne ou dans ses intérêts, offense aussi la société, dont il trouble l'ordre, âme de toute société : de là une double action, l'*action publique*, qui appartient au *public,* à la société, et au moyen de laquelle le fonctionnaire qui représente la société, et qu'on nomme *ministère public,* poursuit la réparation du tort fait à la chose publique; réparation qui consiste dans l'application d'une peine quelconque; et l'*action civile*, qui appartient à la personne lésée ou à ses représentants, et par laquelle on réclame la réparation du dommage privé qu'on a éprouvé. C'est l'action publique que le ministère public peut ici exercer d'office (*ex officio*) par suite du *devoir* que lui imposent ses fonctions, et bien qu'aucune plainte ne lui ait été adressée pour fait illicite de chasse, et au moyen de laquelle il poursuit et obtient la réparation du dommage résultant de l'infraction à la loi faite dans l'intérêt général de la société. Si la partie lésée par le fait de chasse veut elle-même obtenir des dommages-intérêts, elle peut se joindre au ministère public, et, se rendant partie civile, exercer à cet effet l'action civile, ou bien, si le ministère public ne poursuit pas, s'adresser aux tribunaux civils pour obtenir la réparation pécuniaire du dommage dont elle se plaint (art. 3 du Code d'instruction criminelle). — Du principe que par l'action publique on obtient, au moyen de l'application d'une peine infligée au délinquant, la réparation du dommage causé à l'ordre public, il résulte que si la peine ne peut plus être appliquée à raison de la mort du prévenu, l'action publique est éteinte ; mais, comme ce n'est pas la personne du prévenu que l'action civile a pour objet, mais une indemnité à prendre sur les biens; la mort du prévenu n'empêchant pas que ses biens continuent d'exister entre les mains de ses représentants, la partie civile peut encore exercer contre eux, mais devant la juridiction civile, son action civile (article 2 du Code d'instruction criminelle). Si l'action publique a été intentée, mais que le prévenu vienne à mourir avant qu'elle soit jugée définitivement, non-seulement aucune peine ne pourra être prononcée; mais le trésor public n'aura pas même action contre les héritiers pour se faire rembourser les frais occasionnés par les poursuites : la raison en est que les frais étant l'accessoire de la peine principale qui est éteinte, et qui ne peut atteindre les héritiers, l'accessoire ne peut pas les atteindre davantage. La Cour de cassation a même étendu ce principe au cas où le condamné est mort après avoir formé un pourvoi en cassation contre la condamnation et pendant l'existence de ce pourvoi : « Attendu , porte l'arrêt de la Cour, que la condamnation au payement des frais est un accessoire de la condamnation pénale qui a causé les frais ; que le pourvoi suspend l'exécution de cette condamnation ; que la mort du condamné , avant qu'il ait été statué sur le pourvoi, rend l'exécution de la condamnation impossible, et ne permet pas à la Cour de cassation de statuer sur le pourvoi ; qu'en cet état , quoique l'action en réparation du dommage , s'il y a lieu, subsiste encore pour la partie civile , l'arrêt de condamnation ne peut être exécuté dans aucune de ses dispositions ; qu'en le jugeant ainsi , le tribunal n'a violé aucune loi , mais s'est conformé aux principes de la matière ; rejette , etc. » (Arrêt du 21 juillet 1834, ch. civ. ; Sir., 35, 1, 75.) — Ces principes sont incontestables quant à la peine d'emprisonnement et aux frais qui ont été faits relativement à ces peines ; ils sont vrais aussi relativement à l'amende, car l'*amende* est considérée comme une peine, et conséquemment le décès du prévenu avant la condamnation éteint l'action sur ce point : mais il en est différemment en ce qui concerne la confiscation. En effet, la confiscation des objets saisis n'est pas considérée comme une peine ; car les peines sont toujours applicables à la personne , tandis que la confiscation s'applique à la chose : elle peut donc être poursuivie contre les héritiers du prévenu ; et tel est en effet la jurisprudence de la Cour suprême. (Arrêt du 9 décembre 1813 ; Sirey, 14, 1, 94.) Enfin, l'une et l'autre action s'éteignent par la prescription. (Art. 2, C. instr. crim., et art. 29 de la présente loi.) — L'art. 64 du Code pénal porte : « Il n'y a ni crime, ni délit, lorsque le prévenu était en état de démence au temps de l'action , ou lorsqu'il a été contraint par une force à laquelle il n'a pu résister. » Il est clair que cette disposition s'applique aux faits illicites de chasse comme à tous les autres délits ; car, pour qu'il y ait délit, il faut que l'acte se compose tout à la fois du fait et de l'intention ; et dans l'homme en démence , ou qui est contraint par une force majeure, il n'y a pas d'intention criminelle. Lors même que le prévenu ne serait pas tombé en état de démence *au moment de l'action,* mais *depuis,* il ne devrait pas encore être poursuivi ; c'est du moins ce qu'on doit conclure de la décision intervenue sur la question suivante. — QUESTION. *Doit-il être procédé à la mise en jugement d'un homme tombé en démence depuis le crime ou le délit?* La négative est généralement adoptée, par le motif que la loi exigeant que l'accusé *soit entendu dans sa défense*, cette formalité substantielle ne pourrait être observée de la part de l'homme en démence; de telle sorte qu'il est indispensable de surseoir jusqu'à ce que l'accusé ait recouvré sa raison. C'est, au reste, ce que la Cour de cassation a décidé pour le jugement des pourvois formés par des condamnés tombés en démence depuis l'arrêt rendu par la cour d'assises : « Attendu qu'il résulte d'un rapport dressé par deux hommes de l'art, en se conformant au vœu de l'art. 8, § 2, de la loi du 30 juin 1838, que le demandeur est actuellement en état de démence ; que, tant que cet état subsiste, il y a pour lui impossibilité de produire sa défense devant la Cour avec toute la latitude que la loi lui accorde, notamment dans les articles 422 et 423 et suiv. du Code d'instr. crim., et d'exercer la faculté soit de s'inscrire en faux contre les actes authentiques de la procédure, soit de se désister de son pourvoi ; attendu que, dans le silence de la loi sur les effets du recours en cassation formé par un aliéné dans un intervalle lucide, il appartient à la Cour de prendre les mesures nécessaires à la conservation des droits de la défense et à l'intérêt général de la justice : la Cour surseoit à statuer sur le pourvoi jusqu'à ce qu'à la diligence du procureur général, il soit fait apport à son greffe de nouveaux documents conformes aux dispositions de la loi précitée du 30 juin 1830, et de nature à constater les changements qui pourraient survenir dans l'état mental du demandeur. (Arrêt du 25 janvier 1829, rapporté sous l'art. 64 du Code d'instr. crim. expliqué.) Voyez nos observations et les arrêts cités sous les art. 1, 2, 3 et 64 du Code d'instr. crim. — Notre article, en autorisant le ministère public à poursuivre *d'office* les délits de chasse, n'a pas introduit une disposition nouvelle. L'article 8 de la loi du 30 avril 1790 portait : « Les peines et contraintes ci-dessus seront prononcées sommairement et à l'audience par la municipalité du lieu du délit, d'après le rapport des gardes messiers, baugards et gardes champêtres, sauf l'appel, ainsi qu'il a été réglé par le décret de l'assemblée nationale du 23 mars dernier. Elles ne pourront l'être que soit sur la plainte du propriétaire, et autre partie intéressée, soit même dans le cas où l'on aurait chassé en temps prohibé, sur la seule poursuite du procureur de la commune. » Il semblait résulter des termes de cet article, que la poursuite d'office du ministère public n'était autorisée qu'autant qu'on avait chassé *en temps prohibé;* et que, si on avait chassé en temps non prohibé, lors même qu'en chassant on aurait dévasté des récoltes encore sur pied, la poursuite ne pouvait avoir lieu que sur la plainte du propriétaire ou de toute autre partie intéressée; mais en rapprochant de cet article la disposition finale de l'article 1er de la même loi, on voit que la poursuite d'office appartenait encore dans ce cas au ministère public. Cet article, en effet, porte : «.... Défenses sont pareillement faites, *sous ladite peine de 20 francs d'amende, aux propriétaires* ou possesseurs, de chasser dans leurs terres non closes, même en jachères, à compter du jour de la publication du présent décret jusqu'au 1er septembre prochain, pour les terres qui seront alors dépouillées; et pour les autres terres, *jusqu'après la dépouille entière des fruits,* etc. » Il est clair que si, dans ce cas, le propriétaire lui-même pouvait être poursuivi par le ministère public, à plus forte raison un étranger : aussi la question s'étant présentée sous l'empire de cette loi, elle fut résolue par la cour d'Angers, en ce sens que la poursuite d'office appartenait au ministère public contre un étranger qui, même en temps non prohibé, avait chassé dans un fonds non encore dépouillé de ses fruits et appartenant à autrui. (Arrêt du 10 janvier 1829; Dall., ann. 1830, 2, 23.) La loi nouvelle, pour arriver à une répression sérieuse des délits de chasse, et protéger les récoltes dont la conservation est d'intérêt public, a posé le même principe. La poursuite d'office est la règle générale; la poursuite seulement sur la plainte du propriétaire est l'exception, c'est-à-dire que cette plainte est exigée uniquement dans le cas où la chasse a lieu sans la permission du propriétaire en temps non prohibé dans un terrain ouvert et sur des terres dépouillées de leurs fruits. « Il fallait, a dit M. le garde des sceaux dans l'exposé des motifs, diminuer les éléments d'impunité qui encouragent l'audace des braconniers : l'un des moyens les plus efficaces pour parvenir à ce but était, sans contredit, d'élargir le cercle des délits d'ordre public en matière de chasse, que les procureurs du roi peuvent poursuivre d'office. » — Notre article, par les mots *tous délits prévus par la présente loi,* range implicitement parmi les délits que le ministère public pourra poursuivre d'office, sans la plainte de la partie intéressée, les infractions aux arrêtés pris par les préfets pour prévenir la destruction des oiseaux; le port de filets, et autres engins ou instruments de chasse prohibés; l'enlèvement sur le terrain d'autrui et la vente des œufs de faisan, de perdrix, de caille, ainsi que la mise en vente et le colportage du gibier en temps prohibé; la chasse, pendant les heures où elle est interdite, ou à l'aide des moyens ou instruments prohibés, la chasse sur les terres ensemencées et chargées de leurs produits; et, enfin, la chasse sur le terrain d'autrui, sans sou consentement, si ce terrain dépend de son habitation et se trouve entièrement clos. (Articles 4, 9, 11, 12, 26.) — **QUESTION**. *L'article 11, § 5, érige en délit de chasse la contravention, de la part des fermiers de la chasse, dans les bois soumis au régime forestier, aux clauses et conditions de leurs cahiers des charges : ce délit doit-il aussi être poursuivi d'office par le ministère public ?* La négative résulte des principes qui veulent que le délit de chasse sur le terrain d'autrui ne puisse être poursuivi que sur la plainte des parties intéressées : en effet, dans le cas dont il s'agit, pas plus que dans le cas de chasse sur le terrain d'autrui, l'ordre public n'est compromis, et par suite l'intervention directe du ministère public ne peut être réclamée. Cette opinion, au reste, trouve un appui dans les observations de M. le rapporteur de la loi à la Chambre des pairs.—**QUESTION**. *Le délit de chasse, même en temps non prohibé, dans un bois appartenant à l'État, à une commune, à un hospice ou autre établissement public, peut-il être poursuivi d'office par le ministère public, sans plainte de l'autorité municipale ou de la commission administrative de l'hospice ?* La Cour de cassation a consacré l'affirmative sous l'empire de l'ancienne loi. « Vu les articles 8 de la loi du 30 avril 1790 ; 1, 2 et 3 de l'arrêté du 28 vend. an V ; 1 et 9 de celui du 19 vent. an X ; 182, Code instr. crim.; 1, 90, 159 et 218, Code forestier; attendu que si l'article 8 de la loi du 30 avril 1790 a voulu que le fait de chasse sur le terrain d'autrui, en temps non prohibé, ne pût être poursuivi que sur la plainte des propriétaires ou autres parties intéressées, l'arrêté du 28 vend. an V, a interdit la chasse dans les forêts nationales à tous particuliers sans distinction, et a disposé que sur les procès-verbaux dressés par le garde forestier, les contrevenants seraient poursuivis en conformité de la loi du 3 brum. an IV, relative aux délits et aux peines, c'est-à-dire à la requête du ministère public ; que, par l'arrêté des consuls du 19 vent. an X, les bois appartenant aux communes furent soumis au même régime que les bois nationaux ; que l'administration, la garde et la surveillance en furent confiées aux mêmes agents ; que de cette assimilation absolue il s'ensuivit que la chasse étant légalement interdite dans les bois nationaux à tous particuliers, sans distinction, était également interdite dans les bois communaux ; qu'un tel fait de chasse devenait un délit forestier, ce qui était conforme d'ailleurs aux dispositions de l'article 4, titre 30, de l'ordonnance de 1669 ; et que dès lors de tels délits pouvaient être poursuivis par l'administration forestière aussi bien que par le ministère public, sans le concours de la commune propriétaire, ce qui dérogeait, pour les biens communaux comme pour les biens nationaux, aux dispositions de l'art. 8 de la loi du 30 avril 1790; qu'on ne peut pas dire avec l'arrêt attaqué, que cette dérogation ne s'étendait point, en tous cas, aux bois et forêts appartenant aux établissements publics, puisque l'article 9 de l'arrêté des consuls du 19 vent. an X, déclara formellement applicables aux bois des hospices et des établissements publics, toutes les dispositions dudit arrêté; que les articles 182, Code instr. crim., 1, 90 et 159, Code forestier, loin de déroger à ces règles, ont maintenu cette assimilation, placé sur la même ligne les bois de l'Etat, les bois des communes, les bois des hospices et des établissements publics, et confié soit à l'administration forestière, soit au ministère public, le soin de poursuivre tous les délits et contraventions commis dans les bois et forêts, ce qui ne s'entend pas, pour l'administration forestière surtout, de délits communs, tels que le vol ou les attentats aux personnes, mais ce qui comprend tous les délits, tous les faits qui peuvent nuire au régime des bois, et qui tiennent des délits forestiers; attendu dès lors qu'en déniant au ministère public le droit de poursuivre directement, sans qu'il fût besoin de la plainte de la commission administrative de l'hospice de Moreuil, le fait de chasse commis dans un bois appartenant à cet hospice, la cour royale d'Amiens a faussement appliqué l'article 8 de la loi du 30 avril 1790, violé les articles 1 et 3 de l'arrêté du 28 vend. an V, 1 et 9 de celui du 19 vent. an X, l'article 182 inst. crim., et 159, Code forestier; casse, etc. » (Arrêt du 6 mars 1840; Sirey, 40, 1, 770.) La Cour suprême a consacré la même doctrine sous l'empire de la loi nouvelle. « Vu les articles 22 du code d'instruction criminelle et 26 de la loi du 3 mai 1844, vu aussi les articles 8 de la loi du 30 avril 1790 et 3 de l'arrêté du 28 vendémiaire an V, 1 de l'arrêté du 19 ventôse an X, 182 du Code d'instruction criminelle et 159 du Code forestier; attendu que l'article 26 de la loi du 3 mai 1844, conforme à la règle générale posée par l'article 22 du Code d'instruction criminelle, reconnaît au ministère public le droit de poursuivre d'office tous les délits de chasse; qu'à la vérité, ce même article, par une seconde disposition, excepte les délits de chasse sur le terrain d'autrui sans le consentement du propriétaire, pour lesquels le ministère public ne peut agir que sur la plainte de la partie intéressée; mais que, pour connaître l'étendue de cette exception, il faut se reporter à la législation antérieure; que cette législation se composait, d'une part, de l'article 8 de la loi du 30 avril 1790, qui soumettait aussi l'action publique à la condition préalable d'une plainte de la partie intéressée; d'autre part, des articles 2 et 3 de l'arrêté du 28 vendémiaire an V, et 1 de l'arrêté du 19 ventôse an X, qui autorisaient la poursuite à la requête de l'administration forestière des délits de chasse commis dans les bois de l'État, des communes et des établissements publics, droit de poursuite conservé à cette administration par l'article 159 du Code forestier de tous les délits commis dans les bois et forêts qui intéressent leur conservation, et des articles 182 du Code d'instruction criminelle, et 159 du Code forestier, qui consacrent le droit au ministère public d'agir dans tous les cas concurremment avec l'administration forestière; que l'ensemble de ces dernières dispositions, qui avaient dérogé à l'art. 8 de la loi du 30 avril 1790 pour les délits de chasse dans les bois soumis au régime forestier, ne peut être considéré comme ayant été abrogé par l'article 26 de la loi du 3 mai 1844, qui ne fait que reproduire ledit article 8; que les lois générales ne dérogent aux lois spéciales qu'autant que le législateur a manifesté l'intention d'y déroger; qu'ici cette intention ne ressort ni du texte de la loi, ni des discussions législatives auxquelles elle a donné lieu; que l'action pour la répression des délits de chasse commis dans les bois de l'État, des communes et des établissements publics, a donc continué d'appartenir, même après la loi nouvelle, concurremment à l'administration forestière et au ministère public, sans la condition d'une plainte préalable; attendu néanmoins que l'arrêt attaqué a déclaré non recevable, faute de plainte de la partie intéressée, l'action du ministère public pour la répression d'un délit de chasse commis dans une forêt appartenant à la commune de Salernes et soumise au régime forestier; en quoi il y a eu fausse application du 2e paragraphe de l'article 26 de la loi du 3 mai 1844, et violation formelle tant du 1er paragraphe du même article que de l'art. 22, C. d'instr. crim.; casse, etc. »(Arrêt du 9 janv. 1846; Sirey, 46, 1, 260.) Voyez plus loin un arrêt du même jour qui décide que ce droit appartient dans le même cas à l'administration forestière. — **QUESTION.** *Dans tous les cas où il y a lieu à poursuite d'office, le ministère public est-il tenu de poursuivre?* Pour soutenir l'affirmative, on pourrait remarquer les termes dans lesquels la poursuite d'office est exercée : tous les délits prévus par la présente loi *seront poursuivis d'office* par le ministère public; mais l'opinion contraire résulte du droit commun qui veut que le ministère public soit toujours maître de son action. Cette faculté lui appartient également dans le cas de notre article, c'est-à-dire s'il y a plainte de la partie intéressée : et conséquemment si cette plainte lui paraît mal fondée, si elle lui semble inspirée par quelque mauvaise passion, il a le droit de ne donner aucune suite à la plainte ; et la partie intéressée n'a rien à dire ; car la loi lui donnant le droit de saisir directement les tribunaux, il ne tient qu'à elle d'user de ce droit : ces principes ont tous été reconnus dans la discussion de la loi à la Chambre des pairs.

Aux parties lésées, par l'article 182 *du Code d'instr. crim.* Cet article porte : « Le tribunal sera saisi, en matière « correctionnelle, de la connaissance des délits de sa compé- « tence, soit par le renvoi qui lui en sera fait d'après les « art. 130 et 160 ci-dessus, soit par la citation donnée directe- « ment au prévenu et aux personnes civilement responsables du « délit par la partie civile, et, à l'égard des délits forestiers, « par le conservateur, inspecteur ou sous-inspecteur forestier, « ou par les gardes généraux, et, dans tous les cas, par le pro- « cureur du roi. » Ainsi, aux termes du présent article de la loi sur la chasse que nous expliquons et dudit art. 182 du Code d'instr. crim., *les parties lésées* par un fait de chasse, si du reste ce fait constitue un délit de chasse, peuvent, en se portant *parties civiles*, le poursuivre directement devant le tribunal correctionnel, au lieu de se contenter de le *dénoncer* au procureur du roi, qui du reste serait maître de poursuivre ou de ne pas poursuivre, comme nous le remarquons plus haut ; mais quelles sont les personnes qui peuvent se considérer comme lésées par un fait de chasse, de telle sorte qu'elles soient admissibles à le poursuivre directement devant le tribunal correctionnel, en se portant partie civile ? Et d'abord la question n'en est pas une quant au *propriétaire du terrain* sur lequel on a chassé sans avoir obtenu son consentement. Il est clair qu'il est lésé par le fait de chasse, et que par suite il peut intenter une action directe devant le tribunal correctionnel. Il faut en dire autant de l'usufruitier, de l'emphytéote, du cessionnaire de la chasse et du fermier, à qui ce droit a été conféré par son bail ; mais la question est plus difficile relativement au fermier à qui le droit de chasse n'a pas été accordé par son bail, et elle peut se formuler en ces termes : —

QUESTION. *Le fermier qui, sous l'empire de la loi de 1790, avait qualité comme partie intéressée pour poursuivre les délits de chasse, a-t-il encore aujourd'hui ce pouvoir, si le droit de chasse ne lui a pas été concédé par le propriétaire ?* Pour la négative, on dit que si, sous l'empire de la loi du 30 avril 1790, le fermier avait qualité pour poursuivre, c'est parce que l'article 1er de cette loi accordant, outre l'amende, une indemnité de 10 francs en faveur du propriétaire des fruits, qui était le fermier, ce dernier avait pour cela même un intérêt réel à poursuivre le délit de chasse ; mais la loi nouvelle n'ayant pas reproduit cette disposition, il en résulte, ajoute-t-on, que le fermier n'a plus qu'une action civile pour réclamer le dommage causé à ses récoltes ; dans l'opinion contraire, on peut, ce nous semble, invoquer avec avantage la jurisprudence de la Cour de cassation, qui s'était établie notamment par l'arrêt du 9 avril 1836, cité sous l'article 1er. Quel est le motif, en effet, sur lequel s'est fondée la Cour de cassation ? Ce motif, c'est que, lorsque les terres sont affermées, le fermier est propriétaire des fruits et a évidemment intérêt à ce que le fonds qu'il cultive ne puisse être à la discrétion de tous ceux qui, sans autorisation, voudraient y chasser. » Il est clair que ce motif n'a rien perdu de sa valeur sous l'empire de la loi nouvelle ; seulement, il y aura cette différence entre la poursuite qu'autorisait la loi de 1790 et celle qui serait exercée par le fermier en vertu de la présente loi, que, sous l'empire de la loi de 1790, le fermier avait toujours intérêt, puisqu'une indemnité de 10 francs lui était attribuée dans tous les cas, tandis qu'aujourd'hui il faut nécessairement qu'il établisse qu'un dommage a été causé à ses récoltes, et qu'une indemnité par suite lui est due. Du reste, son action ne pourrait pas être repoussée sous prétexte qu'il n'existe pas réellement de délit quant à lui ; car, d'un côté, on pouvait en dire autant sous l'empire de la loi de 1790 ; et cependant, la Cour de cassation admettait la plainte du fermier ; et, d'un autre côté, le fermier ne pouvant se plaindre, comme nous l'avons dit, qu'autant qu'un dommage a été causé aux récoltes, c'est qu'il y a eu chasse sur des terres *non encore dépouillées de leurs fruits;* et, dans ce cas, notre article veut que la vindicte publique s'exerce sans attendre la plainte du propriétaire du droit de chasse ; la poursuite du fermier à laquelle se joint dans ce cas le ministère public ne pourrait donc être sans effet, quant à l'application de la peine, qu'autant que le chasseur rapporterait l'autorisation du propriétaire du droit de chasse ; dans ce cas, le prévenu étant renvoyé de la poursuite correctionnelle, le fermier devrait être renvoyé à se pourvoir au civil quant à ses dommages-intérêts ; car le tribunal ne peut plus, dans ce cas, statuer que sur les dommages-intérêts que réclamerait le *prévenu* pour le préjudice que la poursuite lui a causé ; il est sans droit pour statuer sur les dommages-intérêts réclamés par la *partie civile,*

comme cela résulte des art. 159, 161 et 191 du Code d'instr. crim.
combiné avec les art. 212 et 358 du même Code. Voyez nos explications sur ces articles. Cette circonstance que la poursuite correctionnelle peut disparaître devant le consentement
du propriétaire et l'action du premier être rejetée, même avec
dommages-intérêts en faveur du prévenu, sauf son recours
devant la juridiction civile, doit rendre les fermiers très-cir-
conspects dans l'action qu'ils voudraient intenter en vertu de
l'article 182 du Code d'instr. crim., et conformément aux principes que nous venons de développer. — Il y a une très-
grande différence entre le cas où une partie poursuit directement le délit de chasse commis à son préjudice et le cas où elle
se contente de le dénoncer; dans le premier cas, elle doit,
comme partie civile, faire tous les frais de citation du prévenu
et des témoins, tandis que lorsque la partie lésée par le fait de
chasse s'est contentée de porter plainte, les frais sont faits par
l'État. — Au reste, la partie intéressée qui, en matière de délit
de chasse, agit directement, conformément à l'art. 182, n'est
pas obligée de consigner les frais comme le veut le décret
du 18 juin 1811, lorsque la poursuite a eu lieu d'office, à la
requête du ministère public, et que la partie intéressée se rend
partie civile au milieu de cette poursuite. (Arrêts du 28 février 1834 et 3 mai 1838, cités sous l'art. 182 du Code d'instr.
crim.) — La partie civile peut se présenter directement devant
le tribunal sans être obligée de constituer avoué. Il résulte de
là que si, comme il lui est loisible, elle en constitue un qui la
représente, elle devra personnellement supporter les frais et
honoraires qui seront dus à cet officier ministériel, sans pouvoir les répéter contre la partie adverse. (Arrêt du 10 avril 1843;
Sir., 44, 11, 4, rapporté sous l'art. 182 du Code d'instr. crim.)
— Les affaires correctionnelles étant ordinairement moins com-
pliquées que les affaires *criminelles,* on a permis à la partie
civile et au procureur du roi d'agir par voie de plainte ou par
voie de citation directe : cette dernière est même habituellement préférable, parce qu'elle entraîne moins de procédure.
Mais les affaires criminelles, au contraire, ayant toujours besoin d'une instruction préalable, ne peuvent jamais être dé-
férées aux cours d'assises par la voie d'une citation directe. —
Nous avons, sous les articles 19, 145 et 182 du Code d'instr. crim.,
expliqué que plusieurs des formalités prescrites par le Code de
procédure pour la validité des citations sont sans application
aux *citations* en matière de simple police et en matière correctionnelle; toutefois, il y a certaines formalités substantielles qui ne peuvent être impunément omises : ainsi, par

exemple, nous avons rapporté sous l'art. 182 du Code d'instr. crim. un arrêt qui juge qu'une citation en police correctionnelle donnée non au domicile réel du prévenu, mais à un domicile où il possède seulement un établissement de commerce, n'est pas valable. (Arrêt du 21 mai 1842; Dall., ann. 1842, 1, 380.) Nous avons cité sous le même article un arrêt qui décide que lorsque la chambre du conseil est saisie par une instruction commencée, le ministère public ou la partie civile, ne peuvent la dessaisir au moyen d'une citation directe. (Arrêt du 18 juin 1812; Sirey, 17, 1, 325.) Nous citons, toujours sous le même article, un arrêt qui décide que, lorsque la citation est annulée, le prévenu doit être renvoyé des fins de la plainte; mais l'arrêt ajoute que cette disposition ne porte aucune atteinte à l'action publique, qui subsiste toujours indépendamment de la nullité de la citation déjà donnée pour être ultérieurement exercée, suivant les règles du droit, comme si ladite citation n'avait jamais existé. (Arrêt du 23 juillet 1835; Dall., ann. 1837, 1, 116.) Enfin, la Cour de cassation a encore jugé que la comparution volontaire et spontanée des parties, c'est-à-dire sans citation préalable, peut saisir valablement les tribunaux correctionnels, lorsque la connaissance du fait qui leur est déféré se trouve placée dans leurs attributions. (Arrêt du 25 janv. 1828; Sir., 28, 1, 221.) — Lorsque l'action est poursuivie directement, elle est soumise à toutes les règles ordinaires des actions : ainsi, dans le cas où c'est un étranger qui poursuit un Français, il doit donner la caution qu'on nomme en procédure *judicatum solvi* (les frais du procès, du *jugé*), (art. 16 C. civ., et arrêt de la Cour de cassation du 15 avril 1842); si c'est une femme mariée, elle doit être autorisée par son mari (art. 15, C. civ., et arrêt du 1er juillet 1808; Dall., ann. 1808, p. 130); si c'est un mineur ou un interdit sur la propriété desquels la chasse a eu lieu sans permission, l'action est poursuivie par leur tuteur (art. 450, 464 et 509, C. civ.). — Il faut expliquer maintenant cet article 182 dans ses autres rapports avec la matière de la chasse; et d'abord, voyons dans quels cas le tribunal peut être saisi *en vertu des articles* 130 *et* 160 *du Code d'instr. crim.* En principe, le ministère public poursuit d'office sur le procès-verbal qui constate le délit, et qui a dû lui être transmis; en d'autres termes, il saisit directement le tribunal correctionnel; mais il peut arriver que le délit de chasse se complique d'un autre délit ou d'un autre crime, par exemple, de *rébellion;* dans ce cas, le juge d'instruction est appelé à constater le fait, et il doit en rendre compte dans les formes voulues à la chambre du conseil du tribunal de première instance, qui, si le fait, dépouillé des caractères du crime, ne constitue plus qu'un simple délit de chasse, renvoie le prévenu devant le tribunal correctionnel : c'est un des cas auxquels s'applique l'art. 130 du Code d'instr. crim. Mais ce cas n'est pas le seul, car la partie qui se prétend lésée a le choix ou de citer directement, comme le porte ce même article 182, le prévenu devant le tribunal, ou de former plainte, conformément à l'art. 63 du même Code d'instr. crim. C'est encore, dans ce cas, la chambre du conseil qui doit statuer sur cette plainte, et qui renvoie le prévenu, s'il y a lieu, devant le tribunal correctionnel (art. 130 du Code d'instr. crim.). Mais il n'est pas inutile de remarquer les résultats du choix que l'on fait entre ces deux voies. Si la partie lésée agit par voie de plainte, et que la chambre du conseil juge qu'il n'y a pas lieu de traduire le prévenu devant le tribunal correctionnel, tout est terminé si la partie civile ne forme pas opposition (art. 135, *ibid.*), ou si, en cas d'opposition, la chambre des mises en accusation confirme le jugement (art. 229, *ibid.*) ; et, par suite, le tribunal correctionnel ne pourra plus être saisi, d'après la règle *non bis in idem.* C'est ce que la Cour suprême a jugé par arrêt en date du 18 avril 1812, rapporté sous l'article 64 du Code d'instr. crim. Si, au contraire, il y a eu citation directe, le tribunal correctionnel devra statuer définitivement ; et comme, après ce jugement, l'affaire aura tous les caractères de la chose jugée, il ne sera plus possible à la partie civile qui aura succombé de revenir par la voie de la plainte. L'article 230 attribue à la chambre des mises en accusation, formée dans le sein de la cour royale, la faculté de renvoyer aussi un prévenu devant le tribunal correctionnel, si le fait qui lui est déféré n'a plus à ses yeux les caractères d'un crime, mais seulement d'un délit. L'article 160 dont parle aussi l'art. 182 s'occupe du cas où un tribunal de simple police, saisi d'un fait qui semblait d'abord ne constituer qu'une *contravention,* s'aperçoit que ce fait constitue un délit ; il renvoie alors les parties devant le procureur du roi, lequel cite directement le prévenu devant le tribunal correctionnel, ou requiert le procureur du roi d'informer. — Le même art. 182 dispose encore que « le tribunal correctionnel « sera saisi, *à l'égard des délits forestiers,* par le *conser-* « *vateur inspecteur* ou *sous-inspecteur forestier,* ou par les « *gardes généraux.* » Voici la grave question que cette disposition a soulevée. — **QUESTION.** *Les délits de chasse dans les forêts de l'État constituent-ils des délits forestiers qui peuvent être poursuivis au nom de la direction des forêts* *par les conservateurs inspecteurs, sous-inspecteurs ou par les gardes généraux des forêts ?* La Cour de cassation a consacré l'affirmative. «Vu les articles 1, 2 et 3 de l'arrêté du 28 vendémiaire an V, 182 du Code d'instruction criminelle, 159 du Code forestier et 26 de la loi du 3 mai 1844; attendu que l'arrêté du 28 vendémiaire an V a investi l'administration forestière du droit de poursuivre les délits de chasse commis dans les bois de l'État ; attendu que l'article 182 du Code d'instruction criminelle et l'article 159 du Code forestier chargent soit l'administration forestière, soit le ministère public, de la poursuite en réparation de tous délits et contraventions commis dans les bois et forêts ; que si cette attribution ne s'étend pas, en ce qui concerne l'administration forestière, aux délits communs, tels que le vol ou les attentats contre les personnes, elle s'applique nécessairement à tous les délits de nature à porter atteinte aux produits ou à la jouissance du sol forestier, ou qui, pouvant nuire au régime et à la surveillance des forêts, sont assimilés, quant aux règles de la poursuite et de la compétence, aux délits forestiers ; attendu que l'article 26 de la loi du 3 mai 1844, qui n'a d'ailleurs fait que reproduire la disposition de l'article 8 de la loi du 30 avril 1790, n'a point dérogé à ces lois spéciales; que l'article 22, qui n'a d'autre objet que les procès-verbaux pour fait de chasse, n'a pas non plus abrogé ou modifié les attributions de l'administration forestière pour la conservation de la propriété des bois et forêts et pour la répression des infractions qui y portent atteinte. Attendu que le jugement attaqué, en annulant la citation et renvoyant le prévenu des poursuites, a violé les articles cités de l'arrêté du 28 vendémiaire an V, l'article 182 du Code d'instruction criminelle, l'article 159 du Code forestier, et fait une fausse application des art. 22 et 26 de la loi du 3 mai 1844, casse, etc.»(Arrêt du 9 janvier 1846; Sirey, 46, 1, 258; même jour, deux autres arrêts identiques.) Sur le renvoi de l'affaire, la cour de Paris a adopté la doctrine de la Cour de cassation. (Arrêt du 2 avril 1846, Sirey, 46, 11, 166.) La Cour suprême avait déjà consacré cette opinion sous l'empire de l'ancienne loi. Elle avait jugé que le droit de poursuite appartenait sans aucun doute au fermier de la chasse dans les forêts de l'État (arrêt du 21 janvier 1837: Sirey, 37, 1, 150); mais elle décidait que le droit de poursuite appartenait à l'administration lors même que le fermier de la chasse dans ces forêts aurait gardé le silence. «Vu les articles 1er de la loi de 1790 sur la chasse, et 159 du Code forestier; attendu que la chasse dans une forêt de l'État, même en temps non prohibé, sans l'autorisation de l'administration des forêts, constitue le délit prévu par l'article 1er de la loi de 1790 précitée; que cette administration, chargée de la conservation des forêts et de la poursuite des délits qui s'y rattachent, a intérêt à ce que des étrangers ne s'y introduisent pas pour chasser, et action pour les poursuivre, indépendamment de l'action du fermier de la chasse pour les dommages qui peuvent lui avoir été causés; que d'ailleurs, dans l'espèce, le fermier de la chasse était intervenu devant les premiers juges pour demander des dommages-intérêts, et avait ainsi régularisé l'action à cet égard; que, néanmoins, l'arrêt attaqué a repoussé l'action de l'administration forestière, par le motif que si elle a le droit de constater les faits de chasse, elle ne peut pas en poursuivre la réparation dans le silence du fermier de la chasse; en quoi ledit arrêt a violé l'article 1er de la loi de 1790 et l'article 159 du Code forestier, précités; casse, etc. » (Arrêt du 23 mai 1835; Sirey, 35, 1, 859.) Voyez encore en ce sens un arrêt de la même Cour du 22 février 1844. (*Bull. crim.*, ann. 1844.) Voyez aussi un jugement du tribunal de la Seine, cité dans le journal *le Droit* du 20 janvier 1846. — Si c'était dans *les forêts de la couronne* que le délit eût été commis, c'est aux *agents forestiers de la couronne*, dans l'espèce de cette question, *que la poursuite* appartiendrait. (Art. 86, 87, 88 du C. for.) Voyez aussi nos observations sur les art. 29 et 30. — Il est inutile de faire remarquer que des termes mêmes de l'article 182 du Code d'instruction criminelle, il résulte que les simples gardes n'ont pas le droit de faire les actes de poursuite, et que leur mission se borne à la rédaction des procès-verbaux. — **QUESTION.** *Le ministère des huissiers est-il nécessaire pour les citations et les significations données pour délits de chasse commis dans les forêts de l'État?* Non; les agents forestiers peuvent se servir des *gardes* pour ces sortes d'actes, parce qu'ils font partie de la force publique que peuvent requérir les officiers de police judiciaire. (Avis du conseil d'État du 6 juin 1807; article 72 du décret du 18 juin 1811; article 173 du C. for.) — Relativement à l'exécution des jugements obtenus par les agents forestiers, elle appartient aux officiers ordinaires de l'ordre judiciaire. — Quant *aux formes de la citation,* aux délais pour comparaître, au jugement par défaut et à l'opposition, il faut recourir aux articles 183 et suivants du Code d'instruction criminelle. L'article 183 porte : « La partie civile fera, par l'acte de citation, élection de domicile dans « la ville où siége le tribunal : la citation énoncera les faits et

« tiendra lieu de plainte. » Cette *élection de domicile* est exigée afin que le prévenu puisse, en cas de condamnation par
défaut, notifier dans les cinq jours de la signification du jugement son opposition à la partie civile (art. 187 du Code d'instruction criminelle). La loi n'attache pas la nullité à l'inobservation de cette formalité; mais alors la partie civile n'aurait
pas droit de se plaindre du défaut de notification des actes.
Nous devons encore rappeler ici, comme nous l'avons déjà
fait plus haut, que les formalités prescrites par le Code de
procédure, pour la validité des ajournements, ne sont pas
exigées pour les citations dont il s'agit, par le motif que
les articles 182, 183 et 184 du Code d'instruction criminelle
déterminent des formes spéciales pour les citations en police
correctionnelle. C'est ainsi que la Cour suprême a jugé qu'une
citation en police correctionnelle, qui n'indiquait pas la personne à qui elle avait été remise, n'en était pas moins valable,
bien qu'elle eût été nulle en matière civile, d'après l'article 61
du Code de procédure civile. (Arrêt du 30 décembre 1825;
Sirey, 26, 1, 324.) Elle a également jugé que, nonobstant les
dispositions du même article 61 du Code de procédure, la citation en matière correctionnelle est valable, quoiqu'elle n'indique pas les conclusions du demandeur et la loi pénale invoquée. (Arrêt du 19 décembre 1834, chambre criminelle; Sirey,
35, 1, 374.) dans Voyez, le même sens, un arrêt de la même
cour qui juge que « aucune disposition de la loi ne fixe, sous
peine de nullité, la forme des citations en mat ère correctionnelle et le mode de notification de ces citations. (Arrêt du
21 septembre 1833. Dalloz, année 1834, 1, 50.) Il est clair que
toute cette jurisprudence est applicable aux notifications données par les *gardes,* mais ces exploits doivent, à peine de nullité, contenir la copie du procès-verbal et de l'acte d'affirmation, aux termes de l'article 172 du Code forestier : ils doivent
aussi être enregistrés dans le délai et visés pour timbre. Il faut
enfin, dans tous les cas, que les tribunaux aient la preuve que la
citation est arrivée en temps utile dans les mains du prévenu :
ainsi, par exemple, s'il n'était pas constant qu'un prévenu a
reçu une citation avant le jour où la prescription du délit est acquise, il devrait être relaxé de la plainte. (Arrêt de la Cour de
cassation du 15 janv. 1830; Sir., 30, 1, 203.) — Quant à l'*énonciation des faits*, elle est nécessaire pour que le prévenu puisse
préparer sa défense; et, encore bien que la loi ne parle que
de la citation donnée par la partie civile, il est évident qu'il y
a même motif pour que l'énonciation des faits ait lieu dans les
citations données par les administrations et le ministère pu-

blic. C'est ce que la Cour de cassation a jugé par arrêt du 23 juillet 1835 (Dalloz, année 1835, 1, 116). — La même cour avait déjà décidé précédemment que cette articulation de faits constitue un principe indispensable à l'exercice du droit de défense; qu'elle est, par suite, substantielle, parce que la poursuite ne peut être légitime que sous la condition du droit de défense; de telle sorte qu'un arrêt de cour royale, portant que cette articulation n'était pas nécessaire, fut cassé. (Arrêt du 7 décembre 1822; Sirey, 23, 1, 5.) Voyez toutefois un arrêt de la même cour qui décide que le vœu de l'article 183 du Code d'instruction criminelle est suffisamment rempli, quand le contenu de la citation ne laisse aucun doute sur l'objet de la poursuite, et n'omet rien de ce qui peut être nécessaire à l'exercice du droit de défense (arrêt du 3 août 1839.), et un autre arrêt qui décide de même lorsqu'il est certain que le prévenu a eu connaissance à l'audience du fait résultant du procès-verbal et qu'il s'est défendu sur ce point, et que le ministère public avait requis uniquement la répression de ce fait. (Arrêt du 9 nov. 1843; Sir., 44, 1, 382.) Voyez encore, sur les *formes substantielles* en matière de citation, les arrêts des 21 mai 1842, 23 juillet 1835, 25 janvier 1828 rapportés plus haut. — L'art. 184 du Code d'instr. crim. porte « qu'il y aura « au moins *un délai de trois jours,* outre un jour par « trois myriamètres, entre la citation et le jugement, à peine « de nullité de la condamnation qui serait prononcée par « défaut contre la personne citée. Néanmoins, cette nullité « ne pourra être proposée qu'à la première audience et avant « toute exception ou défense. » Ces trois jours sont *francs,* c'est-à-dire qu'on ne compte ni le jour de la signification, ni celui de l'échéance du délai (articles 1033 du Code de procédure civile et 373 du Code d'instruction criminelle). Ainsi, je suis cité le 15 janvier pour comparaître devant le tribunal correctionnel comme prévenu d'un délit de chasse, je dois me présenter le 19. — A la différence de l'article 146 du Code d'instruction criminelle qui, pour les matières de simple police, déclare nulle la citation donnée à un délai moindre que vingt-quatre heures, l'article 184 précité du même code ne prononce la nullité que de la condamnation, il en résulte que les effets de la citation, dans ce cas, sont maintenus; ainsi, par exemple, elle aurait valablement interrompu la prescription. (Arrêts de la Cour de cassation des 25 février 1819; Sirey, 19, 1, 251, 15 février 1821; Sirey, 21, 1, 179, 14 avril 1832; Dalloz, année 1832, 1, 189.) — L'article 185 du même Code d'instruction criminelle est ainsi conçu : « Dans

« les affaires relatives à des délits qui n'entraîneront pas la
« peine d'emprisonnement, le prévenu pourra se faire repré-
« senter par un avoué ; le tribunal pourra néanmoins ordonner
« sa comparution en personne. » Comme les délits de chasse
ne sont en général frappés que de peines pécuniaires, il est
clair que dans ces sortes de poursuites les prévenus pourront
se faire représenter *par un avoué*. Lors même que le tribunal ordonne, comme notre article l'y autorise, que le prévenu
comparaîtra en personne, le prévenu peut encore, dans ce
cas, c'est-à-dire si le délit n'entraine pas la peine d'emprisonnement, se contenter de se faire représenter par un avoué,
car l'audition du prévenu n'étant, en matière correctionnelle,
ordonnée qu'en sa faveur, son refus de comparaître ne saurait
le faire condamner par défaut dès lors qu'il se fait représenter ;
seulement, s'il s'agit d'un renseignement que lui seul peut
donner, il court la chance d'être condamné en l'absence de ce
renseignement. — L'article 186 du même code porte : « Que si
« le prévenu ne comparaît pas, il sera jugé par défaut. » Il
faut expliquer cet article en le combinant avec l'article précédent : si le prévenu *ne comparaît pas,* c'est-à-dire *par lui-
même,* dans le cas où ce délit entraînerait l'emprisonnement ;
par un avoué dans le cas où le fait n'entraînerait que *l'a-
mende* et des dommages-intérêts. Mais ce qu'il faut bien remarquer, c'est que les tribunaux correctionnels comme les tribunaux civils, lorsqu'ils prononcent par défaut sur les affaires
dont ils sont saisis, ne doivent adjuger à la partie requérante,
d'après l'article 150 du Code de procédure civile, que les conclusions qu'ils reconnaissent *justes et bien vérifiées :* ainsi,
ces tribunaux ne doivent pas se contenter de prononcer la
peine, par cela seul que le prévenu fait défaut. — L'article 187
du Code d'instruction criminel porte : « La condamnation par
« défaut sera comme non avenue, si, *dans les cinq jours* de
« la signification qui en aura été faite au prévenu ou à son do-
« micile, outre un jour par cinq myriamètres, celui-ci forme
« opposition à l'exécution du jugement et notifie son opposi-
« tion, tant au ministère public qu'à la partie civile. Néan-
« moins, les frais de l'expédition, de la signification du juge-
« ment par défaut et de l'opposition, demeureront à la charge
« du prévenu. » Les mots *dans les cinq jours* qu'emploie cet
article pour fixer le délai de l'opposition excluent l'idée d'un
délai *franc ;* il n'y aura donc que le jour de la signification qui
ne sera pas compris dans le délai. Ainsi, la signification ayant
été faite le 5 novembre, l'opposition pourra encore être valablement formée le 10, mais non le 11. Si le jour de l'échéance

du délai est un jour *férié*, le délai ne doit pas pour cela être augmenté d'un jour. (Arrêt de la Cour de cassation du 20 octobre 1832; Sirey, 33, 1, 111.) Enfin, l'article 188 du même Code d'instruction criminelle s'occupe des effets de l'opposition : « L'opposition emportera de droit citation à la première « audience; elle sera non avenue si l'opposant n'y comparaît « pas, et le jugement que le tribunal aura rendu sur l'opposi- « tion ne pourra être attaqué par la partie qui l'aura formée; « si ce n'est par appel, ainsi qu'il sera dit ci-après. » Ces dispositions ont pour objet de rendre les procédures rapides, en ne permettant pas à un prévenu de convertir les moyens qui lui sont donnés pour présenter ses défenses, en moyens de chicanes et d'évasion ; il ne lui restera que la ressource de l'appel. (Article 203 du Code d'instruction criminelle.) Mais pour que l'opposition soit *non avenue*, il faut que le défendeur à l'opposition comparaisse aussi et fasse prononcer la déchéance de l'opposition, faute par l'opposant d'avoir comparu. (Arrêt de la Cour de cassation du 4 juin 1829 ; Sirey, 29, 1, 271.) — Nous croyons devoir renvoyer à l'*appendice* les développements que réclament deux voies auxquelles on peut recourir en matière de chasse comme en toute autre matière, pour faire réformer les jugements des tribunaux correctionnels : l'une de ces voies est *ordinaire*, c'est l'*appel;* l'autre est *extraordinaire*, c'est la *cassation*. Ces développements augmenteraient outre mesure les explications de notre article et peuvent en être détachés sans inconvénient.

Sur le terrain d'autrui sans le consentement du propriétaire. — **QUESTION**. *Si le consentement a été verbal, comment pourra s'en faire la preuve ?* Nous avons examiné cette question sous l'article 11, § 2. Nous ajouterons seulement ici quelques observations nouvelles, et d'abord, la question ne saurait se présenter si le propriétaire sait écrire ; car il est clair que l'on pourra obtenir de lui une déclaration constatant qu'il avait en effet donné son consentement verbal ; mais s'il refuse de donner cette déclaration ou bien s'il ne sait pas écrire, ou encore s'il est décédé ou absent, le prévenu pourra faire preuve par tous les moyens ordinaires de l'autorisation verbale qui lui a été donnée, car il s'agit de se défendre contre une poursuite correctionnelle dans laquelle tous les moyens de se défendre, et par suite tous les moyens de prouver que l'on est innocent du délit imputé, sont admis ; ainsi, nous pensons que le prévenu pourra faire donner assignation au propriétaire, pour qu'il ait à déclarer à la justice s'il avait ou non consenti que la chasse eût lieu sur ses propriétés. Si le propriétaire est mort ou absent, le prévenu pourrait, à défaut de déclaration écrite, faire entendre des témoins qui auraient eu connaissance du consentement verbal donné au prévenu ; dans tous ces cas, c'est aux tribunaux à apprécier la valeur de ces témoignages, et à relaxer ou non le prévenu des poursuites, selon qu'ils seraient convaincus que le consentement a été donné par le propriétaire ou ne l'a pas été. Au reste, la question ne sera agitée en général qu'autant qu'on aura chassé, sans le consentement du propriétaire, sur un *terrain clos* ou sur des *terres non encore dépouillées de leurs fruits;* car si, hors ces deux cas, on a chassé sur un terrain appartenant à autrui, le consentement est présumé, et s'il n'y a pas plainte du propriétaire, le ministère public ne peut poursuivre : cependant, il pourrait encore arriver que la difficulté s'élevât dans l'hypothèse où le propriétaire, de mauvaise foi, ayant consenti verbalement, poursuivrait néanmoins le chasseur. Nous croyons encore que, dans ce cas, le prévenu pourra prouver par tous les moyens en sa possession, et conséquemment par témoins, qu'il avait obtenu un consentement verbal du propriétaire ; ce sera aux tribunaux à se déterminer d'après ces preuves, c'est-à-dire à les rejeter ou à les admettre, en prenant uniquement pour règle une appréciation consciencieuse. Il est bien clair que le consentement du propriétaire ne peut empêcher les poursuites du ministère public dans les cas où le propriétaire lui-même ne pourrait chasser sur ses propres terres sans commettre un délit de chasse ; par exemple, si on chasse en temps prohibé, la nuit ou avec des engins prohibés : ce que le propriétaire ne peut faire sur son terrain, il autoriserait vainement un étranger à le faire.

Sans une plainte de la partie intéressée. Le fait de chasse sur le terrain d'autrui, en temps non prohibé, et avec permis de chasse, si d'ailleurs le terrain n'était ni enclos ni couvert de ses fruits, ne porte réellement aucune atteinte à l'ordre public ; il blesse uniquement les droits du propriétaire, et conséquemment c'est à lui seul qu'il appartient de se plaindre et de saisir le tribunal de répression. (**MODÈLE** de plainte, *Form.* **N°** 3.) La plainte suppose déjà la constatation du délit ; mais comment cette constatation pourra-elle exister, puisque le propriétaire qui ne se plaint pas ou ne s'oppose pas à la chasse est supposé consentir ? Il faut dire que tout propriétaire qui voudra empêcher utilement de chasser sur son terrain, devra avertir le garde champêtre qu'il ait à dresser procès-verbal contre toutes personnes autres

que celles qu'il lui désignera et qui seront trouvées chassant.
Le garde champêtre pourra d'ailleurs, lorsqu'il trouvera
quelqu'un chassant sur le terrain d'autrui, demander au propriétaire s'il a donné son consentement, et, en cas de réponse
négative, il dressera procès-verbal. — **QUESTION**. *Dans
le cas où le ministère public a besoin pour agir de la
dénonciation des parties, la renonciation que ces dernières feraient à leur action, ou les transactions qui
pourraient avoir lieu, empêcheraient-elles la poursuite
du ministère public, une fois armé par la dénonciation?*
La cour suprême a établi la négative : « Attendu que, si les
délits et contraventions non classés dans le Code pénal, mais
seulement déterminés dans des lois spéciales qui ont pour objet, non pas l'ordre public, mais la conservation des propriétés
publiques et particulières, ne peuvent être poursuivies d'office
par le ministère public, lorsqu'il n'y a ni poursuites, ni plaintes
du particulier lésé par un délit ou une contravention de ce
genre, il ne s'ensuit pas que l'action du ministère public soit
subordonnée aux caprices ou à la volonté de la partie civile;
que l'action publique, une fois mise en mouvement par les
poursuites ou par la plainte de la partie civile, ne peut être
arrêtée ou paralysée par le fait de cette partie; que cette action rentre alors dans l'application de l'article 4 du Code d'instruction criminelle, qui porte que la renonciation à l'action
civile ne peut arrêter ni suspendre l'exercice de l'action publique, et que, nonobstant toute transaction ou renonciation
de la partie civile à son action particulière, le ministère public
doit remplir le devoir de ses attributions, et continuer les
poursuites pour faire prononcer les peines ordonnées par la
loi; casse, etc. » (Arrêts du 23 janvier 1813; Sirey, 13, 1, 11,
229.) Voyez dans le même sens un arrêt de la cour de Rennes
du 11 novembre 1840. (Dall., année 1840, 11, 182.) La Cour de
cassation a également jugé, par application des mêmes principes
précisément en matière de chasse, que le ministère public avait
droit d'appeler d'un jugement rendu en première instance sur
la plainte du propriétaire, bien que ce dernier n'eût pas appelé.
La cour s'est fondée sur les motifs suivants : « Attendu qu'il y
avait eu plainte et poursuite de la part du vicomte d'Harcourt,
qui, par la citation signifiée à sa requête, avait saisi le tribunal
correctionnel, et par l'exercice de l'initiative à lui appartenant, avait donné au ministère public l'impulsion nécessaire
en ce cas à l'exercice de son action ; que la loi n'ayant, pour la
répression des contraventions en matière de chasse sur les
terres d'autrui, exigé qu'une chose, la plainte de la partie lésée,

ce délit rentre nécessairement dans le domaine ordinaire de la vindicte publique, aussitôt que la partie lésée a fait sa dénonciation à la justice; que l'action publique, une fois mise en mouvement par les poursuites ou par la plainte de la partie civile, ne peut rester subordonnée à son changement de volonté, ni être arrêtée par son fait ou par son inaction même, dans une marche légale; qu'enfin, si une loi spéciale et dérogative au droit commun exige une condition préalable pour que le ministère public puisse, en certain cas, poursuivre la répression des délits de chasse, une pareille disposition ne peut être étendue au delà des expressions de la loi, et que, la condition une fois remplie, le ministère public rentre dans la plénitude de ses attributions pour faire tous actes, toutes réquisitions, et conséquemment, appeler du jugement qui y a statué; qu'en s'écartant de ces principes, et en refusant au ministère public le droit de se porter appelant du jugement rendu sur la poursuite même de la partie civile, comme sur les conclusions de la partie publique, le tribunal correctionnel de Melun a commis un excès de pouvoir: qu'il a créé une fin de non-recevoir qui n'est pas dans la loi, fait une fausse application de l'article 8 de la loi du 30 avril 1790, et violé formellement l'article 4 du Code d'instruction criminelle; casse, etc. » (Arrêt du 31 juillet 1830, ch. crim.; Sirey, t. 30, 1, 371.) — Nous avons établi, sous l'art. 161 du Code d'instruction criminelle, qu'il est de principe et de jurisprudence qu'une fois les tribunaux correctionnels ou de police saisis par la citation directe de la partie civile, ils se trouvent nécessairement investis de l'action publique, *et doivent prononcer la peine* due au délit dont il *s'agit, bien que le ministère public eût négligé d'y conclure.*

Dans un terrain clos, suivant les termes de l'art. 2, etc. En comparant cette partie de la disposition avec la première partie, on voit qu'il n'existe qu'une seule différence : c'est que dans la première partie, c'est-à-dire lorsqu'on chasse sur le terrain d'autrui non attenant à une habitation et dépouillé de sa récolte, le consentement du propriétaire est présumé jusqu'à preuve contraire, laquelle résultera de la plainte qu'il formera : dans la seconde partie, le consentement du propriétaire n'est pas présumé : on suppose au contraire qu'on a chassé contre sa volonté, et qu'on a par suite violé le domicile qu'il importe de faire respecter; c'est pourquoi le ministère public est armé du droit de poursuivre sans attendre la plainte du propriétaire ; mais il pourra arriver quelquefois que le ministère public, qui dans ce cas se sera hâté de poursuivre, fera des actes inutiles, car la poursuite tombera devant la déclaration du propriétaire qu'il avait consenti. « Ce sera donc, a dit le rapporteur à la Chambre des députés, au ministère public avant d'intenter une action, à s'assurer s'il y a consentement, car la justification de ce consentement pendant l'instance fera tomber la poursuite. »

Sur des terres non encore dépouillées de leurs fruits. Dans ce cas encore, le consentement du propriétaire n'est plus présumé ; parce que l'on ne peut pas admettre facilement qu'un propriétaire ait consenti à ce que l'on porte dommage à ses récoltes uniquement dans l'intérêt du plaisir auquel un chasseur se livre ; de là le droit donné au ministère public de poursuivre encore dans ce cas, sans attendre la plainte du propriétaire. Il est important d'ailleurs, dans l'intérêt des récoltes, que le ministère public puisse poursuivre, sans que le propriétaire soit obligé de se déranger pour porter plainte, ce qu'il lui répugne souvent de faire, soit dans la crainte de perdre du temps, soit dans la crainte de s'exposer à de fâcheuses animadversions ; mais le propriétaire étant, sous l'empire de la nouvelle loi, maître de chasser, lorsque d'ailleurs la chasse est ouverte dans ses propriétés non encore dépouillées de leurs fruits, il en résulte qu'il peut conférer ce droit à d'autres, et par suite, la poursuite du ministère public tombera également dans ce cas, comme dans le cas où l'on a chassé dans un terrain clos, si l'on justifie du consentement du propriétaire du champ couvert de récoltes ; il est clair que, dans ce cas encore, le ministère public aura le désagrément d'avoir introduit une instance inutile ; mais on a pensé qu'il valait encore mieux risquer de voir le ministère public démenti dans certains cas pour avoir pris avec trop de vivacité l'intérêt de la propriété, que de laisser la propriété sans défense, et admettre qu'il sera toujours présumé que le propriétaire aura donné son consentement au chasseur — Du principe que, dans le cas dont il s'agit, comme dans le cas où l'on a chassé dans un enclos habité, le consentement du propriétaire n'est pas présumé, on conclut que c'est au chasseur à rapporter la preuve du consentement donné par le propriétaire. C'est ainsi que, sous l'empire de l'ancienne loi, la Cour de cassation jugeait que le consentement du propriétaire était présumé, lorsqu'on avait chassé en temps non prohibé sur le terrain d'autrui, tandis qu'il ne l'était pas, lorsqu'on avait chassé en temps prohibé : « Attendu, porte l'arrêt, que s'il appartient au propriétaire du terrain, en temps non prohibé, c'est-à-dire lorsque la chasse est ouverte, de ne pas user de son droit envers les délinquants qui chassent sur son terrain sans son consentement, en ne les poursuivant pas, ou en ne provoquant pas contre eux l'action du ministère public, il n'en est pas de même en temps prohibé, où le ministère public jouit, dans l'intérêt général et sans avoir besoin d'être provoqué par plainte du propriétaire, de la plénitude de son droit d'action, contre tous les individus qui ne se trouvent pas compris dans l'exception portée en l'article 14 de la loi précitée (du 30 avril 1790), etc. » (Arrêt du 18 juillet 1834 ; Dalloz, année 1834, 1, 383.) La cour de Douai a consacré la même doctrine en ces termes : « Attendu que, d'après la loi du 3 mai 1844, le consentement du propriétaire est toujours présumé, à défaut de plainte, lorsque le fait de chasse s'est passé sur des terres dépouillées de leurs fruits ; mais que la justification de ce consentement est nécessaire dans le cas où la chasse a eu lieu dans un terrain ensemencé ou chargé de ses récoltes (article 26) ; que la justification de cette autorisation, qu'elle soit orale ou écrite, et à quelque époque de la procédure qu'elle soit faite, anéantit à l'instant même les poursuites ; que la législation veut atteindre le dommage causé à la propriété sans l'assentiment du propriétaire, et non un fait qui est licite avec cet assentiment ; que la législation nouvelle, à la différence des principes qui avaient présidé à celle de 1790, permet au propriétaire de faire chasser dans ses terres couvertes de leurs fruits, et que, par conséquent, l'individu qui est protégé par sa permission, se trouve à son lieu et place, et jouit de tous ses droits quant à l'exercice de la chasse ; que, dans l'espèce, G. et F. ont produit à la première audience le consentement qui leur avait été donné par le propriétaire, le jour même du fait de chasse qui est imputé aux prévenus ; confirme, etc. » (Arrêt du 25 novembre 1844 ; Sir., 45, II, 107.) — Mais précisément parce que dans le cas où l'on chasse sur des terres non encore dépouillées de leurs fruits, le ministère public est armé du droit de poursuivre d'office, c'est ici qu'il importe d'examiner ce que la jurisprudence entend par les *terres non encore dépouillées de leurs fruits:* nous avons déjà eu occasion de faire connaître en expliquant l'art. 11, § 2, quel est, en principe, le sens que le législateur de 1844 a voulu donner à ces expressions, et nous avons établi qu'il avait entendu cette disposition d'une manière large, afin de ne pas rendre l'exercice de la chasse impossible ; c'est ce qui résulte particulièrement de la suppression, par la Chambre des députés, du mot *ensemencés* qui se trouvait dans le projet ; d'où on doit conclure que, pour qu'un fait de chasse dans les blés soit susceptible d'être poursuivi, il faut que les blés soient en tuyau. Nous devons maintenant examiner ce que, dans l'ancienne jurisprudence, on considérait par des terres dépouillées ou non dépouillées de leurs fruits, en cherchant à concilier les décisions que nous allons rapporter avec l'esprit dans lequel nous venons de voir que la nouvelle loi est conçue quant à la disposition qui nous occupe. Voici d'abord un point important fixé par la jurisprudence qui s'est établie sur la question suivante. — **QUESTION**. *Le législateur a-t-il entendu abandonner à l'appréciation souveraine des juges de première instance et d'appel ce que l'on doit considérer comme fruits?* L'affirmative est incontestable. Les cultures, qui varient selon les localités, ne permettaient pas au législateur de tracer des règles fixes et obligatoires pour les tribunaux : c'est ce que la Cour de cassation a jugé en matière de *prairie artificielle*, par l'arrêt suivant déjà rapporté sous l'article 11, § 2 : « Attendu que la disposition de la loi du 30 avril 1790, qui défend même aux propriétaires ou possesseurs de chasser dans les terres non closes, avant la dépouille entière des fruits, ne peut s'entendre que des terres qui peuvent produire encore des fruits propres à être récoltés, et auxquels le passage des chasseurs pourrait causer du dommage ; que le point de savoir s'il en est ainsi d'une prairie artificielle au moment où l'on y chasse, est un véritable point de fait, subordonné à la fertilité du sol, aux variations des saisons et aux usages du pays ; et qu'il résulte suffisamment du jugement attaqué que le fait de chasse dont il s'agit a eu lieu sur une pièce de luzerne dont la deuxième coupe avait été faite, qui n'était plus destinée à être fauchée de l'année, qui n'a pu éprouver aucun dommage du dit fait de chasse ; qu'ainsi en renvoyant Eugène Jacquesson des poursuites dirigées contre lui le tribunal n'a violé aucune loi, rejette, etc. » (Arrêt du 31 janvier 1840 ; Dalloz, année 1840, 1, 397.) Il est clair que les principes posés dans cet arrêt, rendu sous l'empire de l'ancienne loi, sont encore applicables depuis la promulgation de la nouvelle loi sur la chasse. — **QUESTION**. *Un champ dans lequel se trouve des pommes de terre enfoncées à une assez grande profondeur, doit-il être considéré comme dépouillé de ses fruits?* La cour d'Orléans a consacré l'affirmative : « Attendu que le terrain sur lequel le sieur Coq chassait est ensemencé en pommes de terre non encore récoltées ; que c'est donc le cas par le tribunal d'examiner s'il y a lieu d'admettre comme constante la circonstance aggravante du défaut de dépouillement des fruits, laquelle peut seule, dans l'espèce, aux termes du § 2 de l'article 26 de la loi du 3 mai 1844, donner ouverture à l'action publique d'office; attendu que le législateur de 1844, en se servant du mot *fruits*, n'a évidemment pas voulu comprendre sous cette dénomination générale toutes les productions du sol indistinctement; qu'en interprétant autrement le mot *fruits*, la loi, en rendant la chasse à peu près impossible, eût retiré d'un côté la faculté qu'elle accorde de l'autre; que jamais, dans l'esprit de la loi, la protection accordée aux fruits de la terre n'a été séparée de la présomption d'un dommage à causer par la présence du chasseur ou de son chien; et qu'enfin, dans le temps où la chasse est ouverte, la loi, n'ayant plus à se préoccuper que secondairement de la conservation du gibier, a dû avoir principalement en vue d'assurer et de garantir les récoltes des propriétés rurales; attendu qu'ainsi interprétée, la loi, en s'abstenant de déterminer la valeur et l'étendue du mot *fruits*, a voulu laisser aux tribunaux la faculté d'apprécier, d'après la nature des productions dont la terre n'est pas dépouillée, eu égard aux variations des saisons, à la fertilité du sol et aux usages locaux, si le fait de chasse sur le terrain qui n'en est pas dépouillé, constitue la circonstance aggravante prévue par l'article 26 de ladite loi; attendu, en fait, que la présence d'un chasseur dans un champ de pommes de terre dont les tubercules sont enfouis à une assez grande profondeur ne peut causer aucun dommage à cette sorte de production de la terre; que dès lors cette circonstance est dépourvue du caractère aggravant qui peut seul, dans l'espèce, donner lieu à la poursuite d'office; déclare le ministère public non recevable dans son action. » (Arrêt du 22 octobre 1844; Sirey, 45, II, 107.) La cour de Grenoble a consacré la même décision quant à un champ ensemencé en *pois lupins : « Considérant qu'il résulte des explications données à l'audience par le garde rédacteur du procès-verbal que la partie du champ où il avait trouvé les deux prévenus en exercice de chasse n'était ensemencée qu'en pois lupins; que cette production de la terre ne peut être considérée comme une récolte, puisqu'il est constant qu'elle n'est pas destinée à être récoltée, mais bien à être enfouie sur les lieux mêmes pour servir d'engrais, etc. » (Arrêt du 11 novembre 1841; Dalloz, 1842, II, 139.) La cour de Bourges a jugé que le fait d'avoir chassé sur un champ de sainfoin coupé depuis quinze jours ne constitue aucun délit : ce champ est réputé dépouillé de sa récolte. (Arrêt du 25 novembre 1841; Dalloz, année 1843; IV, 68.) — Il résulte des arrêts qui précédent que, pour que les terres soient supposées couvertes de leurs fruits, *il faut qu'elles produisent des fruits pro-*

pres à être récoltés. — **QUESTION**. *Un terrain emblavé en froment au 16 janvier est-il considéré comme un terrain chargé de fruits ?* La Cour de cassation a consacré l'affirmative : « Attendu que, dans l'espèce, le jugement attaqué constate que le fait de chasse dont il s'agit a été commis dans un terrain qui ne lui appartenait pas, hors du temps prohibé fixé par l'arrêté du préfet, mais lorsque ce terrain était emblavé en grande partie en froment ; attendu qu'il n'est pas exact de dire qu'une terre emblavée en froment soit seulement préparée pour la récolte ; qu'au 16 janvier, jour du délit, une terre emblavée en froment, c'est-à-dire ensemencée en froment, est, sinon chargée de fruits en maturité, au moins chargée de *fruits en croissance*, dont la conservation est l'objet de la sollicitude de la seconde disposition de l'article 1er de la loi précitée ; attendu que le jugement attaqué a refusé d'appliquer au fait dont il s'agit la disposition déjà citée, et l'a par conséquent violée ; casse, etc. » (Arrêt du 16 novembre 1837 ; Sirey, 38, 1, 365.) Cette décision nous paraît trop rigoureuse et inconciliable avec l'esprit de la nouvelle loi que nous révèle la discussion de l'article 11, § 2, à la Chambre des députés ; discussion à la suite de laquelle, comme nous le remarquons plus haut, le mot *ensemencés* a été supprimé : voyez nos observations sur ledit article 11, § 2. — La même cour a jugé qu'il fallait considérer comme terrains couverts de fruits des champs couverts, au 1er septembre, d'orge et d'avoine encore sur pied. (Arrêt du 16 janvier 1829 ; Dalloz, année 1829, 1, 110.) — La cour d'Orléans a vu un délit de chasse sur un terrain non dépouillé de ses fruits dans le fait d'avoir chassé sur un sol planté en haricots non encore récoltés. (Arrêt du 22 octobre 1844 ; Sirey, 45, II, 235.) — Nous avons examiné, sous les articles 3 et 11, § 2, la question de savoir si les préfets peuvent par leurs arrêtés ouvrir la chasse seulement sur les terres dépouillées de leurs fruits, et maintenir par suite la prohibition quant aux terres non récoltées ; nous avons soutenu la négative et nous avons dit que la Cour de cassation avait adopté cette opinion par son arrêt du 18 juillet 1845 ; mais nous avons eu tort de remarquer que cet arrêt n'était pas explicite sur ce point : c'était bien la question qui était soumise au tribunal de Tours, et qu'il avait résolue par jugement du 7 février 1845 ; c'est bien par suite la question que la Cour de cassation a entendu trancher. La cour de Nîmes a depuis consacré encore formellement cette opinion quant à un fait de chasse dans une vigne non vendangée. (Arrêt du 8 janvier 1846 ; Sirey, 46, II, 166.) La cour d'Orléans a aussi consacré cette doctrine, également dans l'espèce d'une vigne chargée de fruits. (Arrêt du 10 mars 1846. Journal *le Droit*, du 13 mars 1846.) Il résulte de cette jurisprudence que celui qui chasse dans ses terres non récoltées, nonobstant l'arrêté du préfet qui restreint l'ouverture de la chasse aux terres non couvertes de leurs fruits, n'encourt aucune peine; que celui qui chasse sur les mêmes terres, mais avec l'autorisation du propriétaire, échappe également à toute peine; et que celui qui y chasse sans l'autorisation du propriétaire encourt la peine, non pas d'avoir chassé en temps prohibé, mais seulement sur le terrain d'autrui; maintenant voici, quant au fait dont il s'agit, la question qui peut se présenter : — **QUESTION.** *L'individu qui, autorisé par le propriétaire à chasser, cause un dommage aux récoltes appartenant au fermier du fonds, commet-il un délit rural distinct du délit de chasse ?* La Cour de cassation a consacré l'affirmative. « Mais, vu les articles 471 du Code pénal et 213 du Code d'instruction criminelle; attendu que, dans son paragraphe 13, le premier de ces articles prévoit le cas où ceux qui, n'étant ni propriétaires, ni usufruitiers, ni locataires, ni fermiers, ni jouissant d'un terrain ou d'un droit de passage, ou qui, n'étant ni agents, ni préposés d'aucune de ces personnes, seraient entrés et auraient passé sur ce terrain ou sur partie de ce terrain, s'il est préparé ou ensemencé; attendu que, par suite de la plainte portée devant lui, et qui assignait au fait, objet de la poursuite, ces divers caractères, le ministère public avait en instance d'appel conclu subsidiairement à ce que la disposition pénale dudit article 471 fût appliquée au prévenu; attendu qu'aux termes de l'article précité du Code d'instruction criminelle, si le fait ne présente plus qu'une contravention de police, et si la partie publique et la partie civile n'ont pas demandé le renvoi, la juridiction qui en est saisie doit prononcer la peine et statuer, s'il y a lieu, sur les dommages-intérêts; qu'en se refusant à faire droit aux conclusions subsidiaires du ministère public sur le fondement erroné, que le fait d'avoir passé sur une terre ensemencée ne pouvait être séparé du fait de chasse, la Cour royale de Poitiers a violé lesdits articles 471 et 213; casse et annule, en cette partie, l'arrêt de ladite cour royale, etc. » (Arrêt du 5 juillet 1845; Sir., 45, 1, 774.) Ce même arrêt juge formellement la question que nous avons examinée sous l'art. 1er, et qui consiste à savoir si le droit de chasse demeure au propriétaire et n'appartient pas au fermier lorsqu'il n'y a pas de stipulation contraire dans le bail. Nous rapportons cette partie de l'arrêt dans l'*appendice*. Voici un jugement du tribunal de Dreux qui juge également que le dommage causé aux récoltes appartenant au fermier constitue un délit rural. «Le tribunal, attendu qu'il résulte des débats et des aveux des prévenus la preuve que, le 17 septembre dernier, les sieurs G. et L. ont été trouvés chassant ensemble sur une pièce de terre non encore dépouillée de sa récolte, dont le sieur C. est fermier; attendu que les sieurs G. et L. justifient d'une permission qui leur a été donnée par le propriétaire du sol; attendu qu'aux termes des art. 11 et 26 de la loi de 1844, contrairement aux dispositions de la loi du 30 avril 1790, la circonstance que le terrain sur lequel s'est accompli le fait de chasse n'était pas dépouillé de sa récolte ne constitue pas elle-même un délit; qu'elle aggrave seulement le délit de chasse sur le terrain d'autrui sans permission du propriétaire; attendu que les termes des articles précités et les explications données à la tribune par les orateurs, au moment de la discussion de la loi précitée, ne laissent aucun doute à cet égard; attendu que ce fait ne constitue dès lors qu'une simple contravention punie par l'article 471 du Code pénal, etc. (Jugement du 13 octobre 1845, *Gazette des tribunaux* du 6 novembre 1845.) — **QUESTION.** *Le propriétaire qui s'est réservé purement et simplement le droit de chasse sans stipuler qu'il aurait ce droit même sur les terres non dépouillées de leurs fruits, peut-il, sans le consentement exprès de son fermier, chasser sur les terres non encore dépouillées de leurs fruits, bien que la chasse soit ouverte?* Non; car si, d'après la loi nouvelle, le propriétaire, lorsque la chasse est ouverte, peut chasser sur ses terres couvertes encore de leurs récoltes sans être exposé à aucune action, c'est parce qu'étant maître de sa chose, il était injuste de le poursuivre pour en avoir mésusé; mais lorsque les récoltes qui couvrent les terres appartiennent au fermier, cette raison n'existe plus: le propriétaire qui a chassé dans l'espèce de notre question ne pourra pas, il est vrai, être poursuivi comme coupable d'un délit de chasse sur le terrain d'autrui, puisqu'il a chassé sur son propre terrain, comme nous l'avons dit pour un cas analogue sous les art. 1 et 2; mais il sera exposé à une action en dommages intérêts de la part de son fermier, si, en effet, il a causé un dommage. — Le ministère public pouvant poursuivre directement et d'office le fait de chasse sur les terres non encore dépouillées de leurs fruits, il est clair que si c'est la partie civile qui a intenté l'action, il peut à plus forte raison intervenir comme partie jointe dans l'action de la partie civile et conclure, *même en appel*, à l'application des peines prononcées par la loi. (Arrêt de la Cour de cassation du 17 mai 1834 ; Dalloz, année 1834, 1, 359.) Le même arrêt juge qu'un tribunal correctionnel ne peut, en déclarant non recevable la poursuite dirigée contre le prévenu, le condamner cependant aux réparations civiles. Le tribunal correctionnel dessaisi de l'action publique ne peut plus statuer sur l'action civile, qui ne lui était soumise qu'accessoirement à la première.

27. Ceux qui auront commis *conjointement* les délits de chasse seront condamnés *solidairement aux amendes, dommages - intérêts et frais.*

== *Conjointement.* Il faut qu'il y ait participation au même délit, c'est-à dire recherche et poursuite, ou commerce du gibier, mais deux chasseurs ne commettraient pas *conjointement* un délit de chasse, si, en chassant ensemble, l'un chassait sans permis sur le terrain d'autrui, mais avec le consentement du propriétaire, et l'autre avec un permis de chasse, mais sans le consentement du propriétaire. Voyez, sur la question de *complicité,* nos observations sur l'article 12. — La Cour de cassation a jugé « qu'il n'y avait pas violation de l'article 27, en ce qu'un arrêt aurait décidé que les chasseurs amenés par le fermier de la chasse dans les bois amodiés, en plus grand nombre que ne le permettaient les clauses du bail , n'ont commis aucune contravention et ne sont passibles d'aucune peine, parce que l'article 27, placé sous la rubrique : *De la poursuite et du jugement,* ne contient qu'une règle de pénalité applicable à ceux qui seraient convaincus d'avoir commis conjointement un ou plusieurs délits de chasse; que, relativement à la contravention du cahier des charges, par l'introduction dans les bois amodiés d'un nombre de chasseurs excédant celui qu'elles avaient déterminé, cette infraction ne pouvait concerner que le fermier de la chasse, ainsi qu'il résulte des termes formels de l'article 11 , n° 5, de ladite loi : d'où il suit qu'en déclarant que le fermier avait seul encouru l'amende et en relaxant les autres prévenus de la poursuite, l'arrêt attaqué, loin de violer les articles précités, en a fait au contraire une juste application; rejette, etc. » (Arrêt du 29 novembre 1845; Sirey, 46, 1, 143.) La première partie de cet arrêt répond affirmativement à la question de savoir si la chasse aux traqueurs est permise par la loi, question que nous examinons sous l'article 9. Un autre arrêt, en date du 23 mars 1845 (Sirey, 45, 1, 315), avait déjà résolu cette dernière question dans le même sens : nous en rapporterons le texte dans l'*appendice*.

Solidairement aux amendes, dommages-intérêts et frais. C'est-à-dire qu'un seul des auteurs du délit peut être poursuivi pour la *totalité* des amendes, dommages-intérêts et frais. (Article 213 du Code civil.) C'est l'application aux délits de chasse du principe posé dans l'article 55 du Code pénal. Voici comment, dans l'exposé des motifs, on justifie cette disposition : « Cet article établit la solidarité des condamnations pour les amendes, restitutions et frais, contre tous ceux qui ont commis conjointement des délits de chasse. Ce principe, qui est de droit commun, mais dont l'application en matière de chasse a été controversée, aura ici l'avantage de diviser, d'isoler les délinquants. Un braconnier seul est beaucoup moins disposé à la résistance et à la rébellion, beaucoup moins dangereux qu'une réunion de délinquants dont le nombre accroît l'audace. » — L'article 194 du Code d'instruction criminelle dispose en ces termes : « Tout jugement de con-« damnation rendu contre le prévenu et contre les personnes « civilement responsables du délit ou contre la partie civile, les « condamnera aux frais, même envers la partie publique. » C'est l'application du principe général : *omnis litigator victus debet impensas.* Mais il faut avoir été réellement *partie* dans l'affaire pour que la condamnation aux dépens soit prononcée : ainsi un plaignant, un dénonciateur, qui ne se seraient pas rendus partie civile, ne pourraient être condamnés aux dépens, si même le plaignant qui s'est rendu partie civile s'est désisté dans les vingt-quatre heures, il ne pourra être condamné qu'aux frais faits jusqu'à la notification de son désistement (art. 66 du Code d'instruction criminelle.) — La contrainte par corps a lieu de droit pour l'acquittement des frais et dépens, aux termes des articles 52, 53 et 469 du Code pénal; quant à la durée de cette contrainte, elle varie en cas d'insolvabilité établie (art. 420), suivant l'importance des frais et dépens : au-dessus de cent francs, cette durée est de quatre mois; au-dessus de trois cents francs la durée de la contrainte est déterminée par le jugement de condamnation. Voir la loi du 17 mars 1832 (art. 33 et suivants jusqu'à l'article 41); voir aussi les articles 194, 368, 420 du Code d'instruction, ainsi que l'article 53 du Code pénal et nos explications. — **QUESTION.** *Des délinquants peuvent-ils être condamnés aux frais par égales parties entre eux?* La négative, résultant des principes généraux de la matière, a été consacrée par la

Cour suprême : « Vu l'article 159 du Code d'instruction criminelle, et l'article 156 du décret du 18 juin 1811, faisant droit sur les réquisitions du procureur-général du roi, dans l'intérêt de la loi, contre la disposition du jugement qui condamne les sept individus qui y sont désignés, aux frais par égales parties entre eux; attendu que cette disposition contient violation formelle de l'article 156 du décret du 18 juin 1811, portant que la condamnation aux frais sera prononcée dans toutes les procédures, solidairement contre les auteurs et complices du même fait; casse, dans l'intérêt de la loi, la disposition dont il s'agit du jugement du tribunal de police de Nantes. » (Arrêt du 7 juillet 1827; Sirey, 30, 1, 147.) — Quant au ministère public, il est de principe qu'il ne peut être condamné aux frais et dépens envers la partie acquittée : la raison en est qu'il agit dans l'intérêt général, et non dans un esprit de vexation et de chicane : or, l'intérêt général impose aux citoyens des sacrifices souvent très-pénibles, mais nécessaires, pour que la justice puisse avoir son cours. Le ministère public ne peut donc jamais être condamné qu'aux dommages-intérêts par la voie de la *prise à partie,* dans les cas prévus par la loi (art. 305 du Code de procédure civile). (Arrêt du 28 mai 1817; Sirey, 18, 1, 57.) Les mêmes principes s'appliquent aux officiers de police, tels que les gardes champêtres pour les procès-verbaux qu'ils rédigent, car, n'étant pas parties au procès, aucune condamnation ne peut les frapper, il faudrait au moins diriger contre eux directement une demande en dommages-intérêts, s'ils avaient agi méchamment et de mauvaise foi. (Arrêt de la Cour de cassation du 8 mars 1822; Sirey, 23, 1, 40.) — La Cour suprême a jugé qu'un tribunal ne peut, en déclarant un individu coupable de contravention, se borner à le condamner aux frais, sans lui appliquer en même temps la peine principale prononcée par la loi. (Arrêt du 7 janvier 1830; Sirey, 30, 1, 147). — **QUESTION.** *Les frais du visa pour timbre et de l'enregistrement du procès-verbal constatant une contravention tombent-ils à la charge du prévenu condamné, alors même que, par l'aveu de la contravention qui lui était reprochée, il aurait rendu inutile la preuve résultant du procès-verbal?* La Cour de cassation a consacré l'affirmative : « Vu les articles 70 de la loi du 12 décembre 1798 (22 frim. an VII), 74 de celle du 25 mars 1817, et 152 du Code d'instruction criminelle; attendu, en droit, que les deux premiers articles ci-dessus cités mettent les droits de visa pour timbre et d'enregistrement de tous les actes ayant pour objet la constatation, la poursuite et la répression des contraventions, à la charge des individus qui en seront reconnus coupables; que les tribunaux doivent donc, aux termes du troisième desdits articles, les comprendre dans la taxe des frais qu'ils sont tenus de faire; d'où il suit qu'en ne procédant pas ainsi, dans l'espèce, par le motif que Hamelin a fait l'aveu de la contravention à lui imputée, et que le procès-verbal dressé par le commissaire de police de Cherbourg, du rapport des agents qui l'avaient reconnue, était entièrement inutile comme preuve légale, le jugement dénoncé a commis une violation expresse des dispositions précitées; en conséquence, casse et annulle le jugement, mais seulement quant à ce; etc. » (Arrêt du 16 avril 1842. Ch. crim.; Sirey, 42, 1, 799.) — L'article 194 précité du Code d'instr. crim. portant que la condamnation sera prononcée *même envers la partie publique*, la Cour de cassation a jugé que, par suite, le ministère public avait qualité pour requérir cette condamnation. (Arrêt du 12 novembre 1829; Sirey, 30, 1, 119). Elle a jugé également que ces frais ne constituant pas une peine, l'individu *civilement responsable* doit y être condamné. (Arrêt du 28 novembre 1828; Bulletin crim., année 1828, p. 317.) — 1re QUESTION. *L'accusé acquitté comme ayant agi sans discernement, doit-il être condamné aux frais de la poursuite, solidairement avec les autres accusés poursuivis en même temps et condamnés? —2e* QUESTION. *Peut-il, à raison de son état de minorité, être condamné par corps au payement de ces frais.* La première question n'aurait pas fait de difficulté sous l'empire de l'ancienne jurisprudence qui frappait d'une peine même le chasseur qui avait agi sans discernement; mais la jurisprudence nouvelle, que nous avons fait connaître sous l'article 20, et qui modifie entièrement l'ancienne, permet que cette question se présente, quant au délit de chasse, comme elle se présente à l'égard des autres crimes et délits. La Cour a consacré l'affirmative sur la première question et la négative sur la seconde : « Statuant sur le pourvoi de Jean-Léon Prévost contre l'arrêt de la Cour d'assises du département de la Seine, du 20 février 1843, lequel, en acquittant ledit Prévost, âgé de moins de seize ans, de l'accusation de vol qualifié dont il a été déclaré coupable, mais cet accusé ayant agi sans discernement, l'a condamné solidairement avec le nommé Duret, et par corps, aux frais du procès envers l'État; en ce qui touche la condamnation solidaire aux frais prononcée contre le demandeur : attendu que la *déclaration de culpabilité*, quelle qu'en soit la forme, suffit pour motiver, même à l'égard d'un mineur âgé de moins de seize ans, qui est déclaré avoir agi sans discernement, la condamnation aux frais du procès solidairement avec les autres condamnés pour le même fait; qu'en effet, ces frais, à l'égard d'un individu mineur de moins de seize ans, *acquitté* pour avoir agi sans discernement, ont un caractère de réparations purement civiles envers le trésor public, et ne sont qu'une restitution des avances auxquelles la nécessité de la poursuite a donné lieu; que, par conséquent, le mineur qui, par son fait, a nécessité cette poursuite, doit être condamné au remboursement des frais envers l'État, solidairement avec les individus condamnés comme coupables du crime ou du délit qui a donné lieu au procès; d'où il suit que l'arrêt attaqué, en condamnant le demandeur solidairement aux frais du procès, lui a fait une juste application de l'article 368 du Code d'instruction criminelle; rejette; en ce qui touche l'exécution par corps, prononcée contre le demandeur, par l'arrêt attaqué, de la condamnation aux frais envers l'État: vu l'article 2064 du Code civil: attendu que, après avoir énuméré les divers cas dans lesquels la contrainte par corps peut être prononcée en matière civile, après avoir interdit aux juges de la prononcer hors les cas déterminés par les articles qui précèdent, le Code civil, article 2064, leur défend en outre de la prononcer contre les mineurs *dans les cas même ci-dessus énoncés;* que l'article 2070 porte, à la vérité, qu'il n'est point dérogé aux lois de police correctionnelle; et qu'aux termes de l'article 52 du Code pénal, l'exécution des condamnations à l'amende, aux restitutions, aux dommages-intérêts et aux frais, peut être poursuivie par la voie de la contrainte par corps; mais que ce dernier article est placé sous la rubrique du chapitre 3 du livre 1er, intitulé: *des Peines et des autres condamnations prononcées pour crimes ou délits;* que ce titre indique suffisamment que les dispositions contenues dans ce chapitre, telles que celles qui concernent les restitutions, les dommages-intérêts et les frais, sont considérées comme un lien nécessaire avec le fait qualifié de crime ou délit qui a fait l'objet de la répression; qu'ainsi les condamnations pécuniaires sont l'accessoire et la conséquence de la condamnation pénale, et que c'est sous ce rapport qu'elles entraînent les voies d'exécution autorisées par la loi; que s'il pouvait encore rester un doute, il serait levé, 1° par l'article 32 de la loi du 17 avril 1832, sur la contrainte par corps, qui, réglant son exercice à l'égard des condamnations en faveur des particuliers, suppose qu'elles ont été obtenues pour réparation de crimes, délits ou contraventions commis à leur préjudice; 2° par la com-

paraison de la rubrique du titre 5 avec l'article 41 de la même
loi, desquels il résulte que la contrainte par corps, en matière
criminelle, et correctionnelle et de police, doit s'entendre de
la contrainte par corps exercée par suite de condamnations
criminelles, correctionnelles ou de police; attendu qu'aux
termes de l'article 66 du Code pénal le mineur âgé de moins de
seize ans, qui a agi sans discernement, doit être acquitté; qu'il
n'est passible d'aucune peine; que s'il peut être condamné à
la réparation du dommage causé par le fait dont il est déclaré
auteur, c'est par l'effet d'une action purement civile; qu'il se
trouve, dès lors, replacé sous la protection de l'article 2064 du
Code civil, et ne saurait être soumis à la contrainte par corps;
attendu qu'il résulte de ces principes que l'arrêt attaqué, en
prononçant l'exécution par corps de la condamnation aux frais
portée contre Jean-Léon Prévost, mineur, âgé de moins de
seize ans, et acquitté comme ayant agi sans discernement, a
formellement violé l'article 2064 du Code civil et a fait une
fausse application des principes de l'article 52 du Code pénal et
des articles 7 et 40 de la loi du 17 avril 1832; casse, etc. »
(Arrêt du 25 mars 1843; Sirey, 43, 1, 611.) Voyez dans le même
sens sur la première question des arrêts du 18 février 1841
(Sirey, 42, 1, 189), du 10 juin 1842 (Sirey, 42, 1, 608) et
d'autres arrêts cités sous l'article 340 du Code d'instr. crim.—
QUESTION. *Si la culpabilité était différente et que les peines
prononcées ne fussent pas les mêmes pour tous, la solidarité existerait-elle ?* Oui, car la loi exige seulement que
le délit ait été commis conjointement. C'est d'ailleurs ce qu'a
jugé la Cour suprême : « Vu l'article 55, Code pén., et attendu
que les deux intervenants, condamnés l'un à 600 fr. et l'autre
à 400 fr. d'amende, par le jugement attaqué, étaient déclarés
coupables d'outrage public à la pudeur; qu'ils avaient commis
ce délit ensemble, au même lieu, dans le même temps, envers
les mêmes personnes; que l'un d'eux était présenté comme
l'instigateur, et, par ce motif, avait été condamné à une plus
forte amende; que, dès lors, il existait entre eux une com-
munion de fait et d'intention rendant indispensable la solidarité des amendes; que le tribunal de Saint-Mihiel l'avait reconnu à l'égard de la condamnation aux frais qu'il avait déclarée solidaire; qu'à l'égard des amendes, il y avait parité de
raison d'appliquer la même solidarité, et qu'en omettant de
la prononcer le jugement attaqué a violé l'article 55 Code pén.,
d'où résulte la nécessité de l'annuler dans cette partie à l'é-
gard des deux intervenants, etc. (Arrêt du 3 novembre 1827;
Dall., ann. 1828, 1, 8.)

28. *Le père, la mère, le tuteur,* les maîtres et commettants, sont *civilement responsables* des délits de chasse commis *par leurs enfants mineurs non mariés,* pupilles *demeurant avec eux,* domestiques ou préposés, sauf tout recours de droit. — Cette responsabilité sera réglée *conformément à l'article* 1384 *du Code civil,* et ne s'appliquera *qu'aux dommages-intérêts et frais,* sans pouvoir toutefois donner lieu à la contrainte par corps.

═ L'article 6 de la loi du 30 avril 1790 porte : « Les pères et mères répondront des délits de leurs enfants mineurs de vingt ans, non mariés et domiciliés avec eux, sans pouvoir néanmoins être contraints par corps. »

Le père, la mère, le tuteur, etc. « La loi de 1790, a dit M. le garde des sceaux dans l'exposé des motifs, ne rendait civilement responsables des délits de chasse que les père et mère à l'égard de leurs enfants. Nous avons étendu la responsabilité aux tuteurs, aux maîtres et commettants, à l'égard des pupilles, serviteurs et autres subordonnés. Ils ont, sur ces derniers, un pouvoir, une autorité dont ils doivent user pour les empêcher de commettre des délits. C'est d'ailleurs la seule manière d'atteindre, quant à une partie des condamnations pécuniaires, une classe de délinquants qui, ne possédant rien, pourraient souvent jouir d'une impunité complète. » — Il faut remarquer que la loi ne rend point responsables les *maris* à l'égard des délits de chasse commis par leurs femmes. L'article 7 du titre 11 de la loi du 26 septembre 1791, sur la police rurale, rend bien les maris responsables des délits ruraux commis par leurs femmes ; mais cette disposition ne peut s'étendre aux délits de chasse.

Civilement responsables. La responsabilité civile est celle qui a son principe dans la loi civile, et qui consiste dans l'obligation de réparer pécuniairement le dommage causé.

Par leurs enfants mineurs non mariés, etc. La minorité dure jusqu'à vingt et un ans (art. 388, Code civil). L'article 6 de la loi du 30 avril faisait finir la responsabilité, comme nous le remarquons plus haut, lorsque les délinquants avaient atteint vingt ans. Le mariage produit l'émancipation (art. 476 Code, civil), qui affranchit le mineur de la surveillance des père et mère et tuteur, et conséquemment la res-

26.

ponsabilité devait également finir dans ce cas. L'exception s'é-
tend par raisonnement *a pari*, aux curateurs des mineurs
émancipés par leurs père et mère ou par le conseil de famille
(art. 477, 478, Code civil). La loi ne distingue pas et ne devait
pas distinguer si ces enfants sont légitimes ou seulement des
enfants naturels reconnus.

Demeurant avec eux. Ainsi il ne suffit pas que les mineurs
ou pupilles aient leur *domicile* de droit chez leurs pères et
mères et tuteurs, il faut qu'ils y *demeurent* réellement. Ce
que la loi veut punir par la responsabilité qu'elle prononce,
c'est le défaut de surveillance.

Conformément à l'article 1384 *du Code civil.* Sans
cette addition faite au projet de loi par la chambre des députés, la responsabilité des pères et mères, des tuteurs et des
maîtres eût été trop absolue dans sa généralité ; en renvoyant
audit article 1384, le législateur a rendu applicables aux faits
de chasse deux dispositions de cet article qui modifient la re-
ponsabilité dont il s'agit ici. La première de ces dispositions
est ainsi conçue : « Les maîtres et les commettants sont respon-
« sables du dommage causé par leurs domestiques et préposés
« *dans les fonctions* auxquelles ils les ont employés. » Le
renvoi à cette disposition était d'autant plus important,
que la jurisprudence, se fondant sur la généralité des termes
de l'article 7, titre 32, de l'ordonnance de 1669, avait décidé
qu'un maître était responsable civilement d'un délit de chasse
commis la nuit par son charretier, bien que celui-ci ne couchât
pas chez son maître. (Arrêt du 22 mars 1828 ; Dalloz, année
1828, 1, 189.) Il est clair que cette jurisprudence ne pourrait
plus être suivie aujourd'hui ; car, du moment que le charretier
est retiré de chez son maître, il ne commet plus le délit ou le
quasi-délit dans l'exercice des fonctions auxquelles il était employé. La seconde disposition dudit article 1384, applicable aux
faits de chasse, porte : « La responsabilité ci-dessus a lieu, à
« moins que les père et mère, instituteurs et artisans, ne
« prouvent *qu'ils n'ont pu empêcher* le fait qui a donné lieu
« à cette responsabilité. » La responsabilité que la loi fait retomber sur les père et mère et tuteur, a son principe dans l'o-
bligation où ils sont d'entourer le mineur de bons conseils et
de surveillance : lorsque le mineur commet un délit, on l'impute à la négligence des père et mère ou tuteur, et la responsabilité civile dont ils sont frappés est la peine de cette négligence ; mais lorsqu'ils n'ont pas pu *empêcher* le fait reproché
au mineur, le motif qui a fait prononcer la responsabilité dis-
paraît, et par suite la responsabilité elle-même. C'est donc

avec raison que l'article 1384, et conséquemment notre article, admettent les père et mère et tuteur à prouver qu'ils n'ont pu empêcher le mineur de commettre le délit : ce sera aux juges à apprécier si , en effet, cette impossibilité a existé pour les père et mère ou tuteur ; mais ici se présente la question suivante. — QUESTION. *Les maîtres et commettants jouissent-ils aussi du droit de prouver qu'ils n'ont pu empêcher leurs ouvriers ou domestiques de commettre les délits dont on veut les rendre responsables ?* On peut dire pour l'affirmative qu'il est injuste de faire retomber sur un maître la responsabilité d'un fait qu'il n'a pas pu empêcher ; que la position des maîtres et commettants devrait même être plus favorable que celle des père et mère, auxquels on peut, dans tous les cas, reprocher de n'avoir pas élevé leurs enfants de manière à mener toujours une conduite régulière ; qu'ainsi la responsabilité des maîtres ne devrait pas être plus étendue que celle des père, mère et tuteur ; cependant l'opinion contraire doit être admise. Si le législateur eût voulu exonérer de toute responsabilité les maîtres et commettants qui prouveraient qu'ils n'ont pu empêcher le délit, comme il en exonère les père, mère et tuteur, il l'aurait dit, comme il prend soin de le faire pour les instituteurs et artisans ; d'un autre côté , la responsabilité des maîtres et commettants est dans la réalité moins étendue que celle des père, mère, tuteur, instituteurs et artisans ; car, la responsabilité des premiers ne porte que sur le dommage causé par les domestiques et préposés dans les fonctions auxquelles ils sont employés, et, d'un autre côté, dans ces mêmes fonctions ils *représentent* les maîtres et commettants, et cette circonstance engage nécessairement les maîtres et commettants ; au reste, la Cour de cassation a , par l'arrêt suivant, consacré cette distinction : « Vu les articles 1386 du Code civil et 74 du Code pénal ; considérant que d'après l'article 1383 précité , les maîtres sont civilement responsables du dommage causé par leurs domestiques dans les fonctions auxquelles ils sont employés : que l'exception portée dans les dispositions finales dudit article , étant restreinte aux père et mère, instituteurs et artisans, ne peut être étendue aux maîtres et commettants ; considérant, dans l'espèce, que Toussaint Delvemout a été convaincu d'avoir, dans ses fonctions de berger, domestique d'Étienne Blanchet, volé à Louis Gallot une quantité de fourrage , et que ce vol a causé à celui-ci un dommage évalué à la somme de 6 fr. ; que ledit Blanchet était donc civilement responsable de ce dommage, et qu'en le déchargeant de cette responsabilité, le tribunal d'Évreux a ouvertement violé lesdits articles 1384 du Code civil et 74 du Code pénal. » (Arrêt du 26 nov. 1813.) — **QUESTION.** *Le père qui a autorisé son fils mineur à chasser, est-il responsable des accidents que celui-ci occasionne à autrui par son imprudence?* La cour de Caen a consacré l'affirmative : « Considérant qu'il est évident, d'après la nature même de l'accid. nt dont Dupin a été victime et les circonstances qui l'ont accompagné, que cet accident doit être attribué à l'imprudence et à la maladresse d'Eugène Barbel; qu'il suffirait même pour s'en convaincre de prendre lecture de la déclaration faite par ce dernier dans son interrogatoire sur la poursuite correctionnelle; considérant qu'Eugène Barbel était mineur au moment où l'événement a eu lieu et habitait avec son père, et qu'aux termes de l'art. 1384 du Cod. civ., celui-ci est responsable du dommage causé par son fils, à moins qu'il ne prouve qu'il n'a pu empêcher cet événement ; considérant que cette preuve n'est pas rapportée et qu'elle ne pouvait pas l'être; qu'en effet, il est constant que Barbel père, loin de s'opposer à ce que son fils allât souvent à la chasse, et notamment dans la journée du 2 sept. 1836, l'y avait positivement autorisé et lui en avait fourni les moyens; considérant qu'on dirait inutilement qu'il n'y avait pas imprudence de la part de Barbel père à permettre l'exercice de la chasse à son fils, alors âgé de 19 ans : la loi n'exige pas qu'il y ait imprudence personnelle du père pour le rendre responsable; par cela seul qu'il a autorisé ou même qu'il n'a pas empêché un fait quelconque, il s'expose à répondre du dommage que son fils peut causer à autrui à cette occasion par son imprudence, quoique le fait considéré en lui-même et la permission de l'exécuter puissent être à l'abri de tout reproche;... confirme, etc. » (Arrêt du 2 juin 1840; Sir., 40, 11, 538.) — **QUESTION.** *Un maître est-il responsable des délits de chasse commis par ses apprentis?* L'affirmative parait incontestable : c'est la disposition de l'article 1384, Code civil, que le législateur a voulu adopter, et d'ailleurs il y a la même raison de décider à l'égard des *maîtres* quant aux apprentis qu'à l'égard des maîtres quant à leurs domestiques.

Qu'aux dommages-intérêts et frais. La manière dont était rédigé l'article 6, plus haut cité de la loi de 1790, avait fait décider que la responsabilité des père et mère s'étendait même à l'amende; c'était une infraction aux principes généraux sur la responsabilité civile; car l'amende est une *peine* (article 9, Code pénal), et toutes les peines sont personnelles. La nouvelle loi ne permet plus cette extension; elle restreint la responsabilité aux dommages-intérêts et aux frais. — **QUESTION**. *Un tribunal de police peut-il accorder des dommages-intérêts à la partie civile sans prononcer aucune peine contre le prévenu ?* La négative ne peut faire l'objet d'un doute ; car la condamnation à la réparation civile du dommage n'étant que l'accessoire de la condamnation à une peine, les tribunaux de répression ne peuvent prononcer l'une sans l'autre. C'est pour cela qu'ils doivent statuer *par le même jugement*. (Arrêts de la Cour suprême du 29 février 1828 ; Sirey, 28, 1, 315 ; du 21 mai 1827 ; Sirey, 27, 1,282, et du 31 décembre 1835 ; Dalloz, ann. 1836. 1. 269.) Voyez des arrêts analogues en date des 21 juillet 1837, 7 septembre 1820, 7 mai 1831 (cour de Poitiers), cités sous les art. 182, 189 et 194 du Code d'instruction criminelle, et un arrêt du 7 janv. 1830 cité sous l'art. précédent.

— **QUESTION**. *La personne civilement responsable peut-elle être condamnée aux dommages-intérêts, lorsqu'elle a été citée isolément devant le tribunal de police qui n'a pas eu à prononcer sur l'application de la peine ?* La Cour de cassation a consacré la négative en jugeant, par plusieurs arrêts, « qu'aux termes des articles 1 et 3 du Code d'instruction criminelle, les tribunaux de répression devant lesquels est poursuivie la punition des délits et contraventions ne sont compétents pour connaître de l'action civile qui en résulte que lorsqu'ils se trouvent saisis en même temps de l'action publique contre le prévenu ; que l'article 145 du même Code, qui permet de laisser la copie de la citation au prévenu ou à la partie civilement responsable, ne déroge point à ce principe ; que lors donc que cette dernière a *seule* été citée, le tribunal, qui n'a point à prononcer sur l'application de la peine, est, par cela même, incompétent pour statuer isolément sur l'action en dommages-intérêts, et que cette incompétence est matérielle et absolue, puisqu'elle est véritablement d'ordre public ; qu'enfin la partie civilement responsable ne peut être appelée en cause qu'accessoirement à l'action principale, et ne peut subir de condamnations civiles que lorsqu'il y a eu condamnation contre le prévenu à raison du fait incriminé ; qu'ainsi, toute action contre la personne civilement responsable est non recevable si l'action contre le prévenu n'a pas été intentée ou éteinte. »(Arrêts du 11 sept. 1818, ch. crim. ; Sirey, 19, 1, 117 ; du 29 décembre 1822, Dall., Jur. gén., Délit rural, p. 776 ; du 9 juin 1832 ; Dall., ann. 1832, 1, 317.) — La même cour a jugé plusieurs fois que, dans ce cas, un délai doit être donné au ministère public pour faire citer l'auteur de la contravention.

Voir les arrêts cités sous l'article 3 du Code d'instruction criminelle expliqué : c'est aussi ce qu'elle décide dans l'arrêt du 9 juin 1832 précité, et dans l'espèce suivante : Il résultait d'un procès-verbal régulier, dressé par un garde champêtre du canton sud de la commune d'Evreux, que ce garde champêtre rencontra le nommé Bercher, berger du sieur Lebugle, propriétaire et cultivateur à Fauville, lequel faisait pacager sur le territoire de ladite commune une quantité de bêtes à laine fort supérieure à celle que le règlement municipal du 16 juillet 1819 lui permettait d'y mener ; la cour juge que ce propriétaire ayant néanmoins été seul traduit devant le tribunal de simple police, comme civilement responsable de cette infraction au règlement précité, et cependant la responsabilité ne pouvant le rendre passible que de la condamnation aux dépens, le juge de paix devait surseoir à statuer sur cette demande accessoire, et fixer le délai dans lequel le ministère public serait tenu de mettre en cause le berger qui a commis la contravention dont il s'agit : « d'où il suit, ajoute l'arrêt, qu'en renvoyant ledit Lebugle de la poursuite dirigée contre lui, par le seul motif que l'auteur de cette contravention n'avait pas été cité personnellement, le jugement attaqué a violé les susdits articles 1 et 3 du Code d'instruction criminelle, 9 du Code pénal, et 1384 du Code civil ; casse, etc. ' (Arrêt du 24 décembre 1830, ch. crim.; Dall., ann. 1831, I, 57.)

29. *Toute action* relative aux délits prévus par la présente loi sera *prescrite par le laps de trois mois, à compter du jour du délit.*

=== *Toute action.* Il est de jurisprudence que la prescription ne peut être opposée au ministère public, lorsque la partie civile a saisi à temps le tribunal, et que de son côté la partie civile profite de l'interruption de prescription opérée par l'action que le ministère public a intentée. Voyez un arrêt de cassation du 15 avril 1826 (Bulletin criminel, année 1826). — **QUESTION.** *Le propriétaire du droit de chasse a-t-il encore après l'expiration des trois mois, le droit de réclamer devant les tribunaux civils des dommages-intérêts pour le préjudice qu'il a souffert ?* L'affirmative doit être admise : par ces mots *toute action*, la loi entend, parler ici de toute action en répression du délit de chasse, c'est-à-dire de toute action devant les tribunaux correctionnels que les plaignants viendraient exercer directement contre les prévenus devant la police correctionnelle ou comme *parties civiles*, en se joignant au ministère public devant ce même tribunal. Voyez à l'appui de cette opinion des arrêts des 25 juillet 1827; Sirey, 30, II, 204, 26 mars et 27 mai 1829; Sirey, 29, I, 161 et II, 336, et quelques autres encore rapportés sous l'article 638 du Code d'instruction criminelle.

Prescrite par le laps de trois mois. Cette disposition est empruntée à l'art. 12 de la loi du 30 avril 1790, qui porte : « Toute action pour délit de chasse sera prescrite par le laps d'un mois, à compter du jour où le délit aura été commis »; comme on le voit, toute la différence est dans la substitution d'un délai de trois mois à celui d'un mois que consacrait l'ancienne loi. Ce changement a pour objet de donner un temps plus considérable dans l'intérêt de la répression efficace des délits pour les rechercher. Le fait illicite de chasse constitue, comme nous l'avons dit, un véritable délit et non une simple contravention, puisque la peine consiste toujours dans une amende supérieure à 15 francs, et qu'il est de la compétence des tribunaux correctionnels (art. 179, Code inst. crim.). Cependant, à la différence des délits ordinaires qui ne se prescrivent que par trois ans (art. 638, Code inst. crim.), celui-ci se prescrit par trois mois seulement : cette différence vient sans doute de celle qui existe entre la nature de ce délit et les autres délits; c'est une espèce de délit rural, dont les traces d'un côté sont fugitives, et qui d'un autre côté trouve en partie son excuse dans l'espèce d'entraînement que produit un plaisir vif, et qui n'a pas son principe dans une intention aussi criminelle que celle qui accompagne toujours les autres délits : le délai de la prescription des délits de chasse est même plus court que celui des simples contraventions ordinaires, qui ne se prescrivent que par un an (art. 640, Code inst. crim.). Le motif de cette autre différence ne saurait résulter que des considérations particulières au délit de chasse que nous avons signalées tout à l'heure; mais aussi la prescription du délit de chasse comme nous le verrons bientôt est *interrompue* par tous les actes d'instruction et de poursuite, tandis que la prescription des contraventions ordinaires n'est pas interrompue par ces actes, et continue, malgré qu'ils aient eu lieu, à s'accomplir par un an (art. 640 *ibid.*). Nous allons maintenant rapporter plusieurs arrêts qui ont consacré ces principes. — **QUESTION.** *La prescription du délit de chasse est-elle interrompue par les actes de poursuites, tels qu'audition de témoins, man-*

dats de comparution, interrogatoires des prévenus, qui tous ont lieu dans le mois du délit (aujourd'hui trois mois), et cela quoique la citation à comparaître devant le tribunal correctionnel n'ait été donnée au prévenu qu'après ce mois? La Cour de cassation a jugé affirmativement cette question en se fondant sur ce que, « tant d'après le Code du 3 brumaire de l'an IV, que d'après le Code d'instruction criminelle actuel, la prescription des actes résultant des crimes et délits est interrompue par tout acte de poursuite et d'instruction fait avant l'accomplissement du temps fixé pour la prescription; que ce dernier Code (art. 640) n'a dérogé à ce moyen d'interrompre la prescription *qu'à l'égard des contraventions* de simple police; que le délit de chasse, étant punissable d'une amende de plus de 15 francs, est un délit de police correctionnelle, que conséquemment la prescription de l'action qui en résulte est sujette à interruption dans le cas sus-énoncé; casse, etc. » (Arrêt du 11 novembre 1825; Dall., ann. 1826, 1, p. 95.) Il faut bien remarquer que cet arrêt voit une interruption de la prescription, non pas seulement *dans l'audition de témoins,* mais dans les mandats de comparution et l'interrogatoire des prévenus. Il est plus que douteux qu'une simple audition de témoins qui est en quelque sorte étrangère au prévenu, pût constituer une interruption. L'arrêt qui suit a jugé encore plus formellement la question, et indiqué par quel laps de temps la prescription une fois interrompue devait s'accomplir. — **QUESTION**. *Quoique l'action pour la poursuite du délit de chasse se prescrive par un mois (aujourd'hui trois mois), cependant, s'il y a eu action intentée en temps utile, la poursuite n'est-elle susceptible d'être périmée que par une interruption de trois ans, comme en matière ordinaire?* La Cour suprême a consacré l'affirmative : « Vu les articles 637 et 638 du Code d'instruction criminelle; attendu qu'il résulte d'un procès-verbal, régulier en la forme, que le prévenu chassait sur une forêt communale; attendu que l'administration forestière avait qualité pour citer et poursuivre, en matière de délits de chasse commis dans les bois communaux de la surveillance desquels elle était chargée par l'arrêté du 19 vent. an X; attendu qu'aux termes de l'article 12 de la loi du 30 avril 1790, l'action pour la poursuite des délits de chasse se prescrit par le délai d'un mois; attendu que, dans l'espèce, la citation a été donnée en temps utile; attendu que, dans le silence de la loi sur le temps requis pour la péremption des poursuites auxquelles donnent lieu des délits soumis à des prescriptions particulières, il faut se reporter nécessairement aux dispositions générales du Code d'instruction criminelle; attendu qu'aux termes des articles 637 et 638, Code d'inst. crim., la péremption des poursuites en matière correctionnelle ne peut être acquise que lorsque les poursuites ont été interrompues pendant trois années; attendu, dès lors, que le tribunal de Valence, en déclarant éteinte par la prescription l'action résultant d'un fait de chasse imputé à Forquet, sur le motif qu'il se serait écoulé seize mois sans poursuite, depuis l'acte d'appel interjeté par l'administration forestière contre le jugement de première instance de Montélimart, a contrevenu aux dispositions des art. 637 et 638, Code d'inst. cr., casse, etc. » (Arrêt du 20 sept. 1828, ch. cr.; Dall., ann. 1828, I, p. 424.) Comme on le voit, cet arrêt consacre, quant au droit qui appartient à l'administration forestière de poursuivre les délits de chasse dans une *forêt communale,* la doctrine de l'arrêt du 9 janvier 1846, qui lui reconnaît ce droit dans les forêts de l'État. Voyez cet arrêt sous l'article 26; voyez aussi, sous le même article, un arrêt rendu le même jour, qui décide que les délits de chasse peuvent être poursuivis, concurremment avec le ministère public, par l'administration forestière, lorsqu'ils ont été commis dans les bois de l'État, des communes et des établissements publics. Voyez enfin, toujours sous le même article et dans le même sens, un arrêt du 6 mars 1840. — **QUESTION.** *Encore qu'il se soit écoulé plus d'un mois (aujourd'hui trois mois) depuis l'interrogatoire du prévenu d'un délit de chasse jusqu'au jour de sa citation en police corectionnelle, la prescription lui est-elle acquise, si l'ordonnance de mise en prévention a été rendue par la chambre du conseil moins de trois mois après l'interrogatoire, et moins de trois mois avant la citation?* La cour de Paris a consacré la négative : «En ce qui touche la fin de non-recevoir, considérant qu'Eugène Lampy, contre lequel a été dressé procès-verbal par le garde champêtre, le 12 janvier 1826, a été cité régulièrement devant le juge d'instruction du tribunal de Melun, le 28 janvier; que l'ordonnance de la chambre du conseil qui l'a mis en prévention a été rendue le 16 février, et que la citation qu'il a reçue par suite de cette ordonnance, lui a été remise le 1er mars; d'où il résulte qu'à aucune époque de la cause, il n'y a eu lieu d'invoquer la prescription...; au fond, condamne Lampy, etc. » (Arrêt du 9 mai 1825; Dall., ann. 1827, II, p. 99.) — **QUESTION.** *La prescription se trouve-t-elle interrompue par des poursuites d'ailleurs régulières, mais intentées devant* *un juge incompétent ?* La Cour de cassation a adopté l'affirmative : « Vu l'article 12 de la loi du 30 avril 1790, d'après lequel les poursuites pour délit de chasse doivent être intentées dans *le mois*, à compter du jour où le délit a été commis ; vu les art. 637, 638 et 643 du Code d'instruction criminelle ; attendu que, d'après ces dispositions, les actes de *poursuite ou d'instruction* interrompent la prescription ; qu'il importe peu qu'une affaire ait été portée devant un juge qui n'était pas compétent pour en connaître, si le prévenu, régulièrement appelé, a eu ainsi, par une voie légale, connaissance des faits qui lui étaient imputés ; et attendu, dans l'espèce, que le fait de chasse imputé au sieur Clémenceau avait eu lieu le 16 *janvier ;* qu'appelé devant le tribunal de simple police de Chef-Boutonne, à raison de ce fait, il y a comparu le 13 *février* suivant ; attendu, dès lors, qu'il y avait eu, dans le mois, acte *d'instruction* et *de poursuite,* et qu'il ne pouvait y avoir lieu de déclarer acquise la prescription portée en l'article 12 de la loi du 30 avril 1790 ; attendu toutefois que la cour royale de Poitiers a déclaré l'existence de cette prescription, sur le motif que la comparution du sieur Clémenceau devant un magistrat incompétent pour connaître de l'affaire, n'avait pu produire aucun effet ; en quoi, cet arrêt a contrevenu aux dispositions des articles 637, 638 et 643 du Code d'instruction criminelle, et faussement appliqué l'article 12 de la loi du 30 avril 1790 ; casse, etc. » (Arrêt du 10 mai 1838 ; Sirey, 38, 1, 981.) Voyez dans le même sens encore, en matière de chasse, un autre arrêt de la même Cour, du 13 janvier 1837. (Sirey, 37, 1, 796.) Mais la prescription n'est pas interrompue par des actes faits à la requête d'un magistrat incompétent, par exemple, à celle d'un procureur du roi autre que celui d'un tribunal qui a rendu le jugement : deux arrêts, en date des 11 mars 1819 et 30 avril 1830 cités plus bas, l'ont jugé ainsi ; mais ces arrêts se concilient parfaitement avec ceux qui précèdent ; car, dans l'espèce qui a donné lieu aux arrêts des 11 mars et 30 avril, les actes procédant d'un magistrat sans pouvoirs ou sans qualité pour les faire, sont frappés de la nullité absolue de *non-existence* (de *non esse*), qui les faits considérer comme non avenus ; tandis que, dans le cas qui nous occupe, les actes de poursuites sont valables en eux-mêmes, et ne présentent dans la forme rien d'irrégulier. — Si, sur ces mêmes poursuites devant un juge incompétent, il y a eu un jugement déclarant l'incompétence, la Cour de cassation juge que, dans ce cas, l'instance incompétemment engagée n'existant plus, la prescription reprend son cours « Attendu, en fait, que, suivant un procès-verbal dressé le 31 juillet 1840, par le gendarme Jacob, de Noyon (Loiret), le nommé Charles Videau, garde particulier assermenté du sieur Crenet, fut trouvé, ledit jour, chassant en temps prohibé, et sans permis de port d'armes, sur des terres dépendantes du domaine confié à sa surveillance; que cité devant le tribunal correctionel de Montargis, ledit Videau invoqua sa qualité d'officier de police judiciaire, et le bénéfice de l'article 483 du Code d'instruction criminelle, et que, par jugement du 28 août 1840, ledit tribunal se déclara incompétent; qu'alors, mais seulement le 6 octobre suivant, Videau fut cité à la requête du procureur général du roi près la cour royale d'Orléans, devant la chambre civile de cette cour, pour se voir condamner aux peines par lui encourues, mais que Videau proposa une exception de prescription, qui a été accueillie par arrêt du 20 novembre 1840; attendu, en droit, que cet arrêt a fait une juste application de l'article 12 de la loi du 30 août 1790, qui dispose que « toute action pour délit de chasse sera prescrite par le laps d'un mois à compter du jour où le délit aura été commis; » qu'à la vérité, le cours de cette prescription peut être interrompu par des actes d'instruction et de poursuite, alors même qu'ils sont faits devant un juge incompétent, et que, dans le silence de la loi spéciale sur les effets de cette interruption, et sur le temps requis pour la péremption de ces poursuites, il faut se reporter aux dispositions générales du Code d'instruction criminelle, applicables en toute matière criminelle à tous les cas non prévus par des lois spéciales, et dont l'article 638 dispose que les actions résultant d'un délit, s'il a été poursuivi, ne se prescrivent qu'après trois ans, à compter du dernier acte de poursuite; mais que cette disposition est inapplicable au cas où, sur une première poursuite, le juge saisi s'est déclaré incompétent et a renvoyé les parties à se pourvoir compétemment; qu'alors toute litispendance cessant par cette déclaration d'incompétence, et, par ce dessaisissement du juge d'abord saisi, l'instance incompétemment engagée n'existant plus, la prescription introduite par l'article 12 de la loi du 30 août 1790 reprend son cours; rejette, etc. » (Arrêt du 5 juin 1841; Sirey, 42, I, 945.) — En principe, on doit considérer comme actes de poursuite les réquisitoires du ministère public, les mandats d'amener, de dépôt, d'arrêt; mais il est difficile de considérer comme un acte de poursuite la plainte rendue par la partie lésée, puisque cette plainte avertit simplement les magistrats; il y aurait acte de poursuite, si la partie lésée poursuivait directement le prévenu d'un délit au tribunal correctionnel, comme la loi le permet (article 182 du Code d'instruction criminelle, et 26 de la présente loi). — 1re QUESTION. *Une signification viciée de nullité est-elle impuissante pour interrompre la prescription? — 2e QUESTION. Un procès-verbal de recherche de la personne du prévenu dressé par un brigadier de gendarmerie, en vertu d'un jugement par défaut, est-il un acte de poursuite qui a pour effet d'interrompre la prescription? — 3e QUESTION. La réquisition faite par le ministère public à fin de translation du prévenu, en exécution d'un jugement par défaut, a-t-elle ce caractère?* La Cour de cassation a consacré l'affirmative. « Sur le premier moyen, tiré de la violation prétendue des articles combinés 637 et 638 du Code d'instruction criminelle, relativement à la prescription de l'action publique en matière de délits, en ce que trois années s'étant écoulées dans le cours de l'instruction, sans qu'il ait été fait aucun acte d'instruction et de poursuite interruptif de la prescription, aucune condamnation ne pouvait être prononcée contre le demandeur; attendu, en fait, qu'un premier jugement par défaut, confirmatif du jugement du tribunal de police correctionnelle de Mantes du 8 février 1838, a été rendu le 31 mai 1838 par le tribunal supérieur de Versailles, contre Godefroy de Crémeries; que ce jugement lui a été signifié le 10 août 1838 au parquet du procureur du roi près le tribunal de première instance du département de la Seine; mais que cette signification a été implicitement considérée comme irrégulière et nulle par le jugement attaqué, puisque ce jugement a reçu l'opposition formée par Godefroy de Crémeries, le 28 juin 1842, au jugement par défaut du 31 mai 1838, opposition qui eût été tardive si la signification dudit jugement eût été valable; d'où il suit que ladite signification n'a pas interrompu la prescription, qui a dès lors commencé à courir à compter du 31 mai 1838, date du jugement par défaut du tribunal supérieur de Versailles; mais attendu que, le 6 juillet 1839, un procès-verbal de recherche de la personne dudit Godefroy de Crémeries a été dressé par le brigadier de la gendarmerie départementale de la compagnie de la Haute-Marne, en vertu d'un extrait du jugement par défaut du 31 mai 1838; attendu que ce procès-verbal de la recherche de la personne était un acte de poursuite dont l'effet a été d'interrompre la prescription commencée, et que cet acte formait, à partir de sa date, un nouveau point de départ pour la prescription qui pourrait courir désormais; attendu, en outre, qu'il résulte d'une lettre écrite, le 28 juin 1842, par le procureur du roi près le tribunal de Thionville au procureur du roi près le tribunal de Versailles, qu'à cette date, ledit procureur du roi près le tribunal de Thionville *a requis la translation* de Godefroy de Crémeries à Versailles, *en exécution* du jugement rendu le 31 mai, par défaut, par le tribunal de police correctionnelle de cette ville ; attendu que cette réquisition de translation du prévenu, à la requête du ministère public, a le caractère d'un acte de poursuite, lequel, aux termes des articles 637 et 638 du Code d'instruction criminelle, a eu pour effet d'interrompre la nouvelle prescription de trois ans, qui n'avait recommencé à courir qu'à partir du procès-verbal de recherche du 6 juillet 1839 ; attendu (en fait), etc. ; rejette, etc. » (Arrêt du 11 fév. 1843 ; Sirey, 43, 1, 647.) — QUESTION. *Une citation qui n'a été remise ni à personne ni à domicile, empêche-t-elle que la prescription soit acquise au prévenu ?* La Cour de cassation a consacré la négative : « Attendu que la citation donnée à Aubry Bellandelle, le 8 mars dernier, n'avait été remise ni à sa personne ni à son domicile, que par conséquent elle n'avait point satisfait aux dispositions de l'article 182, Cod. instr. crim. ; et qu'en prononçant la nullité de cette citation, le tribunal de Charleville a fait une juste application de la loi ; attendu que, dans l'espèce, plus d'un mois s'étant écoulé depuis le 11 février, jour où le délit aurait été commis et constaté, sans que le prévenu eût été valablement cité, les deux délits qui lui étaient imputés se trouvaient prescrits ; attendu que la citation dont la nullité a été justement prononcée par le tribunal de Charleville, s'appliquant et au délit de chasse sans permis de port d'armes, et au délit de chasse dans une forêt royale, sans autorisation, le tribunal de Charleville, lorsqu'il en prononçait la nullité, évacuait la cause tout entière, et n'était plus obligé de statuer sur les conclusions subsidiaires du ministère public ; rejette. » (Arrêt du 10 septembre 1831, ch. cr. ; Dall., ann. 1831, I, p. 315.) — 1re QUESTION. *Au cas de délit de chasse commis conjointement par plusieurs personnes, les poursuites dirigées en temps utile contre l'une d'elles ont-elles pour effet d'interrompre la prescription vis-à-vis des autres ?* — 2e QUESTION. *La citation donnée à un témoin pour venir déposer devant le tribunal sur un délit de chasse, est-elle un acte interruptif de la prescription, encore bien que le prévenu n'ait pas été assigné ou ne l'ait été qu'irrégulièrement ?* La cour royale de Rouen a consacré l'affirmative : « Sur l'exception de prescription ; attendu que le délit de chasse aurait été commis le 14 sept. 1844 ; que Tirel n'a été cité que le 16 oct. suivant ; que Morel a été cité irrégulièrement les 8 et 15 octobre ; qu'il n'a comparu volontairement devant le tribunal correctionnel et n'a défendu à l'action que le 16 janv. 1845 ; que plus de trois mois se sont donc écoulés entre la date du délit et la citation et comparution en justice ; attendu que le procès-verbal du garde constate qu'il aurait aperçu à huit heures du matin le sieur Esnault accompagné de Morel, son neveu, et Tirel, son garde, tous trois armés chacun d'un fusil de chasse à deux coups et à piston, chassant avec trois chiens qu'ils excitaient, dans un bois taillis nommé le bois de Grenache ; que le garde, rédacteur du procès-verbal, entendu devant le tribunal, a affirmé qu'il avait vu Esnault rappeler un de ses chiens et dire à ses deux complices : « Placez-vous l'un ici et l'autre là, le gibier va sortir ; » que de ces faits constatés par le procès-verbal et la déposition du garde résulte la preuve évidente qu'Esnault, Morel et Tirel chassaient ensemble, de concert, et participaient tous trois à un même fait de chasse sur la propriété de la dame de Gérente et du sieur de Bonvouloir ; attendu que l'action par suite de laquelle Esnault a été condamné pour ce délit de chasse a été régulièrement intentée le 8 décembre, et en temps de droit ; que Morel et Tirel ne pouvaient fonder un moyen de prescription sur la tardiveté de la citation, l'autre sur celle de la comparution en justice, parce que la citation adressée à Esnault avait interrompu la prescription du délit dont ils étaient tous trois coauteurs ou complices, et avait entretenu et conservé contre Morel et Tirel l'action publique résultant de ce délit ; attendu, d'autre part, que le ministère public, par acte d'huissier du 8 déc. 1844, a cité le garde Balzac devant le tribunal correctionnel, pour déposer dans le procès intenté aux sieurs Esnault, Morel et Tirel ; que cette citation constitue un acte d'instruction et de poursuite contre le délit imputé à Morel et à Tirel ; qu'aux termes des art. 637 et 638, Cod. inst. crim., cet acte est interruptif de la prescription ; qu'ainsi, en admettant même qu'Esnault, Tirel et Morel eussent commis trois délits distincts, Tirel et Morel ne pourraient invoquer une prescription légalement interrompue par l'acte du 8 déc. 1844 ; réformant, rejette l'exception de prescription, etc. » (Arrêt du 28 février 1845 : Sir. 45, II, 239.) — QUESTION. *Lorsque, sur une exception préjudicielle élevée par le prévenu de contravention, le tribunal de police a sursis à statuer jusqu'à ce que l'autorité compétente ait prononcé sur cette exception, la prescription est-elle suspendue pendant tout le temps que dure ce sursis?* La Cour suprême a consacré l'affirmative : « Attendu, en fait, que la dame veuve Delalonde, poursuivie devant le tribunal de simple police de Rouen, puis, et après cassation, devant le tribunal de simple police de Darnetal, pour fait de contravention à divers arrêtés du maire de Rouen, concernant la reconstruction des murs d'encadrement primitivement construits en pan de bois, et l'exécution du plan général des alignements, avait été renvoyée devant le tribunal de simple police d'Elbeuf, par un arrêt de la Cour de cassation, chambres réunies, rendu le 16 juillet 1840 ; que, devant ce tribunal de simple police, la dame veuve Delalonde, renonçant à peu près aux moyens de droit condamnés par les deux arrêts précités ou ne les reproduisant que subsidiairement, prétendit principalement, et pour la première fois, qu'en fait, les ouvrages à elle reprochés n'étaient pas confortatifs ; qu'en conséquence, on demanda qu'il fût sursis à statuer jusqu'après que l'autorité administrative compétente aurait prononcé sur cette prétention, lequel sursis fut en effet ordonné par jugement du 31 octobre 1840 ; que, nonobstant deux lettres écrites par le maire de Rouen au préfet de la Seine-Inférieure, les 27 juillet et 22 décembre 1841, pour presser la décision administrative, provoquée par ladite veuve Delalonde et par son mémoire du 19 novembre 1840, le préfet ne prononça que le 29 mars 1842 ; que, aussitôt, et tandis que, par exploit du 26 avril suivant, la dame veuve Delalonde avait cité le ministère public pour voir déclarer son action prescrite, le ministère public, de son côté, par exploit du lendemain 27 avril, cita la dame veuve Delalonde pour voir statuer définitivement et au fond, pour, sans égard à l'exception de prescription, se voir condamner aux peines infligées à ces contraventions, et que, par le jugement contre lequel la dame veuve Delalonde s'est pourvue, cette exception de prescription a été en effet rejetée ; attendu, en droit, que si l'article 640 du Code d'instruction criminelle dispose que « l'action publique et l'action civile, pour une contravention de police, seront prescrites après une année révolue, à compter du jour où elle aura été commise, même lorsqu'il y aura eu procès-verbal, saisie, instruction ou poursuite, si dans l'intervalle il n'est point intervenu de condamnation, » cette disposition ne déroge pas au principe du droit commun et de toute équité suivant lequel la prescription ne court pas contre celui qui est empêché d'agir ; que ce principe est surtout applicable au cas où, comme dans l'espèce, l'empêchement d'agir provient du fait même de la partie qui, profitant d'une suspension forcée et par elle provoquée, veut néanmoins puiser dans cette suspension une exception de prescription ; qu'il serait absurde de penser que l'action du ministère public en matière de simple police est éteinte, parce que le juge n'aura pas prononcé définitivement et au fond, dans un délai déterminé, alors que, sur la demande du prévenu, il avait sursis à statuer au fond jusqu'à ce que l'autorité administrative eût prononcé sur une question essentiellement préjudicielle ; qu'il importe peu que le demandeur ait, en cette matière, la faculté de faire fixer au défendeur non-seulement le délai dans lequel il devra saisir l'autorité administrative, mais aussi le délai dans lequel ce défendeur devra rapporter la décision réclamée ; que rien n'oblige le demandeur à user de cette faculté ; que l'exercice de cette faculté pourrait même devenir illusoire ou conduire à d'injustes conséquences, puisque la fixation de ce délai ne serait pas un motif déterminant, n'engendrerait pas pour l'autorité administrative une obligation de prononcer dans le délai fixé ; rejette, etc. » (Arrêt du 19 octobre 1842 ; Sirey, 43, 1, 502.) Ces principes s'appliquent évidemment à une question préjudicielle, née à l'occasion d'un délit de chasse. — **QUESTION.** *Le pourvoi en cassation suspend-il le délai de la prescription ?* La Cour suprême a établi l'affirmative : « Sur le moyen tiré de la violation de l'article 177 du Code d'instruction criminelle, et de la fausse application de l'article 640 du même Code ; vu les articles 177, 413, 640 du Code d'instruction criminelle ; attendu, en droit, que, des dispositions formelles des articles 177 et 413 dudit Code, il résulte que le recours en cassation est ouvert au ministère public contre tous les jugements en dernier ressort des tribunaux de police, sans distinction de ceux qui ont prononcé le renvoi de la partie ou sa condamnation ; que l'article 640, tout en déclarant que l'action publique, pour une contravention de police, est prescrite après une année, à compter du jour où elle a été commise, si, dans cet intervalle, il n'est point intervenu de condamnation, ne contient aucune disposition restrictive du droit de recours accordé à la partie publique ; que, loin de là, le législateur a reconnu la nécessité de proroger la durée de l'action, lorsqu'il est intervenu, en première instance, un jugement définitif de nature à être attaqué par la voie de l'appel ; que le pourvoi en cassation rend cette prorogation plus nécessaire encore, puisqu'il a pour effet d'arrêter toute instruction, toute poursuite à fin de condamnation, de paralyser ainsi l'action du ministère public, et, conséquemment, de suspendre le cours de la prescription, comme aussi l'effet de la cassation est de remettre les parties au même état où elles étaient avant le jugement annulé; qu'on doit admettre ce double principe; que, s'il en était autrement, le recours serait illusoire, et qu'il aurait pour résultat de laisser couvrir par la prescription les contraventions de police les plus contraires à l'ordre public, pendant que le ministère public se croit forcé de poursuivre les excès de pouvoir ou les violations de loi commis par les tribunaux de répression; attendu, en fait, que la contravention de police imputée à J. Chandesais a été constatée par un procès-verbal en date du 23 juillet 1831; que, s'il a été renvoyé de la prévention par un jugement du tribunal de police de la ville de Tours, du 19 septembre 1834, ce jugement a été cassé par un arrêt du 13 novembre suivant; qu'un second jugement du tribunal de police du canton d'Amboise, auquel l'affaire avait été renvoyée, a relevé Chandesais le 7 février 1835, mais que, sur un second pourvoi du ministère public, ce jugement a été cassé par un arrêt des chambres réunies le 23 janvier 1836, et les parties renvoyées devant la cour d'Orléans, laquelle a rendu sa décision le 11 mars suivant; qu'en jugeant, dans cet état de la cause, que l'action était prescrite, par le motif qu'il s'était écoulé plus d'une année sans jugement définitif, depuis la date du pourvoi jusqu'au 11 mars 1836, l'arrêt attaqué a faussement appliqué l'article 640 du Code d'instruction criminelle et violé les articles 177 et 413 du même Code, en conséquence, casse, etc. » (Arrêt du 16 juin 1836; Dall., ann. 1837, I, 109.) Voyez, dans le même sens, un autre arrêt de la même cour du 21 octobre 1830. (Sirey, 31, 1, 367.) — **QUESTION**. *La prescription en matière de chasse doit-elle être suppléée d'office par les juges, comme étant d'ordre public?* La Cour de cassation a consacré l'affirmative : « Attendu qu'en matière criminelle, correctionnelle et de police, la prescription est de droit public, et qu'elle doit être suppléée d'office par le juge; qu'ainsi, soit en ordonnant une enquête et une visite des lieux, soit en rejetant l'exception de prescription, lorsqu'elle était opposée après une année révolue depuis la notification de l'appel du jugement de première instance, le tribunal de police correctionnelle de Chambon a formellement violé l'article 640 du Code d'instruction criminelle; casse, etc. » (Arrêt du 1er juillet 1837; Sirey, 38, 1, 948.) Voyez, dans le même sens, un arrêt du 1er février 1833. (Sirey, 33, 1, 809.) — Il est aussi de jurisprudence que la prescription étant un moyen du fond, peut être présentée *en tout état de cause*, même après la déclaration du jury, et *jusque devant la Cour suprême*, bien qu'elle n'eût pas été soumise aux premiers juges.

(Arrêts de la Cour de cassation du 28 janvier 1808 et du 20 mai 1824 ; Dall., ann. 1824, I, 260.) — Lorsque la Cour de cassation juge que la prescription est acquise, elle ne prononce *aucun renvoi,* puisqu'il n'y a plus de délit à poursuivre. (Arrêt de la Cour suprême du 11 juin 1829 ; Sirey, 29, I, 359.) — Le *silence* ou la *renonciation du condamné* ne peut empêcher de prononcer la prescription acquise : « Attendu, porte un arrêt de la Cour de cassation, qu'en matière criminelle ou correctionnelle, la prescription étant d'ordre public, le silence ou la renonciation du prévenu ne pourrait lier ni lui ni les juges appelés à prononcer, etc. »(Arrêt du 5 juin 1830 ; Sir., 31, I, 52.) — **QUESTION.** *La prescription d'un délit de chasse, qui court du jour du délit, est-elle interrompue par un procès-verbal ultérieur dans lequel le garde constate quel est le délinquant, qu'il n'avait pu reconnaître au moment de la perpétration du délit, et cela, bien que ce procès-verbal ait été dénoncé au délinquant ?* La Cour de cassation a consacré la négative. « Vu l'art. 12 de la loi du 30 avril 1790, l'art. 3 du décret du 18 juin 1811, et l'art. 158 du même décret ; sur le premier moyen présenté par l'administration forestière : attendu, en droit, qu'en matière de délit de chasse, la prescription ne peut être interrompue que par un acte de poursuite ou d'instruction ; attendu, en fait, que le procès-verbal du garde, constatant la reconnaissance postérieure du délinquant, qu'il n'avait pu reconnaître au moment de la perpétration du délit, bien que dénoncé à ce délinquant, ne peut être assimilé aux actes de poursuite ou d'instruction dont parle l'article 12 de la loi du 30 avril 1790, et, conséquemment, n'est point de nature à interrompre la prescription ; qu'il suit de là que, dans l'espèce, la prescription du délit de chasse, constaté par procès-verbal du 11 mai 1835, était définitivement acquise au prévenu le 11 juin suivant, et, par conséquent, que la citation à lui donnée le 29 de ce même mois de juin était tardive et ne pouvait servir de base à une poursuite judiciaire ; qu'en prononçant ainsi, l'arrêt attaqué a fait une saine application de la loi ; rejette ce premier moyen ; mais, attendu, sur le second moyen invoqué par l'administration, que, dans les frais mis, par l'arrêt attaqué, à la charge de cette administration, se trouvent compris des honoraires d'avoués et autres dépenses n'ayant pas pour objet la recherche, la poursuite et la punition du délit ; procédant par voie de retranchement, casse, en ce chef, etc. »(Arrêt du 7 avril 1837 ; Sirey, 38, I, 904.) — L'action, une fois interrompue, ne recommence à courir que du jour de l'acte interruptif. Il y a cette différence entre l'in-

terruption et la *suspension* de la prescription, que l'interruption efface absolument le temps qui s'est écoulé antérieurement à l'acte interruptif, tandis que la suspension empêche seulement la prescription de courir pendant un certain temps ; mais de telle sorte que la suspension ayant cessé d'avoir effet, on peut joindre le temps antérieur au temps qui a suivi ; voyez nos explications sur les art. 2242 et suivants du Code civil. — Mais ce qu'il faut bien remarquer, c'est que notre article ne s'occupe que de la *prescription de l'action*, et laisse conséquemment la *prescription de la peine* prononcée par un jugement contradictoire ou par défaut dans le droit commun. Comme le fait illicite de chasse constitue un *délit* de la compétence des tribunaux correctionnels, la prescription de la peine est régie par l'article 636 du Code d'instr. crimin. ainsi conçu : « Les « peines portées par les arrêts ou jugements rendus en ma- « tière correctionnelle, se prescriront par *cinq années* révo- « lues, à compter de la date de l'arrêt ou du jugement rendu « en dernier ressort ; et à l'égard des peines prononcées par les « tribunaux de première instance, à compter du jour où ils ne « pourront plus être attaqués par la voie de l'appel. » La nature particulière du délit de chasse qui a fait réduire à trois mois le délai pendant lequel on doit poursuivre *l'action* devait naturellement être sans influence quant à la prescription de la peine ; car, cette peine appliquée, le jugement qui la prononce devait, quant à la prescription, tomber dans les principes généraux qui régissent les condamnations correctionnelles. Cette différence entre la prescription de la peine et celle de l'action résulte sans doute de ce que, dans le premier cas, la justice ayant prononcé, l'infraction à ses ordres constitue un fait plus répréhensible, et dont les conséquences ne pouvaient s'arrêter que par un laps de temps considérable : dans le second cas, au contraire, la justice doit s'imputer le silence qu'elle a gardé ; elle doit s'imputer d'avoir laissé dépérir des preuves dont l'absence pourrait être funeste à l'innocence. La prescription de la peine peut, comme celle de l'action, être *interrompue* par des poursuites intentées pour obtenir l'exécution du jugement ; mais il faut que ces poursuites soient faites à la requête du procureur du roi. Il est de jurisprudence, comme nous l'avons dit plus haut, que des poursuites faites à la requête de toutes autres parties n'interrompraient pas la prescription, la loi n'ayant investi que le procureur du roi du droit de faire des poursuites contre les condamnés. C'est ainsi que la Cour de cassation a jugé que la signification d'un jugement à la requête d'un procureur du roi, autre que celui du tribunal qui avait rendu le jugement, n'avait pu interrompre la prescription, cette notification étant frappée de nullité. (Arrêt du 30 avril 1830; Sirey, 30, 1, 337). Voyez, dans le mêms sens, un arrêt de la même Cour, du 11 mars 1819. (Sirey, 19, 1, 317.)—QUESTION. *La prescription de la peine prononcée par un jugement rendu en matière correctionnelle, court-elle non pas à compter de l'expiration du délai de dix jours fixé pour l'appel par l'article 203 du Code d'instruction criminelle, mais seulement à compter de l'expiration du délai de un ou deux mois accordé à cet égard par l'article 205 au ministère public près le tribunal ou la Cour qui doit connaître de l'appel?* La Cour de Nîmes a consacré l'affirmative : « Attendu qu'aux termes de l'article 636 du Code d'instruction criminelle, les peines prononcées par les tribunaux de première instance se prescrivent par cinq ans, à compter du jour où les jugements ne peuvent plus être attaqués par la voie de l'appel; qu'une disposition de loi aussi claire, aussi générale, ne peut donner lieu à aucune interprétation et ne permet de faire aucune distinction; attendu que faire courir la prescription à dater du jour où il y a déchéance d'appel, conformément à l'article 203, et non à dater de celui où expire le délai accordé par l'article 205 du même Code, c'est admettre une distinction et une restriction non introduites par le législateur; attendu qu'en faisant application de ces principes à la cause, la prescription n'est pas acquise au profit de Combemalle, puisque le jugement à l'exécution duquel il voudrait se soustraire est à la date du 19 janvier 1838, et qu'il a été mis dans les mains de la justice le 11 mars 1843, moins de cinq ans après l'expiration de *tous* les délais pendant lesquels on pouvait interjeter appel de la décision rendue contre lui; réforme, déclare que la prescription n'est pas acquise, etc. » (Arrêt du 15 juin 1843; Sirey, 44, II, 33.) — La prescription de la peine est acquise au condamné s'il a trouvé moyen d'échapper à la peine prononcée par une condamnation contradictoire ou par défaut; lorsque la condamnation est prononcée en présence du prévenu, la condamnation est *contradictoire*; elle est par *défaut* lorsqu'elle est prononcée en l'absence du prévenu; la condamnation par défaut prend le nom de condamnation *par contumace*, lorsquelle est prononcée par une Cour d'assises, en l'absence de l'accusé : l'article 641 du Code d'instruction criminelle porte : « En aucun cas les condamnés par défaut ou par contumace, dont la peine est prescrite, ne pourront être admis à se présenter pour purger le défaut ou la contumace. » La raison en est sensible : les condamnés qui ont prescrit leur peine ne pouvant plus être frappés d'une condamnation quelconque, il serait dérisoire qu'ils pussent paraître devant des juges institués pour condamner ou absoudre, et qui, dans cette circonstance, ne pourraient qu'absoudre. — L'article 642 du même Code d'instruction criminelle porte : « Les condamna-« tions civiles portées par les arrêts ou par les jugements rendus « en matière criminelle, correctionnelle ou de police, et deve-« nus irrévocables, *se prescriront d'après les règles établies* « *par le Code civil.* » Les motifs d'humanité qui ont fait réduire à vingt ans ou à un temps plus court la prescription des *peines*, ne s'appliquaient pas aux condamnations civiles, qui, ayant leur principe dans les lois civiles, devaient être également soumises à ces lois quant à leur prescription. Comme ces condamnations sont personnelles, elles durent trente ans, aux termes de l'article 2262 du Code civil.—**QUESTION.** *Les frais de justice occasionnés par des poursuites correctionnelles se prescrivent-ils, comme les peines correctionnelles elles-mêmes, par cinq ans ?* La Cour de cassation a établi la négative : « Vu les articles 636 et 642 du Code d'instruction criminelle ; vu aussi l'article 2262 du Code civil ; attendu que la prescription quinquennale établie par l'article 636 du Code d'instruction criminelle n'est applicable, d'après la disposition littérale dudit article, qu'aux peines prononcées par les arrêts ou jugements rendus en matière correctionnelle ; que la condamnation aux frais, prononcée par ces mêmes jugements ou arrêts contre les condamnés, ne peut être rangée au nombre des peines qu'a eues en vue l'article précité dudit Code ; qu'elle n'est autre chose que le remboursement des avances faites par l'État pour la poursuite des délits qui y donnent lieu ; d'où il suit, etc. ; casse, etc. » (Arrêt du 23 janvier 1828. Sirey, 28, 1, 197.) Le délai de la prescription ne pourrait être, dans ce cas, que de trente ans (art. 2262 du Code civil).

A compter du jour du délit. — **QUESTION.** *Le jour où le délit a été commis est-il compris dans le délai d'un mois (aujourd'hui trois mois), de sorte que si le délit a été commis le 21 novembre, l'action doive être intentée au plus tard le 20 décembre ?* La cour de Paris a consacré l'affirmative : « Considérant que, d'après les art. 637 et 640 du Code d'instr. crim., l'action publique se prescrit à compter du jour du crime ou délit ; qu'il est naturel, en effet, que la prescription s'ouvre en même temps que l'action publique s'ouvre elle-même ; que quand la loi dit que la prescription s'accomplit par dix ans, un mois, etc., elle ne peut vouloir dire que c'est par dix ans et un jour, un mois et un jour, etc. :

considérant que l'article 12 de la loi du 30 avril 1790 déclare les délits de chasse prescrits par le laps d'un mois, à compter du jour où ils ont été constatés; que si, d'après la jurisprudence, le mois doit être pris et compté de quantième à quantième, il est certain aussi que les deux quantièmes ne peuvent être comptés dans le mois, ce qui donnerait un jour de plus à l'existence de la constatation du délit; qu'ainsi, l'assignation, pour être régulière, aurait dû être donnée le 20 décembre, le délit ayant été constaté le 21 novembre, jour qui nécessairement ne peut être exclu sans donner au délit de chasse commis par Chapeau une date de plus d'un mois; que c'est ainsi que l'a jugé la Cour de cassation par un arrêt du 7 avril 1837, en décidant qu'un délit de chasse, constaté le 11 mai, était prescrit le 11 juin suivant; déclare la partie civile et le ministère public non recevables, etc. » (Arrêt du 8 fév. 1843; Sir., 43, II, 194.) Cette opinion, vivement controversée, a été repoussée par la Cour de cassation dans une espèce identique à celle sur laquelle la cour de Paris avait statué. La cour royale d'Amiens s'était prononcée dans le même sens par un arrêt du 24 avril 1844; mais le ministère public s'étant pourvu en cassation, l'arrêt de la cour d'Amiens fut annulé par les motifs suivants: « Vu l'art. 12 de la loi du 30 avril 1790; attendu qu'il était généralement reconnu dans l'ancien droit français que le jour à partir duquel une action était ouverte, ou une prescription commencée, ne devait pas être compté dans le délai de l'action ou de la prescription; que l'art. 12 de la loi du 30 avril 1790 doit être entendu dans le sens donné par la jurisprudence, alors universellement admise, aux expressions dans lesquelles il est conçu; que d'ailleurs le texte de cet article, portant : « Toute action pour délit de chasse sera prescrite par le laps d'un mois, à compter du jour où il aura été commis, » présente littéralement le même sens; attendu, dès lors, que le 14 octobre, jour où le délit de chasse imputé au nommé Bénard avait été commis et constaté, ne devait pas être compris dans le délai de la prescription; qu'en décidant qu'une citation donnée au prévenu le 14 novembre était nulle, comme ayant été donnée après l'expiration de ce délai, l'arrêt attaqué à formellement violé l'article 12 de la loi du 30 avril 1790, casse, etc. » (Arrêt du 10 janvier 1845 ; Sirey, 45, 1, 126.) Cette jurisprudence est évidemment applicable à la prescription dont s'occupe notre article, puisque la loi nouvelle est conçue dans les mêmes termes que l'ancienne, sauf la substitution du délai de *trois mois* à celui d'*un mois*.

SECTION IV.

Dispositions générales.

30. Les dispositions de la présente loi, *relatives à l'exercice du droit de chasse, ne sont pas applicables aux propriétés de la couronne.* Ceux qui commettraient des délits de chasse dans ces propriétés *seront poursuivis et punis conformément aux sections* 2 *et* 3.

—— *Relatives à l'exercice du droit de chasse ne sont pas applicables aux propriétés de la couronne.* Les dispositions relatives à l'exercice du droit de chasse sont les dix premiers articles qui composent la section première et qui finissent à la deuxième section, intitulée DES PEINES. L'exception consiste en ce que l'on peut chasser *en tout temps* dans les propriétés de la couronne et sans permis de chasse, et par toute *espèce de moyen et de procédé de chasse.* Cette exception a été motivée par la condition particulière dans laquelle se trouve la couronne quant à ses forêts. Les dispositions de la nouvelle loi qui ont surtout pour objet la conservation du gibier, étaient sans application, parce que la conservation du gibier dans ces forêts, et son entretien entraînent des soins particuliers et des frais considérables qui empêchent sa destruction ; d'un autre côté, le voisinage des forêts de la couronne profite, sous le rapport de la chasse, aux propriétés qui les bordent. Enfin, les indemnités qui sont attribuées aux propriétaires dont les propriétés sont endommagées par le gibier, n'ont jamais permis qu'aucune plainte s'élevât ; il faut ajouter que de *hautes convenances* réclament l'exercice de la chasse dans les forêts de la couronne en tout temps. — **QUESTION.** *La loi en affranchissant les propriétés de la couronne de l'application des dix premiers articles de la loi, autorise-t-elle la vente et le transport du gibier provenant des propriétés de la couronne ?* Quant à la vente, on est tombé généralement d'accord qu'elle était interdite, puisque la loi punissait le vendeur et l'acheteur ; mais quant au transport il est autorisé. Voici comment M. le garde des sceaux, à la chambre des députés, s'est expliqué sur ces deux points.:

« On a paru craindre que l'exception qui vous est proposée par le gouvernement ne permît d'éluder la loi, et de vendre impunément du gibier qui serait déclaré provenir des propriétés de la couronne. La commission a déjà répondu à cette appréhension, et je m'associe pleinement à sa réponse : tout gibier qui sera mis en vente pendant le temps prohibé devra être saisi ; et le vendeur ne pourra évidemment s'excuser en alléguant que ce gibier provient des domaines de la couronne. Quant au transport, il en est tout autrement : la pensée de l'article que nous discutons est incontestablement que le gibier tué dans les forêts de la couronne puisse être transporté. Y a-t-il donc là, messieurs, le moindre inconvénient ? Ne pressentez-vous pas que les précautions nécessaires pourront être prises pour que l'exercice de ce droit ne puisse donner lieu à aucun abus, et pouvez-vous, sous l'impression d'inquiétudes dénuées de fondement, refuser d'admettre une faculté qui est la conséquence naturelle de la faculté même de chasser dans les propriétés de la couronne.» — **QUESTION**. *La chasse dans le domaine privé du roi est-elle soumise à la présente loi ?* L'affirmative est incontestable. Toute exception se renferme rigoureusement dans les termes de notre article, qui ne parle que des domaines de la couronne. C'est d'ailleurs ce que M. le garde des sceaux a positivement reconnu dans la discussion de la loi à la chambre des pairs. — **QUESTION**. *Les propriétés privées enclavées dans celles du domaine de la couronne, sont-elles soumises aux anciennes lois qui régissaient ces propriétés, et par suite la chasse y est-elle encore interdite ?* La Cour de cassation avait autrefois consacré l'affirmative par l'application de l'article 16 de la loi du 30 avril 1790 (Arrêt du 2 juin 1814, Dalloz, *Jurisprudence générale*, v° CHASSE), mais la négative est aujourd'hui certaine. « Les propriétés de la couronne, a dit M. le garde des sceaux dans la discussion, ne seront pas régies relativement au droit de chasse, par la loi actuelle ; mais toutes les autres propriétés enclavées seront régies par cette loi. Or, comme elle donne à tout propriétaire la faculté de chasser dans ses propriétés, moyennant certaines conditions, il est évident que cette faculté appartiendra aux propriétaires de fonds enclavés dans les propriétés de la couronne, comme à tous les autres ; et la raison de la différence qu'établira à cet égard la loi nouvelle, est bien simple. Dans la loi de 1790, l'exception était personnelle ; la loi nouvelle l'accorde à la chose. Ainsi, les propriétaires d'enclaves pourront désormais chasser dans leurs propriétés sans aucune espèce de difficultés,

et nul autre ne pourra y chasser sans leur consentement. « En conséquence, l'amendement qu'on présentait pour faire consacrer le principe fut rejeté comme inutile ; et l'article 30 de la loi de 1790, portant : « Les dispositions de la présente loi, relatives à l'exercice du droit de chasse, ne sont pas applicables aux propriétés de la couronne, etc., » fut considéré comme compris dans l'abrogation que prononce l'article suivant.

Seront poursuivis et punis conformément aux sections 2 et 3. Ainsi, toutes les dispositions sur la poursuite des délits de chasse, sur les peines dont ces délits sont frappés et sur la prescription de l'action et de la peine prononcée, sont applicables aux délits de chasse dans les forêts de la couronne. L'ordonnance de 1669, qui avait continué d'être en vigueur, nonobstant les dispositions de la loi du 30 avril 1790 (Arrêt de la Cour de cassation du 11 avril 1840 ; Sirey, 40, 1, 466.), se trouve ainsi abrogée dans toutes ses parties, quant à la répression des délits de chasse. — L'art. 21 de cette ordonnance porte : « Nos sujets qui ont parcs, jardins, vergers et autres héritages clos de murs, dans l'étendue des capitaineries de nos maisons royales, ne pourront faire en *leurs* murailles aucuns trous, coulisses, ni autre passage qui puisse y donner l'entrée au gibier, à peine de 10 livres d'amende. » Il est clair que cette disposition est abrogée comme toutes les autres, et qu'aucune peine n'est encourue par le propriétaire qui use de sa chose comme il lui convient : si c'était dans les murs mitoyens avec les forêts de la liste civile ou dans les murs appartenant à la liste civile, il y aurait là un délit d'une nature plus grave, celui de bris ou dégradation de clôture, puni par l'article 456 du Code pénal « d'un emprisonnement qui ne pourra être au-dessous d'un mois ni excéder une année, et d'une amende égale au quart des restitutions et des dommages-intérêts, qui, dans aucun cas, ne pourra être au-dessous de 50 francs.» — **Question.** *Les dommages-intérêts prononcés à raison des délits de chasse commis dans les forêts de la couronne sont-ils laissés à l'appréciation des tribunaux, comme les dommages-intérêts prononcés à raison des délits de chasse commis dans les autres forêts?* L'affirmative ne saurait offrir le moindre doute. D'après l'article 16 de la loi du 30 avril 1790, combiné avec l'article 8 du titre 2 de l'ordonnance de 1669, la somme adjugée pour restitution et dommages-intérêts devait être au moins égale à l'amende, et d'après l'article 202 du Code forestier, les dommages-intérêts ne peuvent être inférieurs à l'amende. (Arrêt de la Cour de cassation du 26 décembre 1840 ; Sirey, 41, 1, 138.) Mais d'un côté les dispositions de l'ordonnance de 1669, relatives à la chasse, sont abrogées; et, d'un autre côté, il résulte de la discussion du dernier § de l'article 16 de la présente loi portant : « Dans tous les cas, la quotité des dommages-intérêts est laissée à l'appréciation des tribunaux, » que l'intention du législateur a été précisément d'échapper, en matière de délits de chasse, aux prescriptions du Code forestier, qui consacre à cet égard une disposition souvent inique, puisqu'il arrive quelquefois que les tribunaux sont contraints de prononcer des dommages-intérêts de 50 francs, lorsque le dommage causé aurait pu n'être évalué qu'à 1 franc.

31. Le décret du 4 mai 1812 et la loi du 30 avril 1790 sont abrogés. — Sont et demeurent également abrogés les lois, arrêtés, décrets et ordonnances intervenus sur les matières réglées par la présente loi, *en tout ce qui est contraire à ses dispositions.*

==*En tout ce qui est contraire à ses dispositions.* Nous avons remarqué sous l'article précédent que l'ordonnance de 1669, et à plus forte raison celle de 1601, étaient abrogées; cependant cette abrogation n'est pas expresse. Il n'y a d'abrogé expressément que le décret du 4 mai 1812 et la loi du 30 avril 1790. Le décret du 11 juillet 1810, qui s'occupait des permis de port d'armes de chasse, et qui se liait à celui du 4 mai 1812, n'est pas explicitement abrogé; mais il l'est implicitement, puisque la loi nouvelle a substitué, par son article 1er, *au port d'armes de chasse,* le *permis de chasse* délivré par l'autorité compétente, et sans lequel nul ne peut chasser. — Il eût été à désirer que la nouvelle loi sur la chasse abrogeât formellement, comme l'ont fait la loi forestière (art. 218) et la loi sur la pêche fluviale (article 83), toutes les dispositions législatives, les décrets et ordonnances sur la matière; mais il faut reconnaître que la nouvelle loi, en se combinant avec nos lois générales, laissera peu d'occasions à certaines dispositions spéciales de recevoir leur application. — Ce qu'il faut bien remarquer, c'est que les lois et règlements sur la *louveterie* ont conservé leur force et vigueur. Ces lois et règlements sont reproduits dans l'*appendice* avec d'autres dispositions qui se rattachent aussi plus ou moins directement à la chasse.

FIN DU CODE DE LA CHASSE.

FORMULAIRE
DU CODE DE LA CHASSE.

Section première. *De l'exercice du droit de chasse.*

N° 1, MODÈLE *d'ordonnance du juge de paix ou du maire, pour envoyer le gibier saisi à un établissement de bienfaisance.* Art. 4, p. 77.

L'an mil huit cent quarante..., le (*jour du mois*) devant nous, juge de paix du canton de..., *ou* suppléant du juge de paix du canton de..., à raison de l'empêchement du juge de paix..., ou devant nous, maire *ou* adjoint de la commune de...

A la requête du sieur Pierre L..., garde champêtre de la commune de... et vu le procès-verbal en date du..., que nous a représenté ledit garde, et par lequel il a saisi (*énoncer le gibier*).

Ordonnons que ledit gibier sera livré immédiatement, en conformité de l'article 4 de la loi du 3 mai 1844 sur la chasse, à l'établissement de bienfaisance de...

Fait à... les jour, mois et an énoncés ci-dessus.

       (*Signature du magistrat.*)

N° 2, MODÈLE *de demande d'un permis de chasse.*
Art. 5, p. 84.

  A M. le préfet du département de...

A l'honneur d'exposer, le sieur..., propriétaire, demeurant à...

Qu'il réunit les conditions exigées par la loi pour l'exercice du droit de chasse.

C'est pourquoi il prie M. le préfet de vouloir bien lui accorder le permis nécessaire pour ledit exercice.

A... le... 18...   (*Signature de l'impétrant.*)

= *Cet acte doit être fait sur papier timbré.*

Section iii. *De la poursuite et du jugement.*

N° 3 (1), MODÈLE *de procès-verbaux et rapports constatant des délits de chasse.* Art. 22, p. 228.

Procès-verbal de garde champêtre d'une commune.

L'an mil huit cent quarante..., le (*jour du mois*) à... heures du matin, *ou* après midi, je, soussigné, Joseph-Adrien L..., garde

---

(1) Indiqué à tort dans le texte n° 2.

champêtre de la commune de..., canton de..., département du...,
reçu et assermenté au tribunal civil de..., décoré de ma bandoulière,
ou des marques distinctives de mes fonctions, faisant mon inspection
accoutumée dans les propriétés confiées à ma surveillance, ai aperçu
ou rencontré dans un champ *(le désigner, s'il est ou non couvert
de récoltes)*, ou *s'il a été tiré un coup de fusil:* ayant entendu tirer un coup de fusil, me suis dirigé vers le lieu d'où il était parti:
étant arrivé dans une pièce de... sise en ladite commune, et appartenant au sieur Jean R..., propriétaire, demeurant à... J'ai aperçu
un individu *(indiquer s'il chassait encore, comment il portait
son fusil, et désigner le chien particulièrement par la couleur
de son poil)*, m'étant approché, je l'ai requis de me déclarer ses
nom, prénoms, profession et domicile : il m'a répondu se nommer... *(les nom, prénoms, profession et domicile), ou bien si
le garde reconnaît le chasseur ou les chasseurs :* m'étant approché, j'ai reconnu que ce chasseur était le sieur Paul N... propriétaire (*ou sa profession*), demeurant à... Il était porteur d'une
carnassière dans laquelle se trouvaient *(énoncer ce que contient
ou ce que paraît contenir la carnassière)*, son fusil était (*le
décrire autant que possible*); l'ayant sommé de m'exhiber le
permis de chasse dont il devait être porteur, il m'a répondu (*énoncer la réponse, ou bien les autres circonstances constitutives du délit, telles que le fait d'avoir rencontré l'individu
ou les individus chassant en temps prohibé; ou sur une
terre appartenant à autrui sans autorisation du propriétaire, etc. etc.). Dans ces divers cas, le procès-verbal doit
continuer ainsi :* Je lui ai représenté que, la chasse n'étant pas
ouverte, il ne pouvait chasser, lors même qu'il aurait eu un permis
de chasse; *ou bien :* Je lui ai représenté qu'il chassait sur la propriété du sieur... sans son consentement; il m'a répondu... (*faire
mention de la réponse*). Je lui ai alors déclaré que, le trouvant
en contravention à la loi du 3 mai 1844, je saisissais entre ses mains
son fusil que j'ai estimé (*la somme*), et que je l'en constituais dépositaire pour le représenter à toute réquisition légalement faite, et
je l'ai prévenu que j'allais dresser contre lui le présent procès-
verbal.

Fait et clos à..., les jour, mois et an énoncés ci-dessus.

(Signature du garde champêtre.)

= *Ce procès-verbal doit être écrit sur papier libre,
visé pour timbre et enregistré en debet; il doit être affirmé,
dans les vingt-quatre heures du délit, par un acte ainsi
conçu :*

Acte d'affirmation.

L'an mil huit cent quarante..., le..., heure de..., devant nous,
juge de paix du canton de..., *ou* suppléant du juge de paix du canton de..., procédant à raison de l'empêchement du juge de paix de...,
ou devant nous, maire, *ou* adjoint de la commune de..., procédant
à raison de l'empêchement du juge de paix de ce canton et de son
suppléant, est comparu le sieur..., garde champêtre de la commune

de..., y demeurant, dénommé au procès-verbal qui précède, lequel dit garde champêtre, après la lecture qui lui en a été faite par nous, l'a affirmé par serment sincère et véritable ; de laquelle affirmation il nous a requis acte que nous lui avons donné ; et il a signé avec nous.

(*Signature du garde.*)

(*Signature du juge de paix ou du maire.*)

Procès-verbal de garde champêtre d'un particulier.

L'an mil huit cent quarante..., le (*jour du mois*), à... heures du matin ou après-midi, je soussigné Pierre-François R..., garde particulier des propriétés de M. Paul-Jean S..., propriétaire, demeurant en la commune de..., canton de..., département de..., reçu et assermenté au tribunal civil de..., décoré de mes marques distinctives, et me trouvant pour la garde des propriétés confiées à ma surveillance sur (*indiquer le lieu*), ai aperçu, *ou* rencontré dans une pièce (*la désigner*), *ou bien, s'il a été tiré un coup de fusil :* ayant entendu tirer un coup de fusil, me suis dirigé, etc. (*Le reste comme dans la formule qui précède.*)

= *Ce procès-verbal, s'il est fait à la requête des particuliers qui veulent se rendre parties civiles, doit être écrit sur papier timbré, enregistré au comptant, et doit être affirmé, dans les vingt-quatre heures, dans la forme de l'acte d'affirmation qui précède.*

Modèle de procès-verbal de gendarme.

COMPAGNIE d

—

LIEUTENANCE d

—

BRIGADE d

—

Inscrit au registre { de la brigade
N°
de la lieutenance
N°
de la compagnie
N°

—

Analyse du procès-verbal.

—

Chasse sans permis, ou en temps prohibé, etc.

—

Vu par nous, capitaine, commandant la compagnie de
Ce...

(*Signature.*)

L'an mil huit cent quarante..., le..., (*jour du mois*), à... heures du matin, *ou* après-midi, nous, Louis-Hubert T..., maréchal-des-logis de gendarmerie, et Pierre M..., gendarme, à la résidence de..., revêtus de notre uniforme, faisant, conformément à l'ordre de nos chefs, une tournée pour la répression du braconnage et l'exécution de la loi sur la chasse, et nous trouvant sur le territoire de la commune de..., nous avons aperçu (*le reste comme dans les formules qui précèdent, selon le délit commis par le chasseur*). Le *procès-verbal se termine ainsi :* nous avons rédigé de tout ce qui précède le présent procès-verbal en double expédition, dont l'une sera remise à M. le procureur du roi de cet arrondissement, et l'autre adressée à M. le commandant de la compagnie de gendarmerie de ce département.

Fait et clos à..., les jour, mois et an énoncés ci-dessus.

(*Signature des gendarmes.*)

= L'expédition de ce procès-verbal, destinée au procureur du roi, est visée pour timbre et enregistrée en débet dans les quatre jours.

Les procès-verbaux des gendarmes sont affranchis de la formalité de l'affirmation.

Modèle de procès-verbal de garde forestier de l'État.

DÉPARTEMENT d
—

INSPECTION d
—

CANTONNEMENT d
—

GARDERIE d
—

Numéros
du sommier de l'ins-
pecteur.
du registre du garde
général.
de la feuille du rap-
porteur.
—

SEMESTRE 18
—

AUDIENCE
du Tribunal de police correctionnelle,
d
—

NATURE DU DÉLIT.
—

Chasse sans permis,
ou en temps prohibé.

Enregistré à..., le.. au droit de

Visé pour valoir timbre. Droit dû, 70 centimes.
A..., le... 18
Le Receveur de l'Enregistrement.

ADMINISTRATION DES FORÊTS.

BOIS DU DOMAINE

PROCÈS-VERBAL DE DÉLIT.

L'an mil huit cent..., le.... du mois de...,

Nous soussigné..., des bois *ou* forêts du domaine à la résidence de..., dûment commissionné et assermenté ;

Certifions que, faisant notre tournée, revêtu des marques distinctives de nos fonctions, dans la forêt d..., vers... heures du..., dans le canton d..., peuplé d'un..., âgé de... ans, situé sur le territoire de la commune de..., nous avons aperçu un individu accompagné d'un chien courant sous poil (*indiquer la couleur*); cet individu parcourait la forêt armé d'un fusil et chassant audit lieu : nous nous sommes mis à sa poursuite, et l'ayant atteint, nous avons reconnu que ce chasseur était le sieur Paul C..., propriétaire (*ou sa profession*), demeurant à... *ou si le garde n'a pas reconnu le chasseur,* un individu (*indiquer s'il chassait encore, comment il portait son fusil, désigner le chien qui l'accompagnait*); nous l'avons requis de nous déclarer ses nom, prénoms, profession et domicile : il nous a répondu se nommer...: ce chasseur était porteur d'une carnassière dans laquelle se trouvait (*énoncer ce que contient ou ce que paraît contenir la carnassière*), son fusil était (*le décrire autant que possible*); l'ayant sommé de nous exhiber son permis de chasse, il nous a répondu...; nous lui avons déclaré qu'étant en contravention à la loi du 3 mai 1844, pour avoir chassé (*énoncer la nature de l'infraction; défaut de permis de chasse; temps prohibé; absence d'autorisation du propriétaire*, etc.); nous saisissions son fusil entre ses mains, l'en laissant dépositaire, à la charge par lui de le représenter lorsqu'il en sera légalement requis; et nous l'avons prévenu que nous allions dresser contre lui le présent procès-verbal.

Fait et clos à..., les jour, mois et an énoncés ci-dessus.   (*Signature du garde forestier.*)

= Ce procès-verbal doit être visé pour timbre, enregistré en débet, et affirmé, dans les vingt-quatre heures, dans la forme de l'acte d'affirmation qui se trouve plus haut.

Les procès-verbaux des délits de chasse commis dans les forêts de la couronne et dans celles du domaine privé du roi, ainsi que dans les forêts des particuliers, sont rédigés dans la même forme que le modèle qui précède : ils doivent être également affirmés.

Modèle de rapport fait devant un juge de paix ou un maire.

L'an..., le..., heure de.... devant nous juge de paix du canton d.... *ou* maire, *ou* adjoint, *ou* commissaire de police de la commune d...,

Est comparu le sieur A..., garde champêtre assermenté en justice, résidant à..., lequel nous a fait rapport qu'aujourd'hui à.... heure de..., étant décoré du signe de ses fonctions, et faisant sa tournée ordinaire pour la conservation des propriétés confiées à sa garde, il a aperçu un individu (*indiquer s'il chassait encore, comment il portait son fusil, et désigner la couleur du chien qui l'accompagnait*), que s'étant approché et l'ayant requis de lui déclarer ses nom, prénoms, profession et domicile, il lui a répondu se nommer (*les nom, prénoms, profession et domicile*), *ou bien si le garde a reconnu le chasseur :* que s'étant approché, il a reconnu que ce chasseur était le sieur Pierre T..., propriétaire (*ou sa profession*), demeurant à...; il était porteur d'une carnassière dans laquelle se trouvait (*énoncer ce que contenait ou ce que paraissait contenir la carnassière*), son fusil était (*le décrire autant que possible*); ledit garde ayant sommé le sieur T..., de lui exhiber le permis de chasse dont il devait être porteur, il lui a répondu... (*énoncer la réponse, ou bien les autres circonstances constitutives du délit, telles que le fait de chasse en temps prohibé ou sur une terre appartenant à autrui, sans l'autorisation du propriétaire*, etc.) *Dans ces divers cas, le rapport doit continuer ainsi :* Il a représenté au sieur T..., que la chasse n'étant pas ouverte, il ne pouvait chasser, quoique muni d'un permis de chasse; *ou bien :* Il a représenté au sieur T... qu'il chassait sur la propriété du sieur R..., sans justifier de son consentement. Le sieur T... a répondu (*énoncer la réponse*); le garde champêtre lui a déclaré alors que, le trouvant en contravention à la loi du 3 mai 1844, il saisissait entre ses mains son fusil qu'il estimait (*la somme*), et qu'il l'en constituait dépositaire pour le représenter à toute réquisition légalement faite; et il l'a prévenu en outre qu'il allai nous faire son rapport de tout ce qui précède. Nous avons, en conséquence, accordé audit A..., garde champêtre, qui l'a requis, acte du présent rapport, dont nous lui avons donné lecture, et qu'il a signé avec nous, *ou* qu'il n'a pu signer avec nous, ne le sachant pas, ainsi qu'il nous l'a déclaré.

(*Signature du garde, s'il sait signer.*)

(*Signature du magistrat qui rédige le rapport.*)

= *Ce rapport doit être également affirmé, dans les vingt-quatre heures, dans la forme ordinaire.*

FIN DU FORMULAIRE DU CODE DE LA CHASSE.

TABLE

DU CODE DE LA CHASSE.

(Loi du 3 mai 1844.)

29.